FACULTÉ DE DROIT D'AIX

DU DOUBLE RÉGIME FONCIER

DE LA TUNISIE

Tunisien

DROIT MUSULMAN ET LOI FONCIÈRE

Thèse pour le Doctorat

PAR

PAUL LESCURE

SOUS-CHEF A LA DIRECTION GÉNÉRALE DES FINANCES

TUNISIENNES.

TUNIS
—
Imprimerie Française B. Borrel
—
1900.

DU DOUBLE RÉGIME FONCIER

DE LA TUNISIE.

DROIT MUSULMAN TUNISIEN
ET LOI FONCIÈRE

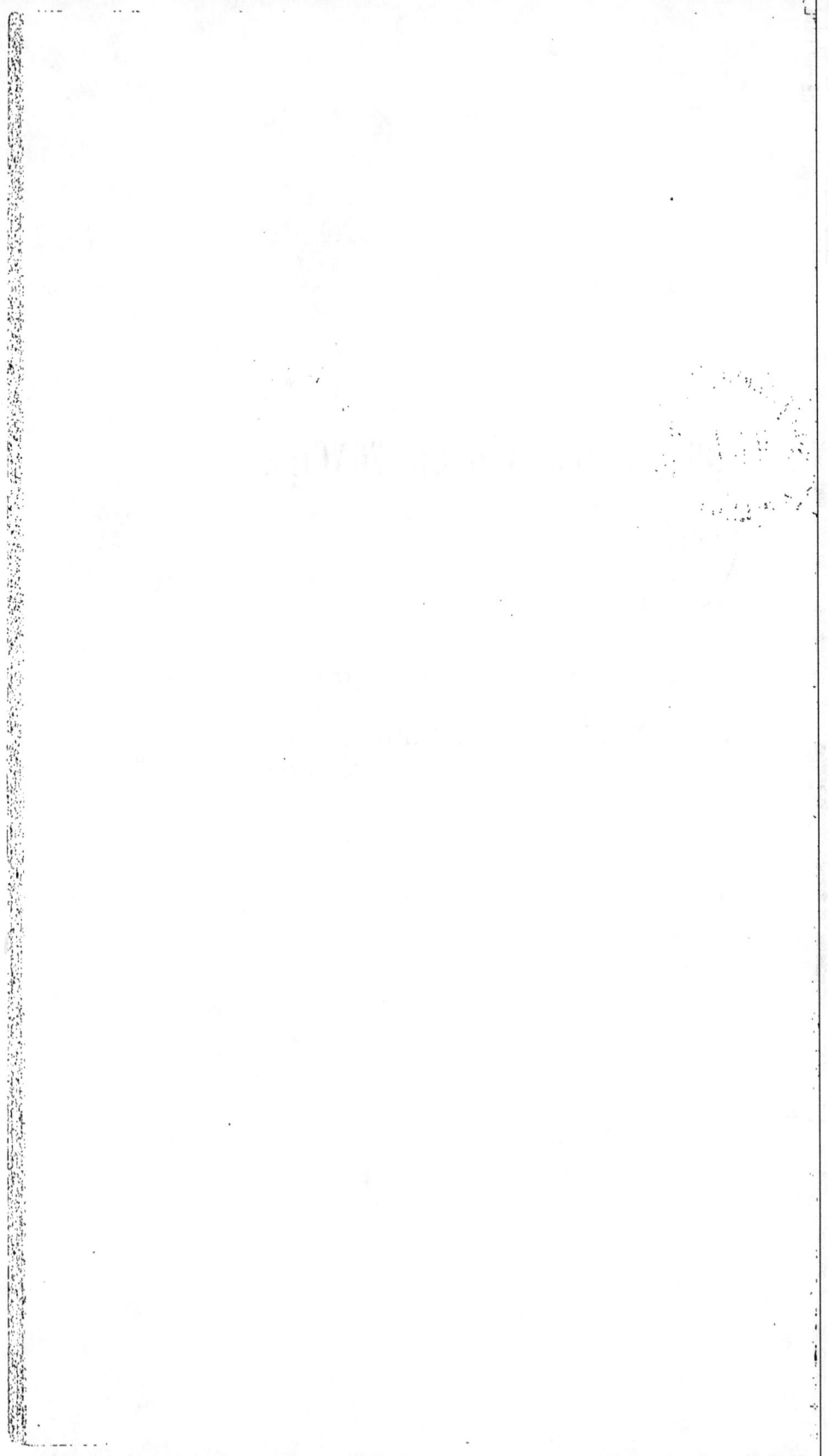

FACULTÉ DE DROIT D'AIX

DU DOUBLE RÉGIME FONCIER

DE LA TUNISIE

DROIT MUSULMAN *Tunisien* ET LOI FONCIÈRE

Thèse pour le Doctorat

PAR

PAUL LESCURE

SOUS-CHEF A LA DIRECTION GÉNÉRALE DES FINANCES
TUNISIENNES.

TUNIS
—
IMPRIMERIE FRANÇAISE B. BORREL
—
1900.

ABRÉVIATIONS

J.T. 1893. 62.	Journal des tribunaux de la Tunisie, année 1893, page 62.
R. A. 1885. 2. 66.	Revue algérienne, tunisienne et coloniale de législation et de jurisprudence, année 1885, 2ᵉ partie, page 66.
T. 10 août 1892.	Jugement du tribunal civil de Tunis en date du 10 août 1892.
T. m.	Jugement du tribunal mixte.
J. de p.	Jugement de paix.
D. R. ou D. R. A.	Recueil alphabétique de Dalloz.
Clunet, 1890, 150.	Journal de droit international privé par Clunet, année 1890, page 150.
Estoublon J. A.	Jurisprudence algérienne par Estoublon.
B. J.	Bulletin judiciaire de l'Algérie.
Robe 1860, 15.	Journal de jurisprudence de la Cour d'appel d'Alger, année 1860, page 15.
Tilloy, R. A.	Répertoire alphabétique de jurisprudence, de doctrine et de législation algérienne et tunisienne.

INTRODUCTION

La législation de la Tunisie, comme celle de tous les pays d'Islam, dérive du Coran et des livres saints de la religion Mahométane. (1)

La première source du droit musulman est le Coran, considéré par les Mahométans, comme un livre divin et éternel, dont les prescriptions sont sacrées et infaillibles. Inscrites au fur et à mesure par ses disciples, les révélations de Mahomet ont été réunies, sous le Khalifa d'Otman, en un corps d'ouvrage qui forme la loi religieuse, morale, civile, criminelle et politique des musulmans : c'est un ensemble de dogmes, de préceptes et de récits, sans ordre, sans suite, sans unité, et présentant de nombreuses obscurités.

Les paroles et les actes du Prophète, l'approbation qu'il a donnée aux actes et aux paroles d'autrui, forment la deuxième source du droit islamique. Ces traditions *(hadits)*, recueillies par les premiers sectateurs du prophète, par sa veu-

(1) Bompard, Législation de la Tunisie. Introduction p. 1.

ve Aïcha, et par ses compagnons *(sohaba)*, constituent la « *Sonnah* »,d'un mot arabe,qui signifie :
partie, face visible d'une chose ou d'une action.
A ces souvenirs des premiers partisans du maître,
s'ajoutent encore ceux des « *Tabaïne* » ou successeurs des « *Sohaba* », et ceux des successeurs
des Tabaïnes eux mêmes. (1)

La troisième source du droit musulman est
l'opinion unanime des compagnons de Mahomet.
Dans les premières années qui suivirent la mort
du Prophète, particulièrement du temps d'Omar,
les Khalifes avaient pris l'habitude de convoquer
les personnes ayant entendu les enseignements
du Maître et suivi sa doctrine, et de soumettre à
l'assemblée *(Idjma)* les points obscurs ou contes-
tés, les cas embarrassants, etc. On s'attachait
surtout, dans ces réunions, à préciser la manière
d'agir du Prophète en telle circonstance donnée,
à déterminer le sens de ses paroles ou même à
interpréter son silence. Les avis ainsi donnés par
l'unanimité des compagnons de Mahomet jouissent d'une grande autorité juridique, et ils ont
permis de sanctionner des dispositions de la plus
haute importance.

Les traditions ou hadits, les témoignages des
« tabaïne » et autres sectateurs du Prophète, les

(1) Les principaux recueils de ces hadits sont ceux de
Bokhari et de Moslim, savants jurisconsultes du IIIe siècle
de l'hégire ; le recueil de Bokhari jouit d'une autorité particulière dans les pays musulmans de l'Afrique du nord.

consultations ou résolutions des assemblées « idjma », tous ces éléments, réunis, combinés, coor-
donnés, ont, à juste titre, paru propres à éclairer
et à compléter le texte sacré, et à former avec lui
un code pratique, un *corpus juris*. Ce fut l'œuvre
des jurisconsultes des premiers temps de l'Islam,
procédant par voie d'analogie légale, d'effort législatif *(idjtihâd)* : « L'analogie légale, dit Sawas
« Pacha, se fonde sur la parole du Prophète et
« forme la quatrième source du droit islami-
« que. » (1)

Dans cette interprétation doctrinale, des divergences d'opinion ne pouvaient manquer de se
produire ; elles entraînèrent la formation de près
de vingt écoles distinctes. Quatre jurisconsultes
célèbres finirent toutefois par s'entendre sur les

(1) C'est un point controversé par quelques jurisconsultes musulmans, que celui de savoir si la période de l'idjtihad
doit être considérée comme close. La généralité des docteurs
admet qu'au huitième siècle de l'hégire, les jurisconsultes
musulmans des quatre écoles orthodoxes s'accordèrent pour
décider que le monument législatif de l'islam était achevé
et qu'il convenait de mettre un terme à l'effort législatif.
C'est ce que, dans leur langue imagée, les musulmans appellent « la fermeture de la porte de l'effort. » Le procédé de
l'analogie légale s'impose, il est vrai, de nos jours aux magistrats, qui, saisis de cas nouveaux, sont tenus de donner
un avis motivé à ceux qui les consultent ; mais leur effort
se borne au commentaire et à l'interprétation des premières
interprétations ; en d'autres termes, ils ne peuvent plus
fonder de rite nouveau ni rien modifier aux principes des
rites existants. (Conférence de M. Padoux, Sousse, imprimerie française 1899).

points fondamentaux de la religion et du droit et constituèrent les quatre rites orthodoxes de l'Islam, qui prirent le nom de leurs fondateurs : Hanéfite, Malékite, Chaféïte et Hambalite. (1)

Le rite malékite, dont la jurisprudence a été fixée par le célèbre uléma égyptien, Sidi Khalil, (VIIIᵉ siècle de l'hégire — XIVᵉ siècle de notre ère), forme le droit commun de la population musulmane de la Tunisie. Le rite hanéfite, introduit dans la Régence au temps de la domination Ottomane, ne compte que peu d'adhérents ; il tient néanmoins la première place, parce qu'il est suivi par la famille beylicale, le Cheik ul Islam et la haute magistrature tunisienne.

La législation issue du Coran, au surplus, ne régit sans conteste que les Arabes et les Berbères arabisés ; les Kabyles purs, qui, malgré douze siècles de sujétion, ont conservé leurs usages traditionnels, n'accordent au Coran que la force d'une

(1) Les quatre imams Hanifa, Malek, Chaféï et Hambal ont vécu aux Iᵉʳ et IIᵐᵉ siècles de l'hégire (VIII au IX siècle de notre ère). Abou Hanifa, connu aussi sous le nom d'Imami-Azam, naquit en 80 de l'hégire : il professa à Bagdad, où il mourut en l'an 150 ; sa doctrine est suivie par les habitants de la Turquie. L'imam Malek est né à Médine, en 90 ou 95 et est mort en 179 : l'Algérie, la Tunisie et la plupart des villes saintes de l'Yemen, de Tripoli, appartiennent à ce rite. Chaféï, né en 150, mourut en 204 ; son école prévaut dans le Kurdistan, sur la frontière persane de la Turquie. Hambal, né en 164, mort en 241, à Balch, en Arabie, dispute le Maroc à l'influence de Malek. Le rite Hambalite règne à Java (Besson, Législation civile de l'Algérie p. 22).

loi religieuse, et en repoussent l'application dans
le domaine civil, pour s'en tenir à leurs coutumes :
tout ce qui a trait au statut personnel, à la transmission de la propriété et aux conditions des
contrats, est, en territoire Kabyle, régi par « *l'A-
ada* », coutume générale transmise oralement de
génération en génération, et par le « *Kanoun* »
de la coutume locale ; le Coran n'intervient que
comme complément de la coutume, dans les matières où celle-ci n'a pas statué.

Le principe théocratique, qui domine le droit
musulman, a de graves conséquences : c'est une
fusion presque entière de l'idée de droit et de l'i-
dée de religion puisées, l'une et l'autre, à la même
source, dans les livres saints. Les juristes sont,
dès lors, en quelque sorte, des théologiens, et les
théologiens ne peuvent se passer d'être un peu
juristes. Il en résulte une grande stabilité dans
le droit : basé sur la révélation divine, il se trouve, en principe, condamné à l'immobilité parce
qu'il a atteint, aux yeux des croyants, sa complète perfection.

La doctrine musulmane, toutefois, ne déclare
intangibles par essence que les dispositions expresses du livre sacré et reconnaît au prince le
droit de légiférer, en se conformant à la vérité
islamique, sur les matières que ce texte n'a pas
réglementées. Pour être acceptées de la cons-

cience musulmane, il suffit que les réformes
d'ordre juridique, les innovations scientifiques,
sociales et politiques, nécessaires à la prospérité
des peuples, soient présentées, non comme le produit de la faible et présomptueuse raison humai-
ne, mais comme la conséquence et le développement de la vérité contenue dans le livre saint.
« A cette condition, dit Sawas Pacha (Etude sur
« la théorie du droit musulman p. 166, 1892), le
« musulman adhèrera à des règles juridiques
« nouvelles ; bien plus, il aura à cœur de les
« considérer comme des devoirs religieux et de
« les accepter avec respect et reconnaissance. »
« Telle est, — ajoute M. Besson (Législation ci-
« vile sur l'Algérie p. 21), — le procédé législatif
« empreint d'un caractère d'indéniable grandeur,
« qui a permis aux docteurs de l'Islam d'élargir
« le cadre un peu étroit du livre sacré et d'y faire
« rentrer les matières juridiques nouvelles, dont
« les besoins des temps et des milieux pouvaient
« rendre l'admission nécessaire. »

C'est ainsi que, dans les divers pays rangés
sous la loi de Mahomet, à côté du droit religieux
d'origine divine *(sceriat)*, s'est juxtaposé un droit
séculier d'origine terrestre *(Kanoun)*, qui a dû
pourvoir aux nécessités résultant d'un nouvel
état social et aviser à des situations inconnues du
droit musulman. Au droit religieux, écrit dans le
Coran, appartiennent les matières du statut
personnel et des successions, matières qui ne

comportent aucun perfectionnement, aucune amélioration : le fait du prince serait inefficace, inopérant, non avenu. Tous les musulmans sont d'accord sur ce point fondamental ; ceux qui, comme les sectateurs de Wahab, de Ibn Dirhem et autres dissidents, ont admis la perfectibilité de la loi de Mahomet, sont, aux yeux des vrais croyants, des hérétiques. Au droit séculier se rattachent la plus grande partie de la législation sur la propriété immobilière et toutes les prescriptions d'ordre pénal, administratif ou commercial ; œuvre du prince, cette législation est éminemment susceptible de modification, en vertu du principe autocratique « *quod principi placet legis habet vigorem* » (Clavel, du Wakf, p. 16 ; Sawas Pacha. op. c. T. II. Avant-propos p. IX).

Les considérations qui précèdent expliquent le développement incessant qu'a subi la législation immobilière de la Régence.

Il n'existe dans le droit religieux que de rares dispositions relatives à la condition juridique des biens immobiliers, les fondateurs de la loi s'étant bornés à formuler quelques règles générales, appropriées aux besoins d'une société primitive, mais devenues bientôt insuffisantes, sous l'influence des relations économiques établies entre l'Islam et la Chrétienté.

Aussi, les docteurs, en présence d'institutions

que le livre sacré n'avait ni prévues ni réglementées, n'ont-ils jamais hésité, tantôt à consacrer
les contrats nouveaux issus de la coutume, tantôt,
à corriger la rigueur du droit primitif par des
combinaisons *ad hoc*, qui sont passées dans l'u-
sage. On pourrait en citer de nombreux exemples:
ils ont empêché l'exercice du droit de chefâa, en
permettant d'ajouter au prix connu de l'acquisition une « poignée d'argent, » de valeur inconnue ;
— ils ont obvié aux inconvénients de l'inaliénabilité des biens habous, en instituant le contrat
d'enzel ; — ils ont paré à la perpétuité des droits
réels et personnels, en stipulant, pour leur production en justice, un délai de péremption qui
paralyse l'action des titulaires, etc.

La jurisprudence est venue elle-même apporter
son contingent de réformes et combler souvent,
par des emprunts au droit naturel et au droit
écrit des civilisations avancées, les lacunes de la
législation coranique. C'est ainsi qu'en Tunisie,
elle a réglementé l'enzel, organisé la théorie des
actions possessoires, suppléé à l'insuffisance des
textes en matière d'expropriation, etc. Dans les
sociétés en voie de formation, où se heurtent les
races et les lois les plus diverses, la jurisprudence
accomplit, en effet, une œuvre considérable : elle
anime le droit, règle les rapports imprévus résultant des besoins nouveaux, et, par des décisions
sagement rendues, prépare la fusion des éléments
disparates. Œuvre prétorienne s'il en fût, mais

nécessaire. La juridiction française qui la poursuit dans la Régence avec une compétence et une
science juridique éprouvées, a posé ainsi les as-
sises d'un droit composite, dont les éléments
pourront être réunis par le législateur de l'avenir
et servir à former une codification d'ensemble.

Le Gouvernement du Protectorat, de plus,
jugea, dès le début de l'occupation française, que
la législation coranique, ainsi complétée par la
coutume, par les juristes et par la jurisprudence,
ne suffisait pas aux besoins de la colonisation et à
la sécurité du crédit, et qu'il y avait lieu, par suite,
en se fondant sur les mêmes considérations, d'é-
dicter une nouvelle législation immobilière.
Associant à son œuvre les juristes musulmans, il
put, sans froisser le sentiment religieux des indigènes, emprunter aux législations étrangères leurs
prescriptions les plus efficaces ainsi que leurs
réformes les plus hardies. « Ce n'est pas, en effet,
dit le Ministre des Affaires Étrangères dans son
rapport au Président de la République (années
1881-1890, p. 56), un des côtés les moins ori-
« ginaux du nouveau régime foncier que d'offrir
« aux européens toutes les garanties nécessaires
« et d'être en même temps accessible aux indi-
« gènes. Non seulement les dispositions de la loi
« de 1885 ont été délibérées et approuvées par
« les chefs des deux rites musulmans qui se par-
« tagent la Régence, mais la procédure d'imma-
« triculation reproduit dans ses formes extérieures

« les pratiques de la législation tunisienne en
« matière de transmission de propriété. D'autre
« part, la présence de magistrats musulmans
« dans le Tribunal mixte chargé de prononcer
« l'immatriculation est, pour l'indigène, une ga-
« rantie qu'il est tenu un compte équitable de ses
« lois et de ses croyances. »

La législation nouvelle, toutefois, emportait
dans la pratique une modification trop importante
aux conditions générales de l'assiette de la propriété, elle nécessitait, de plus, la révision d'un
trop grand nombre de situations acquises, pour
que le Gouvernement du Protectorat crût devoir
la rendre obligatoire. Usant de tolérance, et par
respect pour les mœurs locales, il a laissé au
propriétaire la liberté de requérir, s'il le juge
utile, l'immatriculation, de s'assurer les avantages attachés à la transformation du statut de
ses biens. « On n'entend nullement, dit M. Paul
« Cambon, imposer le régime nouveau aux
« propriétaires qui ne voudraient pas l'accepter.
« On laisse à l'initiative privée le soin de se
« prononcer entre l'ancienne et la nouvelle
« législation. »

Il existe donc, dans la Régence, deux régimes
fonciers : un régime, d'origine musulmane, mais
francisé par la jurisprudence, généralement désigné sous le nom de régime de droit musulman
tunisien ; un régime, d'origine toute moderne,

organisé par le décret du 1er juillet 1885, et connu sous le nom de régime de la loi Foncière.

C'est ce double régime foncier qui doit faire l'objet de notre étude.

Dans la première partie, consacrée au droit musulman tunisien, nous examinerons, les principes qui ont présidé à la constitution de la propriété privée en pays d'Islam, notamment dans l'Afrique du Nord ; nous étudierons, dans un chapitre spécial, la condition juridique des trois grandes catégories de biens existantes : melk, habous et enzel ; nous ferons connaître les tribunaux chargés de l'application des lois immobilières et nous terminerons en signalant les vices et les lacunes de cette législation, qui ont nécessité la promulgation de la nouvelle loi foncière.

Dans la seconde partie, consacrée à l'étude de cette loi, nous passerons rapidement en revue les principes des divers régimes de publicité, de ceux principalement dont s'est inspiré le législateur tunisien ; nous exposerons successivement la théorie de l'immatriculation, la condition juridique de la propriété et des autres droits réels immobiliers, les règles relatives à la publicité absolue et a la force probante des inscriptions sur le titre édictées dans l'intérêt des tiers ; la condition des terres tenues à enzel ; celle des biens habous ; les règles de compétence relatives aux

2.

litiges concernant les immeubles en cours d'immatriculation et les immeubles immatriculés ;
les organes essentiels du nouveau régime ; nous
terminerons par une étude critique de cette
législation et l'exposé de ses résultats du jour
de sa mise en vigueur, 15 juillet 1886 au 31 décembre 1899.

PREMIÈRE PARTIE

DROIT MUSULMAN

TUNISIEN

CHAPITRE PREMIER.

CONSTITUTION DE LA PROPRIÉTÉ PRIVÉE DANS LES PAYS DE DROIT MUSULMAN ET NOTAMMENT EN TUNISIE.

---

§ 1er. Division des terres en droit musulman.

En droit musulman, les terres se divisent en deux grandes catégories, soumises chacune à un régime différent : 1° les terres mortes (*maouat*), c'est-à-dire celles qui n'appartiennent à personne et dont on ne retire aucune utilité ; 2° les terres vivantes ou productives *(maamour)*, qui comprennent la grande et la petite culture.

La terre morte (*maouat*) est susceptible de devenir la propriété privée de celui qui la vivifie par le défrichement.

L'acquisition de la propriété par la vivification remonte

au Prophète lui-même qui a dit : « quiconque vivifie une terre morte en devient par le fait propriétaire. » D'après Sidi Khelil, « la terre morte est acquise au premier occu-
« pant, par la mise en valeur, et les travaux doivent con-
« sister en défrichements, constructions, plantations, décou-
« verte ou aménagement de sources ; il ne suffirait ni de la
« simple clôture d'un terrain, ni du pacage du bétail pour
« opérer la vivification. »

Une question controversée est celle de savoir si l'appro-priation du sol suppose, en dehors des travaux requis, l'autorisation (*iktaa*) du Prince. Les Hanéfites font de l'iktaa la condition essentielle de l'appropriation. Quant aux Malékites, ils admettent que, dans les lieux éloignés des centres, l'appropriation résulte du seul défrichement, tandis qu'ils exigent l'iktaa pour les terrains qui forment la dépendance d'une propriété publique ou privée et dont une partie doit être réservée pour les besoins communs des habitants. (Zeys. Traité élémentaire de droit musulman — T. II. n⁰ˢ 610 et 617 — Pouyanne. La propriété foncière en Algérie p. 16 et suiv.).

Lorsqu'une terre morte mise en valeur est abandonnée dans la suite par son premier occupant, on reconnait géné-ralement qu'un nouveau vivificateur peut en prendre pos-session ; mais les avis se partagent sur le point de savoir si le propriétaire primitif pourrait exercer son droit à l'égard du nouvel occupant. Dans l'école Malékite, généralement suivie dans le Maghreb (Occident), on établit une distinc-tion : lorsque les traces de la première occupation subsis-tent encore ou ont disparu depuis peu au moment de la deuxième prise de possession, le propriétaire primitif peut évincer le second vivificateur, mais ce dernier a droit, s'il est de bonne foi, au remboursement des frais par lui expo-sés pour la mise en valeur de la terre ; dans le cas con-traire, c'est-à-dire lorsque les vestiges de la première occu-pation ont disparu depuis longtemps, le premier vivifica-teur est présumé avoir tacitement renoncé à son droit et consenti au retour de la terre à son état primitif de terre morte ; le second occupant, par voie de conséquence, acquiert la propriété par la vivification, qu'il ait ou non connu le fait du premier défrichement. « La propriété, dit Sidi Khelil, est acquise à celui qui fait revivre la terre. » (Zeys. T. II. nº 609).

La terre morte est à la disposition du Prince qui peut la concéder en toute propriété et jouit, à cet égard, d'un pouvoir discrétionnaire. Il peut en disposer, au profit d'une personne ou d'une collectivité, soit gratuitement, soit moyennant un prix, soit à charge de services ou de prestations. Par le seul fait de la concession, la terre entre dans le domaine du concessionnaire qui peut en disposer comme de sa chose. (Zeys. id. nº 615).

Les auteurs musulmans décident, toutefois, suivant une tradition de Mahomet, que si le concessionnaire n'a pas défriché dans un délai de trois ans à partir de l'iktaa, le Prince peut reprendre la terre et en faire l'objet d'une nouvelle attribution. (Maouerdi, trad. Worms. Journal asiatique 1862, p. 184).

Il est encore permis au Prince de réserver une partie des terres mortes pour un service public, et cette réserve constitue une sorte de vivification, d'utilisation du sol. (Zeys id. T. II, nº 615). C'est l'appropriation par droit seigneurial ou impérial, dont parle M. Perron dans sa traduction de Sidi Khelil (T. V. p. 6.). Cette appropriation doit satisfaire aux conditions suivantes : 1º répondre à un besoin réel ; 2º porter sur une faible étendue ; 3º s'appliquer à un terrain absolument nu.

Les terres vivantes ou productives (*maamour*) sont celles qui font l'objet d'un droit de propriété privée.

Le « *Maamour* » est essentiellement « *melk* » (franc, libre), et son propriétaire jouit de tous les droits attachés à la pleine propriété. (V. opuscule sur la propriété du Maghreb. Mercier, extrait du Journal asiatique, juillet, août 1894, p. 5.).

Le sol ne paie d'autre contribution que le *Zekkat*, qui a plutôt le caractère d'une aumône au bénéfice de la communauté des fidèles que celui d'une taxe fiscale. On distingue plusieurs sortes de Zekkats suivant que cette redevance porte sur les troupeaux, sur les chevaux, sur les effets personnels ou sur les fruits du sol ; dans ce dernier cas, elle constitue ce qu'on appelle l'*achour* ou la dîme : elle est égale au $\frac{1}{10}$ des produits annuels de la terre.

Nous nous contenterons, pour le moment, de ces données générales sur la propriété melk, nous réservant de traiter de sa condition juridique lorsque nous examinerons cette tenure du sol en droit musulman tunisien.

La division des terres en terres mortes et en terres productives se trouve dans tous les pays musulmans, mais il y a pour ces terres des règles spéciales dans les pays où l'islamisme ne s'est pas établi d'une manière pacifique.

Dans ces pays, il importe de distinguer les pays d'*Anoua* ou de violence, des pays de *Solah* dits de traités ou de transaction. (Mercier, la propriété en Maghreb, selon la doctrine de Malek extrait du J. asiatique, juillet, août p. 20, Zeys id. n° 615).

Terres d'Anoua. — Cette catégorie comprend « les « territoires conquis les armes à la main, ceux dont les « habitants ont fui, avec ou sans lutte, avant ou après l'in-« vasion — ou encore dont les habitants sont revenus ou « restés, après avoir été vaincus, et n'ont, dans aucun cas, « accepté par une soumission explicite la domination de « l'Islam. » — (Mercier, id. p. 18,).

Dans ces régions, les *terres cultivées ou propres à la culture* sont frappées de séquestre au profit de la communauté musulmane ; elles deviennent *Wakf* ou *Habous* (1), ce qui implique la négation du droit de propriété sur le sol qui devient inaliénable et ne peut plus, suivant les principes du droit coranique, être tenu qu'à titre de location à perpétuité. Les détenteurs, musulmans ou infidèles, même

---

(1) Il faut bien se garder de prendre le mot habous dans son acception courante, qui est un véritable sens dérivé. Au propre, le verbe "habasa" signifie arrêter, emprisonner et, par conséquent, séquestrer, placer hors du commerce. (Zeys. n° 615. note 2.).

ceux qui tiendraient leur droit d'une concession du Prince,
(Zeys, id. T. II. n° 615). — Mercier, id. p. 19, n° 4), ne sont
donc pas des propriétaires : ils n'ont qu'un droit héréditaire de possession ou d'usage. (Van der Berg. R. A. 1893.
p. 139).

Les terres cultivées d'Anoua sont soumises à un impôt
spécial, dit *Kharadj* (loyer, location), qui ne représente
plus, comme la dîme, un don volontaire à titre de devoir
religieux, mais un tribut véritable : c'est l'impôt de la conquête ; il marque sa trace indélébile sur le sol qui reste tributaire, alors même qu'il passe aux mains d'un musulman
ou que ses détenteurs primitifs se convertissent à l'islamisme (Van der Berg id. p. 138). Suivant son mode de perception, on distingue plusieurs sortes de Kharadj : le *Kharadj
Misaha*, basé sur la contenance de la terre imposable ; le
Kharadj Moukassana, proportionnel aux produits ; et le
Kharadj Moukataa sorte de tribut fixe et annuel (Worms,
recherches sur la constitution de la propriété, p, 73, Van
der Berg, id. p. 45. Pouyanne, thèse de doctorat. p. 35 et
suiv.).

Le Kharadj représente la redevance due à la communauté musulmane, bénéficiaire du habous dont sont frappés
les terres de conquête, par les tenanciers du sol qui sont
considérés comme des cultivateurs, des fermiers de l'Islam.
(Worms, p. 117). — On lit, dans la Hidaya, citée par Worms
(p. 73) : « Quand le possesseur d'une terre tributaire en né-
« glige la culture et se met ainsi, par sa faute, dans l'im-
« possibilité de payer l'impôt, le souverain a le droit d'af-
« fermer cette terre à un autre individu pour ne pas laisser
« en souffrance les revenus du Trésor public. »

Quant aux *terres mortes*, elles sont à l'entière disposition
du Prince, qui peut les concéder en pleine propriété, elles
sont, en outre, susceptibles de devenir la propriété melk
de celui, fut-il anaoui, qui les met en valeur. (Mercier, id.
p. 19, n° 3.)

Terres de Solah. — Les terres de Solah sont celles dont les occupants ont conservé la propriété, en se soumettant par traité à la domination de l'Islam. (Mercier, id. p. 20.).

Même en restant infidèles, les détenteurs du sol continuent à disposer, d'après leurs lois, des terres mortes comme des terres productives : le Prince ne peut les concéder à aucun titre. (Mercier, id. p. 20 et R. A. 1898, p. 61 Zeys, (II, n° 615).

Ils sont, toutefois, assujettis à une redevance spéciale connue sous le nom de *Djezia* : cette redevance constitue, tantôt un impôt de capitation, tantôt un impôt foncier, et comprend même parfois ces deux sortes de contributions qui sont ou déterminées distinctement, ou imposées en bloc à toute une région. (Derdir cité par Mercier id. p. 11).

A la différence du Kharadj, la Djezia cesse d'être due si le possesseur se convertit à l'islamisme ou vend sa terre à un musulman ; la terre devient alors melk et dîmable (*ochri*) (Maouerdi tr. par W. 104. Mercier id. p. 21, n°s 3 et 4.). C'est ce que Derdir proclame en ces termes : « Si le Solhi se « convertit à l'islamisme, ses terres, de même que tous ses « autres biens, lui restent comme propriétés personnelles, « et il est affranchi des charges qui lui avaient été impo- « sées. » (Van der Berg R. A. 1893, 1, 140. — Zeys T. II, n° 615) ; — Mercier, R. A. 1898, p. 61, 62.)

§ 2. Constitution de la Propriété en Tunisie.

Nous avons indiqué, dans la section précédente, quelle fut, à l'origine, la grande division du sol dans les pays de droit musulman ; nous nous proposons d'examiner maintenant comment les règles édictées par la législation coranique ont été appliquées, lors des invasions musulmanes, aux terres de l'Afrique septentrionale et plus particulièrement dans la région qui a formé le territoire de la Régence de Tunis.

Successivement soumise aux Phéniciens, aux Romains, aux Vandales et à l'Empire Grec, « l'Ifrikia », qui comprenait les pays désignés actuellement sous le nom de Régence de Tunis au Centre, de Régence de Tripoli à l'Est et d'Algérie (province de Constantine) à l'Ouest, tomba, dès le VIIe siècle de notre ère, sous la domination des arabes, qui, à la voix des successeurs de Mahomet, s'étaient élancés à la conquête religieuse et politique du monde. Commencée en 642, la conquête fut totalement accomplie en 680, après cinq invasions successives.

L'Ifrikia était alors peuplée par les Berbères, race autochtone : « Le Berbère, dit Narcisse Faucon dans son « histoire de la Tunisie T. 1, p. 55, n'est ni un sémite venu « de la Phénicie, ni un Grec venu de l'Europe méridionale, « ce n'est ni un Vandale ni un Romain. Le Berbère est « l'ancien petit fils des sujets de Massinissa, de Syphax et « de Jugurtha, le descendant des Gétules et des Lybiens ». Race industrielle, sédentaire et connaissant la propriété privée, le Berbère présentait un degré de civilisation plus avancé que l'arabe envahisseur.

Au début de la conquête, l'Ifrikia était donc partagée en deux castes : les Moslim, c'est-à-dire les croyants, les vainqueurs, qui avaient pour mission de combattre et de propager la parole sainte ; les Infidèles, c'est-à-dire les Berbères, qui avaient en partage la culture de la terre et le paiement des impôts. Mais cette classification n'eut qu'une assez brève durée. Telle fut l'ardeur du prosélytisme des Arabes, que les rangs des sujets infidèles s'éclaircirent de plus en plus, pour aller grossir l'armée des musulmans. Le Berbère embrassa l'islamisme et, par suite de l'afflux croissant des conversions, la caste dominante se vit bientôt déborder par l'élément vaincu. Insensiblement les conquérants furent absorbés par leur conquête.

D'abord « Solhia », terre de traité ou de transaction, la Berbérie devint donc peu d'années après, à la faveur de la conversion à l'islamisme des tribus indigènes, un véritable pays musulman régi quant aux biens et quant aux personnes, par la législation coranique (Mercier, id. p. 21).

L'Ifrikia, érigée en Khalifat, jouit alors d'une autonomie à peu près absolue et fut gouvernée jusqu'au milieu du XIᵉ siècle par des dynasties Berbères.

Telle était la situation politique du pays lorsque survint, vers le Xᵉ siècle, la grande invasion arabe connue sous le nom d'invasion Hilalienne et venue de la haute Egypte à l'instigation du Khalifat du Caire, désireux de se venger des princes Berbères qui avaient rompu les derniers liens de vassalité les rattachant à sa dynastie.

Il est à remarquer que les Arabes de cette migration (1) ont appréhendé le sol de la Berbérie pour leur compte et non pour celui d'un Gouvernement régulier. Le Khalife du Caire, Mostancer, qui, pour satisfaire sa vengeance, avait dirigé contre l'Ifrikia cette horde sauvage dont il avait débarrassé la haute Egypte, n'eut garde d'intervenir dans la répartition des territoires envahis entre les familles des vainqueurs : il ne songea nullement à se prévaloir d'un droit de suzeraineté devenu depuis longtemps illusoire, ni par conséquent à retenir le domaine éminent du territoire conquis.

Au XVIᵉ siècle, vint la conquête turque. Quelle fut, en ce qui concerne le sol, l'effet de cette nouvelle conquête ? Il est avéré que les Turcs, sans souci des dispositions de la loi musulmane et au mépris des droits des occupants, s'emparèrent des terres qui leur convenaient, mais que le territoire ne fut pas séquestré : le Sultan de Constantinople respecta le principe du droit musulman d'après lequel la mise en Wakf ne peut se produire qu'autant qu'il s'agit d'une terre conquise sur un peuple infidèle.

Le sol de la Tunisie échappa de nouveau à l'immobilisation qui frappe les pays d'anoua ou de conquête.

Les terres y avaient et y conservèrent la condition que leur attribuait le droit commun de la législation musulmane. (Voir supra § I, p. 1 et s.)

(1) Cette conquête n'eut pas en effet la caractère d'une expédition exclusivement militaire, mais celui d'une migration de tribus composées des collectivités des Beni Hilal et des Beni Soleïma. (La Tunisie T. I. p. 393).

Certains critiques (1) prétendent, toutefois, qu'une partie des terres de l'Afrique du Nord fut soumise au Kharadj, et on invoque, en ce qui concerne la Tunisie, les faits suivants : On a trouvé dans les archives du domaine de l'Etat tunisien un titre de propriété de 1779, relatif à des terres des Ouragha, au N. de Kairouan, où il est fait mention d'une sorte de tribut « payable annuellement suivant les règles des « terres parcourues par les tribus nomades ». Plus récemment, une expertise concernant un enchir domanial dit Sbikha, révélait que les terres dépendant de ce domaine étaient « Arbia ou Djedaria » et que les cultivateurs « y éta- « blis avaient payé le « Kharadj » au Gouvernement pro- « priétaire des terres ». Dans un autre titre portant le sceau du Bey et daté de mars 1860, relatif à un territoire domanial de l'oued Nehbane, on lit également : « Tout ce que ren- « ferment les limites des deux enchirs est terre arabe ; leur « kharadj revient à l'Etat, ce sont les représentants de l'Etat « qui le perçoivent de ceux qui cultivent, ils administrent « cela sans interruption, et il n'est pas prétendu que qui- « conque autre que les représentants susdits en ait disposé « avec eux ». (2)

A notre avis, la Berbérie n'était pas soumise au régime des pays d'anoua. Pour la période antérieure à la conquête turque, nous en trouvons la preuve dans l'ouvrage de M. Mercier. Cet auteur relate que « la grande révolte Kha- « redjite, qui a éclaté vers 840 dans le Magreb El Akça, « provenait de ce que le Gouverneur de cette province avait « voulu appliquer le Kharadj aux indigènes qui étaient « astreints à la dîme des musulmans » et que « les vice-rois « Aghlebites de l'Ifrikia (800 à 909) et puis le grand Abd el « Moumen (1101-1163) firent cadastrer les terres, pour don-

---

(1) Worms. Recherches sur la constitution de la propriété territo-riale dans les pays musulmans. Journal asiatique 1842 à 1844 — et Revue de législation et de jurisprudence, 1844, p. 360 et suiv, ; — Baude, Algérie, II, p. 391 ; — Général Duvivier, Solution de la ques-tion de l'Algérie p. 328.

(2) Conférence 1898, par M. Hugon, chef du service des Domaines de la Régence. Recueil, p. 256.

« ner à la dime une assiette fixe et déterminée ». Les Turcs
ne firent pas non plus des pays de l'Afrique du nord des
pays d'anoua. Les titres de 1779 et de 1860 dont nous avons
parlé plus haut se réfèrent à un régime d'exception se rattachant aux confiscations opérées par les beys à l'encontre
des tribus rebelles ou de particuliers, réduits à la simple
jouissance de leurs biens sous la condition d'obéissance et
d'acquittement du tribut.

Quelle que soit d'ailleurs la solution qui doive être adoptée sur cette question, il convient de remarquer qu'il n'existe
actuellement en Tunisie aucune terre de Kharedj et que
tout le territoire cultivé est uniformément soumis à l'impôt
de la dime.

Les troubles qui suivirent la conquête Turque entraînèrent une conséquence qui mérite d'arrêter notre attention.
Menacés de se voir exproprier par l'arbitraire gouvernemental, sous le plus futile prétexte, les indigènes ne virent
rien de mieux, pour soustraire leur fortune aux convoitises
du Sultan, que de constituer leurs biens en habous au profit de leur descendance, avec retour stipulé en faveur des
villes saintes. Il ne s'agit plus ici de la mise en Wakf, dont
les terres de conquête se trouvaient frappées au profit de la
communauté des fidèles, mais d'un habous émanant de
simples particuliers et revêtant en quelque sorte une forme
contractuelle. Nous ne faisons que signaler ici cette forme
nouvelle de la propriété. Nous présenterons, dans un chapitre spécial, les explications nécessaires sur la nature du
habous et les modifications apportées à cette institution par
la coutume et la législation locale.

Si la constitution du habous assurait au fondateur et à sa
descendance la possession des immeubles qui en étaient
frappés, elle plaçait en retour ces terres hors du commerce,
en les rendant inaliénables entre les mains de leurs détenteurs. Les juristes musulmans se sont appliqués à rechercher
les moyens de rendre ces biens à la circulation et, sans
heurter de front le principe de l'inaliénabilité, ils y sont

arrivés par un ingénieux détour : ils ont permis aux dévolutaires de céder leur droit de jouissance par voie de location, d'abord à court terme, puis à long terme, enfin à
perpétuité. Ce sont ces locations perpétuelles qui ont donné
naissance, en Tunisie, aux contrats d'enzel et de kirdar.

Ainsi, dans le droit immobilier tunisien, à côté des biens
possédés par des pleins propriétaires, il y a des biens possédés par des quasi propriétaires, dont le droit est plus que
la détention, moins que la propriété. Nous allons étudier
successivement la propriété melk, le habous et l'enzel.

CHAPITRE II.

DE LA PROPRIÉTÉ MELCK.

Section I. Théorie générale.

---

§ 1ᵉʳ Définition de la propriété melk. De son caractère individuel et exclusif de toute idée de propriété familiale ou collective.

Se basant sur la sentence du Coran, d'après laquelle toute terre est à Dieu et à son vicaire en ce monde (le souverain), certains publicistes ont soutenu que le droit de propriété n'existe pas dans la législation coranique, que les hommes ne peuvent jouir que du domaine utile, le domaine éminent étant réservé à Dieu. « La propriété de l'homme, dit Perron « dans sa traduction de Sidi Khalil, T. III note 18, p. 578, « n'est qu'une fiction, qu'une allusion au vrai propriétaire ; « elle ne peut être prise qu'au figuré ; Dieu est le seul pro-« priétaire véritable, » et, plus loin (T. V. note 1, p. 529) « la propriété n'existe pas chez les musulmans, dans le « sens où nous l'entendons : la propriété pour la loi musul-« mane n'est que la possession. »

Mais l'adage du Coran n'est qu'une expression imagée, une sentence religieuse, plutôt qu'une règle de droit positif : en droit et en fait, le melk du droit islamique (melik, roi-malik, possesseur, propriétaire, maître) implique la reconnaissance d'un droit de propriété au sens absolu de ce mot.

On y découvre, en effet, tous les attributs essentiels qui caractérisent notre propriété de droit civil : le droit de se servir de la chose (jus utendi) ; le droit d'en percevoir tous les produits quelconques (jus fruendi) ; et le droit d'en disposer à titre onéreux et à titre gratuit, de la détruire, de la léguer, de la recueillir par succession etc. (jus abutendi). « En droit musulman, dit M. Eyssautier dans son étude sur « la propriété (R. A. 1895, 1. p. 81), le melk est la propriété « privée ; elle s'acquiert par la concession du souverrain, « par la vivification, par la possession de 10 ans ; elle se « transmet par vente, donation, testament, succession ; elle « se prouve par titre, par témoins, par la possession que la « culture manifeste. » — La propriété melk est également définie par M. Van der Berg dans ses Principes du droit musulman selon les rites d'Abou Hanifa et de Chafeï, (R. A. 1893, I. p. 132), « le droit de disposer d'une chose ex- « clusivement et de la manière la plus absolue et de jouir « de tous les fruits qu'elle produit. » Nous citerons encore la loi impériale turque de 1864, qui définit comme suit la propriété immobilière : « La terre melk est à l'entière dis- « position du propriétaire ; elle se transmet par voie d'héri- « tage, comme la propriété mobilière, et peut être soumise à « toutes les dispositions telles que le habous, le gage, l'hypo- « thèque, la donation, la préemption, etc. » (Gatteschi, R. hist, p. 441).

La propriété melk emporte de sa nature, la propriété du dessus et du dessous ; elle s'étend à l'espace aérien au-dessus du sol, aux constructions, plantations et autres ouvrages existant à la surface, comme à tout ce qui se trouve dans l'intérieur du fonds : fondations, carrières et tourbières etc. (Tilloy, rép. alph. V° Propriété n° 64; Van der Berg. Principes du droit musulman selon les rites d'Abou Hanifa et de Chaffeï R. A. 1893, 1, 132 ; cpr. art. 552, C. C. al. 1.) Il y a lieu, toutefois, d'en excepter, d'après le droit tunisien, les sources, qui, par décret du 24 septembre 1885 (art. 1er), ont été incorporées au domaine public, et les mines, qui, aux termes du décret du 10 mai 1893 (art. 1er), font partie du domaine privé de l'État.

La propriété melk est donc la propriété privée dans toute sa plénitude, le droit de jouir et de disposer d'une chose de la manière la plus absolue ; c'est le dominium du droit romain, la propriété de notre droit civil (art. 544).

La propriété melk offre cependant, dans la Régence, un caractère particulier ; elle est, chez les indigènes, l'objet d'une fréquente indivision.

Cela tient, d'abord, à l'organisation de la famille, organisation qui a toujours une répercussion plus ou moins profonde sur la constitution de la propriété. En dépit des altérations qu'elle a subies, la famille indigène garde de nos jours un certain caractère patriarcal. On y retrouve les traits les plus archaïques des sociétés primitives : l'autorité paternelle investie d'un pouvoir pour ainsi dire illimité, le mariage par achat, la polygamie, la répudiation par la seule volonté du mari, la tutelle perpétuelle de la femme, sinon quant aux biens du moins quant à la personne, le prix du sang, les entraves apportées au partage, le retrait connu sous le nom de *chefàa*, etc.... Cet état social, qui implique la vie en commun a pour conséquence inévitable de maintenir le sol dans un état général d'indivision. Tantôt le chef de famille dirige lui-même l'exploitation protégé qu'il est, par son autorité même, contre toutes contestations des autres communistes. Tantôt les co-propriétaires indivis transforment, sans d'ailleurs recourir à un acte de partage, la jouissance commune en jouissance privative : dans ce cas, et si les divisions de l'immeuble ne sont pas équivalentes, elles sont échangées au bout d'un laps de temps déterminé, de telle sorte que, lorsqu'elles ont passé à tour de rôle entre les mains de tous les ayants-droit, la jouissance se trouve avoir été également répartie entre chaque propriétaire indivis. (T. 23 janvier 1888, J. T. 1895, p. 432 ; T. 27 novembre 1895, J. T. 1895, 599)

Une autre cause qui tend à maintenir l'indivision tient au caractère indolent de l'indigène, à son manque d'activité et à ses procédés de culture rudimentaires, qui ne lui permettent de retirer de la terre qu'un minimum de rendement : dans ces conditions, il a intérêt à s'associer avec les autres membres de la famille, la vie en commun étant moins coûteuse et exigeant moins d'efforts.

Le régime successoral, enfin, contribue, lui aussi, à favoriser le développement de l'indivision, en attribuant au conjoint survivant une part réservataire de 1/2 à 1/4 du patrimoine de l'époux prédécédé : une nouvelle famille acquiert ainsi des droits indivis sur un immeuble déjà grevé d'indivision, en sorte que l'indivision, qui s'accroît à chaque génération et se complique à l'occasion de chaque mariage, aboutit le plus souvent à un fractionnement infinitésimal et devient d'une liquidation de plus en plus difficile.

Notons cependant que l'indivision, si fréquente chez les arabes, est à peu près inconnue des Kabyles. « Le maintien « de la très petite propriété, dit M. Sabatier, cité par « M. Pouyanne, est assuré par la pratique du partage im- « médiat entre les héritiers, à la mort de l'auteur com- « mun.... Une propriété de deux hectares de bonne terre « est absolument exceptionnelle, tandis que des jardins de « 12 à 15 ares sont extrêmement communs. Une moindre « étendue assure la subsistance d'une famille. D'ailleurs, « fût-il plus petit, tout champ qui se rencontre dans une « succession est incontinent partagé entre les héritiers. » Les kabyles en arrivent même à partager des choses que nous regarderions comme impartageables : les oliviers, par exemple, qui constituent l'une des principales ressources économiques du pays, appartiennent souvent à plusieurs propriétaires, chacun possédant sa branche particulière et pouvant en faire l'objet de telle transaction qu'il lui plaît.. M. Sabatier cite un exemple intéressant : « J'ai vu, dit-il, « plaider devant moi trois frères ; le demandeur m'exposa « ainsi le procès : Dans la succession de mon père, nous « trouvâmes un olivier planté sur un sol appartenant à un « tiers. Cet olivier avait trois branches : deux d'égale « grosseur et une moindre. Celle-ci fut cédée à mon frère « Ali, moyennant une soulte en argent ; mon frère Ahmed « et moi, nous devînmes propriétaires chacun d'une des « autres branches. Or, cette année, au mépris de mon droit, « Ahmed est venu récolter les olives de ma branche. Don-

« ne-moi, par ton jugement, M. le juge, un titre qui cons-
« tate mon droit de propriété sur la troisième branche, celle
« qui regarde l'Orient. » Ainsi donc, dans les régions mon-
tagneuses chez les tribus kabyles de la Tunisie comme de
l'Algérie, le morcellement du sol est la règle ; et cet état de
la propriété provient de l'absence même des causes qui ont
favorisé, chez les arabes, le développement de l'indivision.
Le kabyle se signale, en effet, par sa ténacité au travail ;
il préfère conquérir par le partage son indépendance, au
lieu de demeurer dans l'oisiveté relative d'une vie en commun ; peu soucieux, en outre, des prescriptions de la loi
coranique, il refuse à la femme le droit héréditaire qui forme chez l'arabe une cause fréquente d'indivision.

D'après une opinion qui a rallié des suffrages mais qui
confond l'état d'indivision du sol avec la propriété collective,
la propriété foncière aurait, pour la généralité des tribus,
été organisée, dès le jour de la conquête, dans des conditions sensiblement analogues à celles qui caractérisent la
« zadruga » slave et n'auraient été, à proprement parler,
qu'une propriété familiale (v. notamment Besson. Législation civile de l'Algérie, p. 205 et 213).

Cette opinion ne nous paraît pas fondée. Le régime de la
co-propriété familiale revêt, partout où elle existe encore, les
mêmes caractères qu'aux époques historiques, et si l'on
remonte à la période patriarcale des Celtes, des Slaves, des
Germains, comme aussi à celle des Indous, on constate des
faits exactement analogues (Kovalewsky, tableau des origines et de l'évolution de la famille et de la propriété, p. 90 et
suivantes).

L'unité sociale, la corporation civile qui possède la terre,
dit à ce sujet M. de Laveleye, (De la propriété et de ses
formes primitives, chap. xxx p. 463 et suiv.) est « la com-
« munauté de famille, c'est-à-dire le groupe des descendants
« d'un même ancêtre, habitant dans une même maison ou
« un même enclos, travaillant en commun et jouissant en
« commun des produits du travail agricole.... Au point
« de vue juridique, chaque communauté de famille forme

« une personne civile qui peut posséder et agir en justice.
« Les biens immeubles qui lui appartiennent constituent
« un patrimoine indivisible.... celui qui quitte la maison
« commune, pour s'établir définitivement ailleurs, perd
« tous ses droits. » « Les biens constituent donc la propriété
« commune de tous les membres de la famille ; de proprié-
« té privée, il n'en existe pas. » (Etude de M. Elfimenko sur
« les slaves. p. 90).

Il en résulte qu'aucun membre de l'association ne peut
disposer d'une part du sol, par donation ou par testament,
puisque nul n'est propriétaire et que chacun n'exerce
qu'une sorte d'usufruit (de Lavelaye, id.). « La possession
« en commun d'une certaine étendue de terre, administrée
« par le chef, comporte l'interdiction d'aliéner les terrains
« par vente ou par donation », (Kovalewski, id. p. 90). On lit
également dans l'ouvrage de M. Elfimenko (1) : « Règle
« générale, la terre familiale n'est point sujette à aliéna-
« tion. Pour que cette exception se produise, il faut un con-
« cours extraordinaire de circonstances néfastes, mettant
« en question le sort même de la famille. Dans tous les cas,
« les ventes ne sont valables qu'à la condition d'être con-
« senties par tous les membres arrivés à l'âge de la matu-
« rité. Ce n'est pas la majorité qui fait loi, c'est l'accord
« unanime que la coutume exige en ce cas. »

La propriété familiale exclut également, par voie de
conséquence, l'ouverture de l'héritage, la « delatio hereditatis ». « Le chef de communauté, d'après Elfimenko, (2)
« ne fait que gérer la fortune commune ; à sa mort, elle
« reste indivise et passe dans les mains d'un autre chef
« appelé à ce poste par son âge ou par une élection, ordi-
« nairement au frère ou au fils aîné. » « Quand un individu
« meurt, dit M. de Laveleye (op. c.) aucune succession ne
« s'ouvre sauf pour les objets mobiliers, et encore ses enfants
« ont droit à une part du produit des fonds de terre, non en
« vertu d'un droit d'hérédité mais à raison d'un droit

(1 et 2) Étude sur les Slaves.

« personnel. Ce n'est point parce qu'ils représentent le
« défunt, c'est parce qu'ils travaillent avec les autres à
« faire valoir la propriété commune qu'ils participent à la
« jouissance des fruits. »

Enfin, les filles reçoivent, en cas de mariage, une dot en
rapport avec les ressources de la famille ; mais elles n'ont
aucun droit à faire valoir sur la propriété patrimoniale.
« Le motif de cette exclusion, d'après M. de Laveleye,
« c'est que, si les filles héritaient, comme par le mariage
« elles passent dans une autre famille, elles pourraient, en
« réclamant le partage, amener le démembrement du do-
« maine collectif, et par suite, la destruction de la corpora-
« tion familiale. Cette coutume se rencontre dans les pays
« slaves, les pays germaniques sous le christianisme,
« comme dans l'Inde, en Grèce et à Rome sous le paganis-
« me, et partout elle a pour raison d'être un motif d'ordre
« économique : la conservation de la " gens ", de la famille
« patriarcale basée sur l'indivisibilité du patrimoine fami-
« lial. »

Possession commune sous l'administration d'un chef,
prohibition de l'aliénation et du partage pour chaque membre de la communauté, absence de dévolution héréditaire,
exclusion des filles de tout droit au patrimoine commun,
tels sont les traits caractéristiques de la propriété familiale.
Or, il suffit de jeter un coup d'œil sur l'organisation de la
propriété indigène et la législation qui la régit depuis la
conquête pour se convaincre des différences qui la séparent
du communisme patriarcal. L'état d'indivision du sol que
nous avons signalé (V. p. 15) paraît se rapprocher, il est
vrai, de cette forme de la propriété, mais l'analogie n'est
qu'apparente. Tout propriétaire indivis peut, en droit
musulman, aliéner son droit (Sousse, 17 mars 1898, J. T.
1898 p. 475), demander le partage, transmettre son patrimoine par donation, testament ou succession ; bien plus, la
loi coranique assigne aux filles une part réservataire dans
les meubles aussi bien que dans les immeubles de l'auteur
commun.

Nous en concluons que la propriété melk, que nous

avons vue se constituer dès les premiers jours de la conquête
(V. p. 7), a toujours revêtu un caractère privatif, indivi-
duel, et qu'elle n'offre aucun des caractères essentiels de la
communauté de famille, dont on ne trouve d'ailleurs aucune
trace dans les écrits des jurisconsultes musulmans.

Dans un autre système, qui a reçu en Algérie une consécration officielle, on a soutenu que, si la propriété melk
existe dans les villes, dans leur banlieue et dans les centres
d'agglomération, la propriété rurale, au contraire, revêt
souvent un caractère collectif qui ne confère au détenteur
qu'un droit de détention précaire, le domaine éminent
appartenant à la tribu. Le sol, dans ce cas, est connu sous
la dénomination de terre " *arch* ".

Les données de la linguistique, au point de vue de l'étymo-
logie du mot arch, sont incertaines. D'après Seignette,
traduction de Sidi Khelil (appendice p. 708 et suiv.), le
mot arch, d'origine arabe, aurait désigné primitivement la
tente ou le pavillon qui abritait l'autel de la tribu, alors
que celle-ci, comme l'ancienne " *gens Romana* ", avait ses
dieux et son culte particulier ; il aurait ensuite été appliqué
à la tribu elle-même, à l'époque relativement moderne de
l'invasion Hilalienne.

On sait quelles difficultés soulève, en Algérie, la question
de la propriété indigène.

Au moment de la conquête, les français se trouvèrent en
présence de deux sortes de terre : les unes formaient des
propriétés melk, mais les droits des détenteurs étaient mal
établis ou constatés par des titres équivoques ; les autres
sous des noms divers *(arch, sabéga, azel, maghzen),* étaient
possédées à titre précaire par les tribus, la propriété repo-
sant entre les mains de l'Etat *(Beylik).*

Cette situation constituait le plus sérieux obstacle pour
une entreprise de colonisation ; la conquête datait à peine
de quelques années que, dans la zone très circonscrite des
territoires du littoral où des exploitations européennes
avaient tenté de s'installer, des causes multiples d'insécu-

rité frappaient ou menaçaient de nullité les acquisitions faites avec la plus complète bonne foi.

Le Gouvernement s'émut de cette situation et, après diverses mesures d'expédient, déclara les tribus propriétaires des territoires sur lesquels elles n'avaient eu jusqu'alors qu'un droit précaire. La propriété " arch " était constituée. L'œuvre, commencée timidement en 1846, interrompue quelques années plus tard, fut reprise sur de larges bases par le sénatus-consulte de 1863. Son existence a été depuis lors consacrée par les lois des 26 juillet 1873, 28 avril 1887 et 16 février 1897, qui ont toutefois substitué à l'ancienne dénomination l'appellation plus claire de propriété collective.

La propriété collective offre certains caractères privatifs: chaque laboureur a sa terre déterminée, il cultive la même chaque année, il profite seul de sa récolte, il ne paie aucune redevance, si ce n'est l'impôt, il reçoit et transmet cette terre par succession. A la différence de la propriété melk, elle ne peut être vendue, ni donnée, ni léguée. En cas de deshérence, elle retourne à la tribu. Enfin, c'est à la juridiction administrative et non à l'autorité judiciaire qu'il appartient de statuer sur les contestations relatives aux terres de cette catégorie (art. 9 et 13 de la loi du 16 février 1897).

Cette conception de la propriété arch repose-t-elle sur une théorie certaine et des observations exactes ? Il est permis d'en douter. L'Algérie, pas plus que la Tunisie, n'a été une terre de violence : (Mercier op. cité. Extrait du Journal asiatique p. 18 et suiv.) ; d'ailleurs, en droit musulman, ce n'est pas la tribu qui devient propriétaire des terres conquises par les armes, c'est Dieu, l'iman, le sultan, l'État. Aussi nombre d'auteurs autorisés, soucieux de tout ramener aux règles du droit commun, nient-ils l'existence de la terre arch et ne voient-ils dans cette tenure, qu'une création du législateur. M. Mercier, parlant de « cette « étrange distinction des terres arch et des terres melk », dit que c'est « notre goût de l'uniformité et des formules, « presque toujours inexactes et dangereuses, qui a assuré

« le succès de ces erreurs.» M. Frank-Chauveau, dans son
rapport sur la propriété foncière en Algérie, considère que
« la terre arch ne répond à aucune idée chez les indigènes,
« qu'elle leur est inconnue, qu'elle est une pure conception
« de l'esprit, une innovation des théoriciens de la colonisation. » D'après M. Eyssautier (R. A. 1895 I. p. 81 et suiv.),
la distinction de la terre arch et de la terre melk serait,
d'ailleurs, incomprise des indigènes eux-mêmes, au langage desquels on paraît l'emprunter. « Plus nous vivons
« parmi les indigènes, dit M. Pouyanne, (thèse de doctorat),
« et plus nous sommes convaincus qu'ils n'ont jamais rien
« compris à nos termes de melk et d'arch. Le melk, pour
« eux, c'est la terre vivifiée, l'arch, la terre en friche (terre
« morte). Les termes conventionnels que nous leur avons
« fait adopter et les différences que nous avons établies
« entre le melk et la terre collective leur paraissent beau-
« coup trop subtiles. La commission traduit ainsi le lan-
« gage des indigènes ; la terre melk est celle dont nous
« jouissions antérieurement à l'arrivée des Français ; la
« terre que vous appelez collective et que nous appelons
« terrain de la commission, c'est le terrain que vous avez
« défendu de vendre et de louer, dont certaines parties ont
« été cependant vendues et louées et pour lesquelles-vous
« vous êtes réservé le droit de trancher les contestations,
« bien qu'en certains cas les juges sont intervenus, de sorte
« que nous ne savons plus à quelle juridiction recourir. »
    Quoi qu'il en soit, un fait certain, sur lequel les témoi-
gnages sont unanimes, c'est que la propriété arch est
inconnue dans la Régence. M. Dain (système Torrens et
de son application en Tunisie et en Algérie p. 6), recher-
chant les raisons d'une différence aussi profonde entre
deux pays voisins habités par la même race, ayant subi
les mêmes vicissitudes historiques et entre lesquelles subsistent encore tant d'analogies, se demande si cet état de
choses ne provient pas de ce que les populations de la Régence, plus sédentaires, sont aussi plus civilisées et dans
un état économique plus avancées que celles de l'Algérie ;
mais cette explication n'est établie sur aucune donnée pré-

cise et ne trouve à s'appuyer sur aucune considération historique. Les dissemblances entre nos deux colonies africaines tournent, à notre avis, à la confusion de la théorie de la propriété arch.

Le législateur tunisien, instruit par les erreurs de ses devanciers, s'est gardé d'innovations dangereuses et abstenu de définir avec nos notions actuelles du droit une forme de propriété dont le développement est étranger à nos conceptions juridiques.

Il existe, il est vrai, dans la Régence, sous le nom *d'ard el arbia. ouabria, alfa, nehaba* etc. (V. p. 9), des territoires dépourvus de villes et de populations sédentaires, peuplés de tribus nomades ou semi-nomades, et dont la condition juridique paraît identique à celle des terres qu'on a appelées, en Algérie, terres " arch ou de propriété collective ". Mais ces territoires sont considérés en Tunisie comme appartenant à l'Etat, sans que les indigènes en aient jamais contesté la domanialité.

L'Administration elle-même manque de données précises sur l'origine de cette domanialité : elle incline toutefois à penser que, en dehors des terres mortes, qui sont, d'après le droit commun musulman applicable dans la Régence, à la disposition du souverain, son droit de propriété provient le plus généralement des confiscations opérées par les Beys à la suite des révoltes de ce siècle ou du siècle dernier. En tous cas, le droit de l'État, admis par tous les juristes tunisiens s'appuie sur une coutume immémoriale ; il est, de plus, sanctionné par l'art. 113 du décret du 26 avril 1861 (Bompard, p. 402) et par l'arrêté du Premier Ministre en date du 1er décembre 1881 (Bompard, p. 96), qui déclarent nulles et non avenues les ventes de terrains, mines et forêts consenties par les indigènes des tribus, parce que ceux-ci n'y ont aucun droit. Plus récemment, une circulaire du Premier Ministre aux Cadis, du 15 avril 1895, a interdit la passation, par les notaires musulmans, d'actes relatifs à des terrains situés dans le territoire des tribus arabes de l'intérieur, sans autorisation préalable de l'État. (Sebaut, V. Notariat, p. 444).

Il ne faut pas en conclure que le Gouvernement ne reconnaisse aucune propriété privée dans les territoires fréquentés par les nomades : il y existe des concessions régulières des Beys, des faits indéniables de possession durable, des terrains acquis par le défrichement, qui sont la propriété melk des occupants. Mais c'est là l'exception et la généralité des territoires en question constitue le domaine privé de l'État, grevé d'un droit d'usage au profit des populations qui y séjournent périodiquement et à certaines époques de l'année.

2. Droit de propriété des Européens. Législation qui leur est applicable.

Le droit de propriété, dans la Régence, a été pendant longtemps, le privilège exclusif des sujets tunisiens. Pour devenir propriétaires, les Européens étaient obligés de recourir à des subterfuges. Ils plaçaient leur propriété sous le nom d'un indigène, qui figurait sur le titre en qualité d'acquéreur et leur remettait ensuite ce titre en garantie d'un prêt simulé, dont le montant était toujours porté à un chiffre de beaucoup supérieur à la valeur de l'immeuble. Le créancier gagiste (propriétaire) stipulait à son profit le droit de disposer des revenus, à la charge d'acquitter les impôts et autres redevances et de faire les réparations nécessaires, et celui de réaliser le gage, sans toutefois pouvoir exercer un recours contre le pseudo-débiteur lorsque le prix de vente de l'immeuble était inférieur au montant de la créance supposée. Un autre procédé consistait à recourir au contrat de louage pour une durée très longue, parfois même illimitée. Mais ces contrats étaient considérés, en fait, comme translatifs de propriété, et c'est en ce sens que la jurisprudence des tribunaux français les ont toujours interprétés, sans tenir compte de la qualification inexacte donnée par les parties à seule fin d'éluder l'interdiction d'acquérir. (Trib. mixte, 15 mai 1897, R. A. 1897, 2,

p. 426 ; J. T. 1897, p. 485 ; 20 mai 1897, J. T. 1897, p. 413 ; Sousse, 10 février 1898, J. T, 1898, 238).

Une telle situation, évidemment pleine de périls pour l'acquéreur, paralysait l'essor économique du pays : aussi le Gouvernement beylical, dans le mouvement de libéralisme qui aboutit au Pacte Fondamental du 10 septembre 1857, reconnut-il « aux étrangers qui voudraient s'établir dans la Régence » le pouvoir d'acheter toutes sortes de propriétés, à la condition de se soumettre aux règlements existants ou qui pourraient être établis (art. 11).

Les divers Gouvernements d'Europe ne tardèrent pas à réclamer pour leurs nationaux le bénéfice de cette disposition, qui fut déterminée et complétée successivement par les traités internationaux. Le traité du 10 octobre 1863, passé avec l'Angleterre et confirmé par l'art. 5 du traité du 19 juillet 1875, stipule dans son art. 1er : « Il sera désormais « permis aux sujets anglais d'acheter et de posséder des « propriétés immobilières de toutes sortes dans la Régence « de Tunis, et les autorités et tribunaux religieux ou autres « seront investis du pouvoir de procéder, sur la demande « de l'acheteur, à la vérification des titres et à leur transfert « en son nom, conformément aux usages, afin de leur « conférer la validité requise par la loi ». Le même droit est conféré, aux mêmes clauses et conditions, aux sujets autrichiens, par la convention du 13 janvier 1866, et aux sujets prussiens par celle du 27 juin 1866. Le traité du 8 septembre 1868 (art. 19) reconnaît également aux Italiens « le droit « d'acquérir et de posséder, à l'égal des indigènes, des mai-« sons, des terrains, des oliviers et des immeubles de quelque « sorte que ce soit, non moins que des biens meubles ou non « mobiles et que toute autre espèce de propriété ». La France, qui d'ailleurs, jouissait du traitement de la nation la plus favorisée en vertu du traité du 15 novembre 1824 (art. 37), obtint de même, pour ses nationaux, le droit d'être propriétaires à l'égal des sujets anglais et italiens et dans les conditions prévues avec les Gouvernements de ces derniers. (V. décret du 8 juillet 1871) et deux amras du Bey adressés, l'un au Cadi malékite, le 9 juillet 1871, l'autre au Muphti malékite, le 12 juillet de la même année (1).

La concession dont il s'agit est expressément maintenue par la convention de l'établissement avec l'Italie du 28 septembre 1896, qui assure aux Italiens établis dans la Régence le droit « d'acquérir et de posséder toutes espèces « de biens meubles et immeubles », au même titre que les nationaux et les Français ; le bénéfice en est donc également acquis aux sujets de toutes les puissances, qui, en vertu de déclarations échangées depuis 1896 avec la France, jouissent en Tunisie, du traitement de la nation la plus favorisée.

La qualité de propriétaires reconnue aux Étrangers n'implique pas pour ceux-ci le droit de requérir, en matière immobilière, l'application de leur loi nationale ; les Puissances ont confirmé, suivant les réserves stipulées à l'art. 11 du Pacte fondamental, la soumission à la loi locale des immeubles tunisiens appartenant à des nationaux étrangers.

(1) Le premier amra est ainsi conçu : « Les sujets français étaient « obligés, à l'époque où il ne leur était pas permis de posséder « sous leur nom des immeubles urbains et ruraux, d'inscrire l'achat « de leurs propriétés sous le nom de Tunisiens. Il nous a paru « utile aujourd'hui qu'ils soient reconnus comme propriétaires en « titre des propriétés qu'ils auraient ainsi achetées. Ainsi, vous « devez prévenir les notaires que, si un Français se présente à eux « pour leur demander d'inscrire comme sienne une propriété achetée « sous le nom d'un Tunisien et que le Tunisien cité dans l'acte se « présente et accepte la substitution du nom du Français au sien, « ils ne devront pas s'y refuser, mais devront, au contraire, régula- « riser cet acte suivant la forme légale, en ayant soin de stipuler « que la personne dont le titre est régularisé s'engage à se sou- « mettre à la juridiction du pays, ainsi que cela est d'usage dans « la rédaction des titres de propriétés appartenant à des étrangers « ayant acquis le droit de posséder »,

L'amra adressé au Muphti malékite est libellé ainsi que suit : « Nous avons concédé aux sujets du Gouvernement français, le droit « de posséder des immeubles dans notre Régence comme en possè- « dent les sujets anglais et italiens, conformément aux traités con- « clus avec les Gouvernements de ces derniers. Vous devez donc « inviter les notaires à écrire dorénavant au nom des sujets fran- « çais les titres des propriétés qu'ils achèteront, comme ils le font « actuellement pour les titres des sujets anglais et italiens ».

Le traité avec l'Italie du 8 septembre 1868 disposait à cet égard: « Les Italiens devront se soumettre aux lois du pays « pour ce qui concerne les biens immmobiliers (art. 19). « Les lois à appliquer pour la décison de la cause, lorsque « les tribunaux et autorités locales devront trancher la « question, seront celles du pays, pourvu qu'il ne s'agisse « pas d'établir l'état et la capacité personnelle de la partie « italienne (art. 22) » — Les traités anglo-tunisiens n'é- taient pas moins précis : « Les sujets anglais possédant des « propriétés immobilières.... rempliront, en général, les « obligations qui sont imposées par la loi à la propriété de « ce genre détenue par les nationaux....» (art. 2 du traité du 10 octobre 1863).

« Tous les cas litigieux concernant la propriété immo- « bilière..., entre sujets anglais et tunisiens, seront déférés « pour être réglés, aux tribunaux compétents... Toutefois, « la décision de ces derniers sera dirigée par les lois et usa- « ges du pays...» (art. 4 du traité du 10 oct. 1863 et art. 42 du traité du 19 juillet 1875). Enfin, la nouvelle convention consulaire avec l'Italie du 28 septembre 1896, qui est deve- nue la loi commune des nationaux des pays contractants établis dans la Régence, stipule sous l'art. 2, que le droit d'acquérir et de posséder en Tunisie est accordé « sous les conditions établies par les lois et règlements du pays ».

Le principe consacré par ces dispositions est en harmonie avec les théories modernes du droit international privé, qui admettent que le droit de propriété, considéré en lui- même, abstraction faite de celui qui l'exerce et de son inté- rêt particulier, doit toujours être gouverné, dans sa nature, dans son étendue, par la loi du pays où se trouve son objet, parce qu'il touche aux intérêts vitaux de l'État, à son ré- gime économique et à son droit public. (Weiss, Droit in- ternational privé, p. 589).

L'application aux questions immobilières de la législation du pays, n'empêche pas d'ailleurs les tribunaux français de combler, au moyen de la loi française, les lacunes du droit musulman. Le traité italo-tunisien du 8 septembre 1868 (art. 22) n'imposait, en effet, l'application de la loi tunisienne, que dans le cas où l'affaire, intéressant un Tunisien, était portée devant la juridiction indigène. De même, le traité anglo-tunisien du 10 octobre 1863 n'obligeait le consul à suivre, les lois et les usages du pays, qu'autant que ces lois et usages présentaient pour le règlement de chaque contestation particulière un caractère suffisant de certitude. Ces textes autorisaient donc les tribunaux consulaires d'Italie et d'Angleterre à s'inspirer de leur loi nationale toute les fois que les lois et usages locaux ne leur permettaient pas de résoudre les litiges immobiliers dont ils étaient saisis dans les limites de leur compétence, et que le recours à cette loi nationale n'était pas, d'ailleurs, de nature à léser la souveraineté du Gouvernement tunisien. Or, la juridiction française, aujourd'hui, est évidemment fondée à agir de même, puisqu'elle a été substituée aux diverses juridictions consulaires et qu'elle a hérité de tous leurs pouvoirs (1).

Mais en principe, les immeubles non immatriculés, sont assujettis au même régime foncier, qu'ils soient possédés par des propriétaires tunisiens ou par des propriétaires étrangers.

En Algérie, le sol a longtemps suivi la condition de son propriétaire, et, tandis que les indigènes étaient régis par leurs coutumes locales, les Européens étaient soumis au Code civil français ; deux lois pouvaient ainsi régler successivement la condition du même immeuble, marquant chacune son empreinte sur la terre avec son cortège de droits réels et de règles spéciales (2).

En Tunisie, au contraire, et quelle que puisse être la nationalité des propriétaires, les immeubles non immatriculés ont toujours été et continuent à être uniformément

(1) La juridiction française a usé notamment de ce pouvoir de réglementation en matière d'expropriation pour cause d'utilité publique et d'action possessoire (V. infra Chap. II, Sect. I, § 3, III et Sect. IV).

(2) Les lois françaises du 26 juillet 1873, 28 avril 1887 et 16 février 1897 ont remédié, pour l'avenir, à cette situation, en décidant que les immeubles auxquels se réfèrent les titres de propriété délivrés par l'Administration des Domaines seront soumis, quels que soient leurs propriétaires aux prescriptions de la loi française,

soumis au droit musulman tunisien (Tunis, 1ʳᵉ ch., 2 février 1887, J. T. 94, p. 183 ; Sousse, 10 octobre 1889. R. A. 90, 2, 41 ; Trib. mixte, 26 mars 1898, J. T. 1898, 273). C'est à cette loi territoriale qu'il faut se référer, notamment pour connaître les diverses tenures de la propriété : Melk, Habous, Kirdar, Enzel, avec leurs caractères essentiels et distinctifs, les limitations au droit de propriété et les charges qui peuvent le grever, — les droits réels immobiliers et leur étendue, — les conditions requises pour la constitution et la transmission des droits réels, sinon entre les parties du moins à l'égard des tiers, — les droits de préférence ou privilèges établis par la loi elle-même et qui ne peuvent l'être par convention — les conditions et la durée de la prescription immobilière dans ses diverses applications, etc.

Ce système n'a pas toujours été suivi en jurisprudence. Il s'est produit à plusieurs reprises des divergences entre la juridiction locale et la juridiction supérieure, la première tendant, par des considérations d'ordre politique, à appliquer dans les litiges immobiliers, les usages européens, la seconde soucieuse des principes, s'attachant à statuer d'après la législation tunisienne exclusivement. Au temps des juridictions consulaires un juge consul italien décida, par exemple, que les contestations relatives aux immeubles possédés en Tunisie par des Italiens devaient être jugées selon la loi italienne : ce jugement fut infirmé par la Cour d'appel de Gênes dans un arrêt du 27 avril 1883 (R. A. 1891, 2, 425, note 1). Faisant une juste interprétation des traités, l'arrêt reconnaît que « la convention du 8 septembre 1868, tout en établissant pour les Italiens un bénéfice de juridiction, ne peut pas empêcher l'application de la loi territoriale aux immeubles situés dans la Régence. » A son tour le Tribunal civil de Tunis fit par jugement du 14 janvier 1884 (J. T. 90 p. 100) application des art. 675 et 676 de notre Code civil à deux immeubles appartenant à des Français et situés dans le quartier européen de la ville ; le même Tribunal décida, dans un autre espèce qu'il suffisait que la contestation surgit entre ses justiciables pour qu'il y eût lieu d'appliquer la loi française (T. 13 juillet 1887 - J. T. 94, 184) ;

il jugea même que, tout immeuble construit dans un quartier européen tombait, par le fait seul de son emplacement, sous l'empire du Code civil quelle que fût d'ailleurs la nationalité du propriétaire (T. 1re ch. 27 février 1888, R. A. 90, 2, 44). Mais la Cour d'appel d'Alger (8 janvier 1890, R. A. 90, 2, 45), rappelant les principes généraux de la matière et les clauses formelles des traités, réforma ces jugements ; la Cour de cassation rejeta de son côté le 20 avril 1891 (J. T. 91, 265, R. A. 1891, 2, 425) le pourvoi formé contre l'arrêt d'Alger. Cette décision de la Cour suprême a fixé définitivement la jurisprudence et les tribunaux français de la Régence ont, depuis lors, jugé que la loi territoriale est seule applicable en matière immobilière. (Tunis, 2e ch. 21 novembre 1889, J. T. 94, 185 - T. 29 mars 1890, R. A. 91, 2, 421 - T. 1re ch. 14 mars 1892, J. T. 94, 214 - T. 1re ch. 6 mars 1893, R. A. 93, 2, 247 - T. 2e ch. 28 février 1894, J. T. 94, 194 - T. 24 décembre 1894, J. T. 95, 90 - T. 1re ch. 25 février et 29 mars 1895, J. T. 95, 179 et 565 - Alger 17 février 1897, J. T. 1897, 514, R. A. 1897, 2, 484 - Alger 30 janvier 1897, J. T. 1898, 62, R. A. 1898, 2, 333 - Trib. mixte 26 mars 1898, J. T. 1898, 273, R. A. 1898, 2, 281).

La loi territoriale ne s'applique toutefois ni aux donations ni aux successions des Européens, qui sont régies même pour les biens immobiliers, par le statut personnel du défunt. Le traité italien du 8 septembre 1868 portait, en effet (art. 22, al. 6) : « Les donations et les successions, quand même « elles auraient pour objet des biens immobiliers, seront « réglées suivant les lois italiennes ou tunisiennes selon que « le donateur ou le défunt appartiendra à l'une ou à l'autre « nation ». L'art. 4 du protocole du 25 janvier 1884, entre la France et l'Italie, au sujet de l'exercice de la juridiction française en Tunisie stipule de même : « Les nouveaux tri-« bunaux prendront pour règle l'application de la loi italien-« ne..... pour les matières énoncées dans l'art. 22 du traité « précité à savoir : statut personnel et rapports de famille, « successions, donations et, en général, toutes les matières « réservées par le droit international privé à la législation

« de chaque étranger ». La nouvelle convention consulaire
avec l'Italie du 28 septembre 1896 dispose, à son tour, sous
l'art. 4 : « Les Tunisiens et les Italiens pourront disposer à
« leur volonté par donation, vente, échange, testament ou
« de toute autre manière, de tous les biens meubles et im-
« meubles qu'ils possèderaient dans leurs territoires respec-
« tifs.....; ils pourront également prendre possession et
« disposer sans empêchement de biens meubles ou immeu-
« bles qui leur seraient dévolus en vertu d'une loi ou d'un
« testament dans les mêmes territoires ». Les nationaux des
autres puissances jouissant de la clause de la nation la plus
favorisée sont en droit d'invoquer ces dispositions dont le
bénéfice, d'après les usages tunisiens reconnus par la jurisprudence, s'étend à tous les Européens établis dans la Régence (T. 2e ch. 24 février 1889, J. T. 90, 12 - Clunet 89,
675 - T. 2e ch. 25 mars 1890, R. A. 90, 2, 477 - T. 27 juillet
1896, J. T. 96, 468 - T. 26 novembre 1894, J. T. 1897, 401
- T. 1re ch. 3 janvier 1898, J. T. 1899, 339).

La question de savoir par quelle législation sont régies
les donations et successions immobilières fait, en droit international, l'objet de controverses. Certains sont partisans
de la doctrine statutaire qui est admise notamment par la
législation française et emporte application de la loi de la
situation des biens ; d'autres sont partisans de la théorie de
la personnalité des lois, adoptée notamment par la législation
italienne (art. 8) et en vertu de laquelle la loi nationale du
de cujus préside à la transmission héréditaire de son patrimoine. C'est ce dernier système, consacré également en
Tunisie, qui tend à prévaloir dans le droit moderne : l'Insti-
tut de droit international lui a donné la haute sanction de
ses suffrages, en votant, à la session d'Oxford, en 1880, la
résolution suivante : « Les successions à l'universalité d'un
« patrimoine sont, quant à la détermination des personnes
« successibles, à l'étendue de leurs droits, à la mesure ou
« quotité de la portion disponible ou de la réserve et à la
« validité intrinsèque des dispositions de dernière volonté,
« régies par la loi de l'Etat auquel appartenait le défunt ou
« subsidiairement par les lois de son domicile, quels que

« soient la nature des biens et le lieu de leur situation ». On
ne saurait objecter que la succession aux immeubles, se
rattachant à l'intérêt économique et politique de l'Etat, à
l'ordre public largement entendu, devrait être régie par la
loi de leur situation. Ainsi que le fait observer M. Audinet,
(principes élémentaires de droit international privé p. 252) :
« Le régime des successions tient, sans aucun doute, à l'or-
« ganisation politique et sociale de chaque Etat ; mais,
« comme les droits de famille dont il est une dépendance, il
« est d'ordre public interne et non d'ordre public interna-
« tional ». On comprend, en effet, que si le règlement de la
transmission du patrimoine intéresse l'Etat quand il s'agit
de ses nationaux il n'en est plus de même au regard des
étrangers. Les dévolutions doivent, au surplus, se régler
d'après la volonté expresse ou présumée du donateur ou du
défunt et c'est évidemment la loi nationale du défunt ou du
donateur qui permet de donner à cette volonté la meilleure
interprétation.

§ 3. Des limitations apportées à l'exercice du droit de propriété.

L'exercice du droit de disposition du propriétaire melk
est limité par des restrictions apportées au partage et par le
retrait connu sous le nom de *chefàa* ; on peut encore, dans
cet ordre d'idées, signaler les servitudes légales et l'expropriation pour cause d'utilité publique ; mais nous nous ré-
servons pour plus de clarté de traiter sous une même
rubrique des servitudes légales et des servitudes conven-
tionnelles.

I. Restrictions apportées à l'exercice du droit de partage.

Dans la matière des partages, le législateur a été visi-
blement sollicité par deux tendances opposées : d'une part,

le respect de la propriété et de la liberté individuelle, d'autre part, le souci de maintenir l'intégrité et la prospérité de la famille, en protégeant le foyer domestique contre l'immixtion des étrangers.

En principe, tout co-propriétaire peut demander le partage quelque faible que soit sa part : « Les cohéritiers, porte « l'Hedaya, peuvent s'entendre entre eux ». Lorsque les parties, en d'autres termes, sont majeures, capables et d'accord, elles ont le droit d'opérer le partage en telle forme qu'elles jugent convenables et ne sont soumises à aucune opération préalable, à aucune formalité déterminée. C'est le partage conventionnel.

Si tous les héritiers ne sont pas maîtres de leurs droits, s'il se trouve parmi eux un mineur, un incapable, un absent ou bien si, tous les héritiers étant majeurs, un ou plusieurs d'entre eux refusent de partager amiablement la succession, le partage ne peut plus être régulièrement fait que suivant les formes protectrices édictées par la loi. C'est le partage légal ou judiciaire.

Le droit musulman n'apporte aucune entrave au partage conventionnel. Par contre, il soumet le partage légal à certaines restrictions : il attribue au juge le soin de décider s'il est opportun pour les co-propriétaires de sortir de l'indivision et le pouvoir de rejeter la requête du demandeur qui lui paraîtrait basée moins sur un intérêt réel que sur une intention de lucre ou de vexation à l'égard de ses cohéritiers. Ainsi, le juge peut refuser le partage de choses indivises même susceptibles de produire des fruits civils à moins qu'elles ne soient commodément partageables (Tohfat d'Eln Acem traduit par Houdas et Martel p. 520) ; il peut également refuser de procéder au partage ou à la licitation, quand le demandeur ne démontre pas qu'il y a un intérêt manifeste pour les co-propriétaires à sortir de l'indivision (Tohfat p. 522).

Ce serait donc une erreur de conclure, suivant une opinion généralement reçue, que la loi musulmane s'oppose au partage. Tout propriétaire indivis a, au contraire, le droit de le requérir ; mais, à la différence de notre loi civile (art. 815 C. C.), qui reconnaît à chaque intéressé le droit absolu de sortir de l'indivision, la loi musulmane laisse au juge le soin d'apprécier l'opportunité de la demande et l'investit à cet effet de pouvoirs souverains.

Le caractère facultatif du partage, qui appartient au statut réel, s'applique à tous les immeubles non immatriculés, sans égard à la nationalité des propriétaires. Les Européens ne sauraient, dès lors, revendiquer le bénéfice de leur loi nationale pour contraindre judiciairement leurs co-héritiers au partage : soumis à la loi territoriale, ils n'ont d'autre ressource, pour sortir de l'indivision, que de vendre leur part indivise (T. 29 mai 1896, R. A. 1896, 2, 325 - Sousse 18 juin 1897, R. A. 1897, 2, 488 - Sousse 17 mars 1898, J. T. 1898, 475) ou d'obtenir l'immatriculation de l'immeuble indivis (Sousse 1re ch. 18 juin 97, J. T. 1897, 444).

II. Du chefâa.

Le droit de *chefâa* ou droit de retrait, qui permet à l'ayant-droit de reprendre la terre des mains de l'acheteur en lui remboursant le prix d'achat, n'est pas une institution spéciale à la race arabe.

Nous la retrouvons presque partout, à l'origine des civilisations, notamment dans notre ancien droit, où la coutume l'avait organisé sous le nom de retrait lignager (1), mais elle revêt un caractère tout particulier en droit musulman tunisien. Le retrait lignager et le chefâa présentent, en effet, des différences profondes, tant au point de vue de leur objet que des personnes appelées à exercer le rachat : les immeubles propres, seuls, pouvaient, dans notre ancien droit, donner lieu au retrait lignager, à l'exclusion des acquêts ; dans le droit musulman, qui ignore cette distinction, tout immeuble, quelle qu'en soit l'origine, est sujet au chefâa ; —

_____

(1) Voici d'après Pothier (traité du contrat de bail à rente) la définition du retrait lignager : « C'est le droit que la loi accorde à ceux « des lignagers du vendeur de prendre le marché de l'étranger à qui « l'héritage propre de leur famille a été vendu et de se faire, en « conséquence délaisser l'héritage à la charge d'indemniser l'étran- « ger acquéreur de ce qu'il lui en a coûté pour l'acquisition ».

dans notre ancien droit coutumier, pouvaient seuls user du retrait les lignagers, c'est-à-dire les parents habiles à succéder aux propres ; en droit musulman, ce droit appartient au co-propriétaire du vendeur, parent ou non, et même au voisin, dans le rite hanéfite. On compare quelquefois le chefâa au retrait successoral du Code civil (art. 841), mais l'analogie est encore plus lointaine, car ce dernier s'applique, non aux aliénations à titre particulier, mais seulement aux cessions par l'héritier de ses droits indivis à l'universalité d'une succession.

Le chefâa est attribué aux co-propriétaires, aux héritiers du vendeur, au moins dans le rite Hanéfite (1), et aux co-usagers d'une servitude. Dans le rite Hanéfite il est, en outre, accordé au propriétaire contigu (T. m. 3 mars 1890, R. A. 1890, 2, 185). Les coutumes Kabyles vont plus loin : elles reconnaissent le chefâa non seulement aux co-propriétaires, cohéritiers, associés et aux parents dans l'ordre de successibilité, mais encore aux gens de la Karouba, c'est-à-dire aux parents ne venant pas au degré successible, aux habitants du village et même du village le plus voisin, enfin à tous les membres de la confédération (Hanoteau et Letourneux, coutumes Kabyles, T. 2, p. 402, Alger, 19 janvier 1891, R. A. 1892, 2, 214). Le chefâa peut être exercé aussi bien par un infidèle que par un musulman. « L'action en retrait, dit Sidi Khalil, appartient à tout co- « propriétaire, même à un sujet tributaire, à l'encontre d'un « musulman ou à un musulman à l'encontre d'un sujet. » (Seignette n° 873).

Le chefâa est opposable à tout acquéreur et s'applique à tous actes translatifs de propriété à titre onéreux : ventes, échanges, transactions et même procès-verbaux d'adjudication devant les tribunaux français (T. 2ᵉ ch., 16 avril 1891, J. T. 1894, 466 et 3 juin 1892, J. T. 1894, 467). Les seules transmissions immobilières qui lui échappent sont

---

(1) Il a été jugé que d'après le rite Malékite, le droit de chefâa ne se transmet pas aux héritiers (Trib. mixte, 7 janvier 1897, J. T. 98, 605).

celles qui procèdent de partages, de donations ou de legs. (Consultations du Cheik El Islam Hanéfi et du Bach Mufti Maléki sur quelques points de droit immobilier tunisien, p. 16).

« Le retrait ne peut s'exercer que sur les immeubles, « c'est-à-dire sur le sol, les constructions et les plantations « qui s'y trouvent, non sur les constructions et plantations « lorsqu'elles sont vendues seules, le sol appartenant à « autrui. » (Consultations des mêmes, p. 16).

Dans le droit musulman algérien, l'exercice du chefâa n'est soumis à aucune formalité spéciale : il suffit d'une manifestation de volonté de la part du chefiste, exprimée en temps utile et suivie de l'offre de payer le prix. En Tunisie, l'exercice en est subordonné à l'accomplissement de diverses formalités légales. C'est ainsi que le chefiste est tenu : 1° dès qu'il a connaissance de la vente, de déclarer par acte notarié (1) son intention d'exercer le retrait ; 2° d'établir la priorité de son droit de propriété ; 3° de se pourvoir devant le Cadi aux fins d'obtenir l'autorisation pour les notaires de dresser l'acte de chefâa ; 4° de consigner, immédiatement ou dans le délai imparti par le Cadi, le montant total du prix de vente (T. 2 juin 1884 R. A. 1889, 2, 169, J. T. 1891, 155, T. 2ᵉ ch. 3 juin 1892, J. T. 1894, 467 ; Sousse 8 mars, 1899, J. T. 1899, 277, R. A. 1899, 2, 428 ; Tilloy, Vᵒ chefâa, nᵒ 51 et suiv.).

Ces formalités sont exigées dans tous les cas et quel que soit le rite ; mais lorsqu'il s'agit d'un retrait de voisinage,

_____

(1) La formule de déclaration est ainsi libellée : « Devant les notaires a comparu.... lequel a déclaré que dès qu'il a appris la vente il s'est levé, incontinent sans délai ni retard, et a demandé à exercer le chefâa au sujet de l'immeuble sus-énoncé. Maintenant, il s'est transporté en compagnie des notaires, sur l'emplacement même des endroits délimités plus haut, sans délai ni retard, et, tous étant arrivés, il a affirmé le droit de chefâa sur l'emplacement même en disant : « J'exerce l'action en retrait », en posant la main sur le sol et en prenant possession. Cette déclaration s'appelle « El Moutabat », « demande d'assaut » ; elle est ainsi nommée parce que le chefiste assaille, se précipite impétueusement, pour réclamer l'exercice de son droit.

permis seulement par le rite Hanéfite, le chefiste doit,
avant la demande d'autorisation au Cadi, faire procéder à
la délimitation de la propriété vendue, afin que son droit de
propriétaire contigu soit établi d'une manière indiscutable.

Les effets du chefâa sont extrêmement énergiques. Le
retrayant prend les lieu et place de l'acquéreur ; il est substitué à tous ses droits et tenu de toutes ses obligations ; il
devient propriétaire de la chose vendue du chef du vendeur
lui-même, d'où la conséquence que tous les droits réels
concédés sur l'immeuble par l'acquéreur évincé, toutes les
aliénations qu'il peut avoir consenties avant sa dépossession
sont radicalement anéantis et tombent avec le titre qui leur
a servi de base.

Il n'est pas besoin d'insister pour comprendre combien
cette institution est de nature à compromettre la stabilité de
la propriété et à entraver le développement du crédit.
Frappés de ces inconvénients, les juristes de l'école Hanéfite, (1) ont pour en atténuer les fâcheuses conséquences, imaginé divers expédients notamment la « *vente à seurra* »
et la *vente à « Kenchat El Medjehoulat* ». Dans la vente à
seurra (étoffe nouée), (2) l'acquéreur joint au prix stipulé
un nombre inconnu de pièces de monnaie, nouées dans un
mouchoir, qu'il jette ensuite dans un endroit inaccessible :
le retrayant se trouve ainsi dans l'impossibilité d'offrir à
l'acquéreur une somme égale au montant du prix, qui est
indéterminé. Dans le second cas, l'acquéreur, en payant
son prix, verse au vendeur ou distribue aux pauvres, sans
les avoir comptées, une poignée de pièces de monnaie, les
« Kenchat Medjehoulah », les « cinq ignorés », c'est-à-dire
la somme inconnue contenue dans ses cinq doigts. L'exercice du chefâa est encore impossible, d'après le même rite,
lorsque le vendeur, s'étant réservé une bande de terrain
autour de la propriété aliénée, a rendu impossible toute

_____

(1) Le rite Malékite réprouve ces artifices de casuiste (R. A. 1885,
246, note 1 § 1).

(2) Cette manière de procéder est très rarement employée en Tunisie (Saliège, note sur le chefâa, J. T. 1894, p. 516).

contiguïté avec l'immeuble voisin (T. 2 juin 1834, J. T. 1891 155).

III. — *Expropriation pour cause d'utilité publique.*

Les seules dispositions relatives à l'expropriation pour cause d'utilité publique sont contenues dans les articles 10 à 14 du décret du 30 août 1858 sur l'organisation municipale de la ville de Tunis ; ils sont ainsi conçus. (1) « Le Conseil « pourra, s'il le veut, se créer des immeubles, construire sur « des terrains vagues lui appartenant ou appartenant à des « tiers après avoir satisfait les propriétaires (art. 10) ».

« Si l'utilité publique requérait l'élargissement d'une rue « étroite et que, dans ce cas, une expropriation fût recon- « nue urgente, le Président (de la Municipalité de Tunis) « en informera le propriétaire et l'indemnisera de la valeur « après avoir soumis le cas au Conseil. Si le propriétaire « se refuse ou demande un prix exorbitant, la question « sera soumise à des arbitres chargés d'estimer la propriété « en question, de tenir compte de la position, du temps, « des circonstances, et d'en fixer le prix. Ces arbitres sont, « au nombre de douze, dont six nommés par le Conseil « municipal et six par le propriétaire. Les sentences seront « rendues à la majorité des voix. En cas de parité, le Cadi « prononcera (art. 11).

« Si l'utilité publique réclamait l'expropriation d'une « partie d'un immeuble quelconque, le propriétaire pourra « s'il l'exige, demander la cession de la propriété tout en- « tière (art. 12).

« Il appartient au Conseil de se prononcer entre l'utilité « publique et la propriété privée ; l'exécution, dans ce cas, « sera suspendue jusqu'à notre approbation (art. 13).

« Sont considérés comme établissements d'utilité publi- « que, les rues communicatives, les avenues, les souks, les « places, les fontaines, les remparts, la conduite des eaux et « des égouts. » (art. 14).

(1) Texte inséré dans la revue de jurisprudence en matière d'expropriation pour cause d'utilité publique Berge J. T. 1893, 212.

En dehors de ce règlement, établi pour la seule ville de Tunis, il n'existe dans la Régence aucune autre disposition législative sur la matière de l'expropriation publique : la volonté souveraine du Bey fait loi au regard des sujets tunisiens. Les tribunaux ont reconnu, en conséquence, que, pour ces derniers, l'expropriation résulte : 1º de la concession faite par le Gouvernement tunisien à une compagnie de chemins de fer du droit d'établir une voie ferrée, avec engagement par le Gouvernement de fournir à la compagnie les terrains nécessaires ; 2º de l'approbation du plan des emprises (Trib. mixte 28 décembre 1887, R. A. 1888, 2, 109 - J. T. 1893, 207). Il a également été jugé que le Bey a le droit absolu d'exproprier un de ses sujets pour cause d'utilité publique et que la dépossession peut avoir lieu sans qu'il soit besoin du paiement d'une indemnité préalable (Trib. mixte, 15 décembre 1890, J. T. 1893, 207. - T. 30 janvier 1892, J. T. 1893, 202).

La situation créée par le décret de 1858 n'était pas acceptable pour les Européens. Dès que les puissances eurent obtenu pour leurs nationaux le droit de posséder des immeubles dans la Régence, elles stipulèrent des garanties contre l'éventualité de dépossession forcée pour cause ou sous prétexte d'expropriation publique.

Le traité avec l'Angleterre du 10 octobre 1863 contient à ce sujet les dispositions suivantes : « Aucun sujet anglais « ne sera contraint de vendre ses propriétés immobilières « si ce n'est pour un but d'utilité publique. Mais, dans tous « les cas d'expropriation, les art. 11 et 12 de la loi munici- « pale de Tunis règleront le mode d'effectuer l'expropriation « forcée dans un intérêt public et de fixer le montant de « l'indemnité à payer ; cette indemnité sera payée en entier « et à la satisfaction du propriétaire avant que l'acte d'ex- « propriation puisse être mis à exécution (art. 11). — Ce- « pendant, comme protection supplémentaire des proprié- « taires, le décret déclarant l'intérêt public pour lequel « l'expropriation est nécessaire, émanera de S. A. le Bey. « Le Consul général, ou, en son absence, son délégué en

« sera dûment informé, de façon qu'il soit en son pouvoir
« de veiller à l'exécution des dispositions de l'art. 11 de la
« loi municipale ci-dessus, consacrée et agréée pour ce qui
« concerne le mode d'évaluation et de fixation du montant
« de l'indemnité (art. 12). — En vue de prévenir les récla-
« mations, les abus ou qu'un acte d'expropriation donne
« lieu à des méprises, il est convenu que, si le décret du
« Bey spécifiant l'objet d'utilité publique pour laquelle l'ex-
« propriation a été faite, n'était pas exécuté à l'expiration
« d'une année à partir de sa date, le propriétaire de la pro-
« priété immobilière aura le droit de la recouvrer en rem-
« boursant le montant intégral de l'indemnité. » (art. 13).

Le traité italo-tunisien du 8 septembre 1868 stipule
également dans son article 20 : « Les propriétés immobilières
« possédées dans la Régence de Tunis par des citoyens ita-
« liens sont inviolables comme les propriétés mobilières, sauf
« toutefois le droit d'expropriation pour cause d'utilité pu-
« blique. Le droit d'expropriation sera subordonné dans son
« exercice aux conditions suivantes : 1º le décret déclaratif
« d'utilité publique pour laquelle l'expropriation deviendrait
« nécessaire devra émaner de S. A. le Bey de Tunis et être
« communiqué aux représentants de l'Italie ; 2º les articles
« 11 et 12 de la loi municipale de Tunis devront servir
« de règle pour effectuer l'expropriation et en liquider l'in-
« demnité ; 3º l'indemnité devra être payée intégralement
« au propriétaire avant que l'acte d'expropriation puisse
« être mis à exécution ; 4º au cas où le décret de S. A. le
« Bey qui spécifie l'objet d'utilité publique pour lequel l'ex-
« propriation a été faite, ne serait pas mis à exécution à
« l'expiration d'une année à partir de sa date, le propriétaire
« de l'immeuble aura le droit de le récupérer en rembour-
« sant intégralement le montant de l'indemnité reçue. »

Le décret du 12 juillet 1871, en concédant aux français le
droit d'être propriétaires d'immeubles dans la Régence, à
l'égal des sujets anglais et italiens, a permis à nos nationaux de revendiquer le bénéfice de ces dispositions, dont
ils auraient pu d'ailleurs se prévaloir en vertu des conven-

tions diplomatiques qui leur assuraient en Tunisie les avantages de la nation la plus favorisée.

Les dispositions des traités qui consacraient le double principe de la nécessité d'un décret d'expropriation et du paiement d'une indemnité préalable, formèrent le régime applicable aux européens, jusqu'à l'établissement de la justice française en Tunisie. (Trib. mixte 15 décemb. 1891, J. T. 93, 207 ; T. réf. 14 février 1891, J. T. 1893 157 ; T. 2ᵉ ch. 21 mai 1891, J. T. 1893, 180 ; T. 1ʳᵉ ch. 17 juin 1891, J. T. 1891, 326 R. A. 1891, 2, 485 ; T. 1ʳᵉ ch. 13 juillet 1891, J. T. 1893, 185 R. A. 1891, 2, 489 ; Tunis 1ʳᵉ ch. 19 octobre 1891 J. T. 1893, 158 ; T. 1ʳᵉ ch. 14 décembre 1891 J. T. 1893, 195 ; T. 1ʳᵉ ch. 18 janv. 1892 J. T. 1893, 224 ; T. 1ʳᵉ ch. 31 mai 1899, J. T. 1899, 488). Ce régime a été, depuis lors, modifié par la jurisprudence de nos tribunaux, qui ont dû combler les lacunes de la législation tunisienne et la combiner avec les règles de compétence particulières à leur juridiction. Ainsi le décret beylical confie au cadi le soin de fixer l'indemnité, en cas de partage des experts : les tribunaux français se sont déclarés seuls compétents pour statuer sur les procès inté-ressant leurs justiciables (T. 2ᵉ ch. 21 mai 1891 J. T. 1893, 180 ; T. 1ʳᵉ ch. 18 janvier 1892 J. T. 1893 224). Bien que la sentence du cadi soit rendue en dernier ressort, ils n'ont cependant consenti à juger qu'en premier ressort, par application des règles générales de leur organisation (T. 1ʳᵉ ch. 14 décembre 1891 J. T. 1893 195 ; R. A. 1892, 2, 145, ; T. 1ʳᵉ ch. 21 décembre 1891 J. T. 1893, 199 ; T. 1ʳᵉ ch. 18 janvier 1892 J. T. 1893, 224 ; T. 1ʳᵉ ch. 7 mars 1892 J. T. 1893, 141). Ils ont en outre : décidé que la légalité du décret d'expropriation est susceptible d'être appréciée, tout au moins au point de vue d'une de-mande en dommages-intérêts fondée sur son irrégularité (T. 1ʳᵉ ch. 13 juillet 1891, J. T. 1893, 185 ; T. 1ʳᵉ ch. 21 décembre 1891, J. T. 1893, 199) ; interprété la règle des traités en ce sens que le droit du propriétaire de rentrer dans son immeuble ne peut être exercé que si aucune dili-gence n'a été faite dans l'année pour l'exécution du travail

projeté (T. 2ᵉ ch. 21 mai 1891, J. T. 1893, 180) ; jugé,
par application de l'art. 12 du décret de 1858, que l'expro-
priant ne saurait être contraint à l'acquisition totale d'une
parcelle dont partie a été expropriée, lorsque le prix fixé
par le propriétaire est évidemment supérieur à la valeur de
l'immeuble (T. 1ʳᵉ ch. 18 janvier 1892 J. T. 1893, 224) ;
jugé également que l'indemnité doit être fixée sans qu'il
soit tenu compte de la plus-value procurée à l'immeuble
par les travaux même en vue desquels l'expropriation a été
prononcée (T. 1ʳᵉ ch. 18 janvier 1892. J. T. 1893, 224 ;
T. 1ʳᵉ ch. 23 mai 1898, J. T. 1899, 227) ; réglé enfin, par
de nombreuses décisions, la procédure et les formes de
l'expertise (voir sur cette question l'étude de M. Berge,
J. T. 1893, p. 216 et 217).

Depuis la dénonciation du traité Anglo-Tunisien du
10 octobre 1863 et Italo-Tunisien du 8 septembre 1868, cette
jurisprudence ne trouve aucun point d'appui dans les textes,
car la convention consulaire avec l'Italie du 28 septembre 1896 et les déclarations intervenues depuis avec diverses
puissances européennes ne contiennent aucune disposition
relative à l'expropriation pour cause d'utilité publique. Il
serait évidemment contraire à l'esprit des nouveaux traités
de soutenir que, par suite de l'abrogation des anciennes
garanties, les européens, soumis en matière immobilière
« aux lois et règlements du pays » (art. 2. du traité du
28 sept. 1896), sont aujourd'hui. dans le périmètre de la
ville de Tunis, régis par le décret beylical du 30 août 1858
et, dans le surplus du territoire livrés, comme les indigènes,
à l'arbitraire gouvernemental. Peut être serait-il possible
de justifier le système de la jurisprudence par les usages
constants qui assurent aux européens établis dans la Régence l'inviolabilité de leurs propriétés ; mais de telles
considérations offrent, au point de vue juridique et politique, l'inconvénient de faire revivre indirectement des
conventions diplomatiques aujourd'hui dénoncées. Il devient donc indispensable, à notre avis, de remanier et de
compléter par voie législative la matière de l'expropriation
publique.

§ 4. Des manières d'acquérir le droit de propriété.

Les modes d'acquisition de la propriété en droit musulman sont : l'acquisition à titre onéreux ou à titre gratuit, la transmission par succession testamentaire ou ab intestat, l'attribution à titre de droit complant (*Megharsa ou M'rharsa*) et, enfin, la prescription (cpr Mercier R, A. 1898, 1, 59).

A cette énumération, il y a lieu d'ajouter la concession du Prince et la mise en valeur d'une terre morte ; mais nous avons parlé de ces modes d'acquisition dans l'étude historique que nous avons consacrée à la constitution de la propriété dans les pays de droit musulman : nous ne les mentionnons ici que pour mémoire.

I. — *Des acquisitions entre-vifs à titre onéreux et à titre gratuit.*

Vente. — En droit musulman, la vente est un contrat purement consensuel ; elle emporte translation de propriété entre les parties contractantes dès qu'on est convenu de la chose et du prix, quoique la chose n'ait pas encore été livrée ni le prix payé (cpr. art. 1583 C. C.). En d'autres termes, la propriété est transmise du vendeur à l'acheteur, par la seule force du consentement (Alger, 4 janv. 1887, R. A. 1887, 2, 88; T. 1er mai 1890. J. T. 1890, 227).

Entre indigènes, le contrat est valable lorsque le consentement est exprimé dans les conditions voulues par des personnes douées de discernement, mais il n'est obligatoire qu'autant que les parties contractantes, affranchies de la tutelle chrématique (1) ont la libre disposition de leurs biens.

L'objet du contrat doit être déterminé ; il en est de même du prix : « Il ne serait pas valable, dit Goguyer p. 31 (2),

---

(1) Tutelle chrématique signifie tutelle quant aux biens.

(2) Petit manuel de droit immobilier suivant les deux rites musulmans orthodoxes de la Régence de Tunis.

« de vendre une terre d'entre ces terres ou une maison
« d'entre ces maisons, ou de vendre une chose pour la
« valeur ou pour le prix qu'un tel arbitrera. Dans les ventes
« d'immeubles, il est notamment indispensable de désigner
« les limites assez clairement pour distinguer l'objet vendu
« des autres qui lui ressemblent et pour rendre toute erreur
« impossible. Et de même, c'est une condition que le prix
« soit déterminé... Lorsque quelqu'un vend un immeuble
« payable en nature ou en objets susceptibles d'être mesu-
« rés ou pesés, il est indispensable de donner le signalement
« de ce qui constitue le prix, ainsi que d'en désigner la
« mesure et le poids, ou de le montrer matériellement, car
« l'action de montrer suffit... Pour les objets qui ne se me-
« surent ni ne se pèsent, il faut en désigner l'espèce (quid),
« la qualité (quale), la quantité (quantum) ; si le prix de
« l'immeuble est lui-même un immeuble il faut le détermi-
« ner par ses limites et sa valeur. »

En droit musulman, la rescision pour cause de lésion ne
résulte pas seulement, comme dans notre Code civil de
l'insuffisance du prix stipulé par rapport à la valeur de
l'immeuble ; la vente constituant, un contrat commutatif
qui suppose une stricte équivalence entre la chose et le
prix, le contrat périt, faute de cause, lorsque la lésion
vient à rompre cette équivalence, et l'acquéreur comme le
vendeur peuvent s'en prévaloir (Zeys, T. I. n° 200, T. 30
janvier 1888, J. T. 1895, 501).

En ce qui concerne les européens, la jurisprudence de
nos tribunaux tend à admettre que les contrats passés
entre parties de même nationalité sont régis par leur loi
nationale, toutes les fois qu'aucune circonstance de fait ne
vient autoriser une déduction contraire (T. 1re. ch. 16 juillet
1894, J. T. 94, 548 ; T. 4 décemb. 1893, J. T. 1897, 30).
Lorsque les parties sont de nationalité différente, il paraît
difficile de poser un principe général : le juge doit s'inspirer,
avant tout, des circonstances de la cause et de l'intention
des parties (T. 5 février 1885 J. T. 95, 268) ; mais, à défaut
de clause contraire, les tribunaux français font application
de la loi française, présumant que les parties ont prévu la

possibilité d'un litige et accepté, dès lors, la loi du tribunal appelé à le trancher (T. 1re ch. 27 mai 1895, J. T. 1895, 464 ; T. 1re ch. 14 mars 1898, J. T. 1899. 167).

L'acte de vente peut être redigé par des notaires arabes lorsqu'il est consenti entre indigènes ou entre indigènes et européens. Même non signé des indigènes, il fait foi à leur égard de son contenu (T. 1re ch., 15 février 1897, J. T. 1897, 125, R. A. 1897, 2, 142) ; mais, pour être opposable aux européens, il faut qu'il soit revêtu de la signature de ces derniers, ou dressé avec l'assistance d'un interprète assermenté constatant qu'ils ne savent ou ne peuvent signer (T. 12 déc. 1883, J. T. 1895, 110, Alger 22 janv. 1887 R. A, 1887, 2, 71 ; Alger 1re ch. 5 nov. 1888, R. A. 1888, 2, 498 ; Sousse, 28 nov. 1895, J. T. 96, 161. Tunis, 1re ch., 13 janv. 1896, J. T. 96, 134). Si le contrat n'intéresse que des européens de même nationalité, ceux-ci ont, en outre, la faculté de s'adresser à leur consul, qui exerce les fonctions notariales à l'égard de ses nationaux (convention consulaire du 28 septembre 1896, art. 22, T. 1re ch. 3 janv. 1898, J. T. 99, 340). Enfin, les parties européennes ou tunisiennes, peuvent recourir à la forme sous-seing privé ; dans ce cas, il n'est pas nécessaire, en Tunisie, pour la validité d'un acte passé entre européens et indigènes, qu'il soit écrit dans les langues des contractants et traduit aux intéressés par un interprète judiciaire assermenté (1) (T. 1re ch. 26 mars 1895, J. T. 1895, 259 ; T. 1re ch. 17 octobre 1892, J. T. 1895, 111 ; Justice paix, Tunis-Nord, 9 févr. 1895, J. T. 1895, 112 ; T. 1re ch. 29 juin 1898, J. T. 1898, 444, R. A. 1899, 2, 18).

Adjudications sur saisies. — Les ventes judi-

_____

(1) En Algérie, un décret du 9 juin 1831, décide que « toute convention quelconque sous-seing privé entre des européens et des « indigènes ne sera valable qu'autant qu'elle aura été écrite dans « les langues des contractants placées en regard l'une de l'autre » ; mais ce texte n'a pas été reproduit dans la législation tunisienne et, la disposition qu'il édicte, n'étant pas une règle de procédure, n'est pas de plein droit applicable dans la Régence en vertu de l'art. 7 de la loi du 27 mars 1883 (T. 29 juin 1898, J. T. 1898, 444, R. A. 99, 2, 18).

ciaires poursuivies devant l'Ouzara (v. infra, Ch. v. Sect. i. § 1, 3.) doivent être effectuées par le Caïd sur le territoire duquel se trouvent les immeubles saisis (décret du 22 septembre 1884. Bompard 37, arrêté du 26 septembre 1885, 70 id.).

Dès la réception du mahroud l'autorisant à procéder à la vente des biens du débiteur, le Caïd fait les publications légales et ouvre les enchères provisoires, qui durent 70 jours. Les enchères définitives n'ont lieu que le dernier jour de ce délai. Pendant toute la durée des enchères, le débiteur peut se libérer de sa dette ou consentir à la vente moyennant le dernier prix offert ; faute par lui d'user en temps voulu de l'une ou l'autre faculté, la vente devient définitive après avoir été revêtue de l'approbation du Bey. L'acte qui forme le titre de l'adjudication est donc celui qui constate soit le consentement de la partie saisie, soit le résultat des enchères ; encore l'adjudication ne devient-elle irrévocable dans ce dernier cas, qu'autant qu'elle a été sanctionnée par le Bey (Circulaire du 1er Ministre aux Caïds du 17 septembre 1894).

L'adjudication peut également avoir lieu devant le charâa et c'est alors le Cadi qui procède aux publications et aux enchères.

En droit musulman, confirmé par la coutume locale, la vente judiciaire, en raison même des garanties qu'elle présente et de la publicité dont elle est entourée, purge l'immeuble vendu de tous les droits réels et charges non révélés en temps utile ; c'est une conséquence du principe que les décisions de justice rendues par le Prince, ou par délégation de l'autorité souveraine, produisent des effets absolus et définitifs

Cette règle s'applique aux adjudications qui ont lieu à la barre des tribunaux indigènes. Il a été jugé, en conséquence, qu'une adjudication prononcée par le charâa établit *erga omnes* les droits de l'adjudicataire et que les effets de la purge sont opposables même aux créanciers hypothécaires détenteurs du titre de propriété, qui ne se sont pas fait connaître avant le prononcé du jugement (T. m. 20 nov. 1897, J. T. 1898. 43.)

Il en est autrement des ventes poursuivies devant nos tribunaux (1) : ces ventes sont régies par notre Code de procédure, dans la mesure où ces prescriptions peuvent se concilier avec le droit musulman tunisien. Suivant les principes de notre droit, la purge qui s'attache aux jugements d'adjudication sur saisie suppose l'accomplissement de formalités essentielles, telles que la transcription de la saisie, la notification aux créanciers inscrits etc. Or, ces formalités ne peuvent être remplies dans la Régence où il n'existe, pour les immeubles non immatriculés, aucun régime de transcription ou d'inscription de droits réels ; il s'ensuit que l'immeuble reste après le jugement d'adjudication, grevé des charges qui l'affectaient auparavant. La purge ne saurait être obtenue que par le moyen de l'immatriculation dans les conditions prévues par le décret du 16 mars 1892 (trib. mixte 20 novembre 1897. J. T. 1898.43.).

Échange. — L'échange (Mouaouda) est en droit musulman et sauf quelques subtiles distinctions propres au rite hanéfite, soumis à des règles identiques à celles qui gouvernent le contrat de vente (Van der Berg, R. A. 1891. 1, 187).

Donation. — La donation, dit Sidi Khalil, est une translation de propriété à titre gratuit, un contrat consensuel valable par le seul consentement, expressément ou tacitement exprimé, et qui n'est soumis à aucune forme solennelle. Les actes employés dans la pratique ne sont donc que des instruments de preuve (Seignette n° 1288, Zeys, traité élémentaire T. II n° 647. Sautayra T. II, n° 864).

Certains auteurs musulmans refusent aux femmes ma-

---

(1) On a discuté la question de savoir si les jugements d'adjudication pouvaient opérer des transmissions valables de propriété ; mais l'affirmative, qui s'appuie sur les textes de traités (art. 8 et 9 du traité anglo-tunisien), sur la loi du 27 mars 1883 et sur le décret beylical du 16 mars 1892, est aujourd'hui unanimement adoptée en doctrine et en jurisprudence (Tunis. 2ᵉ ch. 30 mars 1889. J. T. 89. 50. J. de P. Tunis-nord 26 décembre 1895. J. T. 96. 87 ; Voir sur cette question Sorbier p. 360 et Berge : La juridiction française en Tunisie. p. 55).

riées toute capacité pour aliéner à titre gratuit sans l'autorisation de leur mari ; mais la jurisprudence, suivant la
doctrine malékite, les admet généralement à disposer de
leurs biens par donation, jusqu'à concurrence du tiers, et
n'exige l'autorisation maritale qu'autant que cette proportion est dépassée (Constantine 7 juin 1865, 21 mars 1870,
Alger 11 juin 1872. Tilloy, Vᵒ donation nᵒ 9).

A la capacité, le donateur doit joindre le droit de disposer
effectivement de l'objet de la donation : ce n'est pas seulement la donation du bien d'autrui qui se trouve frappée de
nullité, mais encore la donation faite par celui qui, lors du
contrat, est endetté au delà de son actif (Alger, 18 février
1891. Robe, 1891, 257. Tilloy, Vᵒ donation nᵒ 16.).

Le disposant peut librement dépouiller ses héritiers par
des donations ; le droit musulman, qui dans toute succession confère aux héritiers une réserve des 2/3 du patrimoine, ne soumet pas, en effet, à la réduction les libéralités
entre-vifs excédant la quotité disponible : la réduction n'atteint que les libéralités testamentaires : « Deux règles, dit
« M. Lacoste (dans une note parue sous Alger, 3 décembre
« 1884. R. A. 1886, 2. p. 395), sont de nature à modérer en
« fait les libéralités entre-vifs. D'abord les donations, du
« moins dans les rites malékite et chaféite, sont en principe
« irrévocables. Le disposant, dit le Cheik Miara, ne peut
« pas revenir sur sa donation, et du moment où elle est
« constante elle est acquise et sans retour, quelque regret
« qu'en éprouve le donateur (V. Sauteyra et Cherbonneau
« T. II, nᵒ 878). En second lieu, tandis que la vente est par-
« faite par le seul consentement des parties, la donation
« n'est parfaite, sauf quelques exceptions, que lorsque le
« donataire a pris possession des biens qui font l'objet de la
« libéralité ; si avant la prise de possession le donateur
« vient à décéder, la libéralité est caduque. Le dessaisis-
« sement du donateur est donc une condition essentielle
« de la perfection de la donation et le donataire a in-
« térêt à hâter le plus possible ce dessaisissement, qu'il a le
« droit d'exiger. Il y est d'autant plus intéressé que la mort
« du donateur n'est pas le seul événement qui empêche le

« gratifié de prendre possession des biens donnés ; la libé-
« ralité serait également caduque si, avant la prise de pos-
« session, le donateur devenait insolvable ou s'il disposait
« des mêmes objets en faveur d'un second donataire qui en-
« trerait le premier en jouissance. » (Sautayra et Cherbonneau, T. II. n° 873. R, T. 1895, note 1 p. 558 ; T. 2e ch.,
14 mai 1892, J. T. 1896 p. 280. T. 1re ch., 17 juillet 1893,
J. T. 1897 p. 375. R. A. 1893, 2, 454 ; T. M. 29 décembre
1894. J. T. 1898. 116. Alger, 1er avril 1895, R. A. 1896, 2,
133 ; 26 mars 1898. J. T. 1898, 594.).

Ces règles ne sont pas indistinctement applicables aux
européens.

D'après les principes du droit international privé, consacrés dans la Régence par les conventions diplomatiques,
(V. supra p. 30 et s.) les lois du statut personnel suivent ceux
qu'elles régissent, en quelque territoire qu'ils se trouvent.
De même, la loi du *de cujus*, indépendamment de la nature
et de la situation des biens, règle la succession toute entière
et gouverne par cela même, la réserve, qui n'est qu'une
portion de l'hérédité. La forme des actes est régie par la
loi du pays où ils sont passés « *Locus regit actum* » ou par
la loi nationale des parties contractantes. Quant à la loi territoriale, elle reprend son empire lorsque les effets de la loi
nationale se rattachent aux intérêts généraux de la propriété et du crédit public. De l'application de ces principes
à la matière des donations, découlent les propositions suivantes. qui sont, en Tunisie, admises en doctrine et en jurisprudence : la capacité de disposer est réglée par la loi du
donateur, comme celle de recevoir est déterminée par le
statut personnel du donataire ; c'est la loi du *de cujus*
qui détermine la réserve héréditaire, en fixe le quantum et
détermine les héritiers qui y ont droit ; la donation peut en
vertu des usages locaux, être établie en la forme sous seing
privé ou devant des notaires indigènes (T. 1re ch, 25 mars
1890, R. A. 1890. 2. 477) ; enfin, la prise de possession effective du donataire et le dessaisissement absolu du donateur sont exigées pour la validité de la donation conformément à la loi musulmane : il a été jugé, dans cet ordre

d'idées, que la détention du titre de propriété ne suffit pas pour consolider le droit du donateur, alors même qu'une mention de prise de possession aurait été inscrite sur ce titre (T. 2e ch. 14 mai 1892. J. T. 1896. 280 ; T. 1re ch., 17 juillet 1893. R. A. 1893. 2. 454.).

II. Des transmissions par successions ab intestat et testamentaires.

Successions ab intestat. — Le cadre de notre sujet ne nous permet pas d'entrer dans le détail des règles fort complexes des successions coraniques ; c'est là, d'ailleurs une matière si délicate qu'au dire des musulmans « la loi des successions est la moitié de la science » (Zeys T. II. no 711). Il est toutefois une particularité de cette loi, intéressante à signaler ; c'est qu'indépendamment de toute acceptation bénéficiaire, les héritiers ne sont tenus des dettes héréditaires qu'*intra vires hereditatis* (Tunis, 1re ch., 2 novembre 1887 ; J. T. 95. 564 ; Alger, 2e ch. 5 mai 1892, J. T. 93, 234 ; Alger, 24 nov. 1892, R. A. 1892. 2, 515 ; T. 2e ch.. 11 avril 1894. R. A. 94, 2, 387 ; T. 1re ch., 23 mars 1896, J. T. 96, 210 ; T. 1re, ch, 27 avril 1896. R. A. 96, 2, 332; ; T. 1re ch., 28 décembre 1896. J. T, 97, 154. R. A. 1897, 2, 168 ; Ouzara civ., 21 mars 1886. J. T. 1899, 287).

En ce qui concerne les européens, nous savons que, soit en vertu des traités, soit en vertu des usages établis, ils sont, au point de vue des successions, régis par leur loi nationale (V. supra p.30 et s.); c'est donc cette loi, et plus spécialement celle du *de cujus*, qui règle la réserve, l'ordre de préférence des héritiers, la représentation, le privilège du double lien, l'attribution de successions anormales, l'obligation du rapport, le droit pour l'héritier de répudier la succession ou de ne l'accepter que sous bénéfice d'inventaire, l'effet déclaratif ou translatif du partage. (T. 2e ch., 24 fév. 1889, Clunet 89, 675 ; T. 2e ch., 25 mars 1890. R. A. 90, 2, 477 ; T. 1re ch., 27 juillet 1896, J. T. 96, 468 ; T. 1re ch., 29 juin 1896. J. T. 97,

343 ; T. 1ʳᵉ ch.. 17 janv, 1898. J. T. 1898, 226 ; T. 1ʳᵉ ch.,
3 janv. 1898. J. T, 1899, 339). C'est au contraire à la loi
territoriale qu'il faut avoir recours lorsqu'il s'agit de déterminer le caractère facultatif ou obligatoire du partage, car
cette question touche à l'organisation de la propriété foncière (v. p. 34).

Successions testamentaires. — En droit musulman, le testament est d'institution divine, il tire son
principe du Coran et a été réglementé par le Prophète, ses
successeurs et les imans.

Nous mentionnerons notamment les règles suivantes :
le testateur ne peut deshériter ses héritiers légitimes ni
instituer d'héritier, mais seulement faire des legs particuliers
ou à titre universel à tous autres qu'à ses successibles ; les
legs doivent se renfermer dans les limites de la quotité
disponible fixée invariablement au tiers de la succession ;
toute disposition faite pendant la dernière maladie est
assimilée à un legs.

La loi n'assujettit pas le testament à des formes déterminées : on dresse ordinairement un acte en présence de deux
témoins, mais le testateur pourrait leur faire connaître ses
dernières volontés verbalement et même d'après Chafeï, par
signes (Van der Berg. Principes de droit musulman, R. A.
1893, 1, 194).

Le non-musulman jouit de la capacité de disposer et de
recueillir par testament : « Le mécréant, dit Sidi Khalil,
« qui réunit les conditions légales, peut tester. » « Les legs
« faits entre musulmans, chrétiens ou juifs, sont valables »,
dit aussi l'Hédaya ; d'après Ibrahim Halebi : « La diffé-
« rence de religion entre le testateur et le légataire n'attaque
« pas la légitimité du legs ; par conséquent, un musulman
« peut tester en faveur d'un infidèle de même qu'un infi-
« dèle peut tester en faveur d'un musulman.» Les Chafeïtes
exigent toutefois que le légataire soit '' croyant '' (Sautayra
T. II, p. 320 ; Van der Berg. id. p. 196).

Au surplus, la question se trouve tranchée, en Tunisie, par
les conventions diplomatiques qui consacrent en cette matière, l'application de la loi nationale du défunt (v. p. 30 et s.).

C'est donc la loi nationale du testateur qui détermine les effets des dispositions testamentaires, tant au regard de la personne du légataire qu'en ce qui concerne les biens laissés par le *de cujus ;* qui décide si le légataire représente la personne du défunt ou s'il n'est qu'un simple successeur aux biens, tenu seulement dans la limite des forces héréditaires ; qui règle, à défaut d'autre présomption, la révocation tacite. la caducité du legs et le droit d'accroissement (T 8 juin 1884 J. T. 91, 36 ; T. 1re ch. 8 juin 1896 J. T. 96, 373 ; Sorbier, p. 324). La forme des testaments et par suite celle de leur révocation expresse sont régies, soit par la loi du pays en vertu de la règle « *locus regit actum* », soit par les stipulations de la loi nationale rendues applicables dans la Régence par les traités internationaux (T. 2e ch. 3 juin 1892, J. T. 1896, 336 ; T. 1re ch. 26 nov. 1894, J. T. 1897, P. 401 art. 21 et 22 de la convention d'établissement avec l'Italie du 28 septembre 1896).

III. — *Du contrat de Megharsa ou M'rharsa.*

La *Megharsa* ou *M'rharsa* est un contrat en vertu duquel le propriétaire du sol concède une terre à un cultivateur qui s'engage à la complanter d'arbres et reçoit, à titre de salaire, lorsque la plantation a acquis un certain développement, une part indivise du sol ainsi transformée, déterminée soit par la convention, soit par l'usage (Zeys T. II, p. 127) (1).

Le M'rharci défriche, s'il y a lieu ; il fournit les arbres à planter, les animaux et les instruments ; il se charge de tout le travail qu'exige la plantation et aussi de son entretien.

Le propriétaire lui fait les avances nécessaires, sans intérêt, et c'est là un gros avantage pour le M'rharci, ouvrier agricole, qui ne dispose généralement d'aucune ressource et ne trouverait à emprunter qu'à un taux

---

(1) Ce contrat est plus particulièrement usité dans le Sud de la Régence et notamment dans la région de Sfax.

usuraire. Ces avances sont remboursées au moment où l'association est dissoute et la plantation partagée ; si le M'rharci n'a pas d'argent à ce moment là, il donne en paiement une partie de la plantation qui lui revient.

D'après les jurisconsultes musulmans, trois conditions sont essentielles à la perfection du contrat : il faut indiquer la profondeur du défoncement du sol ; la terre ne doit pas contenir une trop grande quantité de broussailles (telles que palmier nain, jujubier sauvage) ; quand le défrichement présente des difficultés particulières, il incombe au propriétaire et non au M'rharci ; les délais fixés par les parties doivent permettre aux arbres d'atteindre l'âge de production, mais ne peuvent, d'après Abder Rahman ben Abdelkader (1) s'étendre au-delà de la fructification. Ces conditions remplies, le contrat est susceptible de toutes sortes de modalités : la part de l'ouvrier dans la propriété du sol, généralement fixée à la moitié, peut être inférieure ou supérieure à cette quotité ; les avances à faire au M'rharci, les cultures intercalaires autorisées avant la production des arbres, sont également susceptibles de varier au gré des parties contractantes.

Le contrat de M'rharsa ne produit pas une aliénation immédiate de la propriété ; il est simplement productif d'obligation. Le preneur s'engage à exécuter une série de travaux pour devenir propriétaire d'une partie de l'immeuble, au bout d'un certain laps de temps ; le bailleur, de son côté, fait une promesse conditionnelle d'aliénation ultérieure (T. 10 août 1892, J. T. 1893, 62, R. A. 1893, 2, 373) ; en d'autres termes, le megharsiste ne devient propriétaire qu'à partir du partage, dont le caractère n'est pas déclaratif mais bien translatif de propriété (Alger 16 janvier 1893, R. A. 1893, 2, 377, Trib. mixte 2 janvier 1894. J. T. 1898, 41).

Le contrat de Megharsa se passe généralement devant les notaires arabes ; mais il pourrait être constaté par acte

---

(1) La plantation à frais commun, en droit malékite (traduite par Mohamet ben Cheneb, R. A. 1895, 1, 163).

consulaire ou rédigé en la forme sous-seing privé, suivant les distinctions que nous avons précédemment établies à propos des actes de vente (V. supra p. 45).

Le M'rharci qui manque à ses obligations est traduit devant le Cadi. S'il s'agit d'une négligence accidentelle ce magistrat le condamne à la réparer. S'il y a mauvaise volonté évidente ou incapacité, le Cadi rompt l'association ; le propriétaire indemnise alors le preneur de son travail, évalué par les amines déduction faite des avances consenties et recouvre l'entière disposition de l'immeuble. On procède de même, en cas de mort du M'rharci : le propriétaire paie aux héritiers la valeur du travail accompli et rentre en possession de son terrain. (Bourde, opuscule sur la culture de l'olivier p. 44 et suivantes).

IV. — De la Prescription.

La prescription du droit musulman n'est ni *l'usucapion* du droit romain ni la prescription acquisitive de notre code civil ; c'est une déchéance de l'action du propriétaire fondée sur une renonciation tacite et encourue par le non-usage pendant un certain temps. « *L'usucapion*, dit M. Clavel dans sa préface du Wakf, p. II et III, n'existe pas « dans la législation musulmane. Jamais un jurisconsulte « ne dira que le fait positif de l'indû-détenteur a été, pour « lui, constitutif de la propriété ; mais il déclarera non « recevable la demande qui ne se produit qu'après un laps « de temps déterminé, alors que le revendiquant n'a pas été « empêché d'agir. Ce n'est pas l'acquisition d'un droit, « c'est la perte de l'action utile, corrélative par son non « exercice, par une abstention qui fait présumer une renon- « ciation ». « Cette théorie, dit M. de Tornauw exposé du « droit musulman d'après les sources (trad. Eschbach p. « 77) peut paraître, au premier abord, contredite par ces « paroles du Prophète « qui a une chose à sa disposition « pendant 10 ans, elle est à lui. »

Mais les commentateurs enseignent unanimement que ce verset doit être interprété en ce sens « que si le possesseur

« ne peut être évincé, c'est que ni la plainte ni les preuves
« du véritable propriétaire ne sont acceptées ». (V. Perron
« traduction Sidi Khelil, T. V. p. 335 et suiv.) (1).

L'action du propriétaire s'éteint, faute d'être exercée
pendant un laps de temps déterminé, qui est de 10 ans suivant le rite malékite et de 15 ans suivant le rite hanéfite
(arrêt Alger, 17 déc. 1896. J. T. 1897, 258 ; R. A. 1897, 2,
207 ; T. 1re ch. 6 juill. 1898 ; J. T. 1898, 464, T. 1re ch. 21
décembre 1898, J. T. 1899, 234).

Cette notion de la prescription en droit musulman comporte un certain nombre de conséquences, découlant de cette
règle d'équité que la prescription ne peut courir qu'à compter
du moment où celui au détriment de qui elle se réaliserait
peut avoir connaissance ou conscience du danger qui le
menace et se trouve en situation de le conjurer. Les faits
qui, soit dans le rite hanéfite, soit dans le rite malékite,
s'opposent au cours de la prescription, sont : la minorité,
la prépotence, l'absence et la parenté. (De la prescription
dans la législation musulmane par M. Marcel Morand, R.
A. 1899, 1, 37).

On ne peut invoquer la prescription contre les mineurs,
les personnes atteintes de démence, les interdits pour cause
de prodigalité, qui se sont vu, dans leur propre intérêt, retirer l'administration de leurs biens et ont été placés en
tutelle. De même que la loi française n'a pas voulu que les
mineurs et les interdits eussent à supporter les conséquences
d'une négligence qui n'est pas la leur, et a décidé que la
prescription ne courrait pas contre eux, de même la loi
musulmane a fait en sorte que l'inaction du tuteur ne pût
avoir pour conséquence d'enlever à l'incapable le bénéfice
d'une action lui appartenant.

---

(1) Pour suivre un ordre rigoureusement logique, nous aurions dû
ne parler de la prescription qu'à propos des modes d'extinction de
la propriété ; mais, tenant compte, moins du principe qui domine
cette institution que des conséquences auxquelles elle aboutit en
conférant au possesseur une situation équivalente à celle du propriétaire, nous avons estimé qu'elle pouvait, à ce titre, trouver place
parmi les modes d'acquisition de la propriété.

La prescription ne court pas au profit des puissants, car
« le silence est excusé, dit Sidi Khalil, quand le propriétaire
« craint la brutalité du défendeur ». La jurisprudence a
fait, notamment, application de cette règle en faveur de sujets tunisiens contre lesquels la Municipalité exclusivement
indigène, existant à Tunis avant le Protectorat, invoquait
la prescription (Tunis, 2ᵉ ch. 14 mars 1894, J. T. 94, 226 ;
Tunis, 2ᵉ ch. 17 mai 1890, J. T. 94, 342 ; 25 janvier et 29
février 1892, R. A. 1892, 2, 153 ; Tunis, 1ʳᵉ ch. 17 juillet
1893, R. A. 93, 2, 446) (1). Mais il faut que le droit de propriété ait été violé par le fait du Prince et que la victime
se soit trouvée dans une situation telle qu'elle n'a pu utilement protester. Ainsi, la jurisprudence a décidé que l'excuse
tirée de l'état de dépendance, ne peut être admise lorsqu'elle
ne forme pas un obstacle absolu à l'action, dans le cas, par
exemple, où les parties, étant toutes européennes ou proté-
gées, auraient pu porter leur litige devant les juridictions
consulaires affranchies par les capitulations de toute dépendance à l'égard de l'autorité beylicale (T. 2ᵉ ch. 11 juin
1894, J. T. 1894, 373 ; Alger, 17 décembre 1896, R. A.
1897, 2, 207 ; T. 1ʳᵉ ch. 6 juillet 1898, J. T. 98, 464, T.
1ʳᵉ ch. 21 décembre 1898, J. T. 1899, 234).

La prescription ne court pas, non plus, contre les absents.
Par absence, on ne doit entendre ni la situation spéciale
prévue par notre Code civil, ni le simple fait de n'être pas
présent ; il faut y voir une situation intermédiaire légiti-

(1) Il existe une analogie singulière entre cette règle du droit
tunisien et une règle du droit romain, indroduite par Justinien, qui
permet au propriétaire dépossédé injustement de sa chose mais qui
n'ose pas attaquer l'usurpateur, d'interrompre la prescription, en
protestant devant un notaire « Ut perfectius omnibus consulamus,
et nemini.... potentia adversarii suit noceat ; sancimus, si quando
abfueris is qui res alienas, vel creditori abnoxia detinet, et desiderat
dominus rei vel creditor suam intentionem proponere, et non ei
licentia sit, absente suo adversario qui rem detinet, vel infantia, vel
furore laborante : .... liceat ei proponere publice, ubi domicilium
habet possessor, seu cum tabularium suscriptione ; et hoc sufficere
ad omnem temporalem interruptionem. (2, C J. De annali excep-
tione VII, 49, R, A. 1893, 2, 446).

mant l'inaction du propriétaire, telle que l'impossibilité d'agir en justice, soit à cause de l'ignorance de l'usurpation commise à son préjudice soit par suite de la difficulté des communications (Tunis, 2e ch. 11 juin 1894, R. A. 94. 2, 439).

La prescription n'est pas toujours admise entre parents ; elle ne s'accomplit, en tous cas, que par quarante ans, parce que la tolérance résultant de la vie en famille est de nature à rendre la possession précaire, incertaine ou équivoque (Perron, traduction Sidi Khelil T. V. p. 335). Mais quand il existe entre les parents une inimitié telle que les liens de famille sont en quelque sorte rompus, on les traite alors comme des étrangers et on leur applique les règles ordinaires de la prescription (Alger, 6 janvier 1891, R. A. 1891, 2, 110 ; Tunis, 2e ch. 11 juin 1894 ; T. 1re ch. 6 juillet 1898 déjà cités, T. 1re ch. 21 décembre 1898, J. T. 1899, 234).

La prescription extinctive des actions réelles présente, en droit musulman, cette particularité, qu'elle n'implique pas seulement l'inaction, l'abstention du titulaire du droit, mais aussi la réalisation des conditions auxquelles se trouve normalement subordonnée la prescription acquisitive. C'est ainsi qu'il ne suffit pas au possesseur d'un immeuble, pour faire rejeter la revendication du propriétaire, que celui-ci ait gardé le silence pendant le temps fixé par la loi ; il faut, de plus, que le possesseur ait joui pendant le même laps de temps du bien revendiqué et qu'il justifie d'une jouissance effective, non contestée et exercée à titre de propriétaire (Morand, art. cité, R. A. 1899, 1, 53), sans qu'il ait besoin cependant d'exciper de juste titre et de bonne foi (T. 1re ch. 20 mars et 15 mai 1893, R. A. 1893, 2, 280 et 311 ; T. 2e ch. 24 décembre 1894, J. T. 1895, 92 ; T. 1re ch. 6 juillet 1898, J. T. 1898, 464 ; T. 1re ch. 21 décembre 1898, J. T. 1899, 233).

Les conditions requises par la loi se trouvant réunies, il n'est pas sans intérêt d'examiner quels sont les effets de la prescription. En droit strict, le possesseur ne devient pas propriétaire, puisque la législation musulmane n'admet pas la prescription acquisitive. D'autre part, le droit du pro-

priétaire ne se trouve pas atteint, car il résulte des textes,
non que celui-ci cesse d'être propriétaire, mais qu'il ne peut
plus agir : Sidi Khelil, traitant de la situation faite à celui
qui a possédé pendant 10 ans se garde bien, en effet, de dire
que le droit de propriété est prescrit ; il déclare simplement
« qu'aucune demande ni preuve ne pourra être entendue
« contre le possesseur ». La seule solution conforme à la
doctrine musulmane est que la prescription n'a d'autre effet
que d'éteindre l'action du propriétaire contre le possesseur.

Mais l'application rigoureuse du principe aurait abouti
à des conséquences inadmissibles dans la pratique ; le possesseur ne devenant pas propriétaire n'aurait pu transmettre plus de droits qu'il n'en avait lui-même et la propriété
foncière qui repose le plus généralement sur la possession
(cpr. infra Ch. II. Sect. III.) aurait, dès lors, manqué de fondement juridique. Aussi la jurisprudence, n'hésite-t-elle pas
à reconnaître tous les attributs du droit de propriété à celui
qui, ayant possédé un immeuble pendant le délai prescrit
par la loi, se trouve, d'autre part, en mesure de repousser
par voie d'exception l'action intentée par l'ancien propriétaire. C'est ainsi notamment que le possesseur est admis à
exercer à son tour l'action en revendication contre tout
tiers détenteur, à jouir de l'immeuble, à l'hypothéquer et à
en disposer comme le propriétaire lui-même (Alger 29 janvier 1884 Bull. judic. Alger 1884, 40 ; 3 décembre 1884.
R. A. 1885, 2, 103 ; T. 2e ch. 14 janvier 1887. J. T. 1891,
238 ; 18 décembre 1888. R. A. 1889 2, 219 ; Sousse 28 fév.
1889. J. T. 1889. 53 ; T. 11 juin 1894. R. A. 1894. 2, 439 ;
T. 6 juillet 1898. R. A. 1899, 2, 19 ; T. 2e ch. 20 mai 1895.
J. T. 1895, 460).

La prescription est intimement liée à l'organisation de
la propriété foncière, puisqu'elle a pour but de consolider
la situation du possesseur ; il en résulte cette conséquence
importante qu'elle doit être régie par la loi du pays où l'immeuble est situé, quelle que soit la nationalité des parties
en cause. C'est la solution qui a triomphé devant les tribunaux français de Tunisie (Sorbier, thèse de doctorat p. 357).

T. 2ᵉ ch. 11 juin 1894, J. T. 1894, 373 et par analogie décisions citées supra, p. 48).

§ 5. Comment on perd le droit de propriété.

En dehors des modes d'extinction de droit commun, tels
que l'expropriation pour cause d'utilité publique, l'effet des
transferts, la prescription (1) etc......, le droit de propriété peut, en droit musulman, se perdre de deux manières :
par le retour de la terre à l'état de terre morte et par la
confiscation effectuée par le Prince.

A la différence de notre propriété de droit civil et du
dominium romain, qui sont perpétuels, la propriété melk
acquise par le défrichement se perd par l'abandon de la
chose, qui retombe, après un certain laps de temps, à l'état
de terre morte et peut faire l'objet d'une concession du
Prince ou d'une seconde vivification ; (V. p. 2) « La terre
melk, dit M. Worms (recherches sur la constitution de la
« propriété p. 293), ne reste en principe aux mains de son
« propriétaire qu'autant qu'elle continue à être de sa part
« l'objet de soins et de labours l'empêchant de retomber
« en friches et qu'autant que les constructions et bâtiments
« y édifiés y subsistent. »

Le droit musulman reconnaît, en outre, la légalité de la
confiscation prononcée à titre de peine par le souverain
soit contre les particuliers, soit contre des collectivités.
« Si l'individu reconnu coupable de brigandage est, de
« condition libre, ses biens, dit Sidi Khalil, sont confisqués
« au profit de l'État. » (Pouyanne, Thèse de doctorat. p. 54);
mais ces dispositions sont lettre morte à l'égard des européens qui, dans l'organisation politique et judiciaire du
pays, sont soustraits à l'autorité beylicale, et dont le droit
de propriété se trouve garanti par les conventions diplomatiques et des usages constants ayant acquis, en Tunisie,
force de loi.

(1) Voir renvoi 1 p. 55.

§ 6. Des actions qui naissent du droit de propriété.

L'action en revendication est, dans la législation tunisienne comme dans la loi française, la sanction du droit de propriété ; Ebn Arfa la définit « l'action d'évincer d'un « droit de propriété en établissant un droit antérieur de « propriété....sans avoir à donner aucun équivalent au « possesseur évincé. » (Abribat trad. Recueil de notions de droit musulman p. 183).

La preuve incombe au demandeur (Tohfat d'Ebn Acem, p. 13, vers 24), c'est l'application du brocard connu « *Onus probandi actori incumbit* » ; elle peut être administrée, soit par la production du titre de propriété, soit à l'aide de simples témoignages (v. infra, Ch. I. Sect. III).

« Quand le demandeur ne peut prouver ce qu'il avance, le « serment est déféré au demandeur.» (Tohfat p. 13, vers 25).

« Le juge compétent est celui du domicile du défendeur ; « ce dernier ne pourrait être assigné devant le juge de l'ob- « jet litigieux que s'il résidait, même à titre provisoire, à « l'endroit où se trouve la chose en litige. » (Tohfat p. 14, vers 26 et note 14, cpr art. 59 C. Pr. C.).

Lorsque l'action en revendication est portée devant la juridiction française, elle se trouve soumise aux règles de procédure en usage devant nos tribunaux et qui, d'après l'art. 7 de la loi française du 27 mars 1883, sont déterminées « par les lois, décrets et ordonnances en vigueur en Algérie. » Le tribunal compétent sera donc celui « de la situation de « l'objet litigieux » (art. 59 C. Pr. C.) et la preuve testimoniale ne pourra être administrée que dans les formes prescrites par notre Code de procédure (Sousse 13 juin 1889. T. 1re ch. 23 nov. 1891. T. 2e ch. 26 fév. et 22 juil. 1892, cité Berge juridiction française p. 79 ; adde T. 2e ch. 31 oct. 1895. J. T. 1895. p. 548).

Section II. Des droits réels immobiliers.

La théorie des droits réels immobiliers tient peu de place dans la législation musulmane. Cette législation n'a pas soumis le droit de propriété et ses démembrements à une analyse aussi rigoureuse que le droit romain et les législations européennes. Nulle part on ne trouve d'idées générales, de principes nettement arrêtés : le droit de gage est classé parmi les obligations ; il n'est fait allusion à l'usufruit qu'à propos de la « omra » (1) et du «habous» ; les servitudes se résument en droits et obligations entre propriétaires voisins et semblent plutôt constituer des obligations personnelles que des droits attachés à l'héritage même (Van der Berg principes du droit musulman R. A. 1893. 1re, 106).

Mais, au contact des législations européennes, la distinction des droits réels et personnels s'est affirmée dans le droit tunisien. L'usage, consacré par la jurisprudence, a introduit en cette matière des principes nouveaux, qui ne heurtant pas les prescriptions de la loi religieuse ont été acceptés des juristes musulmans.

C'est en se plaçant à cette époque récente et en tenant compte des modifications qui ont complété plutôt que modifié la législation préexistante, que nous essaierons de grouper les divers droits réels immobiliers ; nous citerons notamment : la propriété melk, le habous, l'enzel, l'usufruit, l'usage et l'habitation, le khoulou et ses variétés : le khirdar, le nantissement immobilier, (*rahn, Bay Ouafa* et *Bay Tunia)* et les servitudes.

La propriété melk, le habous et l'enzel, qui constituent les trois tenures du sol les plus répandues dans la Régence, ont fait chacun l'objet d'un chapitre spécial. Il nous reste à parler de l'usufruit, de l'usage et de l'habitation, du khoulou et de ses variétés, du nantissement immobilier et des servitudes. Ce sera l'objet de la présente section.

(1) Sorte de donation dont l'objet, après la mort du donataire, retourne au donateur ou à ses héritiers (Van der Berg id. R. A. 1893, 1, 104).

§ 1. De l'usufruit, de l'usage et de l'habitation.

L'usufruit est, en droit musulman tunisien comme dans notre Code civil, un droit réel permettant au titulaire d'user et de jouir d'une chose à la charge d'en conserver la substance.

Il présente, toutefois, dans la législation tunisienne, cette particularité qu'il peut être perpétuel. L'usufruit des biens habous est, même de sa nature, perpétuel et se transmet entre les dévolutaires dans l'ordre fixé par le constituant, pour être éternellement recueilli par l'œuvre pieuse, bénéficiaire définitif. (V. infra, Ch. III. § 3 et 4).

Le droit d'usage s'entend de la faculté de se servir de la chose d'autrui pour une utilité restreinte à concurrence des besoins de l'usager ; il est admis, en droit immobilier tunisien, au même titre que l'usufruit dont il est un diminutif.

Le droit d'habitation n'appartient qu'à celui au profit duquel il a été constitué et à lui seul. (cpr. art. 630, C. C.) Ibn Abdine reconnait exceptionnellement au bénéficiaire le droit de faire partager son logement par son conjoint, mais il n'y a là qu'une simple tolérance. Le droit d'habitation ne peut être ni cédé, ni loué, ni faire l'objet d'une saisie (cpr. art. 631 et 634, C. C. ; Tunis 1re ch. 7 décembre 1898. J. T. 98, p. 600 ; R. A. 1899, 2, 207). « Faute par le béné- « ficiaire de l'exercer, il ne peut ni réclamer d'indemnité à « ses co-usagers, ni demander que la jouissance totale lui « soit abandonnée pendant un temps égal à celui de la « jouissance de ses co-bénéficiaires. Ibn Abdine. » — Lorsqu'il existe plusieurs bénéficiaires du droit d'habitation, leur jouissance doit être égale, c'est-à-dire que chacun ne peut occuper plus que sa quote-part ; si l'un d'eux excède son droit, il doit les loyers de la partie dépassant son attribution (Ibn Abdine, El Zahdi et Clavel T. I. wakf ou habous nos 105 à 110).

§ 2. Du khoulou et de ses variétés.

Le *khoulou* est une association entre le propriétaire et un tiers relativement au domaine utile d'un immeuble, le plus généralement d'une propriété bâtie. Il consiste dans l'abandon par le propriétaire de la jouissance perpétuelle, à la charge par le preneur de payer une redevance annuelle et, dans certains cas, de contribuer aux grosses réparations dans la proportion de ses droits (Van der Berg R. A. 1893, 106). « Le khoulou, dit M. Goguyer, op. cité, p. 71, « n° 2, représente le droit au bail ; c'est en principe la pro- « priété du vide de la construction, évaluée dans la coutu- « me de Tunis au tiers du tout, et dont le titulaire, considéré « comme associé du propriétaire du solide, participe dans « cette proportion aux charges et aux produits de la pro- « priété tout entière ».

Il existe plusieurs variétés de ce droit : (1) le *khoulou el meftah,* le *khoulou el naçba* et le *khoulou el hatzakat.*

Le khoulou el meftah est un droit d'usage perpétuel d'une boutique ou d'un magasin ; il est concédé à la charge par le tenancier de réparer, d'entretenir l'immeuble et de payer une redevance déterminée.

Le khoulou el naçba est le droit d'occuper, à titre perpétuel, une boutique ou tout autre local destiné à l'industrie ou au commerce, moyennant une redevance déterminée et invariable, ou bien moyennant le paiement d'une somme effectuée une fois pour toute par le locataire ; cette variété du khoulou s'appelle plus spécialement « naçbah » quand elle s'applique aux boutiques des attar (épiciers ou parfumeurs), « rarelah » pour les boutiques des souki (fruitiers), et « ad-dah » pour le local d'un moulin ; elle est connue dans l'école marocaine sous le nom de « Djelsat ». Le preneur n'acquiert aucun droit de propriété, car il ne débourse rien en sus du

---

(1) Voir vocabulaire des termes empruntés par la pratique judiciaire au langage indigène, Berge, J. T. 1895, p. 167.

loyer représentant la jouissance et dont le taux ne peut être modifié postérieurement à sa constitution (Ouzara 24 fév. 1897, J. T. 1899, 289, note 1). Il peut céder son droit à un tiers moyennant un prix qu'il reçoit du cessionnaire. Les grosses réparations sont, en principe, à la charge exclusive du propriétaire : toutefois, les frais d'entretien d'un immeuble renfermant une naçba, doivent être supportés par le propriétaire de la rakba (propriétaire de l'immeuble) et par l'ayant-droit à la naçba, dans la proportion de deux tiers pour le premier et d'un tiers pour le second (Charâa de Tunis, 27 février 1898, J. T. 1898, 511).

Le khoulou el hatzakat est un contrat d'origine israélite en vertu duquel le premier occupant d'un immeuble acquiert un droit perpétuel d'habitation moyennant une somme versée lors de la passation du contrat, en supplément du loyer convenu, ou moyennant l'engagement de supporter, en dehors de la redevance annuelle, les frais d'aménagement et d'entretien de l'immeuble. Le droit du preneur est transmissible à titre onéreux, à titre gratuit ou par succession ; il est opposable au propriétaire et à ses ayants-droit aussi bien qu'aux tiers. Il constitue un démembrement du droit de propriété très analogue à l'enzel (Tunis, 2e ch., 4 avril 1894 J. T. 1894, p. 273) (1).

Le caractère distinctif du khoulou est la perpétuité ; il en est ainsi même du khoulou el djelzat, qui ne conférait, à l'origine, qu'un droit temporaire, mais que l'usage a rendu perpétuel, en refusant au bailleur le droit d'expulser le preneur tant que celui-ci paie régulièrement le loyer de l'immeuble. Ce caractère ne souffre d'exception que pour le khoulou el nasbah, qui, dans certaines régions, n'oblige le

(1) Un décret du 26 avril 1861 (art. 575) tout en respectant les droits acquis, paraît avoir interdit pour l'avenir les constitutions de khoulou el hatzakat. Cet article est ainsi conçu : « Tout propriétaire d'un immeuble loué à un juif, qui y aura établi ce qui est connu chez eux (les juifs) sous la dénomination de hatzakat el kandil, pourra, à l'expiration du bail, réclamer son immeuble et en disposer comme il l'entendra ; quant aux hatzakats qui ont été acquises de personnes qui étaient propriétaires, elles seront respectées ».

propriétaire que jusqu'à l'offre, par un nouveau locataire, d'un prix de location plus élevé.

§ 3. Du nantissement immobilier.

L'hypothèque n'existe pas en droit musulman ; chez les arabes, comme chez tous les peuples primitifs, le législateur ne conçoit pas que, par un simple pacte, le débiteur puisse transférer une sûreté réelle au créancier. Ils en sont restés aux formes originelles du gage : le *rahn* ou nantissement proprement dit et la vente à réméré.

Du rahn. — Le rahn du droit tunisien réalise un progrès juridique sur l'ancien système de nantissement et forme comme un contrat de transition entre le contrat primitif comportant la mise en possession du créancier et la conception du pacte hypothécaire. Il se constitue par la remise du titre de propriété entre les mains du créancier et n'est, en définitive, qu'une fiction juridique, puisque l'immeuble grevé reste en la possession et jouissance de celui qui l'engage (Sousse 24 oct. 1889, J. T. 1894, 423, R. A. 1889, 2, 608 ; — T. 21 février 1889, 94, R. A. 1889, 2, 575 ; Sousse 13 mars 1890, R. A. 1890, 2, 457 ; — T. 15 mars 1890, J. T. 1890, 85 ; — Alger 20 décembre 1890, J. T. 1893, 27 ; — Alger 12 janvier 1891, R. A. 1891, 2, 70 ; — Tunis 29 juin 1891, R. A. 1891, 2, 543 ; — T. 18 janvier 1892, J. T. 1894, 413, R. A. 1892, 2. 161).

La stipulation du gage dans l'acte qui constate le prêt suffit à créer le droit entre les parties ; mais pour que le nantissement soit valable à l'égard des tiers, il doit : 1° être accompagné de la remise du titre de propriété entre les mains du créancier, sans qu'il puisse y être suppléé par la remise d'actes non équivalents et notamment d'une liste des propriétés appartenant au débiteur (T. 2ᵉ ch. 4 avril 1894, J. T. 1894, 398 ; Alger, 20 décembre 1890, J. T. 1893, 27, R. A. 1891, 2, 126 ; T. 2ᵉ ch. 6 mars 1895, J. T. 1895, 222 ; T. 2ᵉ ch. 2 mai 1890, J. T. 1895, 536 ; T. 1ʳᵉ ch. 29 juin

1896, J. T. 1896, 553 ; T. 6 décembre 1897, J. T. 1898, 217) ; 2º être constaté par un acte authentique ou par un acte sous-seing privé, ayant acquis date certaine (T. 2e ch. 24 avril 1890, J. T. 90, 320 ; T. 18 janvier, J. T. 1894, 413 ; T. 2e ch. 27 juin 1894, J. T. 1894, 446 ; T. 1re ch. 7 octob. 1898, J. T. 1899, 268, R. A. 1899, 2, 380). Lorsque l'acte est notarié, un décret du 16 août 1879 (Bompard, page 389) prescrit aux officiers publics qui le reçoivent « de s'assurer, « sous leur responsabilité personnelle, que l'hypothèque « porte bien sur l'immeuble désigné dans le titre de pro- « priété..., de faire savoir au créancier et de lui expliquer « à quoi il s'expose en acceptant un acte de notoriété ou « une simple déclaration, dans le cas où le véritable titre « viendrait à être produit plus tard...., d'inscrire enfin « l'acte d'hypothèque sur le titre constitutif de la créance ». (T. 5 août 1893, J. T. 97, 183).

Par une ingénieuse interprétation des règles du droit tunisien, on est arrivé à rendre possible la constitution de plusieurs droits de gage sur un même immeuble, chacun des créanciers nantis ayant sur le suivant un droit de prio- rité déterminé par la date de son contrat. En pareil cas, le titre est remis soit à un tiers, soit à un créancier nanti, généralement le premier en date ; mais cette détention pro- fite à tous les autres et, sur la notification (1) qui lui est faite des engagements consentis par le débiteur, le détenteur du titre en devient responsable à l'égard des créanciers et ne peut plus s'en dessaisir sans leur assentiment (T. 21 fé- vrier 1889, J. T. 1889, 94, R. A. 1889, 2, 575 ; T. 18 juillet 1894, J. T. 1894, 470 ; T. 4 avril 1894, J. T. 1894, 398 ; T. 2e ch. 8 mai 1889, J. T. 1895, 477 ; T. 1re ch. 15 juillet 1895, J. T. 1895, 488 ; 29 juin 1896, J. T. 1896, 553 ; Ouzara, 6 décembre 1897, J. T. 1898, 410 ; T. 1re ch. 6 dé- cembre 1897, J. T. 1898, 217).

Dans ses effets de garantie réelle le nantissement immo-

---

(1) La dénonciation doit être faite par les edouls si les parties sont toutes tunisiennes, et par huissier si l'une d'elles est justiciable des tribunaux français (Ouzara, 6 décembre 1897, J. T. 1898, 441).

bilier se rapproche de notre contrat hypothécaire et donne naissance, comme lui, au droit de préférence et au droit de suite (T. 12 mai 1884, J. T. 1893, 329 ; T. 21 février 1889, J. T. 1889, 94, R. A. 1889, 2, 575 ; T. 25 novembre 1890 R. A. 1890, 2,565 ; Alger 12 janvier 1891, J. T. 1891, 8 ; Sousse, 24 mars 1899, J.T. 1899, 405). Il en résulte, notamment, que le créancier nanti peut, en cas de vente de l'immeuble sans son assentiment, poursuivre à l'encontre de l'acquéreur le recouvrement de sa créance (T. 25 novembre 1890, J. T. 1896, 47) ; quant au tiers détenteur, il se trouve dans l'alternative de payer ou de délaisser, car la faculté de purger n'existe pas en droit tunisien (T. 15 mars 1890, J. T. 1890, 85 ; T. 2ᵉ ch. 21 novembre 1894, J. T. 1895, 20).

Destinée, dans l'intention des parties, à constituer une sûreté réelle, la remise d'un titre de propriété en nantissement n'a et ne peut avoir d'effet plus étendu. Elle garantit le paiement du principal de la créance et des accessoires (T. 2ᵉ ch. 8 mai 1895, J. T. 1895, 477), mais elle n'emporte au profit du créancier, simple détenteur, aucun droit de propriété ni aucune faculté de disposition. C'est ainsi que le créancier nanti ne peut donner en gage, à son propre créancier, le titre engagé entre ses mains (T. 13 novembre 1890, J. T. 1893, 44) ; c'est ainsi encore qu'il ne devient pas *ipso jure* propriétaire de l'immeuble engagé, par le seul fait de non paiement à l'échéance : toute stipulation contraire serait entachée de nullité comme faite en violation des usages, ayant force de loi en Tunisie, qui prohibent, à l'exemple du C. C. français (art. 2088), la clause de voie parée ou pacte commissoire (T. 12 mai 1884, J. T. 1893, 329 ; T. 31 octobre 1894, J. T. 1894, 558, R. A. 1894. 2, 579).

Dans la coutume tunisienne, confirmée par les art. 534 et 536 du décret du 26 avril 1861 (Bompard, page 138), le droit du créancier nanti subit une limitation analogue à celle du créancier hypothécaire sous l'empire du Code civil français (art. 2209) : le créancier ne peut poursuivre la vente des immeubles non affectés au paiement de sa créance qu'en cas d'insuffisance des biens qui lui sont donnés en nantis-

sement; mais la jurisprudence lui reconnait le droit de procéder à la discussion du mobilier de son débiteur (T. 22
juin 1891, J. T. 1896, 255 ; Sousse, 21 janvier 1898, J. T.
1898, 332).

La prescription ne court pas au profit du créancier nanti
qui n'a cessé de détenir le titre de propriété reçu de son
débiteur en gage de sa créance (cpr. art. 2236 al. 1 C. C. T.
1re ch. 30 nov. 1896. J. T. 1897. 34).

De la vente à réméré. — Il est interdit, dans le contrat de rahn (Ebn Acem, vers 239), « lorsque la créance garan-
« tie provient d'un prêt, de convenir que le créancier pourra
« user et jouir du gage. » La raison de cette interdiction
est que les fruits perçus par le gagiste lui tiendraient lieu
d'intérêts, dont la stipulation vicie le contrat d'une nullité
absolue. La gratuité, est en effet, la condition essentielle du
prêt (Kard). Alors que dans notre droit le prêt n'est réputé
usuraire que s'il est fait au-dessus du taux légal, il y a usure, dans la loi musulmane toutes les fois que le prêteur
perçoit un profit quelconque et que le change n'a pas lieu
avec une stricte équivalence. (1) Aussi, pour ne pas violer
la loi religieuse, les indigènes délaissent-ils le rahn pour
recourir à la vente à réméré, connue dans le rite hanéfite
sous le nom de Bay Ouafa et dans le rite malékite, sous
celui de Bay Tunia.

D'après Elmattiti, la vente à réméré est le contrat qui consiste à dire : « Je vends telle chose moyennant tel prix, à
« condition qu'au jour où je vous rapporterai une somme
« égale, à telle époque ou à une époque indéterminée, cette
« chose me sera rendue. » La Tohfa d'Ebn Acem porte « Le
« *Bay Tunia* est entaché de nullité (vers 804). Le réméré
« est permis, s'il est conclu après le contrat, bénévolement ;
« le mieux est d'en faire, par écrit, l'objet d'un acte distinct
« (vers 808). » Cependant, d'après Elmattiti et Ebn Solman,
il est permis, dans la pratique, d'ajouter la clause de réméré
à l'acte même de vente, avant l'attestation des témoins

_____

(1) Le Coran est rempli de menaces terribles contre ceux qui se
rendent coupable d'usure. (Coran, II, 276, 277 ; III 125 ; XXX 38).

(notaires), et après que le contrat a été déclaré définitif ; lorsque la clause de rachat a été stipulée dans le corps de l'acte c'est-à-dire lorsqu'elle affecte la transmission de propriété d'une condition résolutoire, le contrat est frappé d'invalidité.

Dans la pureté des principes, la vente à réméré n'est donc pas, en droit musulman, une vente sous condition résolutoire, mais une vente avec faculté de rachat. L'acheteur devient propriétaire *hic et nunc*, et, par une concession bienveillante faite en considération de la personne, il consent après coup à accorder le droit de réméré au vendeur qui se repent du contrat intervenu. La faculté du rachat résulte ainsi non pas d'une condition insérée au contrat mais d'une promesse de revente au profit du vendeur (Tohfat d'Ebn Acem, note 738).

Toutefois dans la pratique, la vente à réméré constitue le plus souvent un contrat pignoratif qui n'entraine aucun déplacement de la propriété et, bien qu'il n'ait alors pour but que de tourner la prohibition légale du prêt à intérêt, les jurisconsultes musulmans et les tribunaux indigènes en reconnaissent la validité. « La vente à réméré, dit Go- « guyer, n'entraine pas aliénation dans la coutume de « Tunis, et ne constitue, en réalité, qu'un nantissement sous « condition de jouissance du gage par le créancier nanti. » (Petit manuel de droit immobilier tunisien, p. 59, note 2).

D'après les usages qui régissent en Tunisie la vente à réméré, et à défaut de stipulation contraire, le créancier ne peut demander le remboursement du prêt qu'un an après la passation du contrat; ce délai expiré, le débiteur ne peut se refuser au remboursement, s'il ne prouve qu'une convention postérieure lui a accordé un nouveau terme pour se libérer (T. 1re ch. 10 déc. 1894, J. T. 1895, 120) ; de même, le créancier ne peut à aucun titre, s'opposer à la résiliation demandée par le débiteur (T. 1re ch. 14 mars 1892, J. T. 1897, 151, R. A. 1892, 2, 165).

La jurisprudence des Tribunaux français confirme, en cette matière, les errements consacrés par l'usage et confond la vente à réméré et le gage sous le terme générique de contrat de nantissement (T. 22 janvier 1890, J. T. 1890, 69 ; T. 28 mai 1890, J. T. 1890. 180). Il a été jugé notamment que la vente à réméré est une sorte d'antichrèse dans le rite hanéfite, et qu'elle n'a, d'après le rite malékite, d'autres effets que ceux d'un prêt sur gage, lorsqu'il n'y a pas eu prise de possession par l'acquéreur (T. 1re ch. 24 déc. 1890, R. A. 1891, 2, 117, J. T. 1896, 191). Par le même jugement, le Tribunal de Tunis, tout en reconnaissant que la clause qui emporterait pacte commissoire (cpr, p. 67, alª 2), serait entachée de nullité, décide que le contrat resterait valable comme nantissement et que le créancier serait tenu de restituer le titre engagé contre remboursement de sa créance.

La vente à réméré, telle qu'elle est pratiquée dans la Régence, diffère donc essentiellement du contrat similaire de notre droit civil, puisque l'acquéreur, ou plus exactement le prêteur, ne devient pas propriétaire irrévocable à défaut de paiement à l'échéance (cpr. art. 1662, C. C.), et qu'il doit lorsqu'il veut obtenir le recouvrement de sa créance, s'adresser au juge, qui ordonne la vente de l'immeuble, pour le produit en être affecté au paiement de la dette (Dr. civil tunisien art. 538, Bompard, 138).

Le droit tunisien n'admet pas l'hypothèque légale de la la femme. Il en résulte que l'épouse musulmane ne jouit d'aucune sûreté réelle pour le recouvrement de ses créances matrimoniales, car le contrat de nantissement immobilier n'est pas usité en matière de dot (Sousse 30 déc. 1897, J. T. 98, 310). Ce défaut de garantie peut, sans doute, lui être préjudiciable lorsqu'elle veut obtenir du mari le paiement de sa dot (1) ; mais il s'explique en partie par l'état d'indépendance de la femme à l'égard de l'autorité maritale,

_____

(1) La constitution d'une dot par le mari, au profit de la femme est une des conditions de validité du mariage. Le mari peut se soumettre au paiement intégral avant la consommation du mariage ou la femme, l'exiger ; mais à défaut de convention de ce genre, une portion de la dot (naqd) doit être payée au moment du contrat et l'autre portion (kali), à une époque ultérieure fixée par les parties (Zeys, T. I. nᵒˢ 25 et 33).

par la capacité juridique dont elle jouit dans la loi coranique au point de vue de l'administration et de la gestion de son patrimoine. Affranchie par son mariage de la
tutelle quant aux biens, dite tutelle chrématique, la femme
devient, en effet, propriétaire absolue de la dot ; elle peut en
disposer à titre onéreux ou à titre gratuit, dans ce dernier
cas à concurrence du tiers de sa fortune (V. p. 48) ; il lui
est permis de passer des baux, de toucher les loyers,
de faire tous les actes que requiert l'administration de ses
biens, sans que le mari ait à intervenir ; elle peut même
ester en justice sans aucune autorisation, actionner son
mari pendant la durée de l'union conjugale, pour obtenir
le paiement de sa dot (V. les décisions citées par MM.
Sautayra et Cherbonneau, T. II, p. 77).

En ce qui concerne les étrangers, les règles du droit
tunisien doivent se combiner avec leur statut personnel,
d'après les principes du droit international privé. La femme
européenne peut ainsi se prévaloir, dans la Régence, de
l'hypothèque légale qu'elle puise dans sa loi nationale ;
mais les effets de cette hypothèque ne peuvent s'exercer
qu'à l'égard des immeubles qui en sont susceptibles et dans
la mesure autorisée par le statut réel. Il a été jugé, en
conséquence, que cette hypothèque légale ne peut frapper
des immeubles non immatriculés qu'autant que la femme
détient les titres de propriétés pour sûreté de ses reprises,
dans les conditions prévues par la loi locale (T. 4 avril
1894, J. T. 1894, p. 398 ; T. 1re ch. 16 novembre 1891,
J.T. 1896, 548 ; T. 1re ch. 17 mai 1899, J. T. 1899, 344).

Le droit tunisien ne reconnait, d'autre part, aucun privilège
immobilier ; la jurisprudence a fait notamment application
de ce principe au privilège du vendeur et de l'échangiste
(T. 2e ch. 31 octobre 1891. R. A. 94. 2. 570 ; T. m. 2e ch.
1er mai 1897, J. T. 97, 312 ; T. 1re ch. 2 novembre 1898,
J. T. 1899, 397, R. A. 1899, 2. 509) et à celui du bailleur
de fonds destinés à l'acquisition, à la construction ou à la
réparation d'un immeuble (T. 2e ch. 31 octobre 91, R. A.
94. 2, 570 ; T. 1re ch. 29 juin 1891. R. A. 91. 2, 543).

Toutefois, le privilège des frais de justice est admis dans

la pratique. De plus, d'après un usage ancien constamment
admis dans la Régence et rappelé dans l'article 129 du
décret du 3 octobre 1884 (Bompard p. 115), le Trésor tunisien jouit d'un privilège portant sur tous les biens du
débiteur, pour le recouvrement de ses créances de toute
nature ; il ne peut être primé que par les hypothèques
constatées dans un acte authentique et ayant acquis date
certaine avant la naissance des droits du Trésor (T. 1re ch.
13 fév. 1893. J. T. 1893, 88, R. A. 1893, 2, 219 ; Sousse
15 juillet 1897, J. T. 1897, 635 ; Ouzara 24 mars 1887,
J. T. 1898, 407 ; T. 1re ch. 19 juin 1893. J. T. 1894, 125 ;
T. 1re ch., 19 nov. 1894 J. T. 1898, 210, R. A. 1895, 2,
13 ; Sousse 19 nov. 1897, J. T. 1898, 304 ; Ouzara 11 février
1884, J. T. 1899, 285). Outre ce privilège général, le Trésor
a « sur les bâtiments, la terre et les arbres, leurs fruits,
loyers et revenus » pour le recouvrement des impôts directs
résultant de rôles, un privilège spécial qui s'exerce avant
tous autres et prime les droits réels, même antérieurement
acquis à des tiers (art. 5 et 6 du décret du 13 juillet 1899).

§ 4. Des servitudes.

Le droit musulman distingue, comme notre droit civil,
les servitudes légales dérivant de la nature des choses et
de la situation respective des deux fonds, des servitudes
établies par le fait de l'homme sur un héritage au profit
d'un autre héritage (Sidi Khelil, trad. Perron T. IV,
194 et s. et trad. Seignette. titre XXI, art. 1206 et s. ; Tilloy,
R. A. V° propriété, n° 110). Les premières ne constituent pas,
à proprement parler, de véritables servitudes ; établies dans
un but d'intérêt public, elles sont plutôt des limitations
apportées au droit de propriété et doivent être régies par la
loi territoriale. Les secondes constituent, au contraire,
des charges établies dans un intérêt privé, sur un fonds au
profit d'un autre immeuble : les parties peuvent en déterminer l'étendue et en régler l'exercice, sans pouvoir toute-

fois rien stipuler de contraire à l'ordre public, à la *lex rei sitæ*, car ces servitudes se rattachent également au régime de la propriété foncière (1).

La législation locale sur les servitudes ne forme pas un ensemble de règles juridiques codifiées par le pouvoir souverain, mais un corps de décisions d'espèces variées, basées sur l'esprit général du Coran, développées et commentées par les jurisconsultes et l'application traditionnelle qu'en font les juges musulmans (Alger 2 novembre 1897, J. T. 1898, 111). La matière se trouve surtout réglementée par les usages locaux, qu'il faut consulter pour la solution des litiges (cpr. Tohfa, note 1149); dans certaines régions, elle fait l'objet d'une analyse minutieuse qui échappe à toute théorie générale. Nous citerons, à titre de curiosité, un passage emprunté à l'ouvrage de MM. Hanoteaux et Letourneux sur la Kabylie et les coutumes kabyles, T. II. p. 161 : « Le droit de passage existe souvent pour les « hommes à pied et à cheval, pour les piétons seulement, « pour les hommes à l'exclusion des femmes, pour les fem- « mes à l'exclusion des hommes, pour des bœufs avec leurs « charrues, mais non pour les chevaux et les mulets, pour « le gros bétail, pour les chèvres et les moutons, mais non « pour le gros bétail. Il y a des exemples de passage ac- « cordés pour la vache mais non pour le poulain, pour le « mulet non chargé mais non pour le mulet portant une « charge. Il existe des droits de passage pour le matin et « d'autres pour le soir, enfin un droit de passage qui ne « s'exerce que pour apporter le mouton qui doit être sacri- « fié à l'Aïd el Kebir ».

A raison même de la complexité de la matière, nous nous contenterons de signaler les principales décisions

_____

(1) Voir sur la législation applicable, les divergences qui se sont produites dans les décisions tant des juridictions consulaires que des tribunaux français, et l'arrêt de la Cour de cassation qui a fixé la jurisprudence dans le sens de la soumission, au droit musulman tunisien, des servitudes grevant des immeubles non immatriculés (V. supra, 30).

rendues par les tribunaux de la Régence et qui ont trait
pour la plupart aux servitudes de vues et de mitoyenneté.

D'après les lois et coutumes tunisiennes, la servitude de
vue peut s'établir par convention (Sousse 3 novembre 1898,
J. T. 1899, 408), mais non par destination du père de
famille (Alger 2⁰ ch. 30 janvier 1897, R. A. 1898, 2, 335) ;
elle s'acquiert également par la prescription, en ce sens
que le propriétaire voisin ne peut exiger la fermeture d'une
fenêtre ouverte depuis plus de 10 ans. A défaut de convention contraire, le propriétaire du fonds servant a le droit, à
quelque époque que ce soit, d'obstruer les ouvertures pratiquées, en construisant sur son propre fonds (T. 1ʳᵉ ch.
14 mars 1892, J. T. 1894, 214; T. 6 mars 1893, R. A. 1893,
2, 247). Cette règle, admise dans les deux rites suivis en
Tunisie, diffère par des réserves apportées dans l'application : d'après le rite hanéfite, il est interdit d'obstruer une
fenêtre, lorsque son obstruction rend l'appartement où elle
se trouve tout à fait obscur et le prive de jour à tel point
qu'il serait impossible d'y écrire (T. 2ᵉ ch. 29 mars 1890,
J. T. 1890, 101, R. A. 1891, 2, 421 ; T. 1ʳᵉ ch. 14 mars
1892, J. T 1894, 214 ; T. 2ᵉ ch. 28 fév., J. T. 1894. 194) ;
d'après le rite malékite, le voisin ne peut obstruer l'ouverture lorsque ce travail n'a pour lui aucun utilité et n'a
d'autre but que de vexer le propriéiaire de l'immeuble
contigu (T. 1ʳᵉ ch. 14 mars 1892, J. T. 1894, 214 ; T. 2ᵉ
ch. 28 fév. 1894, J. T. 1894. 194). Ajoutons que l'ouverture pratiquée dans un mur et donnant vue sur l'héritage
d'autrui doit être murée intérieurement et que l'on peut
avoir seulement des vues obliques sur un fonds voisin. (T.
2ᵉ ch. 21 nov. 1889. J. T. 1894, 185).

Il a été jugé en matière de mitoyenneté : — qu'en droit
musulman, comme en droit français, il y a présomption de
mitoyenneté pour le mur séparatif de deux immeubles de
même hauteur qui s'y appuient et que chaque co-propriétaire peut faire supporter à ce mur la nouvelle construction
qu'il édifie à la place de l'ancienne, mais à condition de
payer une indemnité au voisin s'il impose une surcharge au
mur mitoyen (T. 1ʳᵉ ch., 24 décembre 1894. J. T. 1895,

90) ; — que tout propriétaire, surélevant un mur mitoyen sur la moitié de l'épaisseur de ce mur faisant face à l'immeuble voisin, peut être obligé de céder la mitoyenneté de l'exhaussement moyennant une juste rétribution (T. 1re ch. 25 février 1895. J. T. 1895. 179) ; — que l'autorisation accordée à un voisin de placer des poutres dans l'épaisseur d'un mur de séparation constitue une simple tolérance qui peut être retirée et ne saurait engendrer ni droit ni obligation (T. 1r- ch. 2 février 1887. J. T. 1894, 183.) (1).

Notons enfin, qu'en droit musulman tunisien, on doit ménager au défendeur le choix du rite et que lorsqu'il ne manifeste pas expressément sa préférence, il échet de le faire bénéficier du rite le plus favorable (T. 29 mars 1890, R. A. 1891, 2, 421 ; T. 2 juin 1884. J. T. 1891, 155 ; T. 2e ch. 13 juin 1890, sous Alger 1re ch. 1er mai 1893. J. T. 1893, 382 ; T. 1re ch. 23 novembre 1891, J. T. 1892, 109 ; T. 2e ch. 28 février 1894, J. T. 1894, 194 ; Alger 30 janvier, 1897, R. A. 1898, 2, 335).

---

(1) Les contestations immobilières d'un caractère local, qui s'élevaient autrefois en matière de mitoyenneté et de servitudes de jour étaient, à Tunis, portées devant un tribunal spécial, composé de conseillers municipaux ; cette juridiction exceptionnelle, qui résultait d'usages et non de textes, a été supprimée par le décret du 1er avril 1885 sur l'organisation des municipalités (T. 1re ch. 5 janvier 1888, R. A. 1888, 2, 345 ; T. 1re ch. 22 avril 1895, J. T. 1895, 369).

Il a été produit, devant la Cour d'Alger, comme annexe du jugement précité du 5 janvier 1888, un certificat du Président de la Municipalité, qui atteste l'existence de cette juridiction dans les termes suivants :

« Le Président de la Municipalité, soussigné, certifie qu'antérieu-
« rement à la promulgation du décret organique des municipalités
« de la Régence, en date du 1er avril 1885, un tribunal municipal
« composé du Président et de deux assesseurs pris parmi les
« conseillers, était chargé de trancher, conformément aux anciens
« usages du pays, toutes les questions immobilières résultant no-
« tamment de la mitoyenneté et des servitudes de jour ouvrant sur
« les constructions voisines. »

« La juridiction s'étendait, avant la réorganisation des municipa-
« lités de la Régence (décret du 31 octobre 1883), sur les territoires

§ 5. Du régime des Eaux.

Les dispositions du droit musulman les plus intéressantes en matière de servitudes, se rencontrent à propos du
régime des eaux ; dans des pays où l'eau est rare, il est indispensable, en effet, que le législateur s'ingénie à réglementer son usage, aussi nécessaire aux besoins de l'homme
qu'aux produits du sol.

En principe, les eaux sont communes à tous les hommes
(du Caurroy, Législation surnnite et hanéfite p. 50) ; le Prophète l'a d'ailleurs reconnu expressément quand il a dit :
« Les hommes sont coassociés à trois choses , l'eau, l'herbe
« et le feu » ; mais l'exercice du droit de la communauté
est sujet à certaines restrictions, et il faut distinguer, à cet
égard, entre les cas où l'eau doit être employée à l'alimentation des hommes ou des animaux *(Chefet)* et ceux où
elle doit servir à l'arrosage des terres *(Chirb* ou *Cherb).*

Chefet. — Le droit de chefet est, pour ainsi dire, absolu
et peut s'exercer sur toutes les eaux, courantes ou non,
utilisées ou laissées sans emploi. L'eau ne perd pas son
caractère de chose commune lorsqu'elle est située sur une
propriété privée ou qu'elle la traverse de telle sorte que,
pour y accéder, il soit nécessaire de passer sur cette propriété ; tout individu, étranger ou non, peut pénétrer sur
le terrain d'autrui pour étancher sa soif ou abreuver ses
animaux. Toutefois, si une masse d'eau suffisante se trouve
à proximité sur une terre morte, c'est sur cette terre mor-

« de La Goulette, la Marsa, l'Ariana, la Manouba et Rhadès dans un
rayon d'environ 20 kilomètres.

« Ces attributions judiciaires de la Municipalité ont été abolies
« depuis l'introduction de l'élément européen dans l'administration
« municipale. »

Les questions litigieuses relatives aux servitudes relèvent aujour-
d'hui des juridictions de droit commun : tribunaux français et tribunaux indigènes, suivant les règles de compétence que nous aurons à examiner au cours de cette étude (V. infra Chap. V, Section
II, § 2).

te que le chefet doit s'exercer de préférence; de même il
n'est pas permis de faire entrer les animaux s'ils sont en
assez grand nombre pour causer des dégâts aux berges
des cours d'eau, aux rebords des bassins etc, ou pour épui-
ser une provision d'eau très réduite, (du Caurroy, Législation
musulmane p. 54 et 55. Hamel, du régime des eaux en
Algérie. R. A. 1888, 1, 1 et suiv.).

Chirb. — Le droit de chirb (usage de l'eau pour tout
ce qui n'est pas l'alimentation et les besoins corporels,
c'est-à-dire pour l'irrigation, la mise en mouvement des
usines) appartient en principe à tous les hommes ; mais il
ne peut être exercé par tous, car, par la force même des
choses, il n'y a que des terres situées à proximité des cours
d'eau, des sources, des puits etc, qui puissent être arrosées
ou sur lesquelles il serait possible d'établir des usines
hydrauliques (Hamel id. p. 21).

Celui dans le fonds duquel se trouve une source, un puits,
une mare etc, est le mieux placé pour les utiliser, aussi
est-ce lui qui a le droit de chirb. Khalil Ibn Ishak lui
accorde, sous réserve du droit de chefet, un droit absolu
sur cette source : « il a le droit, dit-il, d'en refuser l'usage à
« qui que ce soit, d'en consentir la vente avec qui il lui
« plait, d'en disposer à discrétion, absolument comme de
« l'eau qu'il possède en propriété dans une jarre, dans une
« outre (trad. Seignette p. 386 n° 1220). » Seul maître des
eaux, il a la faculté de les retenir à son gré ou de les laisser
couler : s'il les laisse couler, ses voisins peuvent profiter de
cette tolérance en les utilisant, mais ils n'acquièrent ainsi
aucun droit, et le propriétaire du terrain d'où elles sortent
est toujours libre de les retenir ; un contrat formel pourrait
seul créer une situation différente.

A l'égard des cours d'eau, les règles sont plus complexes
car les propriétaires des fonds riverains ne sont pas les
seuls à avoir le droit de chirb, qui peut échoir au propriétaire d'un fonds non riverain ; ce sera peut-être quelquefois,
un droit de propriété, mais le plus souvent, sinon toujours,
un simple droit d'usage, une servitude.

La répartition des eaux peut résulter d'une entente explicite entre les usagers ; elle peut aussi être l'œuvre du temps. Dans tous les cas, quand elle s'est établie sans violence, elle doit être maintenue telle qu'elle existe et telle qu'elle est pratiquée, à moins que la pratique ne soit contraire à des titres formels. (Hamel id. p. 22).

Une fois les droits fixés, ils restent attachés à la terre et la suivent dans toutes ses mutations. Le propriétaire vend, donne ou loue sa terre, avec ou sans le chirb qui en dépend (Hamel id. p. 26), mais la vente du chirb isolé du sol est devenue aujourd'hui d'une pratique courante dans le Sud de la Régence et notamment dans les régions de Gafsa et de Tozeur.

Cette législation, commune dans ses dispositions générales aux deux rites hanéfite et malékite, ressemble beaucoup à notre droit civil. Si elle ne connaît pas la distinction des cours d'eau navigables et des cours d'eau non navigables et si elle insiste tout particulièrement sur le droit à l'eau d'alimentation, elle attribue, comme le Code civil français, la propriété des sources aux propriétaires des terrains dans lesquelles elles prennent naissance (C. C. art. 641) ; elle considère les eaux courantes comme des choses moubah « *res nullius* », qui n'appartiennent à personne et dont l'usage est commun à tous ; elle reconnaît enfin à celui dont la propriété borde une eau courante le droit de s'en servir à son passage pour l'irrigation de ses propriétés (C. C. art. 644.).

Il est donc inexact de prétendre, que les eaux font, en droit musulman, partie du domaine public et ne sont pas susceptibles d'appropriation privée. L'Administration algérienne a cherché, il est vrai, à faire prévaloir cette thèse, consacrée par un arrêt de la Cour d'Alger du 22 juin 1874 (Robe, 1874, 232) ; mais la jurisprudence de cette Cour n'a pas tardé à s'affirmer en sens contraire dans un autre arrêt du 14 novembre 1877 (Estoublon, B. J. 1878, 102), où elle reconnaît « que la réfutation directe de la proposition « sur laquelle s'appuie le Domaine, résulte de la saine in- « terprétation de la loi musulmane, de l'opinion de ses doc-

« teurs les plus autorisés (1), d'une série de faits reconnus
« et consacrés par des siècles au profit des tribus ou de
« simples particuliers, de travaux d'établissement nom-
« breux qui révèlent des appropriations fruit d'un long
« usage, enfin d'une jurisprudence imposante dont la fer-
« meté n'a pu être ébranlée par la contradiction d'un arrêt
« unique. » C'est en ce sens que s'est prononcée la jurisprudence du tribunal de Tunis qui, antérieurement au décret
relatif au domaine public, jugeait les sources susceptibles
de propriété privée (T. 6 mai 1885. J. T. 1894, 524 ; cpr,
Alger, 1re ch., 20 juin 1899, J. T. 1899, 546, R. A. 99,
2, 552.).

Cette législation a été modifiée par décret du 24 septembre 1885.

Aux termes de l'article 1er de ce décret, le domaine public comprend : « les cours d'eau de toute sorte et les
« terrains compris dans leurs francs bords... ainsi que les
« sources de toute nature. » La loi nouvelle déroge à la
fois au droit de la métropole qui, parmi les cours d'eau, ne
comprend dans le domaine public que ceux qui sont navigables ou flottables, et à la législation locale préexistante
d'après laquelle les eaux étaient, en principe, susceptibles
d'appropriation privée. Elle se fonde d'ailleurs sur la tradition islamique, qui veut que l'eau soit la chose commune
de tous les musulmans (V. p. 76) et sur la nécessité d'en
prévenir l'usurpation et le gaspillage (2).

L'art. 2, de plus, respecte tous les droits acquis antérieu-

(1) Voir, notamment, consultation de Sidi Hamady Lamaly rap-
portée par M. Barny. Question des eaux en Algérie et par M. Robe,
Journal de jurisprudence 1867, p. 260 ; Sumbuli-Zadi cité par Du-
caurroy, Législation musulmanes unnite, rite hanéfite, Journal Asiatique, février 1849 p. 132 n° 178.

(2) Jugé que si, en principe, toutes les eaux font partie du domaine public, même les eaux folles ou sauvages, il faut du moins
qu'elles soient susceptibles d'une réglementation ; n'ont pas ce caractère les eaux de pluie provenant de fonds supérieurs, séjournant
sur le sol en plaques plus ou moins profondes et disparaissant par
évaporation ou autrement. (Alger, C. d'appel, 1re ch., 16 mai 1898,
J. T. 1899, 140, R. A. 1898, 2, 374.).

7.

rement : « néanmoins sont reconnus et maintenus tels qu'ils
« existent les droits privés de propriété, d'usufruit ou d'u-
« sage légalement acquis sur les cours d'eau, les sources,
« les abreuvoirs ou puits, antérieurement à la promulga-
« tion du décret. »

L'interprétation de cette dernière disposition, reproduite
de la loi du 16 juin 1851 qui réglemente en Algérie le régime des eaux, a soulevé de vives controverses en doctrine
et en jurisprudence. Suivant une opinion qui a longtemps
prévalu, on reconnaissait sur les sources une présomption
légale de propriété au profit du domaine public et le tiers
qui revendiquait des droits sur elles devait faire la preuve
de ses prétentions par titres ou prescription (Alger 1re ch.,
21 juin 1880, Estoublon B. J. 1881. 101 ; Alger 1re ch.,
19 juillet 1867 B. J. 1867. 29 ; Alger, 1re ch., 30 mars
1885, R. A. 1886. 2. 1 ; Alger, 1re ch., 4 mai 1886, R. A.
1886, 2, 274 ; Aix, ch. réunies 23 octobre 1890. R. A. 1890.
2. 576 ; Alger, 25 mai 1891, R. A. 1891. 2. 558 ; T. 18 mai
1896, R. A. 1897, 2. 165). La Cour de cassation a même
rejeté le 23 juillet 1877 un pourvoi formé contre l'arrêt
d'Alger du 22 juin 1874, qui avait refusé d'admettre d'autre preuve que des titres. Mais la Cour suprême revenant sur sa jurisprudence antérieure et faisant une juste
application de la loi musulmane en vigueur en Algérie
avant la loi de 1851 et en Tunisie antérieurement au décret
de 1885, vient de poser en principe que : « la propriété du
« fonds emporte celle des sources qui s'y trouvent et qu'il
« suffit, dès lors, au revendiquant, pour avoir droit à la
source, de faire la preuve de son droit de propriété sur le
fonds. » (Cass. 20 juin 1898, J. T. 1898. 441, R. A. 1898, 2.
413 ; en ce sens, Alger, 22 octobre 1896, R. A. 1897. 2.
407.).

La conséquence de cette interprétation est que toutes les
sources, qui existaient en Tunisie avant 1885, échappent
au domaine public et appartiennent au propriétaire des
terrains. L'Etat ne peut revendiquer que celles de ces sources qui se trouvaient alors dans son domaine privé, qui

étaient affectées à un usage public ou qui étaient venues au
jour dans un terrain sans maître.

SECTION III. DU TITRE DE PROPRIÉTÉ
ET DE
L'INSCRIPTION DES DROITS RÉELS IMMOBILIERS.

En principe, la propriété immobilière s'établit, à l'égard
des tiers, par la détention régulière et légitime du titre de
propriété (1). Ce titre, qui se présente généralement sous la
forme d'un rouleau de parchemin et de feuilles timbrées
collées bout à bout, contient ou devrait contenir l'origine
des droits privatifs exercés sur l'immeuble, la description
du fonds, l'indication de ses limites, la série des transmissions dont il a été l'objet, ainsi que les noms des divers propriétaires qui se sont succédé. Mais si l'on rencontre parfois des titres, vieux de plusieurs siècles et contemporains
de l'acte ou du fait générateur du droit de propriété, la plupart des anciens titres ne remontent qu'à l'époque de l'institution des notaires indigènes, c'est-à-dire au temps des
premiers Beys. Ils ont pour point de départ : soit un acte
de notoriété établi par deux notaires à la requête des intéressés, soit un *Amra*, c'est à-dire un décret de concession
de l'autorité beylicale.

A défaut de titres de propriété ou lorsqu'égarés ou dé-
truits, ces titres ne peuvent être représentés, le droit du
pays admet, pour y suppléer, des actes de notoriété connus
sous le nom d'*Outika*. « Tout possesseur d'immeuble, qui
« n'en a pas le titre, dit M. Berge, Juridiction française,
« p. 69, peut, avec l'autorisation du Cadi, amener des témoins
« devant les notaires beylicaux et ceux-ci dressent un acte
« de notoriété « outika », contenant la déclaration des dits

(1) Les titres de propriété constituant un accessoire des immeubles
auxquels ils s'appliquent, le créancier ne peut en poursuivre la réalisation que par la voie de la saisie-immobilière et il ne lui est pas
permis de recourir à la saisie arrêt. (T. 19 novembre 1894, R. A.
1898. 2. 237 ; T. 4 avril 1894. J. T. 1894. 398.).

« témoins qu'ils savent d'une façon sûre et ont entendu
« dire, d'une manière constante et de tout temps, par les
« anciens du pays que l'immeuble délimité de telle ou telle
« manière appartient à un tel et a appartenu de même à ses
« ancêtres depuis un temps immémorial, sans que cette
« propriété ait jamais été contestée par qui que ce soit à
« aucun titre ». (1)

Pour que les outikas puissent être admises comme éléments de preuve de la propriété, il faut qu'elles soient de
date ancienne, que les notaires chargés de les dresser y aient
été autorisés par le Cadi, que les dépositions soient concor-
dantes et leurs auteurs capables de témoigner et d'une
réputation irréprochable, et que l'outika soit revêtue du
cachet du Cadi et de la formule exécutoire (T. 1re ch.
20 mai 1895, J. T. 1895, 460). Il a été jugé également que,
lorsque ces actes sont de date récente ou qu'ils sont contradictoires, il échet de les rejeter par toutes mesures d'instruction utile (T. 2e ch., 13 nov. 1890, J. T. 1894, 485). Une
outika doit être suivie de trois contrats de vente, au moins,
pour constituer un titre de propriété (Bompard. Introduction, p. XV).

Mais, ni le titre de propriété ni l'outika ne sont exigés à
peine de déchéance : il est admis, que le droit du propriétaire peut s'établir par la seule possession et qu'il en est de
même si les titres produits sont inapplicables ou muets
sur l'étendue et les limites de l'immeuble auquel ils se
rapportent (T. 2e ch. 17 mai 1890. J. T. 1894, 342 ; T.
2e ch. 28 mai 1892, J. T. 1896, 199 ; T. 1re ch. 14 juin 1899,
J. T. 1899, 522). Cette solution a été consacrée par la Cour
de cassation, dans un arrêt de la Chambre des Requêtes
du 18 octob. 1893 (J. T. 1893, 355), et par un arrêt de la
Cour d'appel d'Alger, reconnaissant la possession comme

(1) Aux termes d'une circulaire du 14 déc. 1899, le Premier Ministre a invité les Cadis à n'autoriser l'établissement d'actes de notoriété
que soixante-dix jours après l'insertion de trois avis, de quinze
jours en quinze jours, au Journal Officiel, et des criées dans les
marchés de la région où se trouve l'immeuble (J. Off. tunisien du
18 avr. 1900, n° 31, p. 330).

mode d'établissement des servitudes (Alger, 3ᵉ ch. 17 février 1897, J. T. 1897, 514 et 1ʳᵉ ch., 2 nov. 1897, J. T. 1898, 111).

Le titre de propriété suit le sort de l'immeuble et passe, à chaque transmission, entre les mains du nouveau propriétaire.

A chaque mutation de la totalité de l'immeuble, un acte est, en effet, rédigé par deux notaires indigènes *(adouls)* et transcrit en langue arabe sur le titre, à la suite des transmissions précédentes, de telle sorte que cette série d'actes forme, suivant l'expression de M. Berge,(id. p. 69), l'histoire de toutes les transformations et transmissions successives du droit de propriété.

En cas d'aliénation partielle de l'immeuble ou du groupe d'immeubles pour lesquels il n'existe qu'un seul titre de propriété, les notaires créent un titre nouveau pour la portion aliénée. Ce titre se compose d'un *medmoun,* c'est-à-dire d'un résumé de l'ancien titre, mentionnant l'origine, la consistance et les transmissions de la propriété ainsi que l'acte de vente de la portion aliénée ; il est remis à l'acquéreur. L'ancien titre reste entre les mains du vendeur, revêtu d'une mention d'annulation partielle, en sorte qu'il ne peut plus légalement s'appliquer qu'à la partie de l'immeuble dont le vendeur est resté propriétaire (T. 2ᵉ ch. 29 avril 1893, J. T. 1896, 362 ; Circulaire du Premier Ministre aux Cadis du 8 avril 1900, J. Off. tunisien 1900, nᵒ 31, p. 330).

Le titre d'une propriété melk appartient nécessairement au propriétaire de l'immeuble auquel il s'applique (C. Alger, 25 mai 1893, J. T. 1893, 325).

Le titre qui, à l'origine, ne contenait que les transferts de propriété, servit plus tard à l'inscription des autres droits réels immobiliers ; de cet usage, consacré par la jurisprudence, est issu le principe que tout droit réel doit figurer sur le titre de propriété, pour être opposable aux tiers (Sousse, 28 février 1889, R. A. 1889, 2, 417 ; T. 20 juin 1891, J. T. 1893, 87 ; T. 21 nov. 1892, R. A. 1893, 2, 90 et la note ; T. 10 août 1890, R. A. 1893, 2, 373 ; T. 21 nov. 1894, R. A.

1895, 2, 74). La nécessité de l'inscription s'applique aux charges réelles grevant l'immeuble, mais non aux obligations personnelles, comme celles résultant d'un bail ou de l'engagement pris par le propriétaire de rembourser au locataire, à l'expiration du bail, les dépenses d'amélioration faites sur l'immeuble loué (T. 2ᵉ ch. 17 nov. 1887. J. T. 1894, 435, R. A. 1888, 2, 309).

Il s'en faut, toutefois, que ce principe reçoive son application pour tous les actes intéressant la condition juridique des biens immobiliers. D'après les usages établis dans la Régence, ne sont généralement mentionnés sur les titres de propriété que les actes de transfert à titre onéreux : ventes, reventes, rétrocessions, échanges, adjudications ; les transmissions par décès et les partages ; les constitutions et cessions d'enzels, de kirdar, ou de khoulou, et les constitutions de habous.

Conventionnelle ou forcée, faite par acte notarié (1) ou par acte s. s. p., la vente doit toujours être inscrite sur le titre de propriété pour être opposable aux tiers (T. 4 déc. 1885. J. T. 1889, 30 ; T. 2ᵉ ch. 1ᵉʳ mai 1890. J. T. 1890, 227 ; T. 2ᵉ ch. 22 mai 1890, J. T. 1894, 369 ; Trib. m. 28 mai 1895, J. T. 1895, 548 ; T. 1ʳᵉ ch. 29 juin 1896, J. T. 1896, 553 ; T. 1ʳᵉ ch. 21 nov. 1892, R. A. 1893, 2, 90, J. T. 1897, 117 ; T. 1ʳᵉ ch. 6 déc. 1897, J. T. 1898, 217). Les notaires qui passent un acte de vente transcrivent immédiatement, sur leur registre-minute, l'accord des parties, et leur remettent un bulletin contenant les noms des intéressés, la désignation de l'immeuble, le montant du prix et des charges etc... Au vu de ce bulletin, les parties acquittent les droits de mutation (2), et ce n'est que sur la repré-

---

(1) Tout acte notarié doit être reçu par deux notaires et porté séparément sur le registre de chacun d'eux (décret du 8 janvier 1875. Sebaut, Dictionnaire de la législation tunisienne, 433; Règlement de S. A. le Bey du 31 juillet 1886, n° 8).

(2) Le droit de mutation immobilière à titre onéreux, autrefois de de 6,25 °|₀, a été réduit à 4 °|₀ par un décret du 2 novembre 1893.

Les actes transcrits sur les titres de propriété doivent être timbrés préalablement à leur clôture, c'est-à-dire avant d'être revêtus de la signature des notaires, à un droit invariable de 1 fr. 20.

sentation de ce bulletin, revêtu de la mention du Receveur et du cachet du bureau de perception, que les notaires peuvent délivrer l'expédition de l'acte, c'est-à-dire transcrire la vente sur le titre de propriété. Lorsque l'acte est sous-seing privé, les notaires sont également seuls compétents pour transcrire la mutation sur le titre, et ils doivent préalablement s'assurer, sous leur responsabilité personnelle, de l'acquittement de l'impôt. Ils sont, en outre, tenus de vérifier les titres qui leur sont remis par le vendeur et, s'ils découvrent quelque irrégularité, d'avertir l'acquéreur, surtout lorsqu'il est européen et peu familiarisé avec les lois immobilières en vigueur dans la Régence, des dangers auxquels il s'expose ; ils pourraient être condamnés, conjointement et solidairement au remboursement du prix, si, informés que le vendeur n'est pas en possession de l'immeuble et que les titres de propriété sont sans valeur, ils affirmaient à l'acheteur que les titres sont inattaquables et que l'affaire n'offre aucun risque (T 1re ch. 23 nov. 1891. J. T. 1896, 455 ; T. 1re ch. 17 janv. 1898, J. T. 1898, 223 ; T. 1re ch. 16 mai 1898, J. T. 1899, 421).

En cas d'adjudication poursuivie devant les tribunaux indigènes, les notaires requis par le Caïd ou par le Cadi (V. supra p. 45 et 46) procèdent comme en matière d'aliénation volontaire pour la délivrance des bulletins et la transcription sur le titre. Lorsque l'adjudication a lieu devant la juridiction française, des notaires indigènes, attachés au Secrétariat Général du Gouvernement, sont spécialement chargés, au vu d'une traduction régulièrement faite par un interprète judiciaire, de mentionner sur les titres de propriété arabes les adjudications prononcées par nos tribunaux (Circulaire aux Cadis du 14 décembre 1899. J. Off. tunisien du 18 avril 1900, no 31, p. 330).

Lorsque la mutation a lieu par voie d'échange, tout se passe comme dans la vente.

En cas de mutation par décès, « le titre doit relater la « cause de la transmission, la qualité et le nom de chaque « héritier et, s'il y a eu plusieurs successions, mentionner « chaque transfert auquel elles ont donné lieu ». (Consulta-

tion du Cheik-ul-Islam et du Bach Mufti malékite sur
quelques points de droit immobilier tunisien, p. 28).

Parmi les contrats qui, à défaut de transcription restent
opposables aux tiers, nous mentionnerons notamment : le
contrat de megharsa, la donation, les mutations suivies
d'une prise de possession immédiate, enfin les contrats de
nantissement immobilier.

L'exception établie en faveur du megharsa a pour base la
nature spéciale de ce contrat, qui n'emporte pas aliénation
immédiate de propriété mais promesse conditionnelle d'aliénation ultérieure (V. supra p. 53). La nécessité de la transcription ne se fait donc pas sentir tant que l'indivision
subsiste entre le propriétaire et le complanteur : c'est
seulement après le partage, au caractère translatif, qu'une
mention annulative est inscrite sur le titre originaire et
que le megharsiste établit, au moyen d'un medmoun, son
droit de propriété sur la part qui lui est échue (T. m.
13 mars 1894, J. T. 1895, 28). Les droits des tiers sont
d'ailleurs sauvegardés par cette circonstance que le preneur
est toujours mis en possession de la terre qui fait l'objet du
contrat, en sorte que le tiers, pour se mettre à l'abri de
toute surprise à l'encontre d'un preneur à megharsa, n'a
qu'à vérifier si le vendeur ou l'emprunteur est ou non en
possession (T. 10 août 1892, J. T. 1893, 62, R. A. 1893, 2,
373).

Une solution identique a été admise en matière de donation. La jurisprudence avait d'abord reconnu, qu'à défaut
de transcription sur le titre, une donation ne pouvait être
opposée par le bénéficiaire aux personnes qui auraient
acquis des droits réels sur l'immeuble (Cass. 19 juin 1893,
J. T. 1893, 309) ; mais la Cour d'Alger, consacrant une
décision rendue par le Charâa, a inauguré une jurisprudence
nouvelle, suivie depuis lors par les Tribunaux de la Régence et d'après laquelle une donation peut, sans avoir été
transcrite, être opposable aux tiers. Cette solution, basée
sur les usages établis dans la Régence, a été motivée, en
outre, par les considérations suivantes, à savoir que, dans
le rite malékite comme dans le rite hanéfite, la prise de

possession par le donataire est une des conditions nécessaires de la validité de la donation, — qu'elle doit être
effective, publique et manifeste, — que la détention du titre
ne peut y suppléer, et que, dès lors, les tiers qui ont acquis
postérieurement, du chef du donateur, des droits réels sur
l'immeuble donné sont en faute de n'avoir pas vérifié si la
possession était conforme aux énonciations fournies par
le titre de propriété (Alger, 16 mai 1893, J. T. 1893, 2. 329 ;
Alger, 26 février 1895, J. T. 1895, 558, R. A. 1895, 2, 315 ;
T. 2e ch. 14 mai 1892, J. T. 1896, 280 ; 17 juillet 1893, J. T.
1897, 375 ; T. m. 29 décembre 1894, J. T. 1898. 116 ;
26 mars 1898, J. T. 1898, 594).

Généralisant la théorie adoptée pour le contrat de megharsa et la donation, le tribunal mixte, par un jugement
du 28 mai 1895, a admis que le principe de la nécessité de
la transcription sur le titre, des transferts et des constitutions de droits réels, n'a pas un caractère absolu et qu'il est
inapplicable, notamment, lorsque la mutation non transcrite
a été suivie d'une mise en possession s'exerçant sans équivoque, à titre de propriétaire, de telle façon que le nouvel
acquéreur n'a pu l'ignorer lors de son acquisition (T.
m. 28 mai 1895, J. T. 1895, 548, R. A. 1896, 2, 105 ; T.
16 août 1892, R. A. 1893, 2, 373).

Rappelons, enfin, que la remise du titre entre les mains
du prêteur, constitue un droit réel de nantissement immobilier, opposable aux tiers sans qu'il soit besoin d'en faire
mention sur le titre de propriété (cpr. supra 65 et 66).

Section IV. De la possession et des actions possessoires.

La possession de notre Code civil est le fait d'avoir une
chose à sa disposition, joint à l'intention de détenir cette
chose comme sienne. « La possession, dit Troplong (De la
« prescription, I, p. 237), n'est que le résultat et l'expression
« d'un droit plus élevé qui en est la source ; tout ce que la
« loi a mis en elle, c'est une présomption ; tous les effets

« qu'on fait sortir de la possession ne sont que les consé-
« quences de la propriété présumée qu'elle signale. Ce que
« la loi protège, ce n'est pas la possession elle-même, mais
« le droit probable de propriété dont elle fait présumer
« l'existence ».

Ces commentaires s'appliquent également à la possession
en droit musulman. « La possession, dit Van der Berg, dans
« son étude précitée R. A. 1893, I, 130, est l'exercice réel de la
« disposition des choses. C'est, par conséquent, un fait qui
« découle du droit de propriété. Le propriétaire a essentiel-
« lement le droit de posséder, mais il peut se faire qu'une
« personne possède une chose sans être propriétaire, et
« même, sans que le propriétaire lui en ait donné l'autori-
« sation, sans aucun titre légal. La possession qui ne se
« fonde sur aucun titre et qui est exercée de mauvaise foi se
« nomme *Gaçb*, le possesseur est dit *Gaçib*, et la chose
« possédée *Maghçoub* ». Le principal commentateur du
rite malékite, Sidi Khelil pose également en principe « que
« la possession s'établit par la jouissance non précaire,
« paisible, sans conteste, pendant une durée d'environ
« 10 mois, sans interruption légale » (trad. Seignette
art. 1.666), et cette disposition présente la plus grande analogie avec celle contenue dans l'art. 2229 du C. C. français.

La possession engendre plusieurs avantages : elle procure
la jouissance des fruits et donne droit à certaines indem-
nités, suivant qu'elle est exercée de bonne ou de mauvaise
foi (Ouzara. 11 février 1897, J. T. 1897, 636 ; décret du 13
avril 1874, art. 20, Bompard, p. 3) ; elle est un élément de
la prescription musulmane, lorsqu'elle se continue pendant
un certain nombre d'années (V. p. 57) ; elle fait enfin présumer la propriété jusqu'à preuve contraire (Tunis, 2ᵉ ch.
14 janvier 1887, J. T. 1891, 238 ; Sousse 28 février 1889, J.
T. 1889, 53 ; T. 2ᵉ ch. 20 mai 1895, J. T. 1895, 460).

La possession, reconnue, donne ouverture à l'action possessoire, puisque l'action n'est autre chose que le droit
lui-même, lorsque, troublé dans son exercice, il vient se

placer sous la protection de la justice (T. 14 janvier 1887, J. T 1891, 238).

Quelques auteurs ont cru voir une sorte d'action possessoire dans la procédure signalée par M. Zeys dans son traité élémentaire (T. II, n° 484). « Primus a été victime « d'une usurpation. Il produit deux témoins ; le premier « déclare avoir vu commettre l'usurpation, le second avoir « entendu Secundus faire l'aveu qu'il a commis l'usurpa« tion ; ou bien, le premier affirme que la chose appartient « à Primus, le deuxième qu'il a vu Secundus commettre « l'usurpation. Voici le raisonnement des auteurs musul« mans : dans les deux cas, le droit de propriété de Primus « n'est affirmé que par un témoin unique, ce qui ne consti« tue qu'une preuve incomplète....... aussi Primus n'en « tire-t-il d'autre avantage que de triompher *au possessoire*.» Mais on ne peut admettre qu'il s'agisse ici d'une véritable action possessoire, le demandeur n'aura qu'à prêter serment, le serment ayant en droit musulman la valeur d'un témoignage, pour compléter la preuve de sa prétention et convertir sa possession en droit de propriété. D'ailleurs, la possession, qui est la conséquence momentanée de son action, n'en était pas le but ; ce qu'il réclamait, c'était la propriété et il ne s'est trouvé nanti de la possession que par suite de l'insuffisance de la preuve par lui fournie. La législation musulmane fait ici une cote mal taillée. Le demandeur n'a pu démontrer son droit de propriété, il a seulement fourni un commencement de preuve ; on ne lui reconnaît pas la qualité de propriétaire, mais on lui donne une qualité juridiquement inférieure, celle de possesseur.

Le décret beylical du 18 mars 1896, qui institue les tribunaux de province indigènes, reconnaît, d'ailleurs, dans ses art. 13 et 14, l'existence des actions possessoires, en décidant qu'elles ressortissent, à charge d'appel, à la nouvelle juridiction et qu'elles doivent être portées devant le tribunal du lieu de l'immeuble objet du litige (J. T. 96, 172).

L'action possessoire dont le principe est admis par le droit musulman, ne fait l'objet, dans cette législation, d'aucune réglementation, quant à son caractère, sa durée et

ses conditions d'exercice. La jurisprudence a dû combler
cette lacune. Se fondant sur le droit autrefois reconnu aux
juridictions consulaires de faire application de leur loi
nationale, lorsque les lois et usages du pays ne présentaient
pas un caractère suffisant de certitude (1) les tribunaux
français ont fait à nos lois civiles de larges emprunts d'autant
mieux justifiés que la réglementation des actions possessoires, loin de porter atteinte à l'organisation politique et
sociale du pays, constitue la simple application des principes
d'ordre public que la France a voulu faire régner en
Tunisie, en y établissant son protectorat, en y installant sa
justice. Les tribunaux indigènes ont eux-mêmes suivi la
juridiction française. L'Ouzara a notamment consacré, par
jugement du 13 avril 1896, la distinction du pétitoire et du
possessoire, en se basant sur cette distinction pour trancher,
d'après les principes de notre droit, une question de compétence dont il était saisi (J. T. 1896, 328).

Il a été jugé qu'une action possessoire peut porter sur
un immeuble tunisien (T. 2ᵉ ch. 14 janvier 1887. J. T. 1891,
238, R. A. 1887. 2, 202 ; note sous arrêt cass. 7 août 1894,
J. T. 1894, 521 ; Ouzara 13 avril 1896, J. T. 1896, 328) ;
que le propriétaire d'un terrain qui se rend justice à lui-
même est obligé de payer au tiers le montant du dommage
qu'il lui a fait subir (Ouzara 9 mars 1896, J. T. 1896, 577) ;
que pour intenter l'action possessoire, il faut avoir la possession annale du terrain litigieux (T. 1ʳᵉ ch. 24 mai 1897.
J. T. 1897, 361) ; que la complainte est recevable contre
toute personne qui a commis un trouble de possession ou
qui l'a fait commettre, sauf à ce dernier à appeler au procès
ses mandants ou ceux au nom desquels il a agi (Sousse J.
de p. 18 déc. 1894. J. T. 1895, 261 ; 20 avril 1897. J. T.
1898, 197) ; mais que la possession du co-propriétaire indivis,
qui ne jouit et n'administre que pour le compte de l'indivision, ne saurait donner lieu à la complainte de ses co-ayants-
droit, à moins qu'il ne fasse des actes de jouissance privée
et exclusive, propres à servir de point de départ à la pres-

(1) Cpr. supra p. 27 et 28.

cription des droits des autres copropriétaires indivis (T. 1re ch. 2 nov. 1887. J. T. 1895, 535).

Les tribunaux appelés à statuer sur les questions de possession relatives aux immeubles non immatriculés, sont : l'Ouzara, à Tunis, et les tribunaux de province dans l'intérieur, pour les litiges qui n'intéressent que les indigènes ; les justices de paix à compétence étendue, pour les procès entre européens et tunisiens.

Quand il n'y a que des européens en présence, on est unanime à reconnaitre à la justice française le droit exclusif de connaitre des actions possessoires (T. 14 janvier 1886, Clunet. Journal de droit international 1888, 360) : on relève au contraire des hésitations, lorsqu'un tunisien est en cause.

Au début de son fonctionnement, le tribunal de Tunis décida que le tunisien pouvait exciper du bénéfice de l'incompétence de la juridiction française pour demander son renvoi devant le juge indigène (T. 20 nov. 1885. R. A. 90, 2, 35). Mais la doctrine contraire a prévalu. Nos tribunaux jugent, d'une manière constante, que toutes les fois qu'un européen est en cause, les actions possessoires doivent être portées devant la juridiction française où elles sont du ressort du Juge de paix (T. 2e ch. 14 janvier 1887, R. A. 1887, 2, 202 ; Tunis 2e ch. 19 janvier 1887, R. A. 90, 2, 20) ; T. 1re ch. 13 juillet 1887, R. A. 90, 2, 22 ; T. 2e ch. 12 janvier 1888, R. A. 90, 2, 37 ; T. 1re ch. 3 avril 1889, R. A. 90, 2, 30 ; T. 1re ch. 15 juin 1891, J. T. 91, 295 ; T. 1re ch. 14 mars 1892, J. T. 93, 30 ; T. 1re ch. 24 octobre 1892, J. T. 94, 184 ; J. de p. Grombalia 15 septembre 1893, J. T. 94, 455 ; Sousse 15 novembre 1894, J. T. 94, 575) (1).

---

(1) Comme l'action possessoire ne peut émaner d'un détenteur à titre précaire, la justice française devient toutefois incompétente lorsqu'elle est intentée contre un tunisien par un locataire européen agissant pour le compte d'un propriétaire indigène et que ce dernier intervient en la cause pour se joindre à lui, car il s'agit alors purement et simplement d'une contestation entre tunisiens (J. de p. Grombalia 15 septembre 1893, J. T. 1894, 455 ; Sousse 15 novembre 1894, J. T. 1894, 575).

On a fait valoir à l'appui de ce dernier système que
« l'action possessoire est une application du principe sui-
« vant lequel nul ne peut se faire justice à lui-même, et
« qu'elle a, en réalité, pour cause le quasi délit commis par
« celui qui, même en vertu d'un droit, vient de sa propre
« autorité troubler dans sa jouissance le paisible possesseur
« d'un immeuble. » On en a conclu que cette action est personnelle et qu'elle relève à ce titre de la juridiction française toutes les fois qu'un européen est en cause. Mais
cette déduction nous paraît mal fondée. La nature d'une
action se détermine par l'objet du litige ; or l'action possessoire ne peut porter que sur un immeuble et a pour but
direct de rétablir le demandeur dans la possession du fonds
litigieux : elle doit donc être classée dans les actions réelles.

La compétence des tribunaux français se justifie, à nos
yeux, par des considérations d'un autre ordre. Suivant une
pratique constante et ayant acquis force de loi, les juridictions consulaires, pour des motifs d'ordre public et d'intérêt
général, s'étaient attribué le droit de juger des actions
possessoires intentées contre leurs nationaux (Trib. consulaire d'Italie à Tunis, 23 nov. 1883, J. T. 91, 246). Les
tribunaux français, héritiers des juridictions consulaires,
ont qualité, à ce titre, pour connaître des questions possessoires dans lesquelles leurs justiciables jouent le rôle de défendeur ; ils sont, de plus, fondés aujourd'hui à soutenir que
ces actions sont de leur compétence exclusive, lorsqu'elles
intéressent des européens demandeurs ou défendeurs, l'art.
1er du décret du 31 juillet 1884 décidant, en effet, qu'ils connaîtront désormais « de toutes les affaires civiles dans
« lesquelles les européens seront en cause, dans les cas où
« ils étaient compétents, lorsque des européens étaient dé-
« fendeurs. »

CHAPITRE III.

DU HABOUS.

§ 1er Considérations Générales.

Pour comprendre la nature du habous, il faut bien se pénétrer de l'idée qu'il s'agit d'une institution originale et toute particulière, procédant des sources mêmes du droit musulman. Puisant son principe dans le Coran, le habous fait l'objet d'une réglementation établie peu à peu par les docteurs de l'Islam, qui se suffit à elle-même et exclut tout emprunt aux autres institutions du droit musulman ou aux législations de l'Occident.

Le habous était inconnu avant Mahomet, qui l'aurait institué dans les circonstances suivantes rapportées par El Bokhari : Amor ben El Khabbal, propriétaire d'une terre à Raibar, ayant un jour demandé au Prophète ce qu'il pouvait faire de ce bien pour être agréable à Dieu et mériter ses faveurs, Mohamed répondit : « mets-le en habous, et distri-« bues-en les revenus aux pauvres. »

Le habous, à l'origine, n'était donc qu'une donation *sui generis*, actuelle et irrévocable, par laquelle le constituant, mû uniquement par un sentiment pieux, se dépouillait *in perpétuum* de la jouissance de sa chose, au profit d'une œuvre religieuse ou charitable. Mais, avec le temps, le caractère de l'institution s'est peu à peu modifié.

Pour accroître le nombre des œuvres pieuses, les docteurs de l'Islam admirent le constituant à retarder l'avènement

de l'établissement religieux et à réserver le bénéfice de la
fondation à des dévolutaires intermédiaires désignés par
lui. La fondation habous fournit, dès lors, un moyen dé-
tourné de déroger au droit successoral et permit notamment,
par l'exhérédation des femmes, de maintenir les biens patri-
moniaux dans la descendance mâle du chef de famille :
elle devint suivant l'expression de M.M. Hanoteau et
Letourneux : « une machine de guerre pour démolir le
« système d'hérédité du Coran ».

Les biens habousés, d'autre part, étant voués à la Divinité
et rendus ainsi inaliénables et imprescriptibles, se trouvaient
par cela même, à l'abri des entreprises des Beys et notamment des confiscations que ces princes pouvaient prononcer,
en leur qualité de représentants de Dieu autorisés à disposer des terres en son nom. Par sa fondation, le constituant
s'assurait personnellement et assurait, en outre, aux dévolutaires intermédiaires qu'il lui était loisible de désigner,
une paisible jouissance des biens habousés.

Les effets de la fondation permettaient également au chef de
famille de prémunir son patrimoine contre les dilapidations
ou la mauvaise administration de sa descendance : « Le but
« ordinaire de l'institution habous, dit Mouradja d'Ohsson
« (T II. nos 530 et 537) est d'assurer une partie de sa fortune
« contre l'esprit dissipateur des héritiers légitimes et contre
« la loi arbitraire des confiscations que les sultans exercent
« sur les biens des grands et des officiers publics. »

Enfin, l'immobilisation du sol résultant du habous répond parfaitement aux tendances de l'esprit musulman et
à la conception que l'Arabe se fait de la richesse. L'Arabe
ne cherche pas à créer : pour lui l'économie politique n'est
que l'art de conserver les richesses naturelles ; à ce titre,
la terre qui apparaît comme impérissable lui semble le
type de la richesse. Constituer un habous c'est assurer
la stabilité de la propriété foncière « c'est élever à la se-
« conde puissance cette stabilité. » (1)

Telles sont les principales causes du développement des

_____

(1) Lapie, des Civilisations tunisiennes, p. 37.

habous dans les pays musulmans et notamment dans la
Régence de Tunis, où l'on évalue généralement l'étendue
des habous au tiers de la superficie totale du pays. Cette
proportion paraît exagérée en ce qui concerne le nord de la
Tunisie : d'après le recensement qui y a été effectué, il y a
quelques années, par la Djemaïa, sur 4 millions d'hectares,
150.000 seulement seraient affectés à des fondations pieuses.
Mais l'évaluation se rapproche de la réalité pour les régions du centre et du sud, où il n'est pas rare de trouver
des habous de 20 à 30.000 hectares d'un seul tenant (1).

L'institution du habous n'étant pas réglementée par le
livre sacré, le principe, à peine indiqué par le Prophète, a
été très diversement appliqué. Les docteurs, qui n'étaient
pas ici en présence de prescriptions auxquelles l'orthodoxie
défend de déroger, ont plutôt légiféré qu'expliqué : l'institution se trouve ainsi, dans les divers pays musulmans,
soumises à des règles particulières et régie par des principes différents.

Le fondateur jouit de la plus grande latitude dans le
choix du rite auquel il veut soumettre le habous qu'il
constitue. Les jurisconsultes musulmans ont toujours reconnu la validité d'un habous constitué par un malékite,
même devant un Cadi de son rite, avec déclaration qu'il
adoptait la réglementation établie par l'Iman Abou Hanifa,
et cette jurisprudence est également celle des tribunaux
algériens. Mais ces tribunaux ne permettent pas au constituant de recourir à deux rites à la fois, de choisir dans
l'un les dispositions qui lui plaisent et d'éliminer les autres
en les remplaçant par les règles d'un autre rite : « Le ha-
« bous constitué tout à la fois selon les principes du rite
« hanéfite et du rite malékite est nul, parce que ces deux

_____

(1) Nous citerons notamment le habous El Haouareb au S. de
Kairouan comprenant 25.000 hectares, le habous El Amra qui en
compte 35.000. Dans le Contrôle de Sfax, les habous privés oc-
cupent une étendue de 50.000 hectares. Le tiers des oliviers appartient aux habous, sur 31.624 olivettes, 5.917 sont des habous publics,
4.817 des habous privés (La Tunisie t. 1. p. 32 et 190).

« rites sont inconciliables (arrêt de la Cour d'appel d'Alger
« du 31 mai 1864, Robe, 1892, 6). »

La jurisprudence des tribunaux français en Tunisie (T.
1re ch. 23 novembre 1891. J. T. 1892. 109) a même
admis, en matière de habous, la règle basée sur les usages
locaux, en vertu de laquelle le défendeur a, dans tout procès
où s'agite une question de droit musulman, la faculté de
choisir le rite en vertu duquel le tribunal devra statuer.
Cette théorie, incontestablement fondée lorsqu'il s'agit
d'apprécier une situation de fait ou dérivant de la loi elle-
même, paraît plus contestable lorsqu'il y a lieu de statuer
sur la valeur d'un acte juridique tel que le habous. Dire que
le constituant peut adopter, dans l'acte de constitution, le
rite hanéfite, et que tout contestant pourra le faire déclarer
nul par application du rite malékite c'est, dit avec raison
M. Clavel (T. I. id. p. 277) « rendre la fondation presque
« toujours annulable, subordonner, dans la plupart des cas,
« sa validité au bon plaisir des tiers. »

Le rite malékite et le rite hanéfite, qui sont les seuls
suivis dans la Régence, ont, en ce qui concerne le habous
des règles communes et des règles particulières. La doctrine de l'école hanéfite est la plus large, en ce qui a trait aux
clauses des constitutions de habous, mais, l'acte une fois fait
et validé, elle devient non moins, sévère pour sa conservation que la doctrine hanéfite. Nous signalerons, entre les
règles des deux rites les dissemblances les plus frappantes.

On distingue généralement, dans la Régence, deux sortes de habous : les habous publics et les habous privés. Les
habous publics sont les biens que le constituant a affectés
directement, *omisso medio*, à l'œuvre pie, et ceux qui ont
fait retour à l'œuvre pieuse après extinction des bénéficiaires appelés par le titre constitutif. Les habous privés
sont ceux dont l'usufruit appartient encore aux dévolutaires institués. Il s'agit ici d'une distinction de fait et non
d'une distinction de droit : habous publics et habous privés
sont des biens de même nature ; suivant l'expression de

M. Mercier (op. cité p. 52), les principes restent les mêmes,
le but est simplement retardé.

Le habous a été l'objet de bien des attaques et il faut reconnaître que la plupart sont légitimes, si l'on envisage les
résultats économiques d'une institution, qui a pour effet
de soustraire les immeubles à la libre circulation, de
couvrir le pays de sortes de biens de main morte. Mais le
habous ne mérite pas que des critiques : il a répondu, à
l'origine, aux besoins de l'organisation sociale et servi la
cause de la propriété privée qu'il a mise à l'abri des convoitises du souverain. Il serait, d'autre part, inexact de
prétendre que le habous n'est susceptible ni de modifications ni de progrès. Nous verrons, en effet, comment le
législateur tunisien a su corriger le droit musulman par le
droit musulman lui-même, rendre à la circulation des biens
frappés d'inaliénabilité, et, sans froisser l'indigène, sans
violer ouvertement les principes du droit coranique, faire
des habous publics l'une des réserves les plus importantes
de la colonisation (1).

§ 2. Comparaison du habous avec d'autres institutions.
Définition du habous.

« Le habous, a dit M. Robe, n'a pas son similaire dans
« nos codes ; ce n'est ni un testament, ni une donation, ni
« une substitution proprement dite ».
Le habous n'est pas toutefois sans analogie avec la substitution primitive de notre ancien droit. Comme le habous,

(1) Aux termes d'un décret du 13 novembre 1898 (art. 1 et 2), la
Djemaïa est tenue de mettre chaque année à la disposition de
l'agriculture, en vue de faciliter la colonisation et le peuplement de
la Régence, un certain nombre de propriétés habous pour des exploitations agricoles, et la somme des contenances ainsi offertes
pendant cette période ne peut être inférieure à 2.000 hectares.

cette substitution s'étendait non seulement à plusieurs personnes appelées les unes après les autres, mais à une longue suite de générations, souvent même à l'infini, et formait comme un nouveau genre de succession où la volonté de l'homme prenait la place de la loi et de la coutume (1). Mais ces deux institutions diffèrent par leur but et leurs effets : tandis que l'auteur de la substitution se proposait de perpétuer la puissance de sa maison en concentrant la totalité ou presque la totalité des biens de la famille sur la tête de l'aîné des enfants mâles, de soutenir, comme on le disait alors, la splendeur d'un grand nom, le constituant d'un habous cherche, avant tout, à faire une œuvre pie qui est essentielle à la validité de l'institution ; la substitution, de plus, opère un transfert de pleine propriété, alors que le habous n'emporte que transmission de jouissance. Des différences encore plus profondes séparent le habous de la substitution régie par les ordonnances de 1561, 1566 et 1747 ou de celles exceptionnellement autorisées par les art. 1048 et 1049 de notre Code civil : le constituant du habous règle, en effet, la dévolution à perpétuité, et comme il l'entend ; sous le régime des ordonnances, la substitution était limitée à deux degrés, non compris l'institution première ; sous l'empire du Code civil, elle ne peut être faite « qu'au 1er degré seulement » ; les biens grevés de substitution sont, de plus, aliénables, sauf résolution si la substitution vient à s'ouvrir ; les biens habous, au contraire, ne sont pas en principe, succeptibles d'aliénation.

Le habous se rapproche de la donation par son caractère irrévocable et l'intention de libéralité, *animus donandi* ; il en diffère par sa nature, par son caractère et ses effets. La donation est un contrat unilatéral qui impose le concours des volontés du donateur et des donataires ; le habous est plutôt un acte qu'un contrat, car sa validité n'est pas toujours subordonnée à l'acceptation des bénéficiaires. Le habous est un acte essentiellement religieux, la donation

_____

(1) Daguesseau, Préambule de l'ordonnance de 1747.

un contrat purement civil. La dévolution du bien donné a lieu seulement du donateur au donataire ; la dévolution dans le habous, est réglementée *in perpetuum* par le constituant. Enfin dans le droit musulman, la donation n'est parfaite, en principe, que lorsque le donataire a pris possession des biens qui font l'objet de la libéralité et cette prise de possession doit être réelle, exclusive et entière, accomplie avant le décès du donateur et établie par des preuves certaines (V. p. 48) ; le constituant d'un habous peut, au contraire, du moins dans le rite hanéfite, se réserver, sa vie durant, la jouissance de la chose habousée.

Le habous n'est pas non plus un testament. Le constituant, comme le testateur, dispose de ses biens pour l'époque où il n'existera plus ; mais il existe certaines différences entre les deux institutions. Le testament ne peut, en effet, être exécuté qu'à la mort du testateur ; le habous, au contraire, produit des effets immédiats, soit que le constituant se dépouille hic et nunc au profit des dévolutaires institués, soit qu'il se désigne lui-même comme premier bénéficiaire, cas auquel son droit de propriété dégénère en un simple droit de jouissance. De plus, le testament est essentiellement révocable, alors que le habous est, en principe, une institution définitive sur laquelle le constituant ne peut revenir. Le habous, en outre, suppose un but pieux qui ne se rencontre pas dans le testament. Enfin, la différence essentielle entre les deux institutions, c'est que le testament fait partie du statut successoral et se trouve, par cela même, soumis aux règles qui déterminent la réserve, interdisant le cumul de la qualité d'héritier et de légataire, etc..., tandis que le habous s'affranchit de toutes les règles se rattachant au statut successoral et ne subit, dans son ensemble comme dans ses détails, d'autre loi que celle fixée par le texte constitutif. Le habous, au surplus, se confond si peu avec le testament, que les jurisconsultes musulmans prennent soin de stipuler qu'il vaudra comme testament toutes les fois qu'il aura été constitué en état de dernière maladie (Clavel. Le wakf ou habous T. I, p. 45).

Le habous est donc un contrat *sui generis*, soumis à des règles spéciales et produisant des effets qui lui sont propres. M. Mercier le définit (op. cité, p. 10) « une donation « d'usufruit faite à perpétuité au profit des pauvres ou des « fondations religieuses ou d'utilité générale déterminées « par le constituant, qui immobilise la chose habousée, le « fonds restant sa propriété, mais étant inaliénable (iman « Malek) et demeurant séquestré pour l'attribution des « fruits aux bénéficiaires ». D'après Sidi Khalil (trad. Seignette p. 389) « le habous est la donation, de l'usufruit « d'une chose pour une durée égale à celle de la chose, la « nue-propriété restant au donateur réellement pendant sa « vie et fictivement après sa mort ». Le habous, dit également M. Zeys (Traité élém. de droit musulman, T. II p. 182), est « la donation de l'usufruit d'une chose pour une « durée égale à celle de la chose, la nue-propriété demeu-« rant au fondateur. »

§ 3 Éléments constitutifs du habous.

Les éléments constitutifs du habous sont au nombre de quatre : le constituant, le bénéficiaire, l'objet du contrat et la formule.

Du constituant.

Le constituant doit avoir la capacité suffisante pour disposer de ses biens par voie d'aliénation entre-vifs à titre gratuit. Il doit être : 1° sain d'esprit ; 2° sain de corps, c'est-à-dire non atteint d'une maladie qui entraîne généralement la mort (Mercier, Le habous ou ouakof p. 12 ; Tilloy, V° habous n° 28 ; Clavel, Le wakf ou habous, p. 98 et s. ; Zeys, Traité élémentaire, n° 631 : contrà, trib. mixte 2° ch. 21 nov. 1896, J. T. 1896, 597) ; la constitution du habous par un malade est assimilée à un legs : elle est nulle lorsqu'elle est faite au profit d'un successible, et réductible au tiers lorsqu'elle a lieu au profit d'un non-successible ; 3° propriétaire des biens habous (Charâa T. 27 septembre 1892, J. T. 1899, 281) ; 4° avoir le plein exercice de ses droits, par exemple, être majeur, non-interdit : c'est ainsi que la femme mariée n'est pas admise à habouser plus du 1/3 de ses biens sans le consentement de son mari.

Le non-musulman qui remplit les conditions ci-dessus énumérées peut, lui aussi, constituer tout ou partie de ses biens en habous, mais la loi musulmane exige qu'il soit guidé par un but pieux ou humanitaire et que l'œuvre instituée dévolutaire définitif soit réputée agréable à Dieu tant par la loi islamique que par la religion à laquelle il appartient. Est illicite, par exemple, le habous constitué au profit d'une mosquée par un mécréant.

Le non-musulman, par contre, peut constituer habous, au profit des pauvres sans distinction de croyance, au profit de toute œuvre charitable (ensevelissement des morts, entretien d'une fontaine etc.), mais non au profit d'un établissement destiné au culte auquel il appartient, une église chrétienne ou une synagogue n'étant pas considérées par le musulman comme choses agréables à Dieu (Clavel, op. cit. p. 121 et s.).

M. Clavel signale qu'en Egypte, il n'est pas rare de voir des habous constitués par des non-musulmans (T I, n° 69, p. 105). En Tunisie, nous n'en connaissons pas d'exemples ; mais il n'est pas sans intérêt, au point de vue théorique, d'examiner si la constitution du habous, valable au regard de la loi musulmane, n'est pas interdite aux européens par leur loi nationale.

Cette question doit, semble-t-il, se résoudre par la combinaison des deux règles suivantes généralement admises en droit international privé : 1° pour apprécier la capacité des parties, il faut s'attacher au statut personnel de chacune d'elles ; 2° pour décider si un acte juridique est ou non valable, quant aux choses qui en forment l'objet ou quant au genre de dispositions qu'il renferme, on doit appliquer exclusivement la loi territoriale ; car les lois prohibitives — nous voulons dire celles qui défendent de

disposer des biens soit en tout, soit en partie, soit en telle
et telle circonstance — constituent, au premier chef, des statuts réels (D.R.A V° dispositions entre vifs et testamentaires
n°s 2129 et s. ; cpr. T. 2e ch. 3 juin 1892, J. T. 1896, 336).

Le habous se rattachant au statut réel (infra p. 113 et s.),
les européens peuvent donc recourir à ce mode d'aliénation,
alors même que les effets produits et notamment le démembrement perpétuel de la propriété seraient prohibés
par la loi de leur pays.

La capacité du disposant doit, par contre, être envisagée au
point de vue de son statut personnel, et comme dans la plupart des législations européennes le droit de disposer à titre
gratuit se trouve limité par la réserve légale attribuée à
certaines catégories d'héritiers, il s'en suit, croyons-nous,
que le fondateur d'un habous ne pourrait porter atteinte à
cette réserve et que les héritiers réservataires auraient le
droit de faire réduire l'effet de la constitution à la quotité
disponible. Cette conséquence paraît d'autant mieux s'imposer en Tunisie que, pour les européens, c'est la loi personnelle du *de cujus* qui, en l'état des traités, préside à la
transmission héréditaire du patrimoine.

Des bénéficiaires.

Une donation d'usufruit au profit des pauvres, d'une
mosquée ou d'un établissement d'utilité générale, garantie
par un séquestre qui en assure à perpétuité les effets, tel
fût, à l'origine, le principe du habous qui, comme toutes
les donations, devait être suivi du dessaisissement immé-
diat au profit du donataire. Les docteurs reconnurent plus
tard au constituant le droit de laisser à ses enfants les
revenus du habous et de retarder jusqu'au décès de ces
derniers l'avènement de l'œuvre pieuse : ayant admis le
fils, ils furent amenés à accepter le petit-fils, puis les autres
descendants, puis le collatéral, enfin l'étranger.

Abou Youssef, du rite hanéfite, alla encore plus loin et
posa en principe qu'on devait favoriser le habous en se
prêtant à tous les caprices des fidèles ; il fit admettre

notamment que la prise de possession du bénéficiaire ne serait pas tenue pour essentielle et que le constituant pourrait s'attribuer le bénéfice de la fondation, sa vie durant. Ces innovations ont fini par prévaloir dans le rite hanéfite; mais le rite malékite a maintenu, sous peine de nullité du habous, l'obligation du dessaisissement du fondateur et de la prise de possession du bénéficiaire (Mercier id. p. 16; T. 1re ch. 23 nov. 1891, J. T. 1892, 109) (1).

Le habous, ainsi transformé, peut être constitué « au « profit de celui qui peut posséder », qu'il s'agisse d'un majeur ou d'un mineur, d'un parent ou d'un étranger, d'une personne dans l'acception ordinaire du mot, ou d'une personne morale, comme une mosquée, un cimetière, une école. L'impubère, l'interdit et les femmes peuvent être instituées dévolutaires. Le non-musulman lui-même n'est pas exclu pourvu qu'il habite un pays soumis, c'est-à-dire qu'il ne réside pas en territoire infidèle (Zeys id. T. II. no 632). Il n'est pas nécessaire, enfin, que le bénéficiaire existe au moment de l'immobilisation : des enfants à naître sont valablement admis à bénéficier d'un habous.

« L'acceptation du habous ne forme pas une condition « de validité, s'il est constitué au profit de certaines per- « sonnes indéterminées, par exemple: au profit des pauvres, « mais elle est requise si le habous est fait à une personne « certaine et qu'il doive finir par profiter aux pauvres. » (Taraboulsi, cité par Clavel, T. I, no 199 ; en ce sens, de Tornauw, traduit par Eschbach, p. 197 et Zeys id. T. II. no 638). Nous ne croyons pas toutefois que l'acceptation soit essentielle à la validité de la constitution, car il ne saurait dépendre de la volonté d'un premier dévolutaire de compromettre le droit des dévolutaires futurs, notamment de l'œuvre pieuse, et de rendre ainsi caduque l'œuvre du fondateur. L'acceptation peut-être exigée du

(1) Il a été jugé toutefois par le Charâa de Tunis, que la réserve stipulée par le constituant de jouir, sa vie durant, d'une parcelle de terre comprise dans le habous, n'entraîne pas la nullité de la constitution si cette réserve est inférieure au tiers de l'objet du habous (Cadi malékite, 7 mai 1883, J. T. 1899, 460).

bénéficiaire, en ce qui a trait à ses propres intérêts ; à son refus, il semble que la dévolution doit s'opérer au profit du degré suivant (Clavel id. T. I, n° 199, p. 315).

Chacun des bénéficiaires tient ses droits de l'acte de constitution et non de la succession du précédent dévolutaire. Il a été jugé, en conséquence, que si l'un des bénéficiaires est, en même temps héritier du précédent dévolutaire, il n'est tenu de payer les dettes de la succession que sur l'actif héréditaire et non sur les revenus de la fondation T. 1re ch. 29 janvier 1894, J. T. 1894, 221; T. 2e ch. 30 mai 1894, J. T. 1894, 357 ; T. 1re ch. 20 mars 1895, J. T. 1895, 299 ; Sousse 7 nov. 1889, J. T. 1896, 80; T. 1re ch. 7 juillet 1898, J. T. 1898, 471); que le partage de jouissance d'un habous ne peut produire d'effet que pendant la vie des copartageants (T. 1re ch. 17 juin 1895, J. T. 1895, 483), et que les dévolutaires successifs ne sont pas, du moins en principe, liés par les actes de leur prédécesseur (T. 1re ch. 17 juin 1895, J. T. 1895, 483).

Après l'extinction des dévolutaires prévus par l'acte constitutif, le habous doit être nécessairement acquis au bénéficiaire définitif, c'est-à-dire à l'œuvre charitable ou d'utilité publique, (Alger 20 mai 1885, R. A. 1887, 2, 234 ; Alger 20 mars 1889, R. A. 1890, 2, 216 ; Alger 23 mars 1893, R. A. 1893, 2, 245 et Robe 1893, 132 ; C. Alger 30 mars 1898, J. T. 1898, 583 ; C. Alger 21 mars 1898, J. T. 1898, 583). C'est, en effet, un des caractères essentiels et primordiaux du habous, et un caractère reconnu dans les quatre rites orthodoxes, que le constituant doit accomplir un acte qui le rapproche de Dieu « *Kourba* », et lui procure « la récompense réservée aux bonnes œuvres dans « l'autre vie ». Le but pieux ou humanitaire est tellement essentiel que si, par suite d'événements postérieurs à la constitution, ce but vient à ne plus pouvoir être rempli, l'immobilisation disparaît, les biens redeviennent melk et rentrent dans l'hérédité naturelle). « C'est son but pieux « et son intérêt de bienfaisance, qui ont fait admettre par

« les légistes la validité d'un acte constituant une déroga-
« tion absolue aux dispositions de la loi islamique. Le but
« manquant ou étant supprimé, les conséquences dispa-
« raissent et tout rentre dans l'ordre primitif ». (Mercier
id. p. 11).

Les bénéficiaires profitant d'une dévolution, soit intermédiaire soit définitive, n'ont droit qu'aux produits du habous dans les conditions fixées par le fondateur. Ils n'ont aucun droit sur le fonds qui demeure la propriété exclusive du
fondateur (Mercier id. p. 28; art. 500, décret du 26 avril 1861,
Bompard, p. 136). Ils peuvent même n'avoir, en vertu de l'acte
de constitution, qu'un simple droit d'usage ou d'habitation
sur l'immeuble habous (T. 1re ch. 7 déc. 1898, J. T. 1898,
600). Il y a donc une sorte d'opposition d'intérêts entre
le bénéficiaire d'un avantage viager s'éteignant avec lui et
le fondateur, qui tient à la perpétuité de son habous pour
en recueillir éternellement le mérite : cela explique les
restrictions apportées aux droits des bénéficiaires (Mercier id. p. 28).

En résumé, la situation du bénéficiaire se rapproche de
celle de l'usufruitier de notre droit civil, avec ces différences, toutefois, que le dévolutaire doit supporter toutes les
charges du fonds sans distinction entre les réparations d'entretien et les grosses réparations, qu'il ne fournit pas caution, et que son droit de jouissance porte non-seulement sur
les fruits mais encore sur les produits de l'immeuble.

Il est à noter, enfin, que, d'après la jurisprudence musulmane, le bénéficiaire n'a pas le droit d'exercer le Chefâa sur
un immeuble voisin (Trib. m. 1re ch., 5 août 1896, J. T.
98, 603).

De l'objet du contrat.

Sidi Khelil déclare en termes formels que toute chose
susceptible d'être possédée à titre de plein propriétaire peut
être constituée habous. On en conclut, bien que cette question divise profondément les jurisconsultes musulmans,

que les meubles, malgré leur fragilité, sont admis à être habousés (Zeys id. n° 634).

Mais comme les immeubles ont une durée plus longue et mieux assurée que celle des meubles, leur mise en wakf est, par cela même, plus conforme que celle des meubles, à la notion du habous qui comporte par sa nature une durée indéfinie. Nous ne nous occuperons que des habous ayant pour objet un immeuble.

L'immeuble habousé doit remplir les conditions suivantes :

1° appartenir en propre et régulièrement au fondateur, à titre melk, et ne faire l'objet d'aucune contestation (Mercier id. p. 12). On ne peut, par exemple, constituer habous : un immeuble litigieux, la chose d'autrui (1), les biens à venir, l'immeuble dont on est enzéliste, ou qui est en voie de prescription (Cour d'Alexandrie, 29 nov. 1893, Clavel id. T. I, n° 127, p. 206) ou que l'on détient à titre de gage (Ouzara, 27 févr. 1896. J. T. 1896, 325) ;

2° porter un objet déterminé (Trib. m. 28 déc. 95, J. T. 1898, 70 ; Trib. m. 1re ch. 18 mars 1898, J. T. 99, 280) ;

3° ne pas être soumis à une autre affectation pieuse « habous sur habous ne vaut » (Mercier id. p. 12) ;

4° être enfin absolument disponible.

Le Tribunal de Tunis a jugé, notamment, que le habous constitué postérieurement à la mise en gage de l'immeuble est nul, « parce qu'en droit musulman il faut avoir la liberté « entière de disposer d'un bien pour en faire valablement « l'objet d'un habous. » (21 nov. 1894, J. T. 1895, 55, R. A. 1895, 2, 74). « Est nulle, dit Sidi Khalil, la constitution « d'un habous faite par une personne grevée, lorsqu'on « ignore si cette constitution a précédé ou suivi les dettes « contractées » (Sautayra et Cherbonneau, n° 893, 4°).

De même, en cas de vente avec option, l'immeuble vendu ne peut pas être, pendant les délais de l'option, l'objet d'un habous constitué par l'acquéreur, alors que l'option a été

---

(1) Les hanéfites considèrent, cependant, le habous comme valable, s'il est à bref délai, ratifié par le véritable propriétaire (El Isaaf).

stipulée au profit du vendeur (1). D'après Traboulsi, le habous
serait nul, même si le vendeur se prononçait pour le maintien du contrat : le constituant n'avait pas, en effet, au jour
de l'immobilisation, un droit définitif de propriété, mais un
droit soumis, quant à son existence même, à l'agrément et
à la volonté de son vendeur (Clavel id. n° 130, p. 208).

D'après M. Mercier (id. p. 12) un habous ne peut, non
plus, être constitué sur un immeuble donné à bail ; il semble cependant que le contrat de bail, d'où résultent des
droits personnel et non des droits sur l'immeuble (T. 1re ch.
20 mars 1895, J. T. 1895, 299), n'est pas de nature à faire
obstacle à la validité de la constitution.

Rien ne s'oppose, à ce que l'on habouse un immeuble
indivis : si l'immeuble est partageable en nature, on pourra
déterminer la part revenant à titre melk aux copropriétaires et la part divise qui demeure seule frappée de habous ;
si le partage est impossible, l'immeuble sera vendu et le
fondateur tenu de faire le remploi de sa part du prix, (Zeys
id. n° 634 ; Trib. mixte, 13 févr. 1896, J. T. 1896, 139 ;
C. d'appel Alexandrie, 2e ch. 16 janv. 1896, J. T. 1896, 360).

De la formule.

Le habous étant un acte hautement recommandable aux
yeux de la loi religieuse, aucune forme substantielle n'est
exigée pour sa constitution (Sidi Khalil, Seignette, n° 1246) ;
toute formule est efficace, pourvu qu'elle ne prête à aucune
ambiguïté et qu'elle contienne les clauses essentielles à
l'institution, notamment la désignation de la chose habousée
et des bénéficiaires, l'indication que le habous est constitué

---

(1) La vente avec option est celle qui ne devient définitive que par
le consentement ultérieur de la partie au profit de laquelle le droit
a été stipulé. Ce droit, que M. Zeys appelle avec raison « *jus pœni-
tendi* », peut être réservé par le contrat, soit à l'acquéreur, soit au
vendeur (Clavel id. n° 130). Le délai d'option, dans les usages tunisiens,
ne peut être inférieur à 6 jours, ni excéder la durée d'un mois (consultations du Cheik hanéfite et du Mufti malékite, déjà cité, p. 3.

à perpétuité, la manifestation de l'intention de faire œuvre pieuse.

L'acte doit, en outre, être validé par un jugement du Cadi. Les anciens docteurs hanéfites déclarent la constitution nulle si le Cadi ne l'a pas homologuée ; Abou Youssef la déclare valable en principe mais non obligatoire, en ce sens que le constituant peut rétracter le wakf et vendre le bien. Dans ce système, le habous existe dès l'instant de la constitution, mais il ne devient définitif que par la confirmation qu'en fait le fondateur en obtenant du magistrat un jugement de validation ; jusque là, il est réduit à l'état de simple vœu (Clavel, id. n° 172).

La stipulation de certaines conditions est interdite à peine de nullité : telles sont, par exemple, les clauses restrictives de nature à atténuer la portée du habous ou à le détourner de son but, la réserve pour le fondateur du droit de revenir sur le habous, la dispense de mettre en possession le premier bénéficiaire appelé (Mercier op. cité, p. 12). Cependant, dans le rite hanéfite, le fondateur est admis à modifier ou à annuler la constitution, pourvu qu'il s'en soit formellement réservé le droit, mais le habous est réputé imparfait et les dévolutaires peuvent, lorsqu'ils sont d'accord, en faire prononcer l'annulation. (Mercier, id. p. 27 ; Zeys, id. n° 640).

Le sens des expressions de l'acte constitutif s'apprécie d'après la coutume ; à défaut, il s'interprète suivant les principes du rite choisi par le fondateur.

La loi musulmane, au moins dans le rite malékite, admet qu'un habous peut être établi par titres, par témoins ou par toute manifestation de la volonté du constituant. Mais la jurisprudence des tribunaux égyptiens et algériens tend de plus en plus à rejeter la preuve testimoniale et à subordonner la validité du habous à la production de l'acte constitutif. Les tribunaux français de la Régence se sont ralliés à cette jurisprudence et ont posé, en principe, que « la preuve « de la constitution d'un immeuble en habous doit se faire

« par titre, que le titre invoqué doit permettre au juge
« d'apprécier si toutes les prescriptions de la loi ont été
« observées... ; qu'à défaut de titre, ou en présence d'un
« titre incomplet, la production d'un acte de notoriété de
« date récente, constatant qu'il est de notoriété publique
« que l'immeuble est habousé, constitue un mode de preu-
« ve insuffisant. » (Trib. de Tunis, 31 déc. 1890, J. T. 1891,
115 ; Trib. mixte, 13 févr. 1896. J. T. 1898, 119 et 29 janv.
1896, J. T. 1898, 159 ; Charâa, 26 sept. 1891, J. T. 1899, 631).

Le habous doit être inscrit sur le titre de propriété, pour
être opposable aux tiers (T. 2ᵉ ch. 20 juin 1891, J. T.
1893, 87); le droit de détention du titre appartient : s'il s'agit
d'un habous public, à la Djemaïa, et s'il s'agit d'un habous
privé, à l'administrateur du habous : le bénéficiaire ou le
mokkadem. (V. infra p. 120 et 121).

4. Effets du habous. Caractère des biens habous. Du statut auquel ils appartiennent.

Le principal effet du habous ressort de la définition que
que nous en avons donnée : il opère un démembrement perpétuel du droit de propriété, la nue-propriété restant au
fondateur et la jouissance seule passant aux dévolutaires
institués (1).

Certains auteurs soutiennent, et il est admis par des nombreuses décisions judiciaires, que la nue-propriété est transférée à l'œuvre pieuse ou charitable dévolutaire définitif,
et l'usufruit, aux bénéficiaires intermédiaires désignés par
le fondateur (V. notamment, Sautayra et Cherbonneau, du
statut personnel et des successions T. II. p. 395 ; arrêt de

---

(1) La constitution de habous est toutefois réputée, en droit fiscal,
translative de pleine propriété ; aux termes d'un décret du 8 février
1897 (art. 1ᵉʳ), l'usufruit est, en effet, soumis à l'impôt sur la valeur
entière de l'immeuble, et la nue-propriété, considérée comme sans.
valeur. (Instruction générale de l'Administration des finances, Borrel
1897, p. 8, note 2.).

la Cour d'Alger, 1re ch., 20 mars 1889, R. A. 1890, 2, 216 ;
Sousse, 20 janvier 1899, J. T. 1899, 346). « Le bien, dit
« M. Clavel, sort, dès l'instant de la constitution, du patri-
« moine du fondateur, et cela, il faut le remarquer, aussi
« bien pour l'usufruit que pour la nue-propriété ». (T I, n°23).

Mais cette opinion se trouve contredite par les écrits de
tous les jurisconsultes musulmans.

M. Mercier en a fait la critique dans sa deuxième étude
sur le wakf, qui a paru dans la Revue algérienne (1897,
1, 117 et s.) : « Le fondateur, dit-il, a fait donation per-
« pétuelle dans un but pieux ou humanitaire de l'usufruit
« d'une chose : pourquoi prétend-t-on lui faire donner en
« même temps la nue-propriété, c'est-à-dire plus qu'il
« n'a voulu donner ? »

« La donation ne se présume pas et le fondateur n'a
« jamais dit qu'il donnait le fonds. Au contraire, il a pris
« toutes les précautions pour le conserver, en le plaçant
« sous séquestre et en interdisant à qui que ce soit d'en
« disposer et même de le modifier. »

« Les bénéficiaires appelés absorbent intégralement le
« bénéfice du habous, et le droit des dévolutaires éventuels
« ne naît qu'à partir du jour de leur accession. Cela, du
« reste, est très naturel, puisque les bénéficiaires futurs,
« intermédiaires ou définitif, peuvent fort bien disparaître,
« sans que leur vocation se soit produite, tandis que d'au-
« tres ne sont même pas nés. »

« L'erreur des partisans du système de M. Clavel est de
« croire que la consolidation du habous se produit par le
« fait de la dévolution au profit du dernier bénéficiaire.
« En effet, cela ne change rien à la situation légale de la
« chose habousée, et la preuve en est que le bénéficiaire
« intermédiaire est une invention postérieure à l'institution,
« une déformation grave à son principe qui avait pour
« règle la livraison immédiate au bénéficiaire réel, qu'on
« n'a appelé définitif que depuis cette déformation. »

Si donc le habous n'opère qu'une aliénation à titre gratuit et perpétuel de l'usufruit, il s'en suit que la nue-propriété continue à résider éternellement sur la tête du fon-

dateur ; et ce résultat, qui choque tous nos principes
juridiques, n'en est pas moins le seul conforme à la
doctrine musulmane. « Pour que le constituant, dit M.
« Mercier, recueille perpétuellement le mérite de cette
« bonne œuvre, il faut que le fonds qui en assure les
« effets reste éternellement sa propriété », et plus loin :
« Le fondateur reste propriétaire du fonds, car c'est à ce
« titre qu'il peut recueillir perpétuellement la récompense
« divine promise aux bonnes œuvres, seul but qui a dû le
« guider. » Le Hobous ou Ouakof, p. 11 et 28 ; (Cpr. défi-
nitions de Sidi Khalil et Zeys, supra, p. 100).

Ce démembrement perpétuel de la propriété entraîne, par
voie de conséquence, l'inaliénabilité et l'imprescriptibilité
des biens habous.

Les dévolutaires n'ont qu'un droit de jouissance ; ils ne
peuvent donc, disposer de la fondation. La loi musulmane
épuise même tous les moyens de garantir l'exécution du
habous et sa transmission à l'œuvre agréable à Dieu ; elle
se contredirait elle-même si elle permettait à un dévolutaire
d'anéantir, par voie d'aliénation, les droits des dévolutaires
subséquents. Le principe de l'inaliénabilité et de l'imprescriptibilité des biens habous est d'ailleurs généralement ad-·
mis par la jurisprudence (Alexandrie, 21 novembre 1878, 30
avril 1890, 12 mai 1892 ; Cadi de la 45ᵉ circonscription
d'Algérie, 19 octobre 1873 ; Alger, 21 octobre 1873, cités
par Clavel, id. nᵒ 144). La doctrine est dans le même sens.
« Le bien wakf, dit M. de Tornauw, (Exposé du droit
« musulman), ne peut être ni vendu, ni mis en gage, ni
« donné à titre gratuit, en un mot aliéné d'aucune ma-
« nière », et M. Zeys. « Il n'est pas permis de vendre un
« immeuble habous » T. II, nᵒ 638. Enfin, la question est
tranchée, dans la Régence, par le décret du 26 avril 1861
(Bompard, p. 136), ainsi conçu : « Les propriétés habous
« ne pourront être ni *vendues*, ni *données*, ni *hypothé-*
« *quées*, car les ayants-droit ne jouissant que de l'usufruit,
« ne peuvent disposer de la propriété, (art. 500). Tout
« individu qui, par un moyen frauduleux, vendra une

« propriété habous, sera obligé de rendre la propriété ven-
« due... et la propriéte reviendra de droit au habous »
(art 501).

Il a été jugé, dans ce sens : que le dévolutaire d'un habous,
qui le vend ou l'engage à un tiers, commet un préjudice
dont il lui doit réparation (T. 2ᵉ ch. 19 décembre 1894, J. T.
1896, 200) ; — qu'à raison de son inaliénabilité, l'immeuble ne peut sortir du patrimoine du constituant et se trouver entre les mains d'un tiers qu'à titre précaire ou à titre
d'enzel (Trib. mixte, 25 juin 1896, J. T. 1896, 442) ; — que la
vente d'une carrière de pierres située dans un bien habous
se trouve atteinte de nullité (Ouzara, 15 mars 1897, J. T.
1897, 638) ; — enfin que les biens habous ne peuvent, en Tunisie, être adjugés sur saisie immobilière (C. Alger, 2ᵉ ch.
8 juin 1895, R. A. 1896, 2, 1).

La vente de l'immeuble habous est cependant licite au
cas d'expropriation pour cause d'utilité publique : l'immeuble exproprié ou vendu perd son caractère habous, mais le
prix doit être employé à l'acquisition d'un autre immeuble,
qui est subrogé au premier (Seignette, art. 1268 ; Sautayra
et Cherb., T. II, p. 395, nᵒ 925 ; Zeys, T. II, p. 189 ;
C. d'appel Alger, 2ᵉ ch. 11 mars 1897, J. T. 1897, 400).

Les biens habous sont, en outre imprescriptibles « En
matière de habous, dit M. Mercier, il n'y a ni péremption,
« ni prescription » MM. Sautayra et Cherbonneau, (id.
T. II. nᵒ 950), disent également : « les biens constitués sont
« imprescriptibles et inaliénables ». Cette doctrine a, de
plus, été consacrée par un arrêt de la Cour de cassation,
du 13 mai 1872.

Mais il en est autrement dans la Régence de Tunis où,
d'après un usage constant, les biens habous sont soumis,
quel que soit le rite du fondateur, à une prescription de 33
ans. « Tout possesseur, disent le cheikh Hanéfi et le bach
Mufti Maléki (op. cité, p. 27), qui, pendant 33 ans
« aura conservé sa possession par lui-même ou par ses
« ayants-cause, conformément à son titre relatant toutes
« les mutations et translations successives de propriété qui
« ont eu lieu, ne pourra être troublé dans sa possession

« par la revendication d'un survenant qui, prétendant la
« propriété inaliénable (habous), n'a pas saisi la justice de
« sa plainte pendant le délai écoulé ». (T. 27 mai 1895,
J. T. 1895. 464 ; T. 1ʳᵉ ch. 25 novembre 1895, J. T. 1896,
49 ; T. m 13 février 1896, J. T. 1898, 119 ; T. 1ʳᵉ ch. 15 juin
1898, J. T. 1898, 373. De la prescription musulmane, par
Marcel Morand, R. A. 1898. 1, 54).

Une question intimement liée aux effets du habous et à
laquelle nous avons déjà fait allusion, est celle de savoir si
cette institution fait partie du statut réel ou du statut personnel ou successoral. Cette question domine toute la
théorie du habous : elle sert, au point de vue juridique, à
résoudre le plus grand nombre des problèmes qui s'y rattachent ; elle présente également une grande importance au
point de vue économique, car si le habous est une institution du droit personnel, il doit être considéré comme im-
muable, s'il ressort du statut réel, il est, au contraire, susceptible de modifications et de progrès (supra XII et XIII).

De ce que le statut personnel et le statut successoral font
partie du droit religieux, il n'en résulte pas que le habous
parce qu'il a un caractère pieux, soit nécessairement une
dépendance de ces statuts. La condition juridique de cette
institution doit se déduire, non du sentiment auquel obéit
le fondateur, mais des principes généraux qui régissent ce
contrat et des effets qu'il produit. En se plaçant à ces divers points de vue, le habous apparaît comme étroitement
lié au régime de la propriété foncière.

Le habous appartient au statut réel, parce qu'il soumet le
bien qu'il frappe à une immobilisation généralement indéfinie, qu'il le soustrait à toutes les règles du droit commun
pour l'assujettir à celles fixées par le titre constitutif, qu'il
est transmissif d'un droit d'usufruit au profit des dévolu-
lutaires, qu'il crée, en un mot, un état spécial de la propriété
foncière.

D'autre part, le habous, dont le principe est seulement
mentionné par le Prophète, est surtout l'œuvre des jurisconsultes de l'Islam et se trouve par suite réglementé d'une

manière différente dans les divers pays musulmans. En
Turquie et en Égypte, il est régi par les ordonnances im-
périales ou vice-royales. En Algérie, le législateur a pu lui
faire subir d'importantes modifications, lui faire perdre
jusqu'à son caractère d'inaliénabilité, alors cependant que
la capitulation de 1830 garantissait aux indigènes le respect
de leur statut personnel. « Or, si l'institution, dit M. Cla-
« vel, est modifiée, transformée par le fait du Prince et
« cela au point de revêtir en quelque sorte un caractère
« nouveau, nous en concluerons que le wakf (habous)
« est absolument étranger au statut personnel proprement
« dit et au statut successoral, qui ne sont susceptibles
« d'aucun changement, d'aucune modification. » (id. T. I,
n° 42, p. 66).

Le habous est d'autant plus indépendant du statut successoral, qu'il est susceptible, d'une part, de produire ses
effets du vivant même du constituant, et, d'autre part, de
prendre fin avant l'ouverture de son hérédité. Le constituant peut, en effet, se désigner comme premier bénéficiaire
et, dans ce cas, il devient *hic et nunc* un simple usufruitier.
Bien plus, le rite malékite et certains jurisconsultes du rite
hanéfite, notamment Abou Youssef, admettent la validité
du habous temporaire, de telle sorte que l'institution peut
avoir rempli son but avant même le décès du constituant.
Ces conséquences seraient évidemment inacceptables, si
le habous faisait partie du statut successoral, dont l'application est nécessairement subordonnée au décès du de
cujus, (Clavel T. I, n° 26, p. 45).

Enfin, le habous ne contrarie pas, à proprement parler,
l'ordre successoral fixé par le Coran et ne restreint pas le
droit des héritiers légitimes. Sans doute, les héritiers ne re-
trouveront pas dans la succession de leur auteur les biens
qui ont été frappés de habous et qui appartiennent en nue
propriété au fondateur et en usufruit aux dévolutaires.
Mais la qualité d'héritier reste entière à celui qui en est
investi par la loi ; le habous ne fait que paralyser le droit
héréditaire, tant qu'il subsiste lui-même : « Aussi, que le
« habous devienne nul ou caduc, ou que le but final de la

« constitution ne puisse plus être rempli, le bien est libéré,
« il rentre dans le commerce, il fait retour, à l'état de bien
« melk, au constituant ou à ses héritiers légitimes ; en un
« mot, la dévolution successorale coranique reprend son
« cours, la cause qui y faisait obstacle ayant cessé d'exister
« *cessante causâ, cessat effectus*. Clavel, I, n° 27, p. 46 ».
Dans le même ordre d'idées, M. le Conseiller Yvornès,
par note sous arrêt du 17 octobre 1892 (Robe, 1892), s'exprime ainsi : « Le habous ne crée pas, à vrai dire, une
« catégorie spéciale d'héritiers : c'est plutôt une catégorie
« de privilégiés participant à la jouissance des biens que
« le constituant a immobilisés et retirés de la succession.
« Le habous ne fait pas perdre la capacité héréditaire, il
« la suspend de façon qu'on ne puisse l'exercer sur les
« biens qu'il affecte, et tant qu'il les affecte ».
Les Tribunaux français de la Régence ont à maintes reprises sanctionné la théorie à laquelle nous nous sommes
rallié. On lit, notamment, dans un jugement du 21 juillet
1893 (J. T. 1893, 348) : « L'art. 2 du décret beylical du 31
« juillet 1884 qui réserve expressément les questions d'état
« et de succession des indigènes musulmans aux tribunaux
« locaux, n'a pas pour effet de mettre les contestations rela-
« tives aux habous en dehors du pouvoir juridictionnel des
« tribunaux français. *En effet, les règles qui régissent les*
« *constitutions de habous sont manifestement une dépen-*
« *dance du statut réel et non du statut personnel*. C'est
« à tort qu'on voudrait voir, dans le caractère reli-
« gieux des constitutions de habous, une cause d'incom-
« pétence absolue de la juridiction française. Cette exception
« est formellement écartée par l'ensemble et par l'esprit du
« décret du 31 juillet 1884 ; *les constitutions de habous*
« *sont soumises aux mêmes règles de compétence que toutes*
« *les autres questions immobilières* » (Tunis, 28 mai 1886,
J. T. 90, 271, 26 janv. 1889, J. T. 1890, 138 ; Sousse, 27
juin 1889, J. T. 1893, 279, R.A. 1890, 2, 31 ; Tunis, 30 janvier 1892, J. T. 1893, 288; T. 3 mars 1893, R.A. 1893, 2, 488;
T. 14 avril 1893, J. T. 1893, 294; T. 19 mai 1893, J. T. 1893,
313, R.A. 1893, 2. 492; T. 23 juin 1893, J. T. 1893, 347 ;

T. 5 août 1893, J. T. 1893, 365 ; T. 31 octobre 1894, J.T. 1895, 12 ; T. 20 mars 1895, J.T. 1895, 299 ; T. 17 juin 1895, J.T. 1895, 465 ; Cass. 3 novembre 1897, J. T. 1898, 21 ; Cass. 6 juin 1899, J. T. 1899, 417, R. A. 1899, 2, 432. Voir, en outre, sur la nature de l'incompétence des tribunaux français en matière immobilière infra, chap. V, section II, § 2, III.

§ 5. De la nullité et de la caducité du habous.

Lorsque l'acte de habous observe toutes les conditions prescrites par la loi et qu'il est reconnu valable et obligatoire par jugement du Cadi (T. 1re ch. 23 novembre 1891, J. T. 1892, 109), il doit être strictement exécuté et son texte respecté « comme un texte de loi ». L'inobservation de ces conditions entraîne sa nullité ; dans ce cas, la substance du habous revient au fondateur ou à ses héritiers (Mercier, Le Hobous ou Ouakof, p. 13 et 14).

Le habous devient caduc pour cause d'impossibilité absolue d'exécution lorsqu'il n'est plus possible de réaliser les vœux du fondateur ; sa substance fait alors retour, comme dans le cas de nullité, au constituant ou à sa succession légitime (Dorr et Redd. Clavel id. T. I. no 27 p. 46 ; Sautayra et Cherbonneau, id., T. II. no 914). « Spécialement, un immeu- « ble constitué en wakf au profit d'une fontaine ou d'une « zaouia, redevient melk au profit de l'héritier légitime du « constituant, si la fontaine a été supprimée ou si la zaouia a disparu. » (Alger, 13 février 1877, Robe 77. 236). Il a été jugé dans le même sens que le bien wakf redevient libre, lorsque l'œuvre pie ou d'utilité publique, désignée comme dévolutaire définitif a cessé d'exister (Alger, 13 février 1887, Robe 77. 236.

D'après l'opinion généralement reçue, la caducité du habous ne saurait provenir de la destruction totale ou partielle de l'immeuble. S'il ne peut être exécuté parce que l'im-

meuble a été en partie détruit, il l'est sur la partie non détruite. Si les ruines ne peuvent être utilisées dans l'intérêt
de la fondation, les débris en sont vendus par ordre du magistrat et le prix, employé à l'achat d'un immeuble constitué habous à la place du premier ; le habous parvient ainsi
à sa destination, sinon dans son état primitif, du moins en sa
forme nouvelle d'immeuble acquis en remploi. Cette doctrine a pour elle l'autorité de nombreux jurisconsultes musulmans, (Abou Chodja, El Sadr el Chadid Hassam, Gawaber
el Fatuoui, cités par Clavel id. T. I, n° 162 p. 257), d'après
lesquels « les matériaux qui ne peuvent pas être utilisés
« pour le habous, ou leur prix, doivent être employés à une
« œuvre de même nature que celle en vue de laquelle il
« avait été constitué : au profit d'une mosquée, si le habous
« avait pour dévolutaire finale une mosquée ; au profit d'un
« refuge, s'il avait eu lieu pour l'entretien d'un refuge. »
(Sautayra et Cherbonneau, op. cité T. II. 412 et 413,
n° 950 ; Zeys op. cité T. II. p. 192, n° 640).

§ 6. Des transactions relatives aux biens Habous.

Les immeubles habous peuvent faire l'objet de transactions procédant, les unes du droit d'usufruit des dévolutaires, et les autres des tempéraments apportés par la loi
ou par l'usage au principe de l'inaliénabilité de ces biens,

Les dévolutaires, en effet, qui ont droit à la jouissance du
fonds sont par cela même capables de faire des actes d'administration, à la charge de se conformer aux stipulations
de l'acte fondamental et de respecter les droits des dévolutaires futurs.

Pour ce qui est de l'inaliénabilité du habous élevée à la
hauteur d'un dogme religieux, ainsi que de la nullité absolue qui frappe la vente volontaire ou forcée de l'immeuble,
les jurisconsultes musulmans sont parvenus à en faire flé-
chir la rigueur dans certains cas particuliers, tout en sau-
vegardant le principe. Spécialement, lorsque le habous

produit des revenus nuls ou insuffisants, qu'il est menacé
d'une destruction prochaine ou qu'il nécessite de fortes dépenses d'amélioration, les légistes invoquent l'intérêt même de la fondation pour autoriser la substitution à l'immeuble, d'une valeur plus productive propre à garantir le droit
des bénéficiaires et de l'œuvre pieuse. C'est sous l'empire
de nécessités de l'espèce que le habous a été généralement
admis à l'échange dans les divers pays de législation coranique, et que l'on a vu apparaître ces contrats de quasi-
aliénation, transmissifs du domaine utile au profit des tiers,
tels que le *hékre* et *l'ijratein* en Egypte, *l'enzel* et le *kirdar* en Tunisie.

Il ne faudrait pas croire cependant que ces divers contrats ont été accueillis avec faveur par tous les juristes
musulmans.

La pure doctrine hanéfite prohibe l'aliénation du habous
par voie d'échange. « L'échange, dit l'iman Mohamed, est il-
« légal et ne repose que sur une tradition d'Abou Youssef. »
Nombre de docteurs constatent également que la substitution
au moyen d'une somme d'argent a souvent pour effet de spo-
lier, avec la connivence des usufruitiers appelés, les dévolutaires futurs et l'œuvre pieuse : « Sous le manteau de
« l'échange, dit le Red el Moktar, les abus les plus scanda-
« leux se sont produits pour arriver à dépouiller le corps
« des musulmans de son patrimoine, car les Cadis du Pa-
« radis sont aussi rares que le soufre rouge », et Ibn Abdine : « Plusieurs de nos auteurs en parlant des Cadis ont
« dit : ils se sont qualifiés du titre de juge, mais ce sont
« plutôt des voleurs. »

La location perpétuelle des biens habous a également
soulevé des protestations. On lit dans un ouvrage du rite
hanéfite d'Abdurrulmulker, publié à Constantinople en 1894
(Goguyer, Petit manuel de droit immobilier, p. 73 n° 1) :
« En admettant même que le locataire (tenancier du sol)
« ne soit pas amené à s'emparer du bien de la fondation et
« à en disposer comme de sa propriété, ainsi que cela se voit
« de notre temps il en devient alors propriétaire pour
« quelque minime et méprisable loyer et prétend que toute

« augmentation qu'on veut lui imposer est une injustice et
« un abus. La source de tout cela se trouve dans les admi-
« nistrateurs de ces biens. Puisse Dieu aveugler les orga-
« nes de leur surveillance ! à cause de leur ardeur pour la
« concussion dont ils nomment le produit « émoluments ».
« On est allé à l'encontre du principe qui consiste toujours
« à choisir, entre deux doctrines, la plus favorable à la
« fondation. Aujourd'hui, c'est tout le contraire qu'on fait,
« au point que les Cadis, quand ils ne trouvent pas dans le
« rite un subterfuge à employer contre la fondation, y par-
« viennent à la faveur d'un rite étranger. Les choses en
« sont arrivées au point que les derniers vestiges des mos-
« quées, des écoles et des savants eux-mêmes disparaissent,
« et que les bénéficiaires sont dans l'indigence ainsi que
« les descendants du fondateur. »

Ces protestations ne furent pas sans écho en Tunisie où
les jurisconsultes du rite malékite contestèrent la validité
des constitutions à enzel portant sur des immeubles habous ;
mais un décret du 23 mai 1886 enjoignit aux magistrats du
Charâa, qui appartenaient à ce rite, d'autoriser à l'avenir
les constitutions de l'espèce, pourvu qu'elles fussent avan-
tageuses à la fondation.

Ces divergences d'opinion n'ont pas empêché la masse
des légistes d'accepter les innovations du législateur et ils
est admis aujourd'hui que les biens habous sont susceptibles, en droit immobilier tunisien, de faire l'objet d'actes
d'administration, de location et de quasi-aliénation : échange, enzel et kirdar.

Nous traiterons dans un chapitre spécial de la condition
juridique des biens tenus à enzel et à kirdar ; il nous reste
à parler sous le présent paragraphe, de l'administration,
de la location et de l'échange des biens habous et des formalités auxquelles sont assujetties les constitutions à enzel
de ces biens,

I. — *Actes d'Administration.*

Si la division des habous en habous publics et en habous
privés importe peu, au point de vue des principes qui régissent l'institution (V. supra p. 96), elle présente au contraire
de l'intérêt en ce qui concerne le mode d'administration de
ces biens.

Les habous publics sont en Tunisie placés sous la surveillance d'un Conseil d'administration connu sous le nom
de « Djemaïa » (1).

La Djemaïa est placée sous l'autorité directe du Premier
Ministre ; elle se compose d'un président, de deux membres et de deux secrétaires-notaires (décret du 19 mars
1874, art. 1.). Des naïbs ou inspecteurs sont chargés de la
renseigner sur la situation des habous et les actes de gestion de leurs oukils respectifs (décret du 19 mars 1874 art, 2
et décret du 2 juin 1885.). Un décret du 1er novembre 1874
a, en outre, institué deux notaires-censeurs, pour la surveillance des notaires et oukils des habous de Tunis.

Les habous publics sont gérés par des oukils spéciaux
désignés à l'élection, dans chaque caïdat, par le Caïd ou
son Khalifa, le tribunal ou le Cadi et les notables du lieu
(décret du 19 mars 1874, art. 3 à 7, 9 à 11, 14 à 19, du 17
février 1875. Bompard, 192 à 194, et 200) ; ils sont tous placés sous le contrôle absolu de la Djemaïa, à l'exception de
ceux de la Grande Mosquée, dont l'iman a conservé la cha-
ge, et des zaouias qui possèdent encore des descendants
avérés des fondateurs ; la Djemaïa peut toutefois examiner
les comptes de ces habous et a toujours le droit d'intervenir,
notamment pour donner des conseils et pour s'assurer que
la volonté des fondateurs est observée ou que les immeubles sont en bon état de conservation (19 mars 1874, art. 3,
5 et 6).

Les revenus sont affectés : aux dépenses d'administration

---

(1) L'administrateur du collège Sadiki est toutefois substitué à la
Djemaïa dans l'administration des immeubles habous appartenant à
cet établissement.

et de conservation des habous, au paiement de fonction-naires et de magistrats du Charâa et et la Grande Mosquée, enfin à l'entretien et à la restauration d'autres établisse-ments religieux (décret précité, art. 15 à 24).

Les comptes, une fois vérifiés, sont soumis à l'approba-tion du Bey par le Ministère (même décret, art. 8).

Ayant le caractère d'établissement public et par consé-quent la personnalité civile, l'administration des habous peut ester en justice ; les affaires qui la concernent sont dispensées du préliminaire de conciliation (T. 15 mai 1893. R. A. 1893, 2, 305).

La gestion des habous particuliers appartient, en princi-pe, soit aux dévolutaires successifs, conformément au droit commun et dans les conditions déterminées par le titre constitutif, soit plus généralement à des « mokhadems » élus par les ayants-droit, (Tunis 26 décembre 1887. J. T. 1895, 448 ; T. 1re ch. 24 mai 1897. J. T, 1897. 361 ; Alger 1re ch. 9 mai 1898, J. T. 1898. 522).

Le Cadi a, dans tous les cas, un droit de contrôle et de surveillance générale ; tenu de veiller à la stricte exécution des clauses de l'acte constitutif, à la sauvegarde des droits des dévolutaires futurs, il peut et doit, à ce titre, critiquer les actes d'administration, en demander la nullité lorsqu'ils sont préjudiciables à l'intérêt de la fondation, poursuivre au besoin la révocation du Mokkadem ; c'est lui qui est, en un mot, le tuteur légal du habous (Mercier, id. p. 30 ; Terras Thèse de doctorat, p. 65).

En thèse générale, la Djemaïa n'a pas à s'occuper de ha-bous privés avant qu'ils aient fait retour à l'œuvre pieuse ; mais, à raison de l'intérêt éventuel qui s'attache à cette dé-volution finale, elle peut faire tous actes propres à assurer leur conservation et leur entretien (même décret, art. 6.). C'est à ce titre que la jurisprudence admet son intervention dans tout litige concernant un habous privé (Tunis 4 avril 1894. J.T. 1894. 275 ; T. 1re ch. 25 nov. 1895. J.T. 1896. 49 ; Alger 1re ch. 23 mars 1896. R. A. 1896. 2. 297 ; V. par ana-logie C. A. Alexandrie, 2e ch. 16 janvier 1896. J. T. 1896, 360 ; Sousse 20 janvier 1899, J. T. 1899. 346).

II. — *Location*.

En principe, les biens habous ne peuvent être loués que pour des périodes de courte durée, qui, suivant les usages locaux, varient de un à trois ans (Clavel T II. p. 88. Mercier p. 31).

La pratique de la location à court terme s'était notamment imposée dans la Régence pour prévenir les spoliations et les abus. A une époque où la propriété était plus incertaine que de nos jours, il n'eût pas été impossible à un locataire de mauvaise foi de se faire passer, après une longue jouissance, pour le plein propriétaire du terrain habous qu'il occupait ; on pouvait redouter, en outre, des empiètements et des déplacements de limites de la part des preneurs à qui auraient appartenu des parcelles avoisinantes. (Extrait en forme d'exposé des motifs du rapport présenté à S. A. le Bey à l'appui du projet de décret du 31 janvier 1898, J. Off. 19 février 1898. p. 125).

Ces dangers ayant aujourd'hui à peu près disparu, soit par suite du recensement des habous publics (V. p. 95), soit à raison de la sécurité plus grande dont jouit depuis l'occupation française la propriété immobilière, le législateur, dans un intérêt de colonisation, a étendu à 10 ans la durée de la location des terres nues du domaine habous, c'est-à-dire des immeubles ruraux qui ne font pas l'objet d'une exploitation régulière (décret précité du 31 janvier 1898).

Les locations ont lieu par voie d'enchères publiques, après une publicité préalable (art. 2 à 13 du même décret).

Elles ont lieu aux conditions suivantes : l'adjudicataire prend possession de l'immeuble loué dans l'état où il se trouve, avec les limites indiquées au plan joint au cahier des charges. La Djemaïa ne garantit pas l'exactitude de la contenance portée sur le plan : cette dernière mention n'a que la valeur d'une simple indication, à moins que l'immeuble ne soit immatriculé (art. 14). Toutefois, ajoute l'art. 16, si dans les 6 mois qui suivent la prise de possession de l'immeuble le preneur fait dûment constater à son préjudice une erreur de contenance supérieure au $\frac{1}{10}$ du chiffre minimum de la contenance portée au plan, il peut requérir l'annulation du bail sans indemnité de part et d'autre (art. 15). A moins de stipulations contraires et expresses insérées au cahier des charges, les carrières de toute nature exploitées ou non exploitées, découvertes ou qui viendraient à l'être, et en particulier les gisements de phosphates, (1) sont exclus de la location (art. 18). Le locataire est tenu de jouir de la propriété en bon père de famille (art. 16) ; de respecter et d'entretenir les arbres fruitiers et autres, les constructions et les puits (art. 17) ; il ne peut céder son bail qu'avec le consentement écrit de la Djemaïa (art. 21).

Les locataires qui ont amélioré la propriété peuvent, à la charge de faire constater les dépenses par eux exposées et si ces dépenses sont égales à cinq années de location, obtenir, soit la prorogation de leur bail pour deux autres périodes consécutives de 10 années, soit la transformation de leur location en enzel (art. 28). Le preneur d'un bail à long terme est, en outre, assuré de pouvoir effectuer les installations nécessaires à l'exploitation normale du domaine, sans être exposé à perdre la totalité de cette dépense ; la législation nouvelle lui assure, en effet, dans une mesure équitable, le remboursement, d'après le prix normal de la dépense, des plantations utiles, bâtiments et installations de toute nature effectués par lui sur le domaine (art. 20).

Les habous privés peuvent être l'objet de locations à long terme, dans les mêmes conditions que les habous publics, sous réserve du consentement des dévolutaires et avec dispense, pour ces derniers, de l'obligation de rembourser au locataire la valeur de ses installations (art. 35). Cette

(1) En ce qui concerne les baux emportant concession du droit d'exploiter des phosphates dans un immeuble habous, la jurisprudence exige, lorsqu'ils sont antérieurs à la nouvelle législation, qu'ils soient approuvés à la fois par les dévolutaires actuels du habous, par le Cadi qui représente les dévolutaires futurs intermédiaires et par la Djemaïa chargée des intérêts de l'œuvre pieuse dévolutaire final (T. 1ʳᵉ ch. 24 mai 1897. J. T. 1879. 319, R. A. 1897, 2, 468 ; cpr. Alger 1ʳᵉ ch, 9 mai 1898, J. T. 1898. 522, R. A. 1898, 2, 363).

dernière disposition du décret s'explique par la nature du droit des bénéficiaires, qui auraient ainsi supporté la plus-value acquise par le fonds sans toujours trouver dans leur jouissance viagère une compensation à ces impenses, et dont les intérêts auraient été par cela même sacrifiés à ceux des dévolutaires futurs.

III. — *Échange.*

Jusqu'aux décrets des 31 Janvier 1898, l'échange des biens habous se faisait suivant des formalités anciennes : l'immeuble demandé en échange était estimé par des Amins ; le Cadi, tuteur légal des habous, pour tenir compte de la majoration qui aurait pu être atteinte si l'immeuble avait été mis aux enchères, doublait le prix d'estimation, et le demandeur payait le chiffre ainsi majoré (C. Alger 11 mars 1897. J. T. 1897, 400). Les nouveaux décrets, dont nous allons analyser les dispositions les plus importantes, simplifient les formes, prévoient une expertise, entourent la transaction des garanties indispensables, facilitant ainsi aux agriculteurs l'exploitation de terres nouvelles et permettant, d'autre part, à l'Administration des habous d'assurer un mouvement fécond à son domaine par des transformations incessantes.

Suivant l'ordre des décrets, nous traiterons de l'échange en général, — de l'échange en nature, — de l'échange en argent, — et du remploi.

« L'échange des immeubles habous publics et privés, dit « l'article 1er du décret du 31 janvier 1898, s'effectue soit en « nature par la remise d'un immeuble de valeur équivalente, « soit en argent à charge de remploi dans le plus bref délai « possible par l'Administration des habous. » L'immeuble habous donné en échange devient melk ; celui donné en contre-échange ou acquis en remploi devient habous aux lieu et place de l'immeuble échangé (art 29 et 30).

La demande d'échange doit être adressée au Président de la Djemaïa ; elle doit contenir, en plus des noms, prénoms, profession et domicile du demandeur, la désignation de l'immeuble demandé et celle de l'immeuble offert ; en cas d'échange en argent, l'indication de la somme offerte (art. 3).

L'Administration des habous a le droit d'accueillir ou de repousser la demande sans donner de motifs, sans qu'un délai lui soit imposé pour faire connaître sa réponse (art. 4).

S'il s'agit d'un habous privé, l'acceptation de la Djemaïa ne constitue qu'une déclaration de non opposition et réserve entièrement le droit des mokkadems ou ayants-droit de refuser un échange qui ne leur paraîtrait pas avantageux pour la fondation (art. 5) (1).

Lorsque la demande d'échange en nature a été agréée par l'Administration, elle doit être transmise à un magistrat du Charâa qui examine la valeur du titre de propriété de l'immeuble offert (art. 9).

Si le titre paraît régulier et valable, on procède à une expertise pour l'estimation tant de l'immeuble habous demandé en échange que de l'immeuble offert par le demandeur.

L'expertise est confiée, à une commission composée de deux amines, d'un délégué de la Djemaïa et d'un géomètre du service Topographique, assistés de deux notaires (art. 10).

Après que toutes ces formalités ont été remplies, l'art. 15 réserve à S. A. le Bey le droit d'opposer son veto à l'échange ; mais les frais de formalités, qui sont en principe à la charge du demandeur, sont, en cas de rejet, remboursables à ce dernier, soit par la Djemaïa, soit par les dévolutaires, suivant qu'il s'agit d'un habous public ou privé (art. 15 et 16).

L'échange en argent ne constitue pas une innovation des décrets du 31 janvier 1898 ; il existe depuis longtemps dans la Régence.

Un décret du 24 mai 1870 l'avait cependant, supprimé ;

---

(1) Il est regrettable à notre avis que le législateur n'ait pas cru devoir s'en tenir au consentement de la majorité des ayants-droit, car il existe quelquefois, pour un même habous, des centaines de dévolutaires et il n'est vraiment pas admissible que l'opposition d'un seul puisse empêcher un échange reconnu avantageux pour le plus grand nombre.

mais le 16 novembre 1879, il fut rétabli pour les habous d'une valeur inférieure à 2.000 piastres et, par décret du 19 mars 1883, la Djemaïa fut autorisée à percevoir « des « sommes provenant des échanges, supérieures ou infé- « rieures à 2.000 piastres, à la condition toutefois de faire « diligence pour acheter, dans le plus bref délai possible, « des propriétés en échange de celles cédées ».

En fait, cet échange était peu usité, sans doute à cause de la majoration considérable, variant de cinquante à cent pour cent, dont le Cadi grevait l'estimation réelle de l'im- meuble.

Le décret du 31 janvier 1898 a soumis cette opération à l'obligation des enchères (art. 17).

La demande d'échange une fois agréée par la Djemaïa, est soumise à l'approbation du Bey, puis transmise à un magistrat du Charâa qui doit en examiner la régularité dans un délai de 7 jours. La décision motivée de ce magis- trat est notifiée à l'Administration des habous qui, s'il y a lieu, fait procéder, sans désemparer, par un de ses notaires, aux formalités préliminaires de l'adjudication (art. 18 à 25).

La Djemaïa est tenue de faire emploi en acquisitions d'immeubles des sommes provenant d'échanges de biens habous ; le remploi n'est définitif qu'après l'accomplisse- ment des formalités légales et ne peut être effectué qu'avec l'assentiment d'un magistrat du Charâa (décrets du 19 mars 1874 art. 14 et du 31 janvier 1898, art. 31).

IV. — *Constitution à Enzel.*

La constitution à enzel des immeubles habous est d'ori- gine toute traditionnelle ; régie par la coutume, elle ne fut pendant longtemps l'objet d'aucune réglementation législa- tive.

Le premier décret qui en consacre implicitement l'exis- tence est celui du 30 décembre 1865, aux termes duquel les permis de constitution d'enzel sont assujettis à un droit de chancellerie de 100 piastres (60 fr.). Plus tard, les constitutions des habous publics et privés ne furent définitives qu'après avoir été soumises à l'approbation de la Djemaïa, qui délivrait un certificat constatant l'accomplissement de toutes les formalités requises (décrets des 19 mars, 22 mai et 25 novembre 1874). Enfin divers décrets des 18 août et 21 octobre 1885, 23 mai 1886 et 31 janvier 1888 les soumirent aux enchères publiques et réglèrent en détail cette procédure nouvelle.

Toute cette législation a été remaniée par le décret du 22 juin 1888, dont la plupart des dispositions sont encore en vigueur.

Aux termes de l'art. 1er, l'enzel des immeubles habous ne peut être constitué que par voie d'enchères publiques.

La demande de mise aux enchères est formée, pour les habous particuliers, par le Mokkadem de l'immeuble avec le consentement de tous les ayants-droit, et pour les habous publics, par le Président de la Djemaïa. (1) Cette demande, rédigée par les intéressés ou établie par acte authentique, est toujours adressée à un magistrat du Charâa, qui charge un notaire de recevoir les pièces à déposer par le requérant et doit, dans le délai d'un mois, statuer sur leur recevabilité (art. 1, 3 et 5 décret précité).

A peine d'irrecevabilité, toute demande de constitution d'enzel doit faire connaître la désignation de l'immeuble, les noms et prénoms de l'auteur de la demande, et le montant de la mise à prix. Elle doit, en outre, être accompagnée : d'un croquis visuel dressé par un géomètre du service topographique, mais seulement s'il s'agit d'un bien rural ; — des titres des habous, traduits en français par un interprète assermenté et, en général, de tous les documents dont la production serait nécessaire pour passer l'acte constitutif d'enzel à la suite des enchères; — du cahier des charges, où doivent être mentionnées, notamment, la date de l'exigibilité de la rente d'après le calendrier grégorien, le délai accordé pour la passation des actes qui ne peut excéder deux mois

(1) Pour les habous du Collège Sadiki, la demande est faite par l'Administrateur des biens de cet établissement.

à partir du jour des enchères, et la date de la prise de possession qui doit avoir lieu dans l'année de l'adjudication. Enfin, s'il s'agit d'un habous public, la demande doit être soumise à l'approbotion de S. A. le Bey (art. 2, 6 et 7).

La décision motivée du magistrat du Charâa sur la recevabilité de la demande est notifiée au notaire dépositaire des pièces, qui doit, si elle est favorable, procéder sans désemparer aux formalités préliminaires et notamment faire au Journal Officiel tunisien les publications prescrites par la loi ; dans le cas contraire, il avertit l'intéressé par écrit, en lui signalant les vices de sa demande (art. 5).

Le rejet ne peut donner lieu, à l'encontre du magistrat qui l'a prononcé, à aucun recours ; mais la demande, une fois complétée, peut être soumise à un autre magistrat. (art. 5).

Pendant toute la période préliminaire au prononcé des enchères, les difficultés qui peuvent s'élever en cours de procédure sont soumises au magistrat qui a statué sur la recevabilité de la demande (même décret, art. 14).

Les enchères réglementées par le décret du 31 Janvier 1898 sont soumises aux mêmes formalités que celles des échanges de biens habous.

Si l'adjudicataire ne remplit pas ses engagements, l'enzel est remis en adjudication sur folle enchère, sans autre procédure ni jugement, mais après une nouvelle publication au Journal Officiel tunisien ; il est tenu, le cas échéant, de la différence entre son prix et celui des nouvelles enchères, sans pouvoir réclamer l'excédent. Toutefois, on ne procède pas à la réadjudication, lorsque le fol enchérisseur justifie avant l'audience des criées, de l'acquit de ses obligations et du versement d'une somme de 100 piastres (60 francs) représentant les frais de la procédure de folle enchère (même décret, art. 23 à 27).

ANNEXE.

FORMULE D'UN ACTE DE HABOUS.

(Recueil d'actes judiciaires arabes, Zeys, p. 75 et s.
Abribat p. 67 et s.)

Louange à Dieu !

En présence des deux assesseurs...... le nommé......
fils de....., se trouvant dans l'état de capacité exigé par
la loi, a requis les deux assesseurs de témoigner, contre sa
personne, qu'il habousait, immobilisait à perpétuité, la totalité de la maison sise dans la rue...... n°....., dont
l'acquisition faite par lui a été constatée par un acte dont la
fin est collée en tête du présent, avec tout ce qui y est
affecté en fait de droits, limites et utilités, et avec tout ce
qui est considéré comme en faisant partie et comme en dépendant anciennement ou nouvellement. Cette constitution
du habous est faite en faveur de sa femme....., fille de....,
et des enfants issus de son mariage avec elle, qui sont 1°...,
2°..., 3°..., et de ceux qui pourront naître de lui pendant
le reste de son existence. Les mâles et les femmes en joui-
ront dans la proportion déterminée par Dieu — qu'il soit
exalté ! — soit chaque mâle recevant la portion de deux
filles. Après eux, les produits du habous passeront à leurs
enfants, aux enfants de leurs enfants, aux enfants des enfants de leurs enfants, à leurs descendants, aux descendants

de leurs descendants, aux descendants des descendants de leurs descendants, à leur postérité, à la postérité de leur postérité, à la postérité de la postérité de leur postérité aussi longtemps que leurs branches se multiplieront, s'é-tendront et se répandront dans l'Islam.

L'enfant ne pourra jamais concourir avec le père à la jouissance du présent habous ; quant à celui qui décèdera en laissant un ou plusieurs héritiers, ce ou ces derniers prendront sa place ; s'ils sont plusieurs, il y aura lieu à partage entr'eux ; s'il n'y en a qu'un seul, il aura droit à la totalité des revenus.

Quant à celui qui mourra sans postérité, sa part fera retour à ses coayants-droit dans sa branche, s'il en existe ; sinon au plus rapproché de ses coayants-droit dans la branche suivante.

Si les dévolutaires disparaissent jusqu'au dernier, si la mort frappe les personnes considérables comme celles qui ne le sont pas, et si leur famille s'éteint absolument, l'im-meuble immobilisé fera retour à la Grande Mosquée ou aux villes sacrées ou nobles : La Mecque et Médine ; et dans ce cas, les fruits du habous seront employés à subvenir à leurs besoins, comme il en est pour tous les biens immobilisés, après avoir toutefois prélevé une somme suffisante pour pourvoir à l'entretien du habous lui-même, en fait de répa-rations et d'entretien etc.

Ce habous est éternel ; cette immobilisation est perpétu-elle ; il sera interdit de vendre la maison habousée, de la donner, de la comprendre dans le partage d'une succession, et cela jusqu'à ce que Dieu hérite de la terre et de tout ce qu'elle porte, car il est le meilleur des héritiers.

Si le constituant a adopté le rite malékite, il fait mention de la prise de possession :

Le constituant a autorisé les bénéficiaires du habous sus-mentionné à l'accepter et à en prendre possession. Ceux-ci se sont présentés personnellement, ont accepté le habous et en ont pris possession, pour leur compte, pour leurs enfants futurs, et pour la Mosquée dans l'hypothèse prévue du retour de l'immeuble à cet établissement. Cette prise de possession est complète ; elle a eu lieu en présence des assesseurs. Le fondateur s'est dépouillé de tout droit sur la maison habousée et a renoncé à la louer.

Si, au contraire, le fondateur a adopté le rite hanéfite et stipule qu'il s'est réservé l'usufruit sa vie durant, ainsi que le droit de comprendre ou d'exclure tel ou tel dévolutaire, de changer, modifier, ajouter ou diminuer, il s'exprime ainsi :

Le disposant a, dans sa dite constitution, suivi l'opinion de l'iman Abou Youssef Yacoub, disciple de l'illustre iman Abou Hanifa En Nooman — que Dieu soit satisfait de lui et de tous les imans ! — lequel a dit : « Il suffit pour que « le habous soit bien établi et obligatoire que le fondateur « dise : « Je constitue en habous » « J'immobilise » « Je « retire le caractère de propriété franche », sans qu'il soit « besoin d'acceptation, ni de prise de possession ni de déci-« sion judiciaire ». Et en conséquence de cette opinion, le constituant s'est réservé l'usufruit du habous sa vie durant, et lorsqu'il mourra et rejoindra Dieu — qu'il soit exalté ! — l'autre vie, l'usufruit fera retour aux habous, comme la branche rejoint le tronc, et la fraction l'entier.

Le disposant a stipulé en sa faveur, dans sa constitution, le droit de changer et modifier l'affectation du habous, de comprendre et d'exclure tel ou tel bénéficiaire, d'ajouter ou de diminuer.

Dont acte, etc......

CHAPITRE IV.

DE L'ENZEL.

----

§ 1ᵉʳ. Considérations générales.

Le contrat d'enzel est une institution propre à la législation tunisienne. Essentiellement islamique, il se rattache,
d'après les juristes musulmans, à la législation des habous
et fut imaginé dans l'intérêt d'une bonne administration de
ces biens (V. p. 118). Lorsque le bénéficiaire d'un habous
se trouvait dans l'impossibilité d'en entretenir les constructions, on lui permettait de se substituer une autre personne
qui, moyennant une redevance annuelle, en acquérait la
jouissance tout en prenant les dépenses à sa charge :
« Mais si telle a été l'origine du contrat d'enzel, dit M. Berge,
« il ne s'est pas maintenu dans ce cadre étroit ; on y a
« trouvé un moyen commode de rendre à la circulation
« des biens frappés d'inaliénabilité et d'accommoder les
« rigueurs de la législation avec les nécessités économiques
« du pays ; aussi l'a-t-on appliqué aux terres après l'avoir
« réservé aux immeubles construits, et l'a-t-on étendu aux
« propriétés melk après l'avoir restreint aux biens habous »
(note sur la jurisprudence en matière d'enzel, J. T. 1893,
p. 117 ; Alger, 1ʳᵉ ch. 20 juin 1899, J.T. 1899, 546).

D'après une autre opinion, soutenue notamment par
M. Sumien (R. A. 1893, I, 201) le contrat d'enzel serait sorti
de l'idée du colonat pratiqué à l'époque lointaine de
l'occupation romaine dans le Nord de l'Afrique et ne
serait, en définitive, qu'un souvenir du droit romain en

Tunisie. Il paraît difficile, à notre avis, de rattacher l'un à l'autre deux contrats qui, à côté de certains caractères communs, présentent entre eux des différences essentielles. Le colon, à qui les Romains confiaient l'exploitation des *latifundia* ou *saltus* qu'ils ne pouvaient eux-mêmes cultiver, acquérait, en effet, comme l'enzéliste, une sorte de domaine utile sur le fonds, à charge de payer une redevance fixe invariable ; mais tandis que le colonat impliquait une sorte d'asservissement pour le tenancier, qui, attaché à la terre par un lien indissoluble, la suivait dans ses transmissions successives, faisait partie de l'exploitation (1), le débi-rentier sous le contrat d'enzel n'est pas atteint dans sa condition juridique et sociale et peut céder, quand il lui plaît, son droit et ses obligations (2).

L'institution du habous, à laquelle se rattache en Tunisie le contrat d'enzel, a donné naissance, dans d'autres pays musulmans et notamment en Égypte, à des contrats similaires tels que l'*hèkre* et l'*idjaretein*.

« L'hèkre est un contrat par lequel un wakf, à ce dû-
« ment autorisé, est dépouillé soit à perpétuité, soit pour
« un long laps de temps, au profit d'un tiers, du domaine
« utile d'un immeuble improductif, n'en conservant que le
« domaine éminent, avec faculté au preneur d'édifier ou de
« faire des plantations et à charge par lui de payer une

---

(1) C. Just. XI. t. LVII. De agricolis et censitis et colonis. L. 2. 6. 18. 21 et 24.

(2) Le colonat romain présente les plus grandes analogies avec le contrat qui subsiste encore dans la Régence sous le nom de *kham-messa*. Comme le colon, le khammès paie un fermage en nature (les 4/5 de la récolte), doit fournir certaines prestations, et ne peut quitter son maître tant qu'il ne s'est pas acquitté des avances qui lui ont été faites (Décret du 13 avril 1874, Schaut, Dict. de législation tunisienne. V°. Agriculture). Il est curieux de constater que, du temps de Caton, le colon partiaire avait droit à la même portion de la récolte que le khammès : la cinquième partie du produit de l'orge et des fèves après le battage (Cato, De re rustica CXXXVI portionem quo pacto dari oporteat ; Terras, Thèse de doctorat sur le habous, p. 187, n° 1).

« rente annuelle variable basée sur la valeur locative du sol
« (Clavel, Le wakf ou habous, T.II. p. 154) ». « Le contrat
« d'hèkre et le contrat de louage, déclare la Cour d'Alexan-
« drie, dans un arrêt du 5 décembre 1894, constituent deux
« contrats tout à fait différents par leur nature. Le contrat
« de louage a un caractère essentiellement temporaire et la
« pleine propriété de la chose louée demeure au bailleur.
« Dans le contrat d'hèkre, au contraire, il y a démembre-
« ment de la propriété, car une partie acquiert le droit
« perpétuel de jouir d'un immeuble et d'en disposer à son
« gré et s'oblige pour elle et ses ayants-droit à payer à
« l'autre partie une redevance qui constitue en substance
« une rente perpétuelle ». L'hèkre et l'enzel sont donc des
contrats de même nature ayant une origine commune et des
effets identiques ; nous nous contenterons, dès lors, de signaler les différences accessoires qui les séparent : tandis que
l'hèkre, spécial aux biens habous, ne peut être établi qu'en
cas de nécessité ou tout au moins dans l'intérêt de la fondation et des dévolutaires, ce mobile, que l'on retrouve
également à l'origine de l'enzel, a disparu aujourd'hui de
ce contrat, qui s'applique aux biens melk comme aux biens
habous ; la résolution pour défaut de paiement de la rente
est encourue de plein droit dans l'hèkre après trois années
consécutives, dans l'enzel, elle doit être prononcée judiciairement ; enfin, la rente de l'hèkre est variable, et peut
être temporaire, celle de l'enzel est fixe et perpétuelle.

L'idjaretein peut être défini « un contrat dans lequel un
« immeuble habous est donné en bon état à un tiers, à la
« charge de l'entretenir, et qui transfère au tenancier le
« domaine utile transmissible à perpétuité ou pour un long
« terme contre le paiement d'une somme à forfait et d'une
« rente annuelle variable » (Clavel, T. II, p. 177). L'idjaretein est toujours un contrat de longue durée et, dans le
silence de l'acte, il est perpétuel. Comme l'enzel, il opère
un démembrement de la propriété ; il y a d'un côté, le domaine éminent, et de l'autre, le domaine utile. Mais, à la
différence du contrat tunisien, il est spécial aux biens habous qui se trouvent en bon état de conservation; il comporte

une double redevance, l'une payable à forfait lors de la prise de possession, l'autre annuellement ; il est enfin résolu *ipso jure* par le défaut de paiement de trois annuités.

Le contrat d'enzel favorise la production en permettant au cultivateur de s'établir sans bourse délier et en lui donnant intérêt de ne rien négliger pour féconder le sol dont il est détenteur. D'une part, en effet, l'enzéliste peut appliquer à la mise en valeur une somme plus considérable que le propriétaire, celui-ci ayant consacré à l'achat du fonds un capital que le premier peut employer à augmenter l'intensité de la culture. L'enzéliste, d'autre part, est toujours disposé à entreprendre des améliorations même coûteuses, sûr d'en recueillir tout le profit, la redevance à laquelle il est tenu demeurant invariable, quelque fertilité que ces améliorations successives donnent à la terre. L'enzel facilite donc la colonisation, aussi est-il devenu l'un des modes de tenure les plus usités en Tunisie, et s'étend-t-il aujourd'hui à une notable partie des biens fonds de la Régence.

La législation écrite sur le contrat d'enzel est toute récente ; elle ne fixe que des points particuliers et ne tranche aucune question de principe, de telle sorte que la matière est presque exclusivement régie par des usages, d'ailleurs peu précis et mal connus (Berge, J. T. 1893, note, p. 117). La jurisprudence, d'abord hésitante, a fini par déterminer la nature du contrat et quelques-unes des règles auxquelles il est assujetti ; mais nombre de questions restent à élucider avant que l'on puisse dégager avec certitude les principes qui président à cette institution originale du droit tunisien. Ce sont les décisions éparses de la jurisprudence que nous allons essayer de grouper, mais sans prétendre donner la théorie générale et complète d'un contrat encore en voie d'élaboration.

Notons qu'il n'est pas peut-être de terme juridique moins défini que celui d'enzel : les auteurs, la jurisprudence et les textes, l'emploient indifféremment pour désigner tantôt le contrat lui-même, tantôt la rente stipulée entre les parties, tantôt le droit conféré en échange de la rente. Pour éviter la confusion qui résulte de cette terminologie, nous appliquerons plus spécialement la dénomination de « contrat d'enzel » à l'acte générateur du droit, celle « d'enzel » au sol grevé de la rente, en d'autres termes, à la tenure, et celle de « rente d'enzel » à la charge dont l'immeuble est grevé, c'est-à-dire au droit du crédi-rentier.

§ 2. Nature et définition du contrat d'enzel.

Avant de parler de l'interprétation donnée au contrat d'enzel par la jurisprudence des tribunaux français, il n'est pas sans intérêt de rechercher quelle a été la genèse de ce contrat dans la théorie professée par les juristes musulmans.

Nous avons vu que, dans la loi coranique, la constitution de habous a pour effet d'opérer un démembrement de propriété : l'usufruit est dévolu aux dévolutaires institués ; quant à la nue-propriété, devenue une sorte de *res extra commercium*, elle reste éternellement au fondateur, pour lui assurer dans l'autre vie les récompenses célestes attachées à sa bonne œuvre (V. supra, p.111). Préoccupés de respecter la volonté du constituant et les effets du habous, les juristes musulmans, cherchaient à rendre à la circulation ces biens frappés d'inaliénabilité. Ne pouvant en autoriser la vente, ils eurent recours au contrat de bail perpétuel, qui permettait d'arriver à un résultat à peu près analogue en opérant une « *aliénation de jouissance* ».

Inconnu dans les villes du Hidjaz, où chacun avait sa maison, le contrat de bail n'a pas été prévu par le Coran, et c'est l'iman Azam bou Hanifa, qui, se trouvant dans la nécessité d'islamiser la règle du contrat de location, très usité en Syrie, l'a assimilé, par la méthode de l'analogie légale, à la vente. « Le bail, écrit le Cheikh Ul Islam du « rite hanéfite en Tunisie (Goguyer, Petit manuel de droit « immobilier, p. 68), est la vente d'une utilité déterminée « pour un salaire déterminé ». « Le louage, dit Van der

« Berg (R. A. 1891, 1, 188), est un contrat par lequel une
« personne cède, pour un temps déterminé, l'usage d'une
« chose ou de son travail moyennant un équivalent appelé
« prix de louage ». Pour les malékites et notamment
d'après Sidi Khalil « la location est la vente de la jouissance
« temporaire d'une chose mobilière ou immobilière » (Sidi
Khelil, trad. Seignette, p. 339 et Perron, T.IV,p. 558 et 619).
M. Zeys la définit également « l'achat de la jouissance
d'un droit immobilier ». Le bail étant une vente de jouissance, l'enzel, bail perpétuel, est donc une aliénation perpétuelle de jouissance, mais à la différence de la vente, il
n'emporte pas aliénation de fonds.

Toutefois, ce droit de bail perpétuel s'est transformé avec
le temps et, à la longue, le preneur a été investi, en fait, de
tous les attributs du droit de propriété revenant théorique-
ment au bailleur. Dans les usages tunisiens, les constructions élevées par l'enzéliste et la plus-value acquise par
l'immeuble entre ses mains,soit par suite d'impenses d'amélioration, soit par l'effet de circonstances qui lui sont étrangères, sont aujourd'hui sa chose : il peut céder le fonds à
un tiers, le donner en nantissement, le transmettre par
succession, se comporter en définitive comme un véritable
propriétaire, à la seule condition de payer la rente dont
l'immeuble est grevé.

Mais les jurisconsultes musulmans n'ont pas osé consacrer ces résultats que, dans la pratique, les tribunaux
indigènes n'hésitent pas cependant à sanctionner. Pour ces
juristes, le preneur à enzel n'est toujours qu'un locataire du
bien dont le bailleur conserve la propriété : le fait est ainsi
en contradiction avec le droit, et c'est en présence de cette
situation que s'est trouvée la jurisprudence française, lorsqu'elle a eu à interpréter la nature du contrat d'enzel.

S'appuyant sur la doctrine même des jurisconsultes musulmans, M. Alfred Dain a défini le contrat d'enzel « la
location perpétuelle d'un immeuble moyennant une redevance fixe ». Il a été jugé,dans le même sens,que le contrat
d'enzel est une convention d'une nature spéciale, en vertu
de laquelle le propriétaire d'un immeuble en cède la jouis-

sance perpétuelle moyennant une redevance fixe (Tunis,
3 nov. 1888, J. T. 1893, 102).

Cette opinion n'a pas prévalu. Les tribunaux français,
s'attachant à la réalité des choses plutôt qu'à d'apparentes
analogies, ont écarté l'idée de bail, de vente de jouissance,
pour s'en tenir à celle de l'aliénation du fonds.

Ils ont défini le contrat d'enzel : « une combinaison de la
« propriété superficielle de l'immeuble avec le droit au bail
« perpétuel, c'est-à-dire une fiction qui permet l'aliénation,
« en fait sinon en droit, de l'immeuble inaliénable, sous
« forme de vente de matériaux et de cession de bail »
(T. 27 mai 1885 et Alger 4 janvier 1887, J. T. 1893, 82,
R. A. 1887, 2, 88) ; — ou encore : « un contrat rendant le pre-
« neur propriétaire absolu et à perpétuité de la chose alié-
« née sous la réserve d'une redevance originairement fixée
« et invariable à l'égard du bailleur » (T. 14 janvier 1884,
J. T. 1893, p. 85, R. A. 1885, 2, 203). On retrouve les expressions de preneur et de bailleur ; mais ces expressions
n'ont plus ici leur signification littérale et l'on fait produire,
en définitive, à l'enzel les effets d'un contrat translatif de
propriété.

L'assimilation du contrat d'enzel à la vente est complète
dans d'autres décisions du Tribunal de Tunis : il a été décidé, en ce sens, que le contrat d'enzel n'est autre chose que
la vente définitive d'un immeuble moyennant une rente
perpétuelle et qu'il y a lieu, par conséquent, de faire application à ce contrat des dispositions du Code civil français
en matière de vente (T. 13 nov. 1890, J. T. 1891, 150).

Trouvant cette théorie trop absolue et excessive dans ses
conséquences, la Cour d'Alger a donné de l'enzel une nouvelle définition : « Le contrat d'enzel, suivant l'arrêt du
« 8 mai 1889 (J. T. 1893, 99, R. A. 1890, 2, 436), doit être
« considéré comme une aliénation du domaine utile d'un
« immeuble habous, le domaine éminent et le domaine utile
« ne pouvant plus se réunir sur la même tête, en vertu
« d'une fiction légale qui attribue à l'acquéreur la qualité
« de dévolutaire perpétuel ». Nous ne retiendrons de cette
interprétation que l'idée du démembrement, caractéristique

de l'enzel ; quant au surplus de la définition il renferme autant d'inexactitudes que de mots, le droit de l'enzéliste, véritable droit de propriété étant absolument distinct du simple droit de jouissance des dévolutaires, et le démembrement de la propriété, perpétuel dans le habous, pouvant cesser, en matière d'enzel, par suite de la résiliation du contrat ou du rachat de la rente.

Nous nous rallions de préférence à la notion plus nette, plus conforme aux principes, qu'a donnée du contrat d'enzel le Tribunal de Tunis, en le définissant : un démembrement de la propriété qui consiste dans la séparation du domaine utile (enzel) et du domaine éminent (rakbat) et dans l'aliénation du premier moyennant le paiement d'une rente perpétuelle et par sa nature irrachetable (T. 2e ch. 10 mars 1893, J. T. 1893, 127, R. A. 1893, 2, 379 ; T. 27 févr. 1890. R. A. 1890, 2, 429, 437 ; T. 29 nov. 1891, J. T. 1893, 346 ; T. 13 mars 1893 et 20 mars 1893, R. A. 1893, 2, 232, 235 ; T. 15 mai 1893. R. A. 1893, 2, 307 ; T. 10, 20 mars et 15 mai 1893, J. T. 1893. 127, 164 et 246 ; T. 16 juillet 1894 et 27 mai 1895. J. T. 1894, 469, J. T. 1895, 462 ; Alger, 23 mars 1896, R. A. 1896, 2, 297 ; Alger 27 avril 1896, R. A. 1897, 2, 217 ; Alger 1re ch. 20 juin 1899, R.A. 1899, 2, 552).

Si l'on rapproche d'ailleurs la théorie professée par les docteurs musulmans de celle consacrée par nos tribunaux, on peut voir que le désaccord est plutôt dans les mots que dans les idées. Le preneur à enzel est, dans le premier système, un locataire, mais un locataire investi en fait de la propriété de l'immeuble à charge de payer la rente perpétuelle représentant le prix de location ; quant au bailleur, tout en restant propriétaire, il n'a d'autre droit que celui d'exiger le paiement de la redevance et de poursuivre, à défaut de paiement, la résiliation du contrat. Dans le second système, l'enzéliste ou preneur à enzel a le domaine utile de l'immeuble, à la condition de payer la redevance à laquelle le fonds se trouve assujetti ; quant au bailleur, armé d'un droit de résolution, il conserve, sous le nom de domaine éminent, le droit de toucher les arrérages de la rente. Les mêmes droits sont donc reconnus, de part et d'autre, à

chacune des parties contractantes : seule leur appellation
diffère.

On objecte, il est vrai, que le caractère translatif de la
constitution d'enzel est inconciliable avec les principes de
la loi musulmane en matière de habous. Si l'immeuble
frappé de habous passe à l'enzéliste, le habous, dit-on,
devient caduc pour cause d'impossibilité d'exécution, puisque le fondateur est ainsi dépouillé de sa nue-propriété et
les dévolutaires de leur droit d'usufruit. Cette objection ne
nous paraît pas fondée. La constitution d'enzel, à notre avis,
opère vis-à-vis du habous à la manière de l'échange. De
même que l'immeuble habous échangé contre un immeuble melk devient melk au lieu et place de l'immeuble cédé
en contre échange, qui réciproquement lui emprunte son
propre caractère juridique ; de même, l'immeuble habous
constitué à enzel est rendu à la circulation sous la tenure
enzel et cesse, à proprement parler, d'être habous : c'est la
rente d'enzel, le domaine éminent, qui passe à la fondation
pieuse ; la nue propriété de la rente revient au constituant
et l'usufruit aux dévolutaires, lesquels en touchent, à ce
titre les arrérages.

En définitive, le contrat d'enzel ne se confond ni avec le
louage, ni avec la vente ; c'est un contrat *sui generis* translatif de propriété, régi par la coutume locale et ayant ses
règles propres.

§ 3. Conditions de validité et formes
du contrat d'enzel.

› A défaut de règles particulières relatives aux conditions
de validité du contrat d'enzel, il y a lieu d'appliquer le droit
commun pour la solution des questions qui touchent à la
capacité et au consentement des parties, à la chose donnée
à enzel, ainsi qu'à la redevance (Sumien R. A. 1893, 1, 210 ;
J. T. 1893, 119, note ; Tilloy, V° enzel, n° 15).

La formation du contrat est, par contre, subordonnée à

des exigences de forme reconnues par l'usage et consacrées par la jurisprudence.

La simple convention ne suffit pas pour constituer l'enzel, il faut *un écrit* (T. 16 février 1890. J. T. 1891, 79) ; mais aucune formule déterminée, aucun terme sacramentel n'est prescrit à peine de nullité. C'est ainsi que la stipulation dans un acte d'une rente d'enzel annuelle et perpétuelle a été reconnue suffisante pour établir, sans autre explication, la cession du domaine à perpétuité moyennant le paiement de cette rente (T. 27 mai 1885 et Alger 4 janv. 1887. J. T. 1893, 82). On admet même que la production des quittances d'arrérages payés aux bénéficiaires de la rente suffit à faire la preuve de l'aliénation à enzel (Trib. mixte, 25 juin 1896. J. T. 1896, 442).

Une outika de date récente est insuffisante par elle-même pour établir l'existence du contrat d'enzel ; mais la jurisprudence admet comme suffisamment probante l'outika corroborée par les mentions contenues dans les registres d'une administration publique (T. 27 mai 1885, Alger 4 janv. 1887, J. T. 1893, 82 ; T. 1re ch. 29 déc. 1891. J. T. 1893, 346).

Il faut, en outre, que l'acte constitutif soit inscrit sur le titre de propriété pour être opposable aux tiers qui ont acquis des droits réels sur l'immeuble (T. 20 juin 1891. J. T. 1893, 87 ; T. 1re ch. 15 mai 1893. J. T. 1898, 24).

La transmission des constitutions et des cessions d'enzels a lieu, par le ministère des notaires, dans les conditions que nous avons précédemment indiquées pour les actes de vente et d'échange (1) (V. p. 84 et 85).

(1) Les constitutions et cessions à enzel sont considérées au regard de la loi fiscale comme emportant translation de propriété et soumises, en conséquence, au droit de mutation immobilière de 4 °/₀ (décret du 2 nov. 1893). Elles sont assujetties à l'impôt sur le prix exprimé, augmenté de la somme fixée pour le rachat de la rente et, à défaut de stipulation de rachat, d'un capital formé de 16 fois la rente. (art. 2 du décret du 5 mai 1898). Ainsi le droit conféré à l'enzéliste n'est pas, en matière fiscale comme en droit civil musulman, une fraction du droit de propriété mais la propriété tout entière. Il en résulte notamment que la cession de la rente d'enzel échappe au droit de 4 °/₀ et se trouve passible du droit de 0,25 °/₀

Outre l'écrit, la remise du titre de propriété au débiteur de la rente est une condition essentielle à la réalisation du contrat (T. 30 juin 1886. J. T. 1893, 126). Saisi de la question de savoir à qui revient la détention du titre de propriété le Tribunal de Tunis a décidé que : « cette détention appar-
« tient au débiteur et non au bénéficiaire de la rente, car les
« droits de ce dernier sont toujours sauvegardés par l'obli-
« gation où est le débi-enzéliste, au cas où il est poursuivi
« en paiement de la rente et conteste la devoir, de produire
« le titre sur lequel est inscrit l'acte de constitution. »
(T. 24 juin 1890. J. T. 1893, 87).

Rappelons enfin que le mode de constitution à enzel des biens habous fait l'objet d'une réglementation particulière que nous avons exposée dans le chapitre précédent (p. 126 et s.).

§ 4. Des droits et des obligations du crédi-enzéliste et du débi-enzéliste.

Du contrat d'enzel découlent pour chacune des parties contractantes des droits et des obligations dont nous allons, dans le présent paragraphe, examiner la nature et l'étendue.

I. *Droits et obligations du crédi-rentier.*

Droits du crédi-rentier. — Le crédi-rentier, sur la tête duquel repose le domaine éminent, conserve sur l'immeuble un droit réel (1) au premier chef, qui limite celui de l'enzéliste et restreint son droit de disposition : c'est ainsi que l'enzéliste, détenteur de l'immeuble qui

établi sur les transmissions mobilières par le décret du 20 juillet 1896 (tarif annexé, § 1, n° 3).

(1) Le droit du crédi-rentier ne peut être saisi qu'immobilièrement (T. 3 nov. 1888, R. A. 1890, 2, 431, note ; T. 5 août 1893, R. A. 1894, 2, 78, J. T. 1893, 365).

constitue le gage du crédi-rentier, ne peut rendre la situation de ce dernier moins avantageuse en grevant l'immeuble d'une nouvelle rente d'enzel, en le morcelant, ou en le cantonnant sans le consentement du bénéficiaire de la rente.

Le crédi-rentier, qui a cédé le domaine utile moyennant une rente perpétuelle, a le droit d'exiger du preneur le paiement de cette redevance aux époques fixées par la convention. La jurisprudence lui reconnaît à cet effet trois sortes d'actions : — il peut d'abord poursuivre personnellement l'enzéliste en paiement de la rente (T. 28 nov. 1887, J. T. 1893, 102 ; T. 2ᵉ ch. 30 janv. 1895, J.T. 1895, 197) ; — il a le droit, en outre, de demander la résiliation du contrat aux torts du débiteur si celui-ci n'acquitte pas sa redevance pendant 2 années consécutives, mais non sous le prétexte que la quotité de la rente ne serait pas en rapport avec la valeur de l'immeuble (T. 26 nov. 1883, J. T. 1893, 101 ; T. 13 mars 1893, J. T. 1893, 131, R. A. 1893, 2, 237 ; T. 20 juillet 1894, J. T. 1894, 475 ; T. 17 mars 1893, J. T. 1893, 135 ; T. m. 20 janv. 1898, J. T. 1898, 75, R. A. 1899, 2, 268) ; — il peut, enfin, provoquer l'expropriation de l'immeuble, qui est resté son gage (T. 28 nov. 1887, J. T. 1893, 102 ; T. 3 nov. 1888, J. T. 1893, 102 ; T. 17 mars 1893, R. A. 1893, 2, 474, J. T. 1893, 135 ; T. 3 nov. 1888, J. T. 1893, 102).

Obligations du crédi-rentier. — Le constituant à enzel est, en retour, tenu envers l'enzéliste de la double obligation de délivrance et de garantie contre toute éviction. Cette obligation, conséquence de l'aliénation du domaine utile, est absolue et existe tant vis-à-vis du premier débirentier que vis-à-vis des autres cessionnaires de l'enzel (Alger 8 mai 1889, R.A. 1890, 2, 429, 436 ; T. 10 mars 1893, R. A. 1893, 2, 379). La jurisprudence n'a pas admis la restriction que le tribunal de Tunis avait tenté d'apporter à cette règle, en décidant que le constituant ne peut être tenu des obligations du vendeur, et notamment de la garantie de la contenance, que vis-à-vis du premier enzéliste, et qu'il ne saurait être exposé à aucun recours de la part des acquéreurs successifs de l'immeuble donné à enzel (T. 14 janv. 1884, R. A. 1885, 2, 204, J. T. 1893, 85) ; cette décision, d'ailleurs restée isolée, était contraire au droit et à l'équité, car les tenanciers auxquels le premier cessionnaire de l'enzel a transmis l'immeuble sont les ayants-cause de ce dernier et succèdent à ses droits comme à ses obligations.

En cas d'éviction, l'enzéliste pourrait demander au crédi-enzéliste le remboursement des sommes payées, la restitution des fruits dont il se trouverait privé et la valeur des constructions et améliorations par lui faites sur le fond. Il est évident au surplus que l'obligation de garantie ne concerne que le trouble de droit fondé sur une cause juridique et qu'il appartient par contre à l'enzéliste, une fois mis en possession, de se défendre lui-même contre les empiètements de ses voisins (T. 2e ch. 3 avril 1895, J. T. 1895, 260).

A défaut de convention contraire, le crédi-rentier, propriétaire du domaine éminent, doit supporter la part de caroube (1) afférente à la rente d'enzel ; le débi-rentier est tenu d'en faire l'avance au Trésor, mais il se rembourse par voie de retenue sur le montant des arrérages (décret du 7 juin 1882, art. 2 ; T. 26 déc 1885, J. T. 1893, 86 ; J. de p. Sousse 10 juillet 1888. J. T. 1891, 215 ; T. 1re ch. 2 avril 1894, J. T. 1894, 270 ; T. 1re ch. 15 otc. 1894, J. T. 1894, 503 ; T. 1re ch. 10 janv. 1898, J. T. 1898, 349).

II. *Droits et obligations de l'enzéliste.*

Droits de l'enzéliste. — L'enzéliste acquiert un droit réel immobilier : le domaine utile. Le domaine utile comprend *l'usus* et le *fructus* ; il est limité, quant à l'*abusus*

---

(1) La caroube est une taxe foncière, de quotité variable suivant les localités de la Régence, qui est perçue dans les territoires soumis à un recensement quinquennal, sur la valeur locative, et partout ailleurs, sur les locations écrites ou verbales des immeubles autres que les exploitations rurales.

par le domaine éminent qui repose sur la tête du crédi-
rentier. L'enzéliste a, par suite, le droit de se servir de la
chose pour tous les usages auxquels elle peut se prêter, d'en
retirer tous les fruits qu'elle peut produire, de la donner en
nantissement, d'en disposer au profit d'un tiers, mais il ne
peut ni détruire l'immeuble, ni le grever d'un nouvel enzel,
ni exercer des actes de jouissance abusive qui préjudi-
cieraient aux droits du crédi-rentier. La situation de l'enzéliste n'est pas à ce point de vue, sans analogie avec celle
du propriétaire d'un immeuble affecté à la sûreté d'une
dette hypothécaire, qui ne peut plus exercer son droit
d'abusus qu'avec d'importantes restrictions.

La question de savoir si l'enzéliste peut exploiter des
carrières ne se trouve tranchée ni par les textes, ni par la
jurisprudence, ni par la coutume ; mais la solution peut
se dégager de la nature et des effets du contrat d'enzel.
L'exploitation des carrières étant susceptible non-seulement de déprécier l'immeuble mais encore d'en faire disparaître la surface et le tréfonds, c'est-à-dire toute la partie
productive, il semble qu'on devrait s'en tenir au principe
général d'après lequel, lorsque plusieurs personnes ont des
droits sur une même chose, leur consentement unanime
est nécessaire pour la validité des actes de disposition qui
peuvent porter atteinte à leurs droits (cpr. T. 24 mai 1897,
J. T. 1897, 319). En conséquence, il y a lieu, à notre avis,
d'exiger le consentement du crédi-rentier et celui du débi-
rentier, tous deux titulaires de droits réels sur l'immeuble,
l'un comme propriétaire du domaine éminent, l'autre comme
propriétaire du domaine utile. Il n'est pas sans intérêt de
rappeler que, dans notre ancien droit, la coutume d'Orléans
s'est prononcée dans ce sens, en donnant au créancier
d'une rente foncière le droit d'empêcher l'ouverture d'une
carrière sur le fonds grevé (D. R. A. Vᵒ mines et carrières,
nᵒ 764).

En ce qui concerne les mines, un décret du 10 mai 1873
les déclare propriétés domaniales ; il s'en suit que le droit
d'exploitation appartient à l'État qui peut en disposer à sa
convenance. L'occupation temporaire des terrains donne

lieu, toutefois, au profit de l'enzéliste, à une indemnité cor-
respondante à la privation de jouissance (art. 13). Lorsque
cette privation de jouissance excède trois années, ou lorsqu'après l'exécution des travaux les terrains ne sont plus
propres à la culture, le concessionnaire peut être tenu
d'acquérir le fonds, qui est estimé au double de sa valeur
avant l'occupation (art. 19) : le prix ainsi majoré revient
à l'enzéliste, qui profite de la plus-value après prélèvement
du capital nécessaire au service de la rente.

Le débi-rentier n'a pas la faculté de déguerpir, c'est-à-dire
d'abandonner l'immeuble pour se soustraire au paiement
de la rente (T. 26 nov. 1883, J. T. 1893, 101; T. 13 mars 1893,
J. T. 1893, 131 ; T. 20 juillet 1894, J. T. 1894, 474), mais
il peut céder le domaine utile à un tiers sans l'autorisation
du crédi-rentier et sauf à l'aviser de la cession. (T. 27 mai
1885, J. T. 1893, 82; Alger 1re ch. 4 janv. 1887, J. T.
1893, 82 ; T. 2e ch. 3 nov. 1888, J. T. 1893, 102 ; T. 1re
ch. 13 mars 1893, J. T. 1893, 128, R. A. 1893, 2, 232 ; T.
9 avril 1894, J. T. 1897, 379, R. A. 1894, 2, 358 ; T. m.
2 juillet 1895, J. T. 1895, 518 ; T. m. 17 déc. 1895, J.
T. 1896, 181 ; J. de p. Tunis-nord 26 déc. 1895, J. T. 1896,
87 ; T. m. 20 janv. 1898, J. T. 1898, 75, R. A. 1899, 2,
267). Il avait, d'abord, été décidé que la transmission de
l'enzel ne pouvait être faite valablement qu'avec la ratifica-
tion du crédi-enzéliste qui conservait, à l'égard de toutes
les transmissions successives, le droit d'accepter ou de
refuser le nouvel acquéreur (T. 10 mars 1884, J. T. 1893,
117, R. A. 1885, 2, 256). Ce système a été abandonné : il
était, d'ailleurs, contraire aux termes d'un décret beylical
en date du 7 juin 1880 (28 djoumadi-ettani 1297), qui prescrit aux notaires indigènes de dresser les actes relatifs au
transfert des enzels, sans s'assurer du consentement du
propriétaire (crédi-rentier) et à la charge seulement de lui
en donner avis.

Obligations de l'enzéliste. — La principale
obligation du preneur à enzel est d'acquitter la rente aux
époques fixées tant qu'il n'est pas troublé dans la libre
possession de l'immeuble. En cas d'éviction totale ou par-

tielle, lorsqu'il existe un défaut de contenance, lorsque l'enzéliste poursuivant l'immatriculation voit sa requête rejetée par le tribunal mixte ou lorsqu'il se trouve en face d'opposants dont la demande est accueillie par cette juridiction, l'enzéliste a le droit de demander la résiliation du contrat ou la réduction de la rente ; mais il n'est recevable dans son action qu'après avoir fait trancher au préalable la contestation immobilière par l'autorité compétente (T. 18 mars 1885, J. T. 1889, 63 ; T. 1re ch. 15 fév. 1892, J. T. 1894, 265 ; T. 1re ch. 10 juin 1895, J. T. 1895, 465 ; T. 2e ch. 3 avril 1895, J. T. 1895, 260).

Le débi-rentier est tenu d'acquitter, pour le tout, l'impôt de la caroube auquel sont soumis les immeubles urbains, c'est-à-dire qu'il le paie tant pour la part afférente à sa construction que pour celle relative à la rente d'enzel, mais sauf recours contre le crédi-rentier pour la part incombant à ce dernier.

Il supporte les pertes et diminutions de l'immeuble grevé de même qu'il profite des choses s'unissant et s'incorporant au fonds (Sousse 28 nov. 1895, J. T. 1896, 32).

Il ne peut, enfin, à moins de conventions contraires, contraindre le crédi-rentier à recevoir le remboursement du capital de la rente (T. 1re ch. 13 mars 1893, J. T. 1893, 131), et en dehors de l'hypothèse prévue par le décret du 16 juin 1895, cantonner et morceler l'enzel, sans s'assurer du consentement du bénéficiaire.

§ 5. Questions diverses se rattachant au contrat d'enzel.

Cession d'enzel. — Nous avons vu précédemment (p. 147) que le débi-rentier peut céder ses droits à un tiers sans le consentement du crédi-rentier, à la charge toutefois de lui en donner avis.

Cette cession est essentiellement translative de droits réels puisqu'elle consiste dans l'aliénation du domaine

utile : le cessionnaire devient débiteur des arrérages de
la rente (T. 1re ch. 19 juin 1893, J.T. 1897, 228); par contre,
le cédant lui doit la garantie ; en un mot le cessionnaire
est subrogé activement et passivement aux droits de l'enzéliste.

La cession d'enzel est généralement consentie moyennant
le paiement, en sus de la rente due au constituant, d'une
somme stipulée au profit de l'enzéliste cédant et qui représente la plus-value acquise par l'immeuble entre les mains
de ce dernier. Il est admis également que le détenteur du
domaine utile peut stipuler une rente perpétuelle à son
profit ou au profit d'un tiers ; mais, d'après une jurisprudence constante, cette nouvelle rente a un caractère purement mobilier et ne confère au bénéficiaire aucun droit sur
le fonds. Cette règle, consacrée par l'usage, a pour but
d'éviter les complications qui pourraient résulter de la
superposition de plusieurs rentes d'enzels sur le même
immeuble et s'exprime par la maxime « enzel sur enzel ne
vaut ». Si donc, le titulaire de la nouvelle rente veut garantir par des sûretés réelles le paiement des arrérages, il
devra recourir aux modes constitutifs prévus par la loi
locale, c'est-à-dire au contrat de nantissement immobilier
(Tunis 3 nov. 1888, R. A. 1890, 2, 430, J. T. 1893, 102 et
121 ; T. 30 mai 1892, J. T. 1894, 525 ; T. 2e ch. 24 mai 1895,
J. T. 1895, 504 ; T. 1re ch. 26 nov. 1894, J. T. 1895, 119).

**Morcellement et cantonnement de l'en-
zel.** — Si l'enzéliste peut céder son droit sans le consentement du crédi-rentier, il ne peut cependant, sans l'autorisation de ce dernier dont les garanties ne sauraient être
diminuées, ni morceler l'enzel entre plusieurs cessionnaires
ni le cantonner, c'est-à-dire limiter à une partie du fonds,
pour en affranchir le surplus, le droit réel du crédi-rentier.
Une situation particulière a été créée à cet égard par un
décret du 16 juin 1895, pour les propriétés grevées d'une
rente d'enzel au profit d'une fondation habous ; ce décret
dispose, en effet, que les propriétés grevées pourront être
morcelées moyennant une augmentation de la rente pour
chaque lot détaché, et qu'en cas de désaccord sur la répar-

tition de la rente, il sera procédé à une expertise légale aux frais de l'enzéliste, ce qui implique que celui-ci n'est pas tenu d'obtenir le consentement du crédi-rentier.

Cessions de rente d'enzel. — Le crédi-rentier peut également céder son droit à la rente, c'est-à-dire le domaine éminent ; il n'y a d'exceptions que pour les rentes d'enzel habous, qui sont frappées d'inaliénabilité au lieu et place de l'immeuble.

Indivisibilité. — Le crédi-rentier possède une garantie réelle et indivisible sur la totalité de l'immeuble donné à enzel (T. 2me ch., 7 juin 1894. J. T. 1894. 416) ; mais, à moins de conventions expresses, il n'existe aucune solidarité entre les débiteurs de la rente (T. 2me ch., 30 janvier 1895. J. T. 1895 197 ; T. 1re ch., 17 décembre 1894. J. T. 1895, 89 ; T. 2me ch., 7 juin 1894, J. T. 1894, 416 ; T. 19 juin 1893, J. T. 1897, 228). L'immeuble, dans sa totalité comme dans chacune de ses parties, répond du paiement de l'intégralité des arrérages ; de telle sorte qu'en cas de démembrement opéré en dehors du consentement du crédi-rentier, ce dernier aurait le droit de demander à chaque détenteur de l'une des portions ce qu'il peut demander au détenteur de l'immeuble tout entier, c'est-à-dire le paiement intégral de sa créance. Si le crédi-rentier peut exercer *réellement* son droit au préjudice de tous les enzélistes, il ne peut, du moins, les actionner en paiement des annuités que *personnellement et pour leur part et portion*. Cette situation est analogue à celle du créancier hypothécaire de notre droit civil vis-à-vis de co-débiteurs non solidaires : l'indivisibilité de l'hypothèque ne fait pas obstacle à la divisibilité de la dette.

Résiliation. — La question de savoir si le contrat d'enzel est résilié de plein droit par le défaut de paiement de la rente pendant deux années, a été diversement résolue.

Les partisans de l'affirmative font valoir que la résolution légale s'explique juridiquement par une sorte de « *mora in rem* » encourue par le débiteur, et que la solution qu'ils proposent était d'ailleurs celle adoptée pour l'emphytéose

romaine et pour le contrat similaire de notre ancien droit,
« dont la résolution avait lieu *ipso jure*, sans qu'il fût né-
« cessaire de mettre l'emphytéote en demeure par voie de
« sommation » (Dalloz, V°. louage n°s 37 et 41 ; Clavel T,
II. p. 169, n° 344). Dans ce système, la résiliation s'opère
même contre le gré du crédi-rentier ; celui-ci pourrait,
après l'expiration du délai légal, expulser l'enzéliste, mais
il ne serait pas fondé à réclamer le paiement des arrérages
pour les années subséquentes. (T. 3 novembre 1888, J, T.
1893, 101, R. A. 1890, 2, 430 ; Alger 1re ch., 23 mars 1896,
R. A. 1896, 2. 297).

Le tribunal de Tunis s'est prononcé pour la négative,
jugeant inadmissible que le tenancier, resté en possession,
soit exonéré du paiement des annuités excédant deux années par l'effet d'une déchéance qu'il aurait encourue de
plein droit (T. 13 mars 1893, J. T. 1893, 128, R.A. 1893, 2,
237; T. 20 juillet 1894, J. T. 1894, 475). Cette considération
n'est pas déterminante, car, dans l'hypothèse d'une résolution légale, l'enzéliste devrait dédommager le crédi-rentier
de son indue possession et serait à ce titre redevable sinon
du paiement des arrérages, du moins d'une indemnité cor-
respondant à la privation de jouissance. Mais la solution
de la jurisprudence est conforme aux principes généraux
du droit, qui s'opposent à ce que l'inexécution d'une obligation par l'une des parties contractantes soit suffisante
pour opérer *ipso facto* la résolution d'un contrat ; cette solution trouve, en outre, à s'appuyer sur les usages établis
dans la Régence.

Le contrat d'enzel peut être résolu judiciairement soit
contre le constituant, tenu de la garantie en cas de trouble,
d'éviction ou de défaut de contenance, soit à la requête du
crédi-rentier lorsque, par le fait de l'enzéliste, l'immeuble
subit une dépréciation de valeur telle qu'il devient insuffisant à garantir le paiement de la rente.

Il peut aussi être résilié d'un commun accord entre les
parties contractantes, et la résiliation est de droit pour l'enzéliste lorsqu'elle a été prévue par l'acte de constitution. Le

taux de rachat est généralement fixé à 16 fois le montant de la rente (T. 2ᵐᵉ ch., 31 décembre 1896. J, T. 1897. 102).

Le contrat une fois résolu, il n'appartient à aucune des parties de le faire revivre ; l'enzéliste ne peut notamment reprendre l'immeuble en offrant le paiement des annuités arriérées (T. 17 janvier 1889, J, T. 1893, 104, R. A. 1889, 2, 338 ; Alger, 1ʳᵉ ch., 23 mars 1896, R. A. 1896, 2, 297).

Prescription. — Le tribunal de Tunis a plusieurs fois jugé que la prescription quinquennale résultant de l'article 2777 du C. C. est, en tant que disposition de droit commun et d'ordre public, applicable aux arrérages de la rente d'enzel, qui, constituent une redevance payable par année ou à des termes périodiques plus courts (T. 22 octobre 1889, J.T. 1890, 110 ; T. 29 décembre 1891, J.T. 1893, 346 ; T. 13 mars 1893, J.T. 1893, 131). La doctrine contraire fait une plus juste application des principes en soumettant les arrérages d'enzel à la prescription du droit musulman tunisien.(1) Admise par un jugement du Tribunal de Tunis du 27 février 1888 (J. T. 1894, 298), cette doctrine tend aujourd'hui à prévaloir en jurisprudence et se trouve en harmonie avec les principes consacrés par la Cour d'Alger et par la Cour de cassation au sujet de la prescription des impôts en Tunisie (Alger, 26 juin 1893, J. T. 1893, 338 ; Cass. 12 décembre 1893 et 7 avril 1894, J.T. 1894, 10 et 206 ; Cass. 26 juillet 1894. R. A. 1894, 2. 493 ; Cass. 18 mars 1895, R. A. 1895, 2, 161).

L'action en délivrance et en garantie, qui appartient à l'enzéliste contre le crédi-rentier, est soumise à la prescription du droit commun (Alger, 8 mai 1889, J. T. 1893, 99, R. A. 1890, 2, 429 ; contra Tunis 18 février 1887. J. T. 100).

Il en est de même de la prescription du domaine éminent par l'enzéliste, propriétaire du domaine utile. L'enzéliste, titulaire d'un droit réel distinct de celui du crédi-rentier, n'est pas un possesseur à titre précaire et peut en consé-

---

(1) Le délai de la prescription est de 15 ans pour les actions personnelles et mobilières.

quence invoquer la prescription courue à son profit (Alger,
1re ch., 27 avril 1896. J. T. 1897, 75. R. A. 1897, 2, 217 et
T. 1re ch., 15 mai 1893. J. T. 1898, 24), pourvu que sa possession remplisse les conditions exigées par la loi musulmane et que, d'autre part, l'action du crédi-rentier se trouve périmée faute d'avoir été exercée dans le délai légal (V.
supra p. 55 et 57).

Extinction du contrat d'enzel. — Le contrat
d'enzel peut, ainsi que nous l'avons vu, s'éteindre par suite
de résolution amiable ou judiciaire ou par l'effet de la prescription ; il nous reste à examiner si ce contrat peut sur-
vivre à la destruction partielle ou totale de l'immeuble.

En l'absence de toute disposition formelle de la légalisation tunisienne, la question doit se trancher d'après les
principes généraux du droit. Il semble, dès lors, qu'en cas
de destruction partielle, les risques sont à la charge de l'enzéliste, qui profite en retour de toute plus-value. Quant à
la perte totale, elle parait devoir libérer l'enzéliste du paiement des arrérages, car la rente d'enzel est un droit réel
périssant avec l'immeuble qui en est l'objet (cpr. D. R. A.
Vo rente foncière, no 28).

Le contrat d'enzel prend fin, et en même temps le paiement de l'indemnité, lorsque l'immeuble est exproprié pour
cause d'utilité publique. Dans ce cas, les principes du droit
commun conduisent à décider qu'il doit être prélevé, sur
l'indemnité d'expropriation, un capital suffisant pour faire
face au paiement des arrérages de la rente. Pour les immeubles habous, la question se trouve tranchée par l'article 15
du cahier des charges de la constitution d'enzel : en cas
d'expropriation totale, l'Administration des habous prélève
une somme équivalente à 20 fois le montant de la rente,
sans que cette capitalisation toutefois puisse excéder le
montant de l'indemnité, l'excédent de l'indemnité par rapport à la capitalisation appartenant à l'enzéliste ; en cas
d'expropriation partielle, la rente due par l'enzéliste est
réduite proportionnellement à la surface du terrain dont
il est privé et il a le choix : ou de payer à l'Administration
des habous 20 fois le quantum de la réduction allouée et

de conserver alors la partie non expropriée à charge de
supporter la rente réduite — ou d'abandonner complètement
la propriété tenue à enzel, qui fait retour à l'Administration
des habous, sans pouvoir prétendre à une indemnité quelconque même pour les constructions par lui élevées sur la
parcelle de terrain expropriée.

Compétence. — Les questions litigieuses intéressant l'interprétation du contrat d'enzel ressortissent, en
raison de leur caractère immobilier, aux tribunaux français de 1re instance et au Charâa (1). L'incompétence des
juges de paix est reconnue par une jurisprudence constante
(T. 2me ch. 13 novembre 1890. J. T. 1891, 100 ; T. 1re ch. 25
avril 1892, J. T. 1894, 397 ; J. de p. Tunis-N. 12 juin 1896,
J. T. 1896 830 ; Sousse, 20 janv. 1898. J. T. 1898, 332) ;
quant à celle des tribunaux indigènes de province, elle résulte du décret organique du 18 mars 1896 (art. 11), qui
limite leur compétence aux actions purement personnelles
et mobilières.

Le juge de paix et les tribunaux de province connaissent, par contre, dans les limites de leur compétence en
premier et dernier ressort, des actions en paiement d'arrérages de rente d'enzel qui ont un caractère mobilier ; ils
sont même fondés à rejeter l'exception tirée de ce que le
défendeur entend contester la validité du contrat de constitution, si cette contestation n'est elle-même appuyée
d'aucun motif, ne présente aucun caractère sérieux et ne
semble avoir qu'un but dilatoire (T. 1re ch., 15 mai 1893, J,
T. 1893, 246 et 256; T. 26 novembre 1894, J.T. 1895, 119; T.
1re ch., 10 janvier 1898, J. T. 1898, 459). D'ailleurs, il ne se
dégage de la contestation ainsi posée qu'une question pré-
judicielle, jusqu'à la solution de laquelle le juge de paix
doit surseoir à statuer sur la demande originaire dont il
retient la connaissance (T. 2me ch., 20 juillet 1894, J. T.
1894. 473.).

---

(1) Voir pour la délimitation de la compétence, entre les tribunaux français et les tribunaux tunisiens, en matière immobilière,
les développements consacrés à cette question (infra, ch. V, Sect. II).

§ 6. Du Kirdar.

Le Kirdar (1) est une sorte d'enzel spécial aux biens
habous et dont la redevance annuelle est variable selon que
la valeur de l'immeuble augmente ou diminue.

L'augmentation ne peut, en vertu des usages tunisiens,
être demandée pour une plus-value résultant du fait du
preneur, notamment de constructions ou de plantations
effectuées par ce dernier ; il faut que l'augmentation de
valeur provienne du fonds lui-même, par exemple de la
découverte d'une carrière ou de la plus-value résultant de
modifications apportées par le temps dans les conditions
économiques du pays (T. 1ᵉʳ févr. 1899, J.T. 1899, 426, R.A.
1899, 2, 515). Encore, dans ce cas, la plus-value doit-elle
être tellement considérable que le chiffre primitif de la rente
lèse d'une manière indéniable les intérêts de la fondation
pieuse, que « parmi les terres de même qualité entourant
« l'immeuble habous, il ne s'en trouve plus qui soient
« louées au prix auquel le maître du kirdar a pris à bail,
« en sorte que la redevance qu'il sert est même inférieure
« à celle qui ne saurait être admise par des gens sensés,
« quelqu'accommodants en affaires qu'ils puissent être. »
(Tunis, 27 févr. 1890. J. T. 1891, 22, R. A. 1890, 2, 437);
Consultation juridique du Cheikh ul Islam, trad. par
Abribat, J. T. 1899, 377).

Par contre, la diminution de la rente peut avoir lieu si
la valeur de l'immeuble vient à baisser *naturellement* et
considérablement, de telle sorte que la redevance soit une
charge trop lourde eu égard au revenu que le débi-rentier
pourrait normalement en tirer (Alger, 26 janvier 1889, J.
T. 1890, 140 ; T. 28 mai 1886, J. T. 1890, 271).

L'augmentation comme la diminution de la rente ne peut
résulter que d'une décision de justice et doit avoir effet du

---

(1) Le kirdar offre tous les caractères du contrat d'hèkre usité
en Egypte, qui est également spécial aux biens habous et translatif du domaine utile (V. supra p. 134).

jour où la plus-value ou la moins-value s'est produite (T.
1re ch. 1er février 1899, J. T. 1899, 426, R. A. 1899, 2, 515 ;
contra T. 30 juillet 1894, J.T. 1894, 527, R. A. 1895, 2, 106).

Les droits du bailleur, qui conserve le domaine éminent,
de même que ceux du preneur, qui acquiert le domaine
utile, ont un caractère immobilier (Jugement précité du 27
février 1890).

Toutes les règles du contrat d'enzel, qui ne sont pas incompatibles avec la matière du kirdar, s'appliquent d'ailleurs à ce dernier contrat.

Le kirdar, appelé aussi kerdar, kordar ou kourdar, est
d'origine turque ; il est peu usité dans la Régence.

CHAPITRE V.

DES TRIBUNAUX CHARGÉS DE L'APPLICATION DES LOIS IMMOBILIÈRES.

SECTION I. ORGANISATION JUDICIAIRE.

Dans les chapitres précédents (II. III et IV), nous avons exposé les règles qui déterminent, en droit musulman tunisien, la condition juridique des biens immobiliers ; nous nous proposons d'examiner maintenant quels tribunaux sont chargés d'en faire l'application.

En Tunisie, deux souverainetés indépendantes sont en présence avec leurs organes distincts et rendent la justice : la première au nom du peuple français, la seconde au nom de l'autorité beylicale.

La justice française comprend les tribunaux de 1re instance et les justices de paix. Quant à la justice tunisienne, elle se divise en deux branches : la justice religieuse, rendue par le Charâa et les Cadis pour les musulmans et par le tribunal rabbinique pour les israélites ; et la justice séculière, ayant pour organes l'Ouzara et les tribunaux de province. (1)

En raison même de leur indépendance réciproque, la justice française et la justice musulmane n'ont entre elles

----

(1) Les Caïds dans l'intérieur de la Régence, le Cheik el Medina et le Férik à Tunis ont également des attributions judiciaires ; mais ce sont là des juridictions exceptionnelles qu'il nous suffit de mentionner pour mémoire.

aucun droit de contrôle ni aucun pouvoir de réformation (T. 2e ch. 23 octob. 1895. J. T. 1895. 573) ; il ne peut non plus exister de litispendance (Sousse 21 fév. 1889. J. T. 1893. 304, R. A. 1889, 2, 440 ; T. 2e ch. 27 nov. 1890, J. T. 1893. 330) ; les jugements rendus par l'une de ces juridictions n'ont pas à l'égard de l'autre l'autorité de la chose jugée (T. 2 juin 1886 .J.T. 1891.47 ; Alger 1re ch. 14 janv.1892.R.A,1892 2. 232). La délimitation de compétence étant rigoureusement déterminée, les conflits d'attribution sont rares entre les deux justices ; il s'en est néanmoins produit qui n'ont pu être écartés que par la sagesse du juge (T. 1re ch. 21 avril 1891, J. T. 1896, 253 ; T. 2e ch. 23 oct. 1895. J. T. 1895, 573). Aussi est-il à désirer que le Gouvernement complète l'organisation judiciaire par la création d'un tribunal spécial chargé de déterminer, en cas de conflit, les limites des deux juridictions.

§ 1 Justice Tunisienne.

I. — Justice séculière.

Ouzara. (1) — Au point de vue de ses attributions judiciaires, l'Ouzara était autrefois divisé en deux sections : la section des affaires civiles, qui avait pour attribution la mise en état de tous les conflits d'intérêts privés, et la section des affaires pénales, qui possédait toute la justice répressive. Ces deux sections étaient, à proprement parler, non des tribunaux, mais des bureaux traitant administrativement des affaires judiciaires et composés de secrétaires qui, chargés de recevoir les plaintes, les instruisaient et les mettaient en état d'être jugées. A la réception de la plainte, le bureau compétent faisait venir les parties, examinait

(1) Conférence de M. Berge sur la justice Tunisienne 1898, Sousse, Imprimerie française 1899.

leurs pièces, provoquait leurs explications et résumait le tout dans un rapport appelé mahroud, au vu duquel le chef de section établissait un projet de sentence. Ce document était ensuite soumis au visa du Secrétaire Général du Gouvernement, puis à la signature du Premier Ministre, enfin à l'approbation et à la sanction de S. A. le Bey.

La section pénale et la section civile de l'Ouzara forment, aujourd'hui, avec le service de l'instruction chargé de l'étude et de la mise en état des affaires du grand criminel, des bureaux de la direction des services judiciaires, à la tête de laquelle on a placé un magistrat français. Ces bureaux préparent toujours, d'après l'ancien système, des mahrouds et des projets de sentence qui sont transformés en décisions par S. A. le Bey, mais la forme dans laquelle se faisait ce travail de préparation a été profondément modifiée par des règlements d'ordre intérieur. Dans les régions qui ne sont pas encore pourvues de tribunaux de province, notamment à Tunis, l'Ouzara connaît, comme par le passé, de toutes les affaires civiles et pénales ; dans les autres circonscriptions, il est privé de la connaissance des affaires dévolues aux tribunaux de province et ne peut statuer que sur les litiges excédant leur compétence ou sur ceux dont il est saisi en tant que juridiction d'appel. Ce sont ces derniers litiges qui seront seuls portés devant lui, lorsque la nouvelle organisation judiciaire aura été étendue à tout le territoire de la Régence.

Tribunaux de province. — Les Tribunaux de province, organisés par un décret du 18 mars 1896, connaissent en dehors des affaires pénales qui ne concernent pas des crimes, de toute action personnelle et mobilière, en dernier ressort jusqu'à 200 francs et, sauf appel, jusqu'à 1200 francs. Six tribunaux fonctionnent actuellement dont le siège est respectivement établi à Sfax, Gabès, Gafsa, Kairouan, Sousse et le Kef. Ce sont ces tribunaux qui, en matière immobilière, statuent sur les actions possessoires.

A la différence de l'Ouzara où les décisions sont rendues par le Souverain lui-même, les tribunaux de province ont un pouvoir de juridiction propre : dans le premier cas la justice est retenue, dans le second elle est déléguée.

II. *Justice religieuse.*

Charâa et Cadis. — Le Charâa est le tribunal chargé d'appliquer la loi en matière de statut personnel et de successions entre musulmans indigènes et dans toutes les affaires immobilières relatives aux immeubles non immatriculés, à l'exclusion seulement de celles qui sont engagées entre justiciables des tribunaux français. A raison même de sa compétence dans les litiges immobiliers intéressant des européens et des indigènes, nous étudierons d'une manière toute spéciale l'organisation de ce tribunal et la procédure qui y est en usage.

Le Châara tunisien (1) comprend des tribunaux secondaires en province et des tribunaux principaux à Tunis (2), connus sous la dénomination de *Medjless.*

Des Châaras de province, les uns sont composés simplement d'un Cadi ; d'autres comportent, à côté du Cadi, un ou plusieurs Muphtis. Tous sont du rite malékite ; mais, à Tunis, les deux rites sont représentés par deux medjless, l'un hanéfite et l'autre malékite. Le medjless hanéfite se compose d'un Bach-Muphti (Président) qui porte le titre de Cheikh-ul-Islam, de trois Muphtis (Conseillers) et du Cadi ; le medjless malékite comprend un Bach-Muphti, deux Muphtis et un Cadi.

Les medjless de province ne sont pas subordonnés aux medjless de Tunis. Tous ont, en principe, la même compétence, mais la jurisprudence admet trois règles qui réduisent singulièrement en fait l'importance des medjless de province : le plaideur peut, s'il le juge convenable, porter son affaire devant le Cadi de Tunis et il conserve cette faculté,

(1) Conférence de M. Padoux, Secrétaire général adjoint du Gouvernement Tunisien, 1898.

(2) Voir sur le fonctionnement du Châara de Tunis, le décret du 15 décembre 1896, J. Off. tunisien du 29 novembre 1896 n° 105, p. 709).

alors même qu'il aurait saisi d'abord le Cadi de province,
tant que celui-ci n'a pas prononcé son jugement, à la
condition cependant que la demande de renvoi n'apparaisse
pas comme purement dilatoire ; on peut toujours appeler
à Tunis de la sentence d'un châara de province, le conseil
de Tunis ayant pouvoir d'annuler ou de réformer tout jugement rendu contrairement à la loi ; lorsqu'une affaire, enfin,
est soumise à un medjless de province et que les avis sont
partagés, les membres du medjless de province doivent saisir de l'affaire le Châara de Tunis afin de dégager leur responsabilité.

La procédure suivie est extrêmement simple (1). Lorsque
le juge est saisi d'une requête, il met aussitôt le demandeur
en demeure de prouver ses dires par titres ou par témoins,
le droit musulman, au contraire du droit français, admettant la preuve testimoniale en toute matière et même en
l'absence de tout commencement de preuve par écrit. Si la

« (1) Je ne saurais mieux résumer cette procédure, dit M. Padoux
« dans sa conférence déjà citée, qu'en donnant lecture de l'épître
« qu'Omar, le second Khalife, adressait, il y a 1250 ans, à Abou Mouça
« el Achari, qu'il venait de nommer Cadi à Koufa : Rendre justice
« est une obligation rigoureuse, un usage qu'il faut suivre. Écoute
« les plaideurs avec attention, car à quoi bon réclamer ses droits
« si cela ne produit pas d'effet. Dans tes regards, dans ton tribunal
« et dans ta justice, qu'il y ait, pour tous, égalité parfaite, afin que
« l'homme puissant ne compte pas sur la partialité et que l'homme
« faible ne désespère pas de la justice. C'est au demandeur à fournir
« la preuve et au défendeur à se purger par serment. Entre musul-
« mans, la transaction est permise tant qu'elle n'autorise pas ce
« qui est défendu et tant qu'elle ne défend pas ce qui est autorisé.
« Si tu as prononcé un jugement la veille et qu'en y réfléchissant
« le lendemain, tu sois conduit à rectifier ton opinion, n'hésite pas
« à revenir à la vérité, car la vérité est éternelle ; mieux vaut
« y revenir que de persister dans l'erreur. Pèse bien les opinions
« qui te passeront par la tête et qui n'auront ni Coran, ni Sonna
« pour les justifier. Familiarise-toi avec les ressemblances des cho-
« ses et leurs similitudes, afin de pouvoir juger de chaque chose
« d'après celles qui lui sont analogues. Si un plaideur déclare qu'il
« n'a pas avec lui le titre ni la preuve dont il veut se servir, remets
« la cause à un autre jour afin qu'il puisse trouver ce qui lui manque.
« Si à l'expiration du délai, il produit la preuve qu'il cherchait,

preuve produite est convaincante, rien ne peut prévaloir
contre elle et le Cadi doit prononcer alors en faveur du demandeur. Si elle n'est pas convaincante, le défendeur n'est
pas obligé de fournir la preuve contraire, il lui suffit de
se purger par serment.

Notons également cette règle importante de procédure
que, dans la plupart des causes portées devant les châaras,
le défendeur a le choix du rite et qu'il peut l'exercer sans
aucun égard au rite qu'il professe personnellement (T. 1re
ch. 21 décembre 1898, J. T. 1899, 233). Comme il existe
des différences entre les jurisprudences hanéfite et malékite,
chacun choisit le rite dont la jurisprudence lui paraît le
plus favorable à sa cause.

En principe, le Cadi juge seul ; les litiges, toutefois, sont
portés devant le conseil tout entier : 1º lorsque l'une des
parties le demande, soit en cours d'instance, soit après jugement rendu par le Cadi seul ; 2º lorsqu'il s'agit d'affaires
importantes que le Cadi croit préférable de soumettre au
medjless réuni. Si les Muphtis et le Cadi sont tous de la même opinion, le Cadi prononce le jugement. S'il n'y a pas
unanimité, l'affaire est mise en délibéré et chacun consigne
au rapport son opinion motivée ; le tout est ensuite soumis
au Châara de Tunis, s'il s'agit d'un medjless de province et,
s'il sagit d'un medjless de Tunis, à S. A. le Bey qui dépar-
tage le conseil; le Cadi juge alors dans le sens indiqué par
le Souverain.

Les jugements rendus en conseil du Châara de Tunis
sont définitifs et sans recours ; mais sur plusieurs matières

« décide en sa faveur ; s'il ne le fait pas, décide contre lui. C'est la
« meilleure manière de dissiper les doutes que l'on peut avoir et
« d'éclairer son ignorance. Les musulmans peuvent être adouls
« (témoins) les uns des autres, excepté ceux qui ont subi une peine
« corporelle, ou qui ont été convaincus de faux témoignage, ou que
« l'on suspecte de se donner comme clients ou membre d'une
« famille qui n'est pas la leur. Dieu, que son nom soit glorifié ! est
« le seul juge qui puisse se passer de serment et de preuve testi-
« moniale. Pendant l'audience, ne cède pas à des mouvements d'im-
« patience ou d'ennui, ne traite pas les plaideurs avec dédain. Dieu
« réserve une grande récompense et une honorable mention à celui
« qui rétablit la vérité et la remet dans sa place. Salut ».

spéciales, et notamment en matière de habous, on admet qu'une affaire même jugée peut être reprise à nouveau par le Cadi, si l'une des parties produit à l'appui de ses dires des pièces probantes qui n'auraient pas été versées aux premiers débats.

Les jugements du Châara sont écrits ; des notaires désignés à cet effet les rédigent au jour le jour sur des registres qui demeurent aux archives du tribunal ; l'exécution en est assurée par les Caïds.

Les Muphtis et les Cadis peuvent intervenir dans une affaire soumise à un de leurs collègues par le procédé des *mraslas*, communications adressées au magistrat saisi et ayant pour objet de lui indiquer les mesures à prendre dans une affaire déterminée ; mais la mrasla, qui est une sorte de consultation juridique toujours rendue sur les dires d'une partie seulement, n'est pas obligatoire pour le juge (Sousse, 8 décembre 1898, J. T. 1899, 531).

Tribunaux rabbiniques. — La compétence judiciaire des rabbins et des tribunaux rabbiniques a été réduite à la connaissance exclusive des questions du statut personnel et de successions (art. 29 décret du 26 avril 1861. Bompard, p. 121 et décret du 3 septembre 1872. id., p. 290). Le tribunal rabbinique de Tunis a été réorganisé par un décret du 28 novembre 1898 (Off. tunisien du 3 décembre 1898, n° 96, p. 783) ; ses décisions, définitives et sans recours, doivent être rendues au nom de S. A. le Bey, en audience publique, et sous la présidence du vice-président assisté de deux juges ou juges suppléants (art. 4, 18 et 24 du décret précité).

§ 2. Justice française.

Lorsque la France établit son protectorat sur la Tunisie, elle y trouva les européens soumis à autant de juridictions indépendantes les unes des autres qu'il y avait de consuls, de telle sorte que, lorsqu'un litige intéressait des défendeurs

de plusieurs nationalités, il fallait obtenir autant de jugements qu'il y avait de consuls compétents.

Les appels du tribunal consulaire de France étaient portés
devant la Cour d'appel d'Aix, ceux du tribunal consulaire
italien déférés à la Cour de Gênes et ceux des tribunaux
consulaires britanniques, à la Cour anglaise de Constantinople.

Le maintien de ces juridictions était incompatible avec
l'existence même du Protectorat. Elles subsistèrent, néanmoins, après le traité du 12 mai 1881, qui, par son article
4, stipulait : « le Gouvernement de la République Française
« se porte garant de l'exécution des traités actuellement
« existants entre le Gouvernement de la Régence et les di-
« verses puissances européennes ». Mais la France, ayant
par une loi du 27 mars 1883 substitué ses propres tribunaux à sa juridiction consulaire, le Bey décréta le 5 mai
1883 : « les nationaux des puissances amies dont les tribu-
« naux consulaires seront supprimés, deviendront justicia-
« bles des tribunaux français, dans les mêmes conditions
« que les Français eux-mêmes ». Les puissances européennes, dès lors garanties contre l'assujettissement de leurs
nationaux à la justice beylicale, consentirent successivement au retrait de leurs juridictions ; toutes ces renonciations furent pures et simples, à l'exception de celle de l'Italie
qui fit l'objet d'un long protocole en date du 25 janvier 1884.

La compétence de la justice française, en matière mobilière, ne s'est d'abord étendue qu'aux procès entre tunisiens
et européens, dans lesquels ces derniers étaient défendeurs ;
mais un décret beylical du 31 juillet 1884 a supprimé cette
restriction, en décidant : « les tribunaux français connaî-
« tront, à l'avenir, de toutes les affaires civiles et commer-
« ciales dans lesquelles des européens seront en cause, dans
« les matières où ils sont compétents lorsque des euro-
« péens sont défendeurs ». Quant à sa compétence immobilière, primitivement limitée pour les immeubles régis
par la loi musulmane aux contestations pendantes entre
européens, elle a été étendue par la loi foncière à tous les

litiges intéressant les propriétés immatriculées, sans égard à la nationalité des parties en cause.

Justices de paix. — Les justices de paix sont composées d'un juge, d'un ou plusieurs suppléants rétribués ou non, et d'un nombre variable d'interprètes et d'officiers de police judiciaire. Elles sont régulières, provisoires ou foraines (1) : les justices de paix régulières ont pour titulaires des magistrats dépendant, comme ceux d'Algérie, du cadre métropolitain ; les justices de paix provisoires, régies par un décret du 29 octobre 1887, sont confiées à des Contrôleurs civils ou des Contrôleurs suppléants ; quant aux justices de paix foraines, elles ne sont pas pourvues, au siège, d'un personnel permanent, leurs audiences sont tenues par celui d'une justice de paix régulière.

Les Juges de Paix, conformément au décret du 19 août 1854 et en vertu de la loi du 27 mars 1883, connaissent des actions personnelles, en dernier ressort jusqu'à 500 francs et à charge d'appel jusqu'à 1000 francs ; en matière immobilière, ils statuent sur les actions possessoires. Sauf aux chefs-lieux des tribunaux de 1re instance, ils jugent en référé, comme le font en France les Présidents des tribunaux d'arrondissement.

Les appels des jugements de paix sont portés devant le tribunal de 1re instance du ressort.

Tribunaux de 1re Instance. — La Régence est divisée en deux arrondissements judiciaires au chef-lieu desquels se trouve un tribunal de 1re instance : celui de

---

(1) Il existe actuellement : 11 justices de paix régulières dont 2 à Tunis et 1 dans les localités suivantes : Bizerte, Sousse, le Kef, Sfax, Souk-el-Arba, Grombalia, Béja, Kairouan, Gabès ; 6 justices de paix provisoires qui siègent à Aïn-Draham, Maktar, Thala, Djerba, Gafsa et Tozeur ; 6 justices de paix foraines instituées à La Goulette, Zaghouan, Medjez-el-Bab, Monastir, Mehdia et Nabeul.

Les trois catégories forment un total de 23 justices de paix dont 13 sont placées dans la circonscription judiciaire du tribunal de 1re instance de Tunis et 10 dans la circonscription du tribunal de Sousse.

Tunis composé de trois chambres, et celui de Sousse à chambre unique. (1)

Les tribunaux de 1re instance connaissent, en dernier ressort, des actions personnelles et mobilières jusqu'à 3000 francs, et des actions immobilières jusqu'à 120 francs de revenu; en premier ressort, leur compétence est illimitée. L'appel de leurs jugements est porté devant la Cour d'Alger.

Toutes les décisions émanées de la justice civile peuvent être déférées à la Cour de cassation ; au cas où la Cour suprême reconnaît qu'il y a eu violation ou fausse interprétation de la loi ou abus de pouvoir, elle casse la décision et renvoie le jugement ou l'arrêt infirmé devant une autre juridiction : c'est ainsi qu'un procès tunisien peut être renvoyé devant une Cour d'appel de la métropole.

Section II. Compétence immobilière des juridictions établies dans la Régence.

Nous venons de faire un exposé sommaire des attributions des tribunaux civils de la Régence et nous avons eu l'occasion de signaler que le Charâa, dans la justice indigène, et les tribunaux de 1re instance dans la justice française, sont seuls appelés à connaître des actions immobilières autres que les actions possessoires.

Il nous reste à examiner la sphère d'action respective de ces deux juridictions.

Il est admis en doctrine et en jurisprudence :

que les litiges immobiliers entre tunisiens ne relèvent que de la juridiction beylicale ;

que cette juridiction est également compétente dans les

---

(1) Les organes complémentaires de la juridiction comprennent, en dehors des greffiers, commis-greffiers, huissiers, commissaires-priseurs, avocats et autres auxiliaires que l'on retrouve près les tribunaux français de la métropole, des interprètes titulaires, pour la langue arabe, et des avocats-défenseurs exerçant le ministère d'avoués, admis en même temps à plaider, et institués dans les conditions prévues en Algérie par l'arrêté ministériel du 26 novembre 1841.

litiges de même nature qui s'agitent entre européens et tunisiens ;

que les tribunaux français sont seuls compétents dans les procès qui n'intéressent que des européens ;

qu'ils connaissent exclusivement, même à l'égard des tunisiens, des différends relatifs aux immeubles immatriculés.

Mais des controverses se sont produites sur la nature de l'incompétence des tribunaux français dans les affaires immobilières entre tunisiens et européens qui relèvent du Charâa, et sur le mode d'exécution à l'égard des européens des décisions rendues par ce tribunal indigène.

Ce sont ces propositions et ces controverses que nous allons examiner dans le présent chapitre ; nous ajournerons toutefois l'étude des questions se rattachant aux immeubles immatriculés, qui trouveront plus naturellement leur place dans la deuxième partie de notre sujet consacrée à la loi foncière.

§ 1. Juridiction indigène.

I. — *Litiges entre tunisiens.*

La compétence du Charâa en matière immobilière est consacrée par un décret du 26 avril 1861 (Bompard, p. 121) qui n'a fait que codifier les usages alors en vigueur dans la Régence. L'art. 26 de ce décret est ainsi conçu : « Le tribunal (Ouzara) ne connaîtra pas des affaires concernant « les habous,... les donations, les partages de biens... « et de toutes affaires concernant les héritages, les suc- « cessions, la conservation des biens des absents et les « actes y relatifs. Toutes ces matières sont de la compé- « tence du tribunal religieux (Charâa). »

Le Charâa est donc la juridiction de droit commun pour

les litiges immobiliers qui naissent entre musulmans tunisiens ; ce tribunal connaît également des procès de même nature entre israélites tunisiens, les attributions des tribunaux rabbiniques se trouvant réduites aux questions d'ordre religieux et de statut personnel ou successoral (décret du 26 avril 1861, art. 29 et décret du 3 sept. 1872 ; T. 26 nov. 1884, R. A. 1890, 2, 24; T. 2e ch. 22 déc. 1887, R. A. 1890, 2, 25 ; Sousse 27 juin 1889. R. A. 1890, 2, 31 ; Sousse 20 nov. 1889. R. A. 1890, 2, 34 ; Alger 2 et 3 mai 1890. R. A. 1890, 2, 387 ; T. 2e ch. 8 mai 1895. R. A. 1895, 2, 356 ; Alger 2e ch. 9 et 16 mai 1895. R. A. 1895, 2, 446 et 448).

On est cependant divisé sur la question de savoir si les sujets tunisiens peuvent renoncer au bénéfice de leur juridiction pour porter leurs différends devant les tribunaux français, ou si, au contraire, la règle qui établit la compétence du Charâa est d'ordre public et indépendante, à ce titre, de la volonté des parties. L'incompétence absolue de la juridiction française a été soutenue par le tribunal de Sousse (7 déc. 1893. J. T. 1894, 389 ; 5 avril 1894. J. T. 1894, 310) et par la Cour d'Alger (2e ch. 9 et 16 mai 1895. R. A. 1895, 2, 446 et 448) ; le tribunal de Tunis valide au contraire les clauses des contrats passés entre indigènes tunisiens, portant attribution de juridiction à son profit. (T. 1re ch. 31 oct. 1892. J. T. 1894, 414 ; T. 14 mars 1892. R. A. 1892, 2, 243 ; 27 mai 1895. J. T. 1895, 437). Dans le silence des textes on ne peut, semble-t-il, refuser à la justice française cette extension de compétence, qui est conforme à l'idée du Protectorat et se concilie, en outre, avec le caractère purement relatif, à notre avis, de l'incompétence de nos tribunaux à l'égard des tunisiens. (Sorbier, p. 237 et s. ; Sarut avocat général à la Cour de cassation, J. T. 1895, 244 et s.).

II. — *Litiges entre européens et tunisiens.*

Le Charâa connaît également des procès immobiliers qui se débattent entre européens et indigènes ; sa compétence est expressément réservée dans les traités par lesquels la

Tunisie accorde aux nationaux des puissances étrangères le droit de posséder et d'acquérir des immeubles dans la Régence.

Le traité conclu le 10 octobre 1863 entre l'Angletrre et la Tunisie, dans son art. 4 confirmé par les art. 5 et 42 de la convention du 19 juillet 1857, avait pris soin de stipuler : « tous les cas litigieux concernant la propriété immobilière « entre sujets anglais et tunisiens sont déférés, pour être « réglés, aux tribunaux locaux. » Celui intervenu le 8 septembre 1868 entre la Tunisie et l'Italie portait également : « chaque question relative aux immeubles, qui pourrait « surgir entre un italien et un tunisien, sera déférée aux « tribunaux locaux, conformément aux usages et aux lois « du pays. » Il en était de même pour les sujets français, autrichiens et prussiens, en vertu des décrets du 8 juillet 1871 et des conventions des 13 janvier 1866 et 27 juin 1866 et, d'après un usage constant, pour tous les européens établis en Tunisie.

La nouvelle convention consulaire et d'établissement avec l'Italie du 28 septembre 1896 consacre la compétence de la juridiction tunisienne en matière immobilière et porte, dans son article 7 : « à moins que les immeubles ne soient imma- « triculés ou que toutes les parties en cause soient person- « nellement justiciables des tribunaux français, il sera sta- « tué par les tribunaux tunisiens et en dernier ressort par « S. A. le Bey. » Ces dispositions sont applicables aux nationaux de toutes les puissances européennes, qui, en vertu de nouvelles conventions, jouissent en Tunisie du traitement de la nation la plus favorisée (Alger, 31 oct. 1893. R. A. 1893, 2, 526 ; T. 1re ch. 28 déc. 1898. J. T. 1899, 617. R. A. 1899, 2, 563 et jugement cités infra p. 179 et 182).

D'autre part, le décret du 31 juillet 1884, qui détermine la compétence de la juridiction française en Tunisie, avait déjà réservé implicitement aux tribunaux indigènes la connaissance des affaires immobilières pendantes entre européens et indigènes (arg. art. 5).

Nous examinerons dans le paragraphe suivant comment les décisions du Charâa sont rendues exécutoires à l'égard des européens, et quel est le caractère de l'incompétence immobilière de la juridiction française.

§ 2. Juridiction française.

I. — *Litiges entre européens.*

Les tribunaux français sont seuls compétents dans les litiges immobiliers n'intéressant que les nationaux et les protégés (1) des puissances européennes.

Les consuls européens avaient, antérieurement à l'occupation, juridiction pleine et entière dans les procès pendants entre leurs nationaux. Quand le différend immobilier existait entre sujets anglais, chaque partie avait le droit « de sou-« mettre la cause à l'examen et au jugement du consul géné-« ral ou de son délégué » (art. 4 du traité du 10 oct. 1863 et 24 du traité du 19 juillet 1875). De même, l'art. 22 du traité italien de 1868 décidait : « si une question immobilière « vient à surgir entre deux italiens ou entre un italien et « un sujet d'une tierce puissance, la partie qui devra être « appelée en justice devant le magistrat local aura droit au « renvoi de la cause devant l'autorité consulaire respective « pour être jugée suivant les modes ordinaires. » La justice consulaire s'étendait également aux protégés diplomatiques, c'est-à-dire aux indigènes qui, pour se soustraire à leurs juges naturels, obtenaient d'une puissance européenne une patente de protection. Le consul de France exer-

(1) Les listes des protégés inscrits aux consulats étrangers à Tunis ont été arrêtées par un décret beylical du 1er septembre 1898, en suite des nouvelles conventions diplomatiques conclues par le Gouvernement français avec les puissances étrangères, et sont limitatives. En conséquence, les certificats de protection délivrés postérieurement par les consuls étrangers, à des personnes autres que celles figurant sur ces listes, sont aujourd'hui dépourvus de toute valeur (T. 1re ch. 2 nov. 1898, J. T. 1898, 541).

çait, en outre, une plénitude de juridiction sur les musulmans algériens, sujets français, et sur les Maronites et
chrétiens d'Orient, qui, depuis des siècles sont placés,
même dans leur pays d'origine, sous la protection française.

La loi du 27 mars 1883 a transféré les droits des consuls
français à nos propres tribunaux, lesquels ont, dès lors,
connu de toutes les affaires civiles et commerciales entre
français et protégés français. Les dispositions du décret
beylical du 5 mai 1883, d'après lesquelles les nationaux et
protégés des puissances qui renoncent à la juridiction consulaire deviennent justiciables des tribunaux français, ont,
enfin, permis à notre justice d'étendre sa compétence à
toutes les affaires civiles et commerciales pendantes entre
européens et protégés.

C'est cette situation qu'a consacrée la nouvelle convention de 1896 avec l'Italie, dont l'article 7 porte : « les italiens
« en Tunisie ne sont justiciables que de la juridiction fran-
« çaise », et confirme expressément la compétence immobilière de la juridiction française dans les litiges « où toutes
« les parties en cause sont personnellement justiciables des
« tribunaux français. ».

Les textes sont donc formels. De nombreuses décisions
judiciaires en ont fait application à l'égard des immeubles
non immatriculés, que l'action fût au pétitoire ou au possessoire, pourvu que litige existât entre européens et protégés européens. (T. 14 janv. 1886. Clunet, journal de droit
intern. privé, 1888, 660 ; T. 14, 19 janv. 13 juillet 1887,
R. A. 1890, 2, 19 ; T. 1re ch. 2 nov. 1887. J. T. 1893, 387 ;
T. 1re ch. 6 mars 1893. R. A. 1893, 2, 273 ; T. 1re ch. 6 mars
1893. J. T. 1893, 264; Alger, 1re ch. 7 mars 1894. J. T.
1894, 211 ; Sousse 14 avril 1894. J. T. 1894, 311 ; Cass.
3 nov. 1897, J. T. 1898, 21 ; Cass. 6 juin 1899. J. T. 1899,
417, R. A. 1899, 2, 432).

On s'est demandé si la compétence des tribunaux français,
à l'égard des européens et protégés, offre un caractère absolu,
ou si, au contraire, il est loisible à ceux-ci de se soustraire à
leur juridiction. La jurisprudence est indécise : après avoir
élevé la question sans la résoudre (T. 1re ch. 23 mai 1893,

J. T. 1893, 317), elle a admis que les parties majeures et
maîtresses de leurs droits peuvent conférer au tribunal
tunisien les pouvoirs d'une juridiction arbitrale (T. 2ᵉ ch.
30 janv. 1890. J. T. 1890, 74) ; mais elle paraît s'être ralliée
à l'opinion contraire en refusant à ses justiciables le droit
de soulever l'exception d'incompétence des tribunaux français en matière immobilière dans les litiges entre européens
et tunisiens (Tunis 9 déc. 1896, J. T. 1897, 77). Nous
estimons, que la compétence de la juridiction française est
d'ordre public à l'égard tant de nos nationaux que des
européens. En remettant aux consuls de France le pouvoir
de juger tous les différends entre français, les capitulations
avaient pris soin de stipuler : « sans qu'aucun Cadi ni
« officier indigène ne puisse les en empêcher, ni juger aucun
« différend entre les dits français (1) *alors même qu'ils en*
« *seraient requis par les dits français* (2), et si d'aventure
« les Cadis jugeaient, leurs sentences seraient de nul
effet (3) ». En présence de textes aussi précis, il semble que
la justice tunisienne est radicalement incompétente dans
les litiges n'intéressant que des français ; la même solution
s'impose à l'égard des européens, puisque la suppression
des tribunaux consulaires a rendu ces derniers justiciables
de la juridiction française dans les mêmes conditions que
les français eux-mêmes. Il serait, d'ailleurs, contraire à
l'esprit de la réforme judiciaire accomplie dans la Régence,
de donner aujourd'hui aux tribunaux tunisiens une compétence plus étendue que celle qu'ils possédaient avant le Protectorat.

---

(1) Cap. de 1535, art. 3 ; de 1581, art. 17 ; de 1604, art. 18 et 35 ;
de 1673, art. 16 et 37 ; de 1740, art. 15 et 26.

(2) Cap. de 1535, art. 3.

(3) Feraud-Giraud. Jurid. française dans les échelle du Levant,
T. 1, p. 58 et suiv.

II. — *Exécution par la Justice Française des sentences du Charâa.*

Les décisions rendues par le Charâa doivent, pour être exécutoires à l'égard des européens, être revêtues de l'exequatur par les tribunaux français. Déjà formulé dans les traités Anglo-Tunisien du 10 octobre 1863 (art. 4) et Italo-Tunisien du 8 septembre 1868 (art. 22), d'après lesquels au·cune mesure d'exécution ne pouvait être prise contre les nationaux étrangers que par l'intermédiaire de leur juge-consul, ce principe a été confirmé par la nouvelle convention d'établissement entre l'Italie et la France du 28 septembre 1896 (art. 7) : « les jugements rendus en matière « immobilière par le tribunal tunisien compétent à l'égard « d'un italien continueront à être exécutés par les autorités « judiciaires françaises. »

La question est toutefois discutée en jurisprudence de savoir si le tribunal français doit porter son examen sur le fond du débat ou se borner à rechercher si la sentence du Charâa est régulière en la forme et conforme à notre droit public. Après avoir décidé qu'un jugement du Charâa ne doit être revisé ni en la forme ni au fond par les tribunaux français, lorsqu'il doit recevoir son exécution sur le sol tunisien (Alger, 2ᵉ ch. 8 juin 1895. R. A. 96, 2, 1), la Cour d'Alger a reconnu que la juridiction française doit se borner à vérifier la régularité de la forme, attendu, notamment, que les tribunaux français, étant incompétents *ratione ma-teriæ* dans les litiges immobiliers entre européens et indigènes, ne sauraient réviser au fond la sentence intervenue, sans tourner le texte de la loi qui les rend incompétents. (C. Alger 6 juin 1898, J. T. 1898, 371). Le tribunal de Sousse a reconnu également qu'il n'y a pas lieu de réviser, au fond, la décision du Charâa en matière immobilière, dont l'exequatur est demandé au juge français, parce que ce dernier n'a pas qualité pour en connaître. (Sousse 17 janvier 1895, R. A. 1895, 2, 228, J. T. 1895, 146).

Une jurisprudence imposante s'est affirmée en sens con-

traire. Elle pose en principe que le contrôle de la juridiction
française doit porter sur le fond même de la sentence rendue par le tribunal indigène, que ce droit de révision est
absolu, et qu'il ne saurait y être porté atteinte par l'insertion, dans un jugement du Charâa, de la déclaration
suivante ou d'une déclaration analogue. « Les plai-
« deurs reconnaissent que la présente sentence a été
« rendue à leur encontre et ils s'y soumettent entière-
« ment. » (T. 11 février 1885, R. A. 1885, 2, 126 ; T. 2.
février 1887, R. A. 1887, 2, 169 ; T. 1ʳᵉ ch. 27 février
1890, R. A. 1890, 2, 436 ; T. 2ᵉ ch. 6 juin 1890, J. T. 1896,
231 ; T. 2ᵉ ch. 16 décembre 1890, J. T. 1894, 349; T. 1ʳᵉ ch.
4 mars 1891. J. T. 1896, 197 ; Alger 2ᵉ ch. 21 novembre 1891,
J. T. 1892, 175 ; Alger 2ᵉ ch. 26 novembre 1891, J. T, 1895,
498 ; T. 1ʳᵉ ch. 19 novembre 1894, Clunet 1895, 830, R. A.
1895, 2, 226 ; T. 1ʳᵉ ch. 25 novembre 1895, R. A. 96, 2, 301;
T. 1ʳᵉ ch. 18 mars 1895, J. T. 1895, 204; T. 1ʳᵉ ch. 9 déc.
1895, J. T. 1896, 71 ; Alger 1ʳᵉ ch. 23 mars 1896, R. A.
1896, 2, 296 ; T. 1ʳᵉ ch. 16 novembre 1898, R. A. 1899, 2,
204 ; T. 1ʳᵉ ch. 14 juin 1899, J. T. 1899, 522).

Le premier système, qui n'accorde à nos tribunaux sur
les décisions judiciaires indigènes qu'un simple droit de
visa ou *pareatis*, méconnaît, à notre avis, le caractère relatif de l'incompétence de la juridiction française en matière immobilière, et aussi le motif d'utilité qui veut que
l'exequatur, mesure de protection pour ses justiciables,
existe indépendamment de la nature du litige (J. T. 1895,
p. 146 note). Aussi, nous rallions-nous de préférence au
système de la révision, système consacré par la jurisprudence du tribunal de Tunis, basé sur des nécessités impé-
rieuses et plus conforme, semble-t-il, aux principes de notre
droit public.

On a soutenu, pour justifier le système de la révision,
que les tribunaux français tenaient des juridictions consulaires le droit d'accorder l'exequatur, et l'on s'est efforcé
de démontrer que les traités conclus avec les puissances
européennes n'apportaient aucune dérogation aux règles
de notre procédure en matière d'exécution (T. 11 février

1885, R. A. 1885, 2. 129). Cette discussion nous paraît
sans intérêt, et il est inutile, selon nous, d'examiner
si, avant l'établissement de la justice française, nos consuls
étaient liés par le traité du 8 septembre 1868 qui n'admettait
qu'une simple révision de forme conformément au Code civil
italien — ou si, puisant leur droit de révision dans le traité du 10 octobre 1863, les consuls avaient en cette matière,
comme les juges anglais, un pouvoir absolu d'appréciation.
Ces traités avaient, en effet, pour but de régler une situation toute différente de celle d'aujourd'hui. Les consuls
étaient investis d'une double fonction : d'une part, ils exer-
çaient un droit de juridiction à l'égard de leurs nationaux ;
d'autre part, ils assuraient eux-mêmes l'exécution de leurs
jugements, sans requérir le concours de la force publique
du gouvernement beylical. Or, c'est en cette qualité qu'ils
agissaient, lorsqu'ils avaient à intervenir pour l'exécution
d'une sentence tunisienne, les expressions « l'autorité italienne, l'autorité tunisienne » excluant péremptoirement
l'idée d'une intervention judiciaire quelconque. Il était
d'ailleurs inutile de réclamer l'exequatur à leur juridiction,
puisqu'ils étaient investis de l'autorité exécutive et qu'il ne
tenait qu'à eux de paralyser, par leur inaction, l'effet des
jugements rendus contre leurs nationaux et protégés. On
ne saurait, dès lors, expliquer par les dispositions des traités le droit de révision des tribunaux français, qui ne sont
investis que d'un pouvoir de juridiction.

On a invoqué encore, en faveur du système de la révision, la fiction de l'exterritorialité. Le territoire de la Régence, dit-on, doit être considéré comme territoire français
au regard de la juridiction française ; nos nationaux ou
protégés peuvent, par suite, invoquer en Tunisie les mêmes
droits qu'en France et exiger notamment la révision au
fond des sentences contre eux rendues par les tribunaux
indigènes. Le mot « exterritorialité » n'a en droit international que la valeur d'une métaphore (1). S'il est employé

(1) Bry, Principes élémentaires de droit international public. p.
322 et suiv. ; Weiss, Droit international privé, p. 134.

encore pour désigner l'ensemble des privilèges et des franchises dont jouit l'ambassadeur en pays étranger ou les consuls dans les pays de capitulations, on reconnaît du moins que cette fiction ne suffit pas à les expliquer et qu'elle ne peut engendrer aucune conséquence juridique ; c'est abuser étrangement de ce mot, lui donner un sens inconnu jusqu'ici que de chercher, dans la fiction qu'il invoque, le droit pour des tribunaux français de réviser les jugements rendus à l'égard de leurs justiciables par la juridiction d'un pays soumis à notre protectorat.

Le système de la révision trouve à s'appuyer sur des considérations d'un autre ordre.

En se plaçant sous le protectorat de l'Etat français, en lui abandonnant quelques-uns des attributs les plus essentiels de la puissance publique, tels que le droit de commander la force armée, de diriger la diplomatie, de rendre la justice, le gouvernement du Bey a, par cela même, reconnu la souveraineté de l'Etat protecteur sur le territoire de la Régence (1). Il a dû admettre, que, sauf stipulation contraire, cette souveraineté s'exercerait conformément aux règles organiques tracées par notre droit public, d'après lesquelles le concours des autorités françaises ne peut être accordé à une sentence étrangère qu'autant qu'un tribunal français l'a faite sienne par une révision au fond. Il n'aurait pu être dérogé à ces principes que par des dispositions formelles d'une loi ou d'un traité. Or, on ne trouve de dérogation de cette nature ni dans le traité du 12 mai 1881, qui a établi le protectorat et forme le point de départ du régime nouveau, ni dans la loi du 27 mars 1883 qui a institué le tribunal de Tunis, ni dans la convention consulaire du 28 septembre 1896 avec l'Italie, dont l'article 7 (cité p. 173) semble plutôt une confirmation des errements suivis par la jurisprudence française de Tunisie. Il résulte même des dispositions combinées des articles 17 et 18 de la loi du 27 mars 1883 que « le tribunal français doit appliquer dé- « sormais les règles de procédure déterminées par les lois,

---

(1) V. note publiée R. A. 1887, 2, 169 et suiv.

« décrets et ordonnances en vigueur en Algérie » ; et ces règles comportent, suivant une pratique judiciaire consacrée par la Cour suprême, la révision au fond, avant tout exequatur, de toute décision rendue par une juridiction étrangère.

On conteste, il est vrai, l'assimilation à un tribunal étranger de la juridiction tunisienne, qui, d'après les décrets ou traités en vigueur, est compétente en matière immobilière entre européens et indigènes, et l'on refuse, par voie de conséquence, le droit de révision aux tribunaux français. Mais cette assimilation ne paraît pas contestable si l'on observe, d'une part, que le Charâa est exclusivement composé de magistrats indigènes, et que, d'autre part, il applique une loi étrangère aux justiciables des tribunaux français, souvent en désaccord avec les principes généraux des législations européennes et dont les modes de preuve sont parfois dangereux et contraires à l'équité (1).

III. — *Nature de l'incompétence des tribunaux français dans les litiges immobiliers entre européens et indigènes.*

Le décret du 31 juillet 1884, après avoir posé en principe (art. 1er) que « les tribunaux français connaîtront de tou-
« tes les affaires civiles et commerciales dans lesquelles des
« européens seront en cause » ajoute (art. 5) « qu'il sera ins-
« titué une commission chargée de préparer la codification
« des lois relatives à la propriété foncière en Tunisie et de
« proposer les conditions dans lesquelles la compétence en
« matière immobilière sera remise aux tribunaux fran-
« çais. »

Cette disposition admet implicitement l'incompétence de la juridiction française dans les litiges immobiliers qui ne lui sont pas dévolus par un texte formel, et consacre l'attribution de juridiction reconnue au Charâa, tant par la

---

(1) On sait que le Charâa admet notamment la preuve testimoniale et n'accepte que la déposition de témoins musulmans.

législation locale que par les conventions diplomatiques. Le caractère de cette incompétence donne lieu toutefois à de graves controverses. Deux systèmes se trouvent en présence : l'un suivi par les tribunaux de Tunisie et qui la considère comme purement relative ; l'autre, adopté par la Cour d'appel d'Alger, qui la déclare absolue et d'ordre public.

Il suffit, pour se rendre compte de l'importance de la question, d'examiner les conséquences pratiques qui peuvent résulter de l'une ou de l'autre solution. Si l'incompétence de la juridiction française est absolue, elle doit être prononcée d'office par le juge et ne peut faire l'objet d'une renonciation expresse ou tacite de la part des intéressés. Si l'on admet, au contraire, qu'elle est purement relative et établie dans le seul intérêt de la partie tunisienne, celle-ci peut y renoncer expressément ou tacitement, et l'exception d'incompétence ne peut être ni invoquée par l'adversaire européen ni soulevée par le magistrat.

D'après la cour d'Alger, l'incompétence des tribunaux français en matière immobilière est absolue, parce qu'elle touche à la matière (*ratione materiœ*) et à l'ordre des juridictions établies en Tunisie. Au temps des juridictions consulaires, dit la cour, le juge local était seul compétent en matière immobilière, lorsqu'un tunisien était en cause. Les traités sont formels (V. supra p. 169), et les décisions contraires des consuls n'ont pu modifier des conventions diplomatiques. Le décret du 31 juillet 1884 n'a pas non plus modifié cette situation ; au contraire, après avoir étendu en matière mobilière la compétence des tribunaux français, il a pris soin de stipuler une réserve de juridiction en matière immobilière au profit des tribunaux tunisiens. Cette réserve formelle est faite dans l'intérêt de la souveraineté et non dans l'intérêt personnel des tunisiens, car il ne s'agit pas ici de la limite d'un ressort entre des tribunaux d'un même ordre, mais d'une délimitation de compétence entre les tribunaux de la nation protectrice et ceux de la nation protégée qui seuls forment la juridiction de droit commun (Pour la jurispru-

dence antérieure au 12 nov. 1894, V. J.T. 1895, 13, note 1 ;
adde, Alger 1re ch. 21 juillet 1890, R. A. 1890, 2, 533, J. T.
1890, 316 ; Alger 2e ch. 20 oct. 1894, R. A. 1895, 2, 59 ;
Alger 2e ch. 15 mai 1895, J. T. 1895, 533, R. A. 1895, 2,
448 ; Alger 1re ch. 13 avril 1896, J. T. 1896, 453, R. A.
1897, 2, 147 ; Alger 2e ch. 6 juin 1896, J. T. 1897, 144,
R. A. 1896, 2, 383 ; Alger 3e ch. 22 nov. 1897, J. T. 1898,
177 ; Alger 2e ch. 15 oct. 1896, J. T. 1897, 353 ; Alger 1re
ch. 6 juin 1898, J. T. 1898, 371 ; Alger 1re ch. 15 fév. 1898,
J. T. 1898, 370, R. A. 1898, 2, 325 ; contra Alger 2e ch. 11
avril 1891, R. A. 1891, 2, 317).

Ces considérations ne nous paraissent pas fondées.

La juridiction française n'est pas, en matière immobilière,
incompétente *ratione materiæ*. On n'hésite pas, en effet, à
lui attribuer la connaissance des procès de cette nature qui
concernent exclusivement des européens ou des protégés
des nations européennes (V. p.170). On la reconnaît seule
compétente, même à l'égard des tunisiens, quand l'immeuble ou l'un des immeubles faisant l'objet d'un
litige est soumis à la loi foncière. (Loi du 1er juillet 1885 art. 20 § 2). C'est, en outre, abstraction faite
du régime foncier de l'immeuble et de la nationalité
des parties qu'elle est appelée par le décret du 2 septembre
1886 (art. 24) à statuer sur les questions de servitudes mili-
taires. Enfin, l'art. 3 du décret du 16 mars 1892 donne au
juge français le droit d'ordonner l'immatriculation préalable, si le titre de la propriété mise en vente à sa barre ne
lui est pas produit ou s'il apprécie que le titre produit n'est
pas suffisant ; il le reconnait par cela même compétent pour
juger la contestation de propriété. Dès lors et si la juridiction française peut connaitre des actions immobilières
dans les hypothèses qui viennent d'être énumérées, la
raison de leur incompétence dans les litiges dont l'objet est
identique ne tient pas à la matière et ne peut provenir que
de la qualité des parties en cause.

Il ne semble pas, non plus, que l'incompétence des tribunaux français tienne à l'ordre des juridictions.

La compétence immobilière reconnue au Charàa !par les

traités de 1863 et de 1868 avait été subordonnée à la création
de juridictions d'appel, et cette condition n'ayant pas été
réalisée, les consuls avaient revendiqué le droit de statuer
en matière immobilière dans tous les cas où leurs nationaux ou protégés étaient défendeurs. La prétention des
consuls, conforme aux principes de l'organisation judiciaire dans les Echelles du Levant, était justifiée, en *droit*
parce que le Bey n'avait pas exécuté les dispositions formelles des traités, en *fait* parce quil renonçait lui-même à
la compétence de ses tribunaux, en portant ses propres
demandes devant les justices consulaires.

Or, lorsqu'en 1883, pour asseoir définitivement sa conquête et consolider son influence, la France institua en
Tunisie des tribunaux de 1re instance, ce ne fut pas pour
leur donner une compétence moins étendue que celles des
anciennes juridictions. Un résultat si contraire aux intérêts
et à la politique du Gouvernement du Protectorat ne pourrait être accepté qu'en présence d'une disposition formelle,
d'un texte précis qui fait ici défaut. Il n'est pas douteux,
d'ailleurs, que si le Bey avait voulu enlever à la justice
française la connaissance de certains litiges, le Résident
général de la République française aurait refusé de pro-
mulguer le décret et d'y apposer son visa.

Loin de limiter la compétence immobilière de nos tribunaux, l'esprit général du décret de 1884 accuse, au contraire,
une tendance progressive et très marquée vers l'extention
de la juridiction française. Autrefois compétente dans le
cas seulement où ses justiciables étaient défendeurs, cette
juridiction, en effet, a été appelée à connaître de toutes les
affaires « civiles et commerciales dans lesquelles des euro-
« péens sont en cause. » Tout ce que l'on peut induire de
la réserve stipulée dans l'art. 5, c'est que le Bey, qui venait
d'imposer aux indigènes l'obligation de plaider devant la
justice française en matière mobilière, n'a pas encore voulu
les y assujettir en matière immobilière. Cette réserve doit
donc s'entendre en ce sens, que le tunisien conserve le
droit qu'il avait sous la législation préexistante de demander le renvoi de sa cause devant la justice beylicale et que

la justice française reste compétente toutes les fois que le
tunisien en cause accepte expressément ou tacitement sa
juridiction.

La convention du 28 septembre 1896 entre la France et
l'Italie stipule dans son article 7 : « En matière d'immeu-
« bles, à moins que ceux-ci ne soient immatriculés ou que
« toutes les parties en cause soient personnellement justi-
« ciables des tribunaux français, il sera statué par les tri-
« bunaux tunisiens et en dernier ressort par S. A. le Bey. »
Ce texte ne fait aucune allusion à la nature de l'incompétence de la juridiction française ; il ne tranche pas la
question. On ne peut, d'ailleurs, admettre, de la part de
l'Italie, qu'elle ait entendu renoncer, sans s'en expliquer formellement, aux bénéfices que ses nationaux peuvent retirer
de la jurisprudence des tribunaux de Tunis et de Sousse,
et,de la part de la France, qui traitait au nom de la Régence,
qu'elle ait voulu restreindre la compétence de ses propres
tribunaux.

Il faut ajouter que le système suivi par la Cour d'Alger
aboutit à des conséquences inadmissibles. En raison du
caractère absolu qu'elle reconnaît à l'incompétence de nos
tribunaux, la Cour leur refuse le droit de réviser au fond
les sentences du Charâa, sous prétexte qu'ils connaîtraient
indirectement de litiges qui ressortissent exclusivement à
la justice indigène. Nous avons exposé les considérations
qui justifient pour la justice française le droit de réviser au
fond les jugements rendus par les tribunaux indigènes; nous
ne pouvons que nous y référer (V. p. 174 et s.). La théorie
de la Cour d'Alger, en permettant aux européens de décliner la compétence du tribunal français alors même qu'elle
est acceptée par son adversaire tunisien, aboutit, d'autre
part, à ce résultat, qu'un plaideur peut se soustraire à ses
juges de droit commun; or, cette conséquence est d'autant
plus regrettable, que les justiciables pourraient abuser de
la faculté pour profiter de moyens de preuve ou de procédure d'exécution admis par la justice tunisienne, mais
réprouvés par leur loi nationale. Poussant sa théorie à
l'extrême, la juridiction d'appel refuse même à la justice

française la connaissance des difficultés d'exécution de ses jugements en matière immobilière ; elle décide, notamment, qu'elle est incompétente pour statuer sur l'action en déguerpissement d'un immeuble non immatriculé, intentée contre un indigène tunisien en vertu d'un jugement d'adjudication sur saisie-immobilière prononcé à la barre du tribunal français (Alger 2e ch. 20 octobre 1894, J. T. 1895, 177). Une telle décision qui donne ou laisse, au Charâa exclusivement, mission d'apprécier la validité de l'adjudication, c'est-à-dire de contrôler un jugement rendu par le tribunal français, suffit, à elle seule, pour faire rejeter le système consacré par la Cour d'Alger. Elle est de plus contraire aux stipulations des traités, à la loi française du 27 mars 1883 (art. 7) et au décret du 16 mars 1892 (art. 3), ainsi qu'aux bases mêmes de l'organisation judiciaire de la Régence, qui repose sur la coexistence de deux juridictions exerçant parallèlement sur le même territoire mais dans un état d'indépendance complète.

L'incompétence des tribunaux français, ne tenant ni à la matière du litige, ni à l'ordre des juridictions établies dans la Régence, motivée par la qualité de l'un des plaideurs et stipulée dans le seul intérêt des indigènes, est donc purement relative et ne touche en rien à l'ordre public. C'est le système suivi par la jurisprudence constante des tribunaux français de la Régence (Pour les décisions antérieures au 12 nov. 1894, V. J. T. 1895, 13 note 1 ; adde T. 1re ch. 13 juin 1889, R.A. 1889, 2, 484 et note, 489 ; T. 2e ch. 13 juin 1890, J. T. 1890, 196 ; T. 2e ch. 16 déc. 1890, J. T. 1894, 349 ; T. 2e ch. 19 mai 1893, R. A. 1893, 2, 492 ; T. 2e ch. 31 oct. 1894, J. T. 1895, 12 ; T. 1re ch. 6 avril 1895, J. T. 1895, 304, R. A. 1895, 2, 344 ; T. 2e ch. 8 mai 1895, R. A. 1895, 2, 356 ; T. 2e ch. 23 oct. 1895, J. T. 1895, 540 ; T. 2e ch. 9 déc. 1896, J.T. 1897, 77 ; T. 2e ch. 20 janv. 1897, J. T. 1897, 103 ; T. 1re ch. 18 oct. 1897, J. T. 1898, 33).

Parmi les conséquences que nos tribunaux ont déduites de la nature relative de leur incompétence immobilière, nous mentionnerons notamment les suivantes : l'exception d'incompétence ne peut être soulevée que par le tunisien en cause au profit duquel elle est établie ; la renonciation de ce dernier peut-être expresse (T. 2ᵉ ch. 17 janv. 1889, R. A. 1889, 2, 420 ; T. 2ᵉ ch. 6 avril 1895, R. A. 1895, 2, 344), ou tacite et résulter, notamment, de l'assignation par un indigène de son adversaire européen devant la justice française (T. 2ᵉ ch. 27 fév. 1890, J. T. 1890, 245) ; l'européen doit au contraire accepter la compétence du tribunal français devant lequel il est assigné par le plaideur tunisien (T. 2ᵉ ch. 5 mai 1888, R. A. 1890, 2, 27 ; T. 2ᶜ ch. 30 janv. 1890, R. A. 1890, 2, 382 ; T. 2ᵉ ch. 19 mai 1893, R. A. 1893, 2, 492 ; T. 2ᵉ ch. 10 janv. 1894, J. T. 1894, 105 ; T. 1ʳᵉ ch. 29 janv. 1894, J. T. 1894, 221) ; le déclinatoire d'incompétence n'est recevable que s'il est présenté *in limine litis* et avant toute défense au fond (T. 1ʳᵉ ch. 1ᵉʳ déc. 1886, J. T. 1893, 240 ; T. 1ʳᵉ ch. 24 oct. 1887, J. T. 1894, 465 ; T. 2ᵉ ch. 20 déc. 1888, R. A. 1890, 2, 28 ; Sousse 6 et 20 juin 1889, R. A. 1889, 2, 462 ; T. 1ʳᵉ ch. 14 déc. 1891, J. T. 1893, 344 ; T. 1ʳᵉ ch. 27 juin 1892, J. T. 1893, 313 ; T. 2ᵉ ch. 3 mars 1893 (2 jugements), R. A. 1893, 2, 487 et 490 ; T. 1ʳᵉ ch. 24 avril 1893, J. T. 1893, 204 ; T. 1ʳᵉ ch. 29 janv. 1894, J. T. 1894, 221 ; T. 2ᵉ ch. 8 mai 1895, R. A. 1895, 2, 356).

Nos tribunaux n'ont pas non plus hésité à proclamer leur compétence pour toutes les contestations relatives à l'exécution de leurs jugements (T. 2ᵉ ch. 30 mars 1889, J. T. 1889, 50 ; Sousse 10 oct. 1889, R. A. 1890, 2, 32 ; Alger 1ʳᵉ ch. 12 janv. 1891, R. A. 1891, 2, 270 ; T. 2ᵉ ch. 30 janv. 1892, J. T. 1893, 288 ; Alger 3 nov. 1892, R. A. 1892, 2, 505 ; T. 9 déc. 1895, J. T. 1896, 71). Ils ont décidé, dans cet ordre d'idées, qu'ils ont seuls le droit de connaître, quand elles sont suivies devant eux, des demandes en nullité de saisie-immobilière en cours d'exécution (T. 2ᵉ ch. 3 mars 1893, R. A. 1893, 2, 487 et 490 ; T. 2ᵉ ch. 3 mars 1893, J. T. 1893, 273 ; T. 2ᵉ ch, 20 nov. 1895, J. T. 1896, 25 ; T. 2ᵉ ch. 11 déc. 1895, J. T. 1895, 56, R. A. 1896, 2, 263). Cette compétence, basée sur l'indépendance respective des deux juridictions, est absolue dans ses effets et n'est limitée ni par l'objet du litige ni par la qualité des

parties (T. 2e ch. 24 avril 1890, J. T. 1890, 320 ; T. 2o ch.
16 avril 1891, J. T. 1893, 270 ; T. 2e ch. 31 oct. 1894, J. T.
1895, 12 ; T. 2e ch. 23 janv. 1895, J. T. 1895, 451).

Le conflit pendant entre les tribunaux de la Régence et
la cour d'appel d'Alger cause une véritable émotion dans
le monde des affaires, et il est à regretter que la Cour suprême n'ait pas été appelée à se prononcer sur cette importante question de principe. Nous ne doutons pas que la
théorie soutenue par les tribunaux de Tunisie finisse par
prévaloir en jurisprudence ; mais ce résultat, favorable à
l'extension de la juridiction française ne doit être qu'un
succès d'attente : le but à atteindre est de soustraire complètement les européens aux tribunaux indigènes. Il est à
désirer, en effet, que le législateur intervienne en cette
matière pour faire disparaître la réserve du décret de 1884
et rendre la juridiction française exclusivement compétente
dans les litiges immobiliers intéressant des européens et
des indigènes. La Conférence consultative a déjà émis plusieurs vœux en ce sens (Séance du 29 janvier 1891.
1891, 72) et M. Flandin, rapporteur de la commission
du budget de l'exercice 1897, a appelé l'attention du
Parlement sur l'utilité de cette réforme. C'est la seule solution conforme à l'idée du Protectorat et aux intérêts
économiques de notre colonisation.

CHAPITRE VI.

DÉFECTUOSITÉS DU DROIT MUSULMAN TUNISIEN.

Le droit musulman tunisien, comme nous l'avons vu, ne donne que des bases souvent précaires à la propriété foncière, aux droits réels immobiliers et par suite au crédit ; pour mieux en faire ressortir l'insuffisance, nous nous proposons de résumer, dans une étude d'ensemble, les dangers et les lacunes de cette législation.

Fondée sur les principes généraux du Coran et sur l'interprétation qu'en ont donnée les compagnons de Mahomet et les docteurs de l'Islam, la législation musulmane manque d'unité et de précision parce qu'elle ne dérive d'aucune loi précise et codifiée. Non seulement elle varie suivant les rites hanéfite et malékite, tous deux pratiqués dans la Régence, mais encore il arrive souvent que, dans le même rite, les jurisconsultes sont en désaccord et donnent sur un même point des solutions absolument divergentes. Ce qui ajoute encore à la confusion, c'est que, d'après un usage constant et sanctionné par la jurisprudence, le défendeur a le choix du rite qu'il juge le plus favorable à sa cause. Divers contrats, tels l'enzel, le kirdar, etc...... non prévus par les grands juristes musulmans, sont presque uniquement régis par des usages peu précis et mal connus. Des matières de la plus haute importance enfin, comme l'expropriation pour cause d'utilité publique, ne sont pas réglementées ou ne le sont que d'une manière insuffisante, s'appuyant seulement sur une pratique judiciaire qui parfois ne repose elle-même sur aucun fondement juridique.

On sait que la propriété n'est pas absolument dépourvue de constatation et que le droit des détenteurs du sol fait généralement l'objet d'un titre donnant des origines et des limites ; mais ces énonciations sont, la plupart du temps, incertaines et incomplètes. La généralité des titres ont pour point de départ de simples actes de notoriété, dressés par des notaires indigènes. Or, ces notaires ne sont, en réalité, que des écrivains publics, des témoins officiels chargés de recevoir les déclarations des parties : ils offrent peu de garantie au point de vue de savoir, de la prudence et de la rectitude professionnelle, et ne disposent d'aucun renseignement certain ni d'aucun moyen d'investigation efficace ; ils en sont réduits le plus souvent à consigner les témoignages des personnes qu'on leur présente et à se contenter de la preuve testimoniale nonobstant tous les dangers qu'elle comporte. Les énonciations du titre ne permettent presque jamais de se rendre compte de l'étendue, de la consistance et des limites de l'immeuble : la contenance n'est pas indiquée ou bien elle ne se rapporte qu'aux parties labourables ; quant aux limites, elles sont presque toujours sommaires et incertaines : on dit, par exemple, que telle propriété est bornée par un fossé, une levée de terrain, un arbre, et alors même que l'arbre a été abattu, le terrain aplani, et le fossé comblé, on continue à reproduire ces indications dans les actes subséquents, en sorte que l'acquéreur se trouve dans la plus complète incertitude sur les limites de son droit. La forme même du titre, qui se compose de feuilles, ajoutées bout à bout, se prête à de nombreuses altérations : rien n'est, en effet, plus facile que de supprimer les dernières mutations en détachant un ou deux feuillets et en y substituant de nouveaux actes au moyen d'une rallonge. Les falsifications d'écritures sont également à redouter, car la teneur du titre ne se trouve reproduite sur aucun registre public et n'est généralement pas susceptible d'être reconstituée, sauf pour les titres de

création récente, dont les actes pourraient se retrouver en
minute sur les registres des notaires indigènes.

La possibilité pour les parties de suppléer au titre par la
production d'une outika, a jeté, en outre, le plus grand
trouble dans l'organisation foncière de la Régence. A ne
considérer que l'apparat de sa rédaction, la qualité de ses
auteurs, les conditions de moralité exigées des témoins et
l'intervention du Cadi, il semble qu'une outika doive présenter de sérieuses garanties. En fait, il en est autrement.
« Quand on en a vu beaucoup, dit M. Berge, (Juridict. franç.
« p. 79), on constate que toutes se ressemblent, que les
« notaires écrivent tout ce qu'on leur demande d'écrire, et
« que les Cadis délivrent l'autorisation de dresser l'acte sans
« aucun examen. Il n'est pas rare dans un procès d'en voir
« produites par chacune des parties, identiques en tout,
« sauf que l'une énonce des faits inconciliables avec les
« affirmations de l'autre ; on découvre parfois que ces dé-
« positions contradictoires et contemporaines ont été faites
« par les mêmes témoins. » A la faveur d'un tel système,
il est facile de se procurer deux titres pour la même propriété, et il n'est pas rare, en effet, que le même immeuble soit
vendu sur l'outika, vendu ensuite une deuxième fois sur le
titre de propriété, ou inversement, en sorte que le premier
acheteur, après avoir traité sur la foi d'un titre, n'est jamais
sûr de ne pas être évincé par la revendication d'un tiers,
excipant d'une acquisition antérieure consommée en vertu
d'un autre titre.

D'autres causes d'insécurité résultent encore de ce que
la législation locale dispense de l'inscription sur le
titre certains contrats translatifs de propriété, comme
le mégharsa, la donation etc., et de ce qu'elle admet,
sans avoir organisé une publicité suffisante, un grand nombre de droits réels ou de charges susceptibles de grever le
droit de propriété ou de le restreindre : tels l'enzel, le kirdar, le koulou et ses variétés, les contrats de rahn, de
bay ouafa et de bay tunia, les servitudes, le droit de chefaa
et surtout le habous, qui met les biens hors du commerce
en les frappant d'inaliénabilité.

Ajoutons que les litiges intéressant la propriété foncière relèvent de la juridiction indigène toutes les fois qu'ils ne s'élèvent pas exclusivement entre justiciables des tribunaux français, que cette juridiction admet, en toute matière la preuve testimoniale et le serment, et qu'elle ne reçoit les témoignages des européens qu'à titre de simples renseignements. Nous avons maintenant une idée des difficultés que présente pour l'étranger l'acquisition d'un immeuble et des dangers d'éviction qui le menacent.

Le système tunisien n'offre donc qu'une base incertaine à la propriété immobilière, prive de toute sécurité les transactions et pèse lourdement sur le crédit hypothécaire ; aussi peut-on dire qu'il n'est, en définitive, que le régime rudimentaire de la possession subordonnée à la preuve orale produite devant le juge ou traduite dans un acte de notoriété.

« Cette organisation primitive, dit M. Anterrieu dans une
« conférence sur la loi foncière (1), pouvait suffire aux
« besoins d'une civilisation stationnaire ; elle n'était au-
« cunement appropriée aux exigences de la nôtre et aux
« besoins du moment. Pour faciliter l'essor économique du
« pays, pour attirer et retenir les capitaux nécessaires à
« l'exploitation de ses richesses naturelles, pour satisfaire
« aux besoins nouveaux il fallait faire cesser les situations
« douteuses, consolider la propriété, épurer et fixer tous
« les droits immobiliers. »

Un tel résultat ne pouvait être atteint par un abornement général et une révision administrative des titres de propriété. Sans parler des lenteurs et de l'incertitude qu'elle eût entraînées avec elle, l'entreprise aurait eu le grave inconvénient de semer l'inquiétude et le trouble, d'éveiller les susceptibilités et les défiances de populations inaptes à saisir la nature et le but d'une aussi vaste opération, et d'entraîner, pour le Gouvernement tunisien, des charges budgétaires et des responsabilités politiques qu'il était de son devoir de

(1) Conférence publiée dans le Journal des Tribunaux de la Tunisie, 1899 p. 134, 151 et 188.

décliner (1). La nécessité apparaissait donc impérieuse d'édicter, de créer de toutes pièces, une nouvelle législation immobilière : c'est l'honneur du Gouvernement du Protec-torat d'avoir entrepris et mené à bonne fin cette importante réforme.

(1) Rapport de M. Cambon, recueil officiel de la loi foncière p. V.

DEUXIÈME PARTIE

LOI FONCIÈRE

CHAPITRE PREMIER.

LÉGISLATION COMPARÉE.
SOURCES ET HISTORIQUE DE LA LOI FONCIÈRE.

SECTION I. LÉGISLATION COMPARÉE.

Les régimes modernes de publicité peuvent être rangés en deux catégories : les régimes de publicité personnelle et les régimes de publicité réelle ou des livres fonciers.

A la première catégorie se rattache le système de publicité du code civil français et des législations qui en dérivent. La caractéristique de ce système réside dans le fait du groupement, sous le nom du propriétaire, de tous les actes translatifs ou modificatifs de la propriété du fonds. Le transfert de la propriété et des droits réels s'opère par le seul consentement : il suffit de l'accord des volontés pour que le droit réel soit créé ou transmis. La loi exige, il est vrai, la transcription ou l'inscription des droits réels sur les registres publics, mais cette publicité ne constitue pas une condition *sine quà non* de leur existence ; elle est prescrite

14.

en vue seulement de rendre les droits réels opposables aux tiers et de fixer, à leur égard, la date à partir de laquelle ces droits produiront effet. Les mentions faites aux registres de transcription ou d'inscription n'ont donc pour objet que de rendre publiques les créations ou transmissions de droits réels ; elles n'impliquent nullement que ces créations ou transmissions soient régulièrement accomplies : il en résulte que l'inscription d'une personne sur les registres, avec la qualité de propriétaire, ne dispense pas les tiers qui contractent avec elle de vérifier l'existence et la validité de son droit de propriété.

Dans le système de publicité réelle, ou des livres fonciers, qu'ont adopté les législations germaniques et australiennes, il est affecté à chaque immeuble un feuillet spécial du livre public, où s'inscrivent au fur et à mesure tous les droits réels ou charges dont le bien-fonds peut être frappé, ainsi que toutes les modifications qui surviennent dans sa condition juridique : l'immeuble acquiert ainsi une individualité propre, indépendante de la personne du propriétaire.

Les législations qui pourvoient à la publicité par les livres fonciers consacrent, notamment, deux principes généraux : le principe de la légalité et le principe de la publicité avec force probante de l'inscription.

Le principe de publicité a, dans ces législations, une portée différente de celle que lui attribue la loi française : tandis que, dans notre code civil, la publicité est dépourvue de toute efficacité à l'égard du droit qui en est l'objet, elle caractérise, au contraire, dans le système des livres fonciers, la création du droit par l'inscription et par la protection des tiers qui traitent sous la garantie de la foi due au registre public.

Le principe de légalité consiste dans la vérification des droits des parties, opérée par un fonctionnaire, un magistrat, un tribunal, préalablement à toute inscription.

Certains publicistes (1) ont fait de cette vérification préa-

---

(1) Worms. Commission extra parlementaire du cadastre T I. p. 197 ; Pic. Du système des livres fonciers dans les colonies ou les Protectorats français R. A. 1894. p. 145.

lable la condition de la force probante des inscriptions. Pour eux, la publicité ne toucherait pas au fond des choses et n'aurait d'autre effet que de porter le droit inscrit à la connaissance des tiers ; la légalité, au contraire, assurerait aux mentions des registres une foi absolue *erga omnes*, et garantirait *ipso facto*, aux acquéreurs ou prêteurs, une sécurité que la publicité ne suffit pas à leur procurer. M. Bufnoir, dans une réunion de la commission extra-parlementaire du cadastre, a fait raison de cette erreur de terminologie : « Ce n'est pas l'effet de l'inscription sur le « livre qui est la légalité, c'est le contrôle préalable, la vé- « rification antérieure de la légitimité des droits des parties, « ce sont les précautions prises pour ne pas établir, ou pour « établir le moins possible, une contradiction entre l'ins- « cription et le fond du droit qui en fait l'objet. » Sans doute, la règle de la foi publique exige, que le livre foncier ne soit pas indifféremment ouvert à toute demande d'inscription et que l'autorité chargée de la tenue des registres soit investie du soin d'opérer une vérification préalable, mais ce contrôle n'est pas essentiel à la force probante de l'inscription : alors même que les droits révélés par les registres seraient reconnus sans fondement, le fait seul de leur inscription garantirait les droits acquis par des tiers, dans l'ignorance des causes d'inefficacité du titre de leur auteur.

Ces principes rappelés, nous allons passer rapidement en revue les législations dont se sont inspirés les auteurs de la loi foncière.

§ 1 Système de publicité personnelle.

Législation française. — En matière de donations entre-vifs, notre code civil décidait que la propriété immobilière se transférait à l'égard des tiers par la transcription ; mais en matière d'actes à titre onéreux, il ne subordonnait la translation de la propriété des immeubles à aucune condition de publicité.

L'application de ce système ne tarda pas à en faire ressortir les inconvénients : les créanciers qui, ayant valablement acquis une hypothèque , ne l'avaient pas fait inscrire au moment de l'aliénation de l'immeuble grevé, se trouvaient déchus de la faculté de l'inscrire utilement, puisque l'aliénation leur était de plein droit opposable ; ils risquaient ainsi d'être surpris par une vente précipitée.

Lors de la rédaction du code de procédure, on se préoccupa de sauvegarder les droits de cette classe de créanciers, en les autorisant à prendre inscription, en cas d'aliénation volontaire, jusqu'à la transcription de l'acte d'aliénation et même dans la quinzaine suivante (art. 834, C. de procédure civ.).

Ce n'était là, toutefois, qu'une mesure incomplète : les acquéreurs, garantis contre les suites de l'hypothèque constituée par l'aliénateur antérieurement au transfert, ne l'étaient pas contre les évictions procédant de transmissions occultes. Après comme avant l'expiration du délai de quinzaine consécutif à la transcription, le nouveau possesseur et ses ayants-cause pouvaient se voir expropriés par l'effet d'une aliénation antérieure, sans avoir aucun moyen légal et certain de connaître l'existence de cette aliénation et de se prémunir contre de pareilles fraudes. Aussi l'innovation du code de procédure n'exerça-t-elle que peu d'influence sur le développement de la transcription, à laquelle les parties cherchaient, d'ailleurs, à se soustraire pour éviter le paiement des taxes fiscales attachées à l'accomplissement de la formalité.

La loi du 23 mars 1855 assujettit à la formalité de la transcription les actes entre-vifs et à titre onéreux translatifs de propriété immobilière ou de droits réels susceptibles d'hypothèques ; elle y soumet, en outre, tous actes constitutifs de droits d'antichrèse, de servitude, d'usage et d'habitation, les baux d'une durée de plus de 18 ans et tout acte constatant, même pour un bail de moindre durée, quittance ou cession d'une somme équivalente à trois années de loyers ou de fermages non échus. La publicité organisée par cette loi n'a toutefois qu'une portée limitée, car elle ne s'applique qu'aux

actes entre-vifs et seulement à ceux de ces actes qui sont
translatifs ou constitutifs de droits sur un immeuble, écar-
tant de ses prévisions les transmissions par voie d'hérédité
naturelle ou testamentaire, les transmissions verbalement
opérées, les actes simplement déclaratifs, notamment les
partages.

En ce qui concerne le régime hypothécaire, le code civil
a consacré les principes de publicité et de spécialité : mais il
en a neutralisé les effets par des exceptions trop nombreuses
et trop larges.

C'est ainsi qu'il déroge à la règle de publicité en faveur
de l'hypothèque légale de la femme mariée, de celle du mineur et des interdits, qui, tout en restant occultes, conservent le droit de préférence et le droit de suite. Le législateur de 1855 (art. 8) restreint, il est vrai, la dispense
d'inscription, au point de vue de sa durée, en exigeant la
publicité de l'hypothèque des incapables, dans l'année qui
suit la cessation de la cause d'incapacité : dissolution du
mariage ou cessation de la tutelle. D'autre part la loi du 23
mars 1855, complétée par celle du 13 février 1889, soumet
à la publicité les subrogations ou renonciations de la femme
mariée à son hypothèque légale. Mais ces réformes par-
tielles n'empêchent pas l'hypothèque de la femme mariée
et celle du mineur et de l'interdit de rester le plus généralement clandestines, du jour de leur naissance au terme fixé
pour leur inscription par l'art. 8 de la loi du 23 mars 1855.

En principe, les privilèges immobiliers, ne se conservent,
qu'à la condition d'avoir satisfait à la règle de publicité ;
pour quelques privilèges cependant l'inscription rétroagit au
jour de la naissance du privilège qui prime, par conséquent,
les créances hypothécaires constituées dans l'intervalle.

D'autre part, la règle de la spécialité est loin d'être, dans
notre régime hypothécaire, une règle absolue. En outre,
dans les cas où elle s'applique, il faut remarquer qu'en
l'absence d'un cadastre rigoureusement établi et détermi-
nant la condition matérielle de l'immeuble, le signalement
dans l'inscription du fonds grevé de l'hypothèque ou du

privilège n'a aucune base certaine et sa désignation risque
de ne pas être suffisamment claire et précise pour ne laisser
aucun doute sur son identité.

A la publicité incomplète de la loi française s'ajoutent les
inconvénients du mécanisme adopté pour son application.
La publicité y est organisée par noms de personnes et non
par désignation d'immeubles. L'immeuble peut, dès lors,
être affecté des charges réelles consenties tant par le propriétaire actuel que par les propriétaires précédents; l'acquéreur
doit par suite indiquer les noms des précédents titulaires,
pour être complètement renseigné sur la situation hypothécaire du fonds. C'est cette liste des propriétaires qui sert de
base aux recherches du conservateur. Outre les erreurs qui
peuvent résulter de l'inexactitude des noms et prénoms,
des variations de domicile, des confusions provenant des
homonymes, etc, les investigations du préposé sont pleines
de complications et d'incertitudes, les renseignements à
fournir se trouvant disséminés dans une longue série de
volumes.

Sous l'empire de la loi française, d'ailleurs, la publicité
n'assure nullement la légitimité du droit relaté par l'inscription. Il s'en suit qu'un acquéreur n'est pas fondé à
croire qu'il traite avec le véritable propriétaire parce
qu'il a acheté l'immeuble d'une personne dont le titre
a été régulièrement transcrit. Il faut qu'il vérifie le
droit de son vendeur et celui des cédants antérieurs,
en remontant aussi loin qu'il est nécessaire pour que
la possession se trouve légitimée par la prescription.
Encore ne retire-t-il, le plus souvent, de ses recherches
qu'une sécurité relative, car il est des causes d'éviction
qu'il risque de ne pas découvrir et qui peuvent continuer
à le menacer tout en restant occultes.

Le système français de publicité ne répond donc ni théo-
riquement ni pratiquement aux exigences d'un bon régime
foncier. Aussi, a-t-on vu, pendant ces dernières années,

se produire un très vif mouvement de l'opinion en faveur d'une réforme radicale de notre législation. Sans vouloir entrer dans aucun détail à ce sujet, nous nous contenterons de signaler les travaux du congrès international de la propriété foncière, en 1889 et en 1892, et ceux de la Commission extra-parlementaire du cadastre, instituée par décret du 30 mai 1891, en réponse à l'un des vœux du Congrès. L'adoption du livre foncier, basé sur le principe de publicité absolue avec force probante de l'inscription, a été reconnue comme le seul moyen de grouper méthodiquement les droits réels et les charges, de permettre des recherches sûres et rapides et de consolider le crédit immobilier..

Législation belge. — Le système de publicité de la loi belge se rapproche du nôtre, mais avec de notables améliorations.

La loi du 16 décembre 1851 fait une large part à l'application de la règle de publicité des titres d'acquisitions et de constitutions de droits réels. L'art. 1er de cette loi, soumet à la transcription : « tous actes entre vifs à titre gra- « tuit ou onéreux, translatifs ou déclaratifs de droits réels « immobiliers, les jugements passés en force de chose jugée « tenant lieu de conventions ou de titres pour la transmis- « sion de ces droits..... ». Ainsi, la loi belge assujettit à la transcription les actes déclaratifs de droits réels immobiliers, qui en sont affranchis par notre code civil ; mais comme la loi française du 23 mars 1855, elle exclut virtuellement les mutations opérées verbalement et les successions ab intestat et testamentaires.

C'est dans la partie de la loi belge consacrée aux hypothèques, que se trouvent les innovations les plus importantes. La loi belge n'a pas obvié aux conséquences fâcheuses de la rétroactivité des privilèges immobiliers ; mais elle l'emporte sur la loi française, au point de vue de l'application aux hypothèques des règles de publicité et de spécialité.

Toutes les hypothèques, quelle qu'en soit la nature, sont rigoureusement soumises à l'inscription sur des registres publics : l'hypothèque légale de la femme mariée, du mineur et de l'interdit, aussi bien que l'hypothèque conventionnelle.

Il en est de même de l'hypothèque testamentaire, inconnue du droit français, en vertu de laquelle le testateur peut affecter un ou plusieurs immeubles à la garantie de l'exécution des legs. Quant à l'hypothèque judiciaire, elle est supprimée.

La règle de la spécialité est non moins absolue que celle de la publicité : elle s'applique aux hypothèques volontaires et testamentaires aussi bien qu'aux hypothèques légales. L'hypothèque légale est générale de sa nature, comme dans la loi française, elle porte sur tous les biens, même ceux à venir du mari ou du tuteur ; mais elle est spéciale, en ce sens que chaque immeuble doit y être soumis nominativement et que l'inscription doit indiquer le montant de la somme garantie.

Quant à la forme de la publicité, aucune différence appréciable ne la sépare de celle du droit français. Organisée par noms de personnes, elle n'échappe à aucune des critiques que nous avons précédemment formulées.

Les effets de l'inscription sont également les mêmes dans les deux législations : destituée de toute force probante, la publicité rend le droit opposable aux tiers, mais n'ajoute rien à son efficacité.

§ 2. Système de publicité réelle.

Les régimes de publicité réelle comprennent deux groupes de législations distincts : celui des législations germaniques et celui des législations australiennes.

I. — *Système germanique.*

Les principes généraux du système de publicité germanique se résument dans les propositions suivantes :

« 1º publicité absolue, requise tant pour la consolidation
« des droits réels au regard des tiers que pour l'acquisition
« du droit entre les parties contractantes ;

« 2° spécialité, résultant de l'inscription de chaque im-
« meuble sur un feuillet distinct du livre foncier ;

« 3° force probante des registres publics, en ce sens
« qu'un droit, régulièrement acquis sur la foi de ces livres,
« est garanti contre toute discussion ;

« 4° légalité, c'est-à-dire vérification préalable des titres
« qui servent de fondement aux inscriptions sur le registre
« foncier » (Besson. Les livres fonciers et la réforme hypothécaire, p. 248).

Ces règles générales, qu'on trouve plus ou moins développées dans toutes les législations allemandes depuis le
commencement du siècle, ont pris corps notamment dans
la loi prussienne du 5 mai 1872 ; elles ont été refondues
par les lois du 24 mars 1897 sur les livres fonciers et par le
code civil allemand, et rendues applicables à tout l'empire,
à partir du 1er janvier 1900.

Le législateur germanique pose en principe que, en cas
d'aliénation volontaire, la propriété foncière ne s'acquiert,
même au regard des parties contractantes, que par l'inscription du transfert sur le feuillet de l'immeuble : la convention n'a, par elle-même, aucune force translative, et le
nouveau propriétaire doit recevoir de son vendeur, donateur, etc,.. l'investiture (*aufflassung*). Cette investiture doit
être constatée par une double déclaration, émanant, l'une,
du propriétaire actuel, l'autre, de l'acquéreur ; ces deux
déclarations peuvent être constatées par actes authentiques,
ou faites simultanément et de vive voix devant le juge
conservateur compétent ; dans ce dernier cas, le magistrat,
après en avoir donné acte aux parties, les consacre et les
valide au moyen de l'inscription effectuée par ses soins sur
les registres publics. La propriété n'est transférée qu'à
ces deux conditions ; tant qu'elles ne sont pas accomplies,
l'acquéreur n'acquiert, en vertu de la convention passée
avec le vendeur, qu'un simple droit de créance. La création
du droit par l'inscription s'applique, par identité de motifs,
à toutes les constitutions de droits réels et, plus généralement, à tous les faits juridiques de nature à modifier ou à
résoudre le droit du propriétaire inscrit (C. C. allemand,

traduit par Raoul de la Grasserie. Introd. LXXIII; Besson, id. p. 262 et 263).

Le système germanique a consacré le principe de spécialité. Chaque fonds a son compte ouvert au registre public *(grundbuch)*, sur une feuille spéciale *(realfolien)* qui fait connaître, d'abord, la nature et l'état physique de la propriété suivant les indications empruntées au cadastre, et, en second lieu, les droits et charges qui peuvent la grever. L'application de ce principe a été prescrite dans toute l'étendue de l'empire par la loi de 24 mars 1897 (art. 2 et 3); mais les détails d'exécution varient suivant la législation de chaque État.

La règle suivant laquelle le droit de propriété et les charges qui l'affectent n'existent au regard des tiers que par l'inscription, conduit à cette proposition, que celui qui acquiert une propriété foncière ou des droits réels d'une personne inscrite comme propriétaire est garanti contre toute action fondée sur un droit non inscrit. La force probante de l'inscription n'est toutefois acquise que pour la garantie des tiers ; entre les parties, l'inscription est susceptible d'être annulée, suivant les principes du droit civil; mais l'annulation ne peut pas nuire aux tiers qui auraient acquis des droits sur l'immeuble à titre onéreux et de bonne foi (Besson, id. p. 264; R. de la Grasserie, id. p. LXXIII).

La foi publique attachée au registre foncier repose sur le principe de la légalité : « Le grundbuch ne saurait avoir « une si haute portée que si les mesures sont prises pour « que rien n'y soit inscrit, qui ne doive l'être. Aussi la loi « prussienne n'ouvre-t-elle pas indifféremment le livre « foncier à toute demande d'inscription ; elle soumet ces « demandes à des justifications particulières et à une vérifi-« cation de la part de l'autorité hypothécaire : c'est là le « principe de la *légalité* » (Besson, id. p. 267). Dans la loi du 24 mars 1897, le préposé à l'inscription est en même temps un véritable juge foncier dont les décisions sont susceptibles de recours devant le tribunal régional (art. 72, R. de la Grasserie, id. Intr. CXXXII).

La force probante du grundbuch, en garantissant les

acquéreurs et prêteurs, risquait dans certains cas, de léser les droits des tiers non inscrits ; le requérant dont la demande d'inscription est rejetée par le juge conservateur, ou la partie qui requiert l'annulation d'une inscription aurait pu, en effet, au jour de la décision, se trouver en présence de droits réels valablement acquis par des tiers pendant la durée du procès, et n'avoir qu'un recours en indemnité contre l'auteur des actes de disposition faits à son préjudice. Le législateur a paré à ces dangers par l'ingénieuse théorie de la prénotation. La partie dont le droit n'est pas ou ne peut être immédiatement admis à l'inscription, peut se faire autoriser, par le juge ou par la partie adverse, à prendre une inscription provisoire ou prénotation *(vomerkung)*, qui rend sa demande publique en attendant la solution du litige. Si la prétention du demandeur vient à être reconnue, l'inscription de son droit rétroagit au jour de la prénotation et fait tomber les droits acquis par les tiers au mépris de cet avertissement. Si, au contraire, le demandeur succombe, la prénotation doit être radiée et les droits réels constitués dans l'intervalle restent debout (Besson, id. p. 264 et 266; R. de la Grasserie, id. introd. CXXXII).

Publicité sans réserve, spécialité, force probante de l'inscription, légalité, tels sont également les principes qui dominent le système hypothécaire du code civil allemand, emprunté à la loi prussienne de 1872.

L'inscription crée le droit entre les parties comme au regard des tiers. Elle est spécialisée quant à l'immeuble et quant à la somme garantie : partant, plus de privilèges, plus d'hypothèques occultes, plus d'hypothèques générales ; le code civil allemand comme la loi prussienne de 1872 n'admettent que l'hypothèque conventionnelle (Besson, id. p. 269 ; R. de la Grasserie, id. p. LXXVIII).

Le principe de la foi due au registre public conduit à cette conséquence que les causes de résolution affectant le droit des créanciers inscrits n'existent au regard des tiers et ne leur sont opposables que si l'existence leur en est révélée par l'inscription. Il en résulte, en outre, que l'hypothèque s'éteint seulement par la radiation matérielle de l'inscription et ne peut être atteinte par aucune péremption ou déchéance légale (Besson, id. 270 ; R. de la Grasserie, id. LXXI, LXXII).

Comme pour les transferts enfin, le juge conservateur est chargé du contrôle préalable des actes présentés à l'inscription (R. de la Grasserie, id. LXXVIII).

En ce qui concerne le droit hypothécaire, le système germanique repose sur une conception toute différente de celle du code civil français.

A l'exemple de la loi de 1872, le code civil allemand crée, sous le nom de dette foncière (*grundschuld*), un droit réel principal exclusif de toute obligation personnelle : le débiteur n'est pas tenu personnellement à l'égard du titulaire de l'hypothèque, son patrimoine n'est pas engagé, il n'y a qu'un seul débiteur, l'immeuble grevé. Le propriétaire qui désire utiliser le crédit d'un fonds, fait inscrire, à son nom, une ou plusieurs dettes foncières au feuillet de l'immeuble sur le registre public. C'est l'hypothèque sur soi-même. Le juge conservateur lui délivre, en représentation de ce droit réel des titres appelés *bons fonciers (grundschudbrief)*, susceptibles d'être négociés à ordre ou au porteur et sur lesquels figure la somme pour laquelle ils ont été émis, le rang de l'inscription de la dette foncière et plus généralement tous les renseignements nécessaires à la sécurité de l'endosseur ou du porteur. Aucune limitation n'est imposée au propriétaire, soit pour le nombre de bons à requérir, soit pour le montant de leur émission.

Le code allemand laisse subsister, à côté de l'hypothèque indépendante, l'hypothèque accessoire, à côté de la créance foncière gagée uniquement sur des immeubles déterminés, la créance hypothécaire gagée, en outre, sur le patrimoine tout entier d'un débiteur personnel (1). L'hypothèque

---

(1) Il existe plusieurs variétés d'hypothèques : l'hypothèque négociable avec lettre hypothécaire *(brief hypotek)* ; 2° l'hypothèque négociable sans lettre hypothécaire *(buch hypotek)* ; 3° l'hypothèque de sûreté (V. sur cette question R. de la Grasserie id. p. LXXVI et suiv.).

accessoire est généralement représentée par un titre : le *bon ou lettre hypothécaire*, négociable par voie d'endossement. A la différence du bon foncier, le bon ou lettre hypothécaire ne peut être cédé qu'avec la créance garantie : le cessionnaire acquiert ainsi, en même temps, le droit personnel et l'action réelle (art. 1153 du C. C. allemand). L'hypothèque accessoire peut se réaliser sous deux formes : elle peut-être constituée soit au profit du propriétaire sur son propre fonds (c'est alors l'hypothèque sur soi-même), soit au profit du créancier à raison d'une obligation préexistante.

L'hypothèque sur soi-même, que l'on retrouve en matière de bons fonciers comme en matière de bons hypothécaires, a une existence propre, indépendante de la dette qu'elle doit garantir. Le paiement de la dette n'emporte pas extinction du droit hypothécaire qui continue à subsister et le propriétaire peut se procurer un nouveau crédit en disposant de la garantie et du rang que cette hypothèque assurait. L'hypothèque sur soi-même constitue pour le propriétaire un instrument de crédit toujours actif qui lui permet de se procurer instantanément, sans frais ni retard, les fonds dont il peut avoir besoin : c'est une hypothèque virtuelle susceptible de se réaliser au premier besoin d'argent. Le propriétaire a, de plus, la faculté d'échelonner les bons qui lui sont délivrés, dans un ordre de priorité déterminé à l'avance de telle sorte que, lorsqu'il fait un emprunt dans un moment où son crédit est solide et les capitaux abondants, il peut se contenter de donner en gage les sûretés inférieures, réservant les premières hypothèques pour les temps difficiles. La législation germanique a ainsi réalisé la mobilisation du crédit hypothécaire et fait accepter une institution qui a toujours été réprouvée en France comme une dangereuse utopie.

Notons, en terminant, que les deux formes d'instrument de crédit : bon foncier et bon ou lettre hypothécaire, ne jouissent pas, dans le public, de la même faveur. Ce résultat s'explique par les différences de sûretés qui y sont attachés : tandis que le porteur du bon foncier a pour seul débiteur l'immeuble grevé et se trouve exposé aux détériorations du fonds que le propriétaire n'aura plus intérêt à conserver en bon état, lorsque lourdement grevé ce fonds menacera de lui échapper, le titulaire du bon hypothécaire bénéficie, en dehors de l'action réelle, d'une action personnelle pour le recouvrement de sa créance. Aussi conçoit-on que les capitaux se soient détournés des bons fonciers pour se porter de préférence sur les bons hypothécaires.

II. — *Système australien.*

C'est en 1858, dans l'Australie du Sud, que fut promulguée la loi à laquelle le nom de son auteur, Sir Robert Torrens, est resté si justement attaché, mais dont le véritable titre est « Real property act ».

Qu'on le considère comme une émanation des coutumes traditionnelles des villes hanséatiques ainsi que le déclare son auteur, ou que l'on prétende, avec M. Maxwel (rapport sur l'act Torrens, trad. de France, Alger 1889), qu'il est une réminiscence du régime de publicité suivi pour les mutations de navires, le système de publicité australien n'en constitue pas moins une création vraiment originale et mérite d'être classé dans un groupe spécial, à côté mais en dehors des législations germaniques (1).

L'économie de l'act Torrens peut se résumer dans les propositions suivantes :

1° organisation d'un mode de purge destiné à donner à la propriété un point de départ précis, en débarrassant

(1) Inauguré dans la colonie de South Australia par une loi du 2 juillet 1858 amendée et complétée en 1861 et en 1878, le système Torrens pénétrait en Queensland et en Tasmanie dès 1861 ; il était adopté l'année suivante par les colonies de Victoria et de New-South-Wales ; en 1870 par la Nouvelle-Zélande ; en 1874, par l'Australie Occidentale la Colombie Britannique et les îles Fidji ; en 1886 dans les établissements Anglais de Malacca ; en 1897 à Madagascar (décret du 16 juillet) ; en 1899, au Congo français (décret du 28 mars). Les lois diffèrent dans chaque colonie sur divers points de détail, mais elles présentent partout des traits identiques et reposent sur des principes communs.

l'immeuble de tous les droits réels antérieurs à l'immatriculation et non inscrits en temps voulu sur les livres fonciers ;

2° publicité absolue de tous les droits réels immobiliers ;

3° publicité réelle ;

4° force probante des inscriptions ;

5° légalité ;

6° mobilisation de la propriété foncière par un ensemble de moyens propres à assurer la transmission rapide des immeubles et à faciliter la constitution des hypothèques et leur transmission par voie d'endossement.

L'act Torrens a un caractère facultatif : tout propriétaire en Australie est libre de requérir le bénéfice de la nouvelle loi ou de laisser ses immeubles sous le régime des deeds ou actes de transfert, emprunté à la législation de la métropole. Seuls les immeubles achetés à la Couronne ont été, après l'introduction de l'act, soumis à l'immatriculation obligatoire.

Le propriétaire qui veut placer son immeuble sous l'empire du " Real property act " doit en demander l'immatriculation. Dans ce but il fait procéder à un bornage préalable de sa propriété et dresser un plan certifié par un arpenteur breveté. Sa réquisition, rédigée suivant une formule réglée par la loi, contient l'indication de ses droits de propriété, ainsi que des charges, servitudes et droits réels quelconques dont l'immeuble est grevé. Quand la requête a été présentée avec les pièces à l'appui, elle est soumise à un examen approfondi portant sur la détermination de l'immeuble et sur la reconnaissance des droits du demandeur. Cet examen a lieu par les soins et sous la direction du " *Registrar general* ". L'immatriculation n'est ensuite opérée qu'après des notifications aux propriétaires voisins, des publications et l'expiration d'un certain délai laissé aux intéressés pour former opposition et faire reconnaître leurs droits par les tribunaux. S'il n'y a pas eu d'opposition ou lorsque l'opposition a été annulée, le Registrar général établit un titre de propriété ; il y inscrit la nature du droit du propriétaire (pleine propriété, copropriété, nue-propriété ou usufruit), la désignation de l'immeuble complétée par un plan colorié au verso du feuillet, puis les hypothèques, servitudes, baux, rentes foncières ou autres droits réels grevant l'immeuble ; il y mentionne aussi les faits qui peuvent modifier la capacité du propriétaire, minorité, interdiction, mariage. Un double du titre ou certificat est ensuite remis au propriétaire.

L'enregistrement du titre (registration of title) opère une véritable purge légale, qui débarrasse la propriété de tous les droits réels ou charges occultes non inscrites sur le titre ou le registre-matrice.

Le point de départ de la propriété et son assiette étant ainsi fixés, le législateur a soumis à l'inscription sur le registre et sur le titre, tous les actes intéressant la condition juridique de l'immeuble immatriculé. Cette règle de publicité est maintenue par une sanction énergique : les droits réels constitués sur l'immeuble n'existent entre les parties et à l'égard des tiers qu'à partir de cette double inscription. « Aucun acte translatif de propriété ou consti-
« tutif d'hypothèque ayant pour objet un immeuble soumis
« au régime de la présente loi ne produira ses effets qu'à
« partir de l'enregistrement qui en aura été fait conformé-
« ment à la dite loi, mais par le seul fait de l'enregistre-
« ment du dit acte ; tous les droits qu'il constitue seront
« transférés à la partie intéressée, sous les conditions et
« les modalités expresses contenues au dit acte ou réputées
« aux termes de la loi en être la conséquence implicite »
(art. 43).

Le registre-matrice des bureaux australiens constitue un véritable livre foncier ; chaque immeuble soumis à l'act Torrens y est immatriculé sur une feuille spéciale présentant la description du bien fonds, au point de vue matériel et juridique. A la différence des livres terriers de l'Allemagne, qui sont la contre-partie exacte du cadastre, le registre matrice australien ne se constitue qu'au fur et à mesure des demandes d'immatriculation et ne trouve pas à s'appuyer sur un plan de délimitation générale. Il en résulte, notamment, que les certificats de titre ou feuillets fonciers y sont classés non d'après leur situation topographique, mais dans l'ordre chronologique des immatriculations (Besson id. p. 343).

L'act Torrens assure aux acquéreurs la sécurité dont ils ont besoin, non-seulement par une publicité sans réserve, mais encore et surtout par la foi due aux inscriptions portées sur le titre et sur le registre. Le certificat de titre suffit à établir le droit du propriétaire, ainsi que les modalités dont ce droit peut-être affecté ; il conserve entre les mains des porteurs successifs la même force probante qu'entre les mains du premier titulaire. C'est la caractéristique du système que l'inscription est absolument indépendante de la valeur des conventions qui lui ont servi de base et que le certificat d'immatriculation constitue un titre de propriété décisif, inattaquable, entre les contractants comme au regard des tiers. « Tout certificat de titre fait foi en « justice de son contenu, dit l'art. 33, et fait preuve que la « personne qui y est dénommée est réellement investie des « droits qui y sont spécifiés. » D'autre part, l'art. 123 précisant la portée de la règle précédente dispose : « aucune « action en éviction ne sera recevable contre le propriétaire « immatriculé et la production en justice du certificat de « titre formera un obstacle absolu à la poursuite intentée « contre la personne qui y est désignée comme proprié- « taire. » L'action en revendication contre le titulaire du certificat de propriété est recevable, par exception, dans des hypothèses limitativement indiquées par la loi, notamment au cas d'immatriculation frauduleusement opérée, d'erreur de bornage et lorsque l'action émane du propriétaire porteur d'un certificat de titre antérieur ; mais, même dans ces hypothèses, l'action en revendication ne peut jamais réfléchir contre les tiers de bonne foi. La sécurité qu'un pareil système offre aux tiers est complète : il leur suffit d'examiner le titre ou le registre, pour traiter en toute confiance et se placer à l'abri de toutes causes d'éviction (Besson id. p. 344).

Le Registrar général ne se renferme pas, comme notre conservateur des hypothèques, dans un rôle purement

passif. A ce point de vue, sa mission est comparable à celle
du juge allemand, à cette différence près que le *Grundbu-*
chrichter est un juge au sens strict du mot, tandis que le
Registrar n'est qu'un fonctionnaire de l'ordre administratif.
L'act lui impose le devoir de discuter la valeur des deeds
produits à l'appui de la demande d'immatriculation, et de
s'assurer, à chaque transfert, qu'aucun obstacle ne s'oppose
à l'inscription, que l'acte est régulièrement établi et que les
parties ont la capacité légale de contracter. Faute de justifications suffisantes, il peut refuser l'inscription, mais sa
décision est susceptible d'appel. Responsable de sa gestion
envers l'État, il ne l'est pas à l'égard des parties ; si celles-
ci ont éprouvé un préjudice par sa faute, la loi australienne
leur accorde un recours sur un fonds d'assurance constitué au moyen d'une taxe d'un penny par livre (0,20 %) sur
la valeur de tout immeuble immatriculé. Ce fonds est resté
à peu près intact dans la plupart des colonies, et ce résultat s'explique par le soin extrême avec lequel le législateur
a organisé le contrôle des titres présentés à l'immatriculation ou à l'inscription (Besson id. p. 351 et 352).

L'act Torrens a résolu le problème de la mobilisation du
sol en mettant aux mains du propriétaire un certificat qui
reproduit l'état juridique de l'immeuble tel qu'il figure sur
le livre foncier, et qui se prête aux combinaisons les plus
variées, aux modes de transmissions les plus rapides. Le
propriétaire veut-il vendre, il rédige, d'après un modèle
annexé à la loi, un acte de transfert qu'il remet au Registrar général, en même temps que son titre de propriété.
Le bureau foncier examine si l'acte est suffisamment clair
et précis, si les parties ont la capacité légale de contracter;
dans l'affirmative, l'inscription est opérée sur le certificat
de titre et sur le registre-matrice, le mémorandum de
transfert est classé aux archives de la conservation, et le
cessionnaire, suivant le cas, reçoit un nouveau certificat
de titre ou le certificat de l'ancien titulaire revêtu de la
mention du transfert. Une procédure analogue est suivie
en ce qui concerne les autres transactions et faits juridiques quelconques concernant la propriété immatriculée.

Le régime hypothécaire du « Real property act », basé sur les principes que nous venons de développer, offre au créancier une sécurité absolue, en ce sens que ce dernier ne saurait voir contester ni l'existence, ni le montant, ni le rang de l'hypothèque, ni le droit de propriété du débiteur ; mais la mobilisation des créances hypothécaires est loin de présenter la même souplesse, la même originalité que la mobilisation du sol.

La loi australienne ne connaît que l'hypothèque accessoire, corrélative d'une créance (art. 60) : elle ne s'est pas préoccupée, comme le système germanique, de favoriser le crédit hypothécaire par la création de bons négociables calqués sur les énonciations du registre.

La transmission des créances hypothécaires présente également une infériorité marquée par rapport aux procédés de la législation allemande. Le propriétaire qui veut hypothéquer son immeuble dresse en double un memorandum, suivant la formule prescrite par la loi, présente cet écrit au bureau des titres de propriété et fait inscrire tant sur le certificat de titre que sur le registre foncier, la convention dont un double est classé aux archives et l'autre remis au créancier. La créance peut se transmettre par voie d'endossement, mais la transmission est alourdie par la double formalité d'inscription sur le registre et sur le titre.

On a imaginé, il est vrai, un mode d'affectation plus simple et plus expéditif, celui du *mortgage in equity*. L'emprunteur rédige son memorandum de mortgage et le remet au prêteur avec le certificat. Le créancier ne requiert pas inscription ; il se contente de faire défense au bureau des titres d'inscrire aucun droit sur l'immeuble pendant un certain délai. A l'expiration de ce délai, les titres sont restitués contre remboursement, et à défaut de remboursement le créancier peut provoquer l'inscription du mortgage. Ce procédé ne constitue toutefois qu'un palliatif insuffisant, car il n'est de nature à faciliter que les emprunts à court terme.

Le système Torrens gagnerait à emprunter au droit germanique son procédé d'impignoration des immeubles, et à

autoriser l'émission de cédules foncières qui pourraient
être délivrées en même temps que le certificat de titre. Le
propriétaire aurait ainsi à sa disposition deux catégories de
titres différents, le certificat de propriété pour servir à
l'inscription des aliénations, des baux et des charges foncières, et les coupons d'engagement qui pourraient être
négociés à l'occasion d'un emprunt.

Section II. Sources de la loi foncière. Historique de cette loi.

———

§ 1. Sources de la Loi foncière.

Entre les deux systèmes de publicité basés, l'un sur le
nom et la personne du propriétaire, l'autre sur l'immeuble,
le législateur tunisien a opté pour le second, c'est-à-dire
pour le système de publicité réelle ou des livres fonciers.

Le régime de publicité personnelle eût été inapplicable
dans la Régence, où les indigènes n'ont ni état civil, ni
nom patronymique. Dans son rapport sur la loi immobilière tunisienne (p. IV), M. Cambon expose ainsi qu'il suit
les obstacles presque insurmontables auxquels se serait
heurtée l'adoption de ce régime : « Dans la pratique, les
« indigènes se reconnaissent par un prénom auquel vient
« s'ajouter le prénom du père : *Mustapha fils de Mohamed*,
« par exemple ; comme le nombre de ces prénoms est assez
« limité, il en résulte que beaucoup d'indigènes portent des
« appellations identiques. Si l'on songe qu'en France, la
« similitude de certains noms, plus fréquemment usités,
« est déjà une source de difficultés et de complications pour
« la tenue de nos registres hypothécaires, on se rendra
« aisément compte des impossibilités d'un pareil systè-
« me en pays musulman. Pour l'appliquer, il eût fallu cons-

« tituer l'état civil des indigènes, avant d'asseoir leur pro-
« priété, entreprise laborieuse et d'une exécution compli-
« quée. On sait, en effet, que, de tout temps, les peuples
« d'Orient se sont montrés rebelles aux opérations de ce
« genre et que nous ne sommes pas encore parvenus à
« constituer l'état civil des indigènes dans notre grande
« colonie algérienne. » La publicité, qui, dans ce système,
est destituée de toute force probante, qui n'efface ni les
vices ni les causes de résolution pouvant affecter le titre du
vendeur, qui admet avec toutes ses conséquences la maxime
traditionnelle « *nemo plus juris ad alium transferre potest
quam ipse habet* », ne pouvait, d'autre part, convenir à la
situation de la Régence, où il fallait avant tout assurer la
stabilité du droit de propriété et mettre les étrangers acquéreurs d'immeubles à l'abri de toute cause d'éviction
basée sur la législation préexistante (Cambon, p. IV).

Le législateur tunisien a donc cru devoir consacrer le
principe de la publicité réelle. Dans cette loi, la publicité
a pour base l'immeuble lui-même, déterminé physiquement et juridiquement par le titre de propriété et la copie
du titre ; le registre des titres constitue un véritable livre
foncier ; le principe de légalité s'applique, en matière
d'immatriculation, en ce sens que le droit du requérant est
soumis à la vérification préalable d'une juridiction spéciale ;
les inscriptions du registre public jouissent, enfin, de la
force probante, qui confère aux tiers une sécurité complète.

Tout en adoptant le système de publicité réelle, la loi
tunisienne n'a pas pu reproduire, sans modification, les
dispositions des législations basées sur le livre foncier.
« Il lui fallait, tout d'abord combiner ces règles nouvelles
« avec les dispositions de notre loi française dont l'intro-
« duction en Tunisie était l'une des principales préoccupa-
« tions du Protectorat » (Cambon, p. XI) ; il lui fallait aussi
ménager les coutumes locales, pour rendre la réforme
acceptable des musulmans. Aussi, « la loi foncière n'est-elle
« pas une adaptation pure et simple ''du Real property act'',
« c'est une œuvre de sage éclectisme, où se combinent

« heureusement les principes de la loi française et les amé-
« liorations dont s'honorent les systèmes fonciers de l'étran-
« ger (Besson, id. p. 379).

Au code civil la loi foncière emprunte la classification
des immeubles, la théorie de l'accession, la réglementation
des droits réels immobiliers : usufruit, usage et habitation, superficie, servitudes foncières, antichrèse, les règles de l'expropriation forcée, tantôt reproduisant littéralement les articles du code, tantôt apportant aux textes
des modifications depuis longtemps reconnues nécessaires.
Elle règle, en outre, que le code civil s'applique « aux im-
« meubles... dans ses dispositions qui ne sont contraires
« ni à ses propres dispositions, ni au statut personnel ou
« aux règles des successions de titulaires de droits réels
« immobiliers, art. 2. » (1)

De l'act Torrens la loi foncière reproduit la théorie de
l'immatriculation et le principe de publicité absolue et par
désignation d'immeuble. Le premier trait de ressemblance
de la loi tunisienne avec l'act Torrens, est le caractère
facultatif de l'immatriculation. La procédure suivie dans
les deux législations comprend trois phases distinctes :
la délimitation de l'immeuble, la purge des droits réels et
l'établissement du titre de propriété et présente également
de nombreuses analogies. De part et d'autre, l'immatriculation aboutit à la création d'un titre de propriété, dont l'ori-

(1) Le code civil français régissant les immeubles dans la mesure
où ses dispositions sont conciliables avec celles de la loi foncière
il y a lieu d'examiner dans quelles conditions les changements
apportés à la loi française sont applicables dans la Régence. La
question, doit, à notre avis, être résolue d'après les distinctions
suivantes. Ou la modification porte sur une disposition du code
civil non reproduite par la loi foncière, et elle s'applique de plein
droit aux immeubles immatriculés, dans les conditions et sous les
réserves prévues par l'art. 2 ; ou la modification concerne un article
du code civil, reproduit par la loi foncière, et alors le nouveau
texte français est sans effet dans la Régence, comme contraire à
une disposition formelle de la loi tunisienne.
La détermination du moment où la loi promulguée en France

ginal forme un des feuillets du registre foncier et dont le double est délivré au propriétaire. En Tunisie comme en Australie, l'immatriculation produit des effets irrévocables et définitifs au point de vue de l'établissement de la propriété foncière ; la liquidation du passé est complète, tous les titres rétrospectifs sont effacés pour faire place à un titre unique qui porte avec lui la preuve décisive du droit du propriétaire. Le registre des titres de la loi foncière est à peu près identique au registre-matrice australien. La loi tunisienne enfin consacre, comme l'act Torrens, le principe de la publicité la plus absolue, en soumettant à l'inscription tous les actes intéressant la condition juridique des biens immobiliers comme toutes les modifications qui peuvent survenir dans leur consistance matérielle.

Il existe toutefois, entre les deux législations, des différences qui méritent d'être signalées.

Tandis qu'en Australie, le Registrar est seul compétent pour admettre ou rejeter les demandes d'immatriculation ; en Tunisie, l'examen de la requête et des oppositions échappe à la compétence du conservateur de la propriété foncière : elle est dévolue à un tribunal spécial, le tribunal mixte.

Comme l'act Torrens, la loi tunisienne avait institué un fonds d'assurance, destiné à indemniser les personnes lésées par une immatriculation ou par une inscription sur le registre public. Mais ce fonds, alimenté par une taxe de un pour mille sur la valeur de l'immeuble immatriculé ou, suivant le cas, sur le montant brut des sommes ou valeurs faisant l'objet des inscriptions requises postérieurement à

---

devient obligatoire en Tunisie est une question de fait à résoudre d'après les circonstances, car les lois françaises ne sont publiées et promulguées qu'en France et dans les colonies, mais non dans les pays étrangers ni dans ceux soumis à notre protectorat. Les tribunaux peuvent s'inspirer des textes concernant la force obligatoire des lois en France, en tirer des arguments d'analogie, tenir compte notamment du jour de la réception du Journal Officiel dans la Régence, mais ils ne sont pas tenus d'appliquer rigoureusement les dispositions de la loi française, et ils jouissent à cet égard d'un pouvoir souverain d'appréciation (cpr. D. R. A. Vº Lois, nº 111).

l'immatriculation, n'offrait aux tiers qu'une garantie insuffisante, la loi foncière ayant dû limiter le recours de la
partie lésée au 2/3 de l'encaisse pour qu'elle ne fût pas
épuisée par une première réclamation. Seule, la garantie
du trésor aurait pu rassurer les tiers contre les risques
d'éviction; malheureusement, les ressources étroites du
budget tunisien n'avaient pas permis de stipuler la responsabilité de l'État. Le rouage dont il s'agit grevant presque
inutilement la procédure d'immatriculation, le législateur
de 1892 l'a supprimé purement et simplement. La personne
lésée par une immatriculation ou par une inscription erro-
née, n'a aucun recours pour la réparation du préjudice qui
lui est causé ; quant à l'action personnelle qui lui est accordée en cas de dol contre l'auteur du dol, elle peut être illusoire, à raison de l'insolvabilité de ce dernier : ces atteintes
à l'inviolabilité du droit de propriété se justifient toutefois
par cette considération, que l'intérêt des particuliers doit
céder devant l'intérêt général, la sécurité des transactions
et le développement du crédit.

En matière hypothécaire, le législateur tunisien s'est
inspiré de la loi belge de 1851 : quelle qu'en soit la nature,
conventionnelle ou légale, l'hypothèque est rigoureusement
soumise à la publicité et doit être spécialisée quant à l'immeuble et quant à la somme ; l'hypothèque judiciaire n'est
pas non plus reconnue par la loi tunisienne, qui, par contre,
admet, comme la loi belge, l'hypothèque testamentaire.

Enfin, c'est au système germanique et plus spécialement
à la loi prussienne de 1872 que la loi foncière emprunte le
principe de la force probante des inscriptions opérées par le
conservateur après immatriculation. La loi prussienne ne
s'oppose pas à ce que, dans les rapports des contractants
entre eux, la validité du droit de l'acquéreur dépende des
conditions de validité requises, en droit commun, pour le
transfert de la propriété : l'acquisition inscrite sur le livre
foncier reste toujours discutable entre les parties elles-
mêmes, les tiers seuls pouvant se retrancher derrière l'au-

torité des registres publics (Loi I, 5 mai 1872, art. 9, cpr.
supra, p. 200). De même, la loi foncière reconnaît
le droit de faire annuler ou modifier les droits inscrits sur
le titre, mais ces annulations et résolutions ne réfléchissent
contre les tiers qu'autant que ceux-ci ont pu en avoir connaissance par les énonciations du folio de l'immeuble. Par
une réminiscence du système germanique, la loi foncière
décide, en outre, que les actions tendant à faire prononcer
l'annulation ou la modification des droits réels immobiliers,
ainsi que les droits qui ne sont pas immédiatement admissibles à l'inscription, peuvent être rendus publics au moyen
d'une prénotation (cpr. infra. ch, III, sect. III, § 1, 2).

§ 2. Historique de la loi foncière.

La loi foncière (1) a été promulguée en Tunisie le 1er juillet 1885 ; modifiée par le décret du 16 mai 1886, elle est
entrée en vigueur le 15 juillet suivant.

Les dispositions de cette loi ont été étudiées par une commission spéciale, instituée par un décret du 31 juillet 1884,
dans laquelle ont siégé, à côté des principaux fonctionnaires
de la Régence et des membres du tribunal, des représentants des nationalités anglaise et italienne, ainsi que les
plus hauts dignitaires de la religion musulmane.

L'application de la loi a rencontré, au début, certaines
difficultés. Au mois de novembre 1891, c'est-à-dire cinq an-

---

(1) La loi foncière n'est pas, comme la loi du 26 mars 1883 qui
organise la juridiction française en Tunisie, une émanation du pouvoir législatif de la métropole. On comprend sous cette dénomination le décret du 1er juillet 1885 et plus généralement l'ensemble des
dispositions relatives au nouveau régime immobilier. Les mots lois,
décrets ou règlements, sont, dans la Régence, des termes synonymes :
si, dans la pratique, on emploie le mot " loi " pour les dispositions
générales et importantes, celui de décret pour les dispositions d'ordre
secondaire et le mot règlement pour des actes de simple exécution ;
au fond, ces trois expressions s'appliquent à des actes du pouvoir
législatif, rendus en la même forme par S. A. le Bey.

nées après la promulgation de là loi, 258 immeubles seulement, comprenant 100.000 hectares, étaient immatriculés
ou en voie d'immatriculation, alors qu'on évaluait à plus
de 400.000 hectares la superficie totale des domaines appartenant à des Français.

Le Gouvernement du Protectorat n'a pas manqué de se
préoccuper de cet état de choses et de rechercher les moyens
d'y porter remède. Une commission, sous la présidence du
Résident général, fut chargée d'étudier les réformes à introduire dans le fonctionnement de la loi. Ces réformes réa-
lisées par un décret du 15 mars 1892 et par cinq autres
décrets du 10 du même mois, ont porté principalement sur
la simplification de la procédure et la réduction des frais
d'immatriculation et ont eu, notamment, pour objet d'abré-
ger les formalités de la réquisition d'immatriculation et de
production de pièces, de restreindre l'intervention des
fonctionnaires dans la procédure.

L'obstacle réel résidait surtout dans l'élévation des frais
occasionnés par la procédure d'immatriculation et dans
l'obligation imposée au requérant de les consigner au préalable. Un barême fut établi, qui réduisit les frais antérieurs
de 75 %, pour les petites propriétés, et d'au moins 50 %
pour les autres.

Sous l'empire de la loi de 1885, le conservateur de la propriété foncière était tenu d'exiger la régularisation fiscale
de toutes les pièces qui lui étaient présentées à l'appui de
la réquisition d'immatriculation. Nombre de propriétaires,
dont les titres n'étaient pas réguliers au point de vue fiscal,
aimaient mieux renoncer à l'immatriculation que verser
les sommes parfois considérables qui leur étaient demandées.
Sur la proposition de la commission, le conservateur fut
désinvesti de ses attributions fiscales et autorisé à recevoir
les actes, sans s'inquiéter de leur régularité au point de vue
de l'impôt.

Parmi les décrets qui, dans la suite, ont modifié de la loi
foncière, nous mentionnerons notamment, ceux du 9 mars
1896 sur l'organisation du tribunal mixte, du 25 février 1897
sur l'organisation de la conservation foncière, des 25 fé-

vrier et 19 mars 1897 sur la rectification des erreurs matérielles survenues au cours de la procédure, du 10 avril 1898
sur les servitudes de vue, du 6 décembre 1898 sur le mode
de liquidation des frais d'immatriculation. Il y a lieu de signaler, en outre, le décret du 20 juillet 1899, qui précise le
point de départ de l'immatriculation, règle le sort des actes
faits en cours de procédure et détermine la force probante
des inscriptions prises en suite du jugement rendu par le
tribunal mixte, celui du 10 décembre 1899, qui fixe le montant et le mode de perception des frais de lotissement des
immeubles immatriculés, et celui du 18 du même mois,
qui réorganise le service topographique.

Ces modifications n'ont pas, toutefois, altéré la pensée
première du législateur : permettre à tout propriétaire
d'obtenir, promptement et à peu de frais, un titre de propriété indiscutable et affranchi de toutes causes d'éviction
occultes ; garantir les tiers qui ont traité sur la foi due au
registre public ; concilier ces principes avec l'esprit général
de notre code civil sur l'acquisition de la propriété, la
constitution des droits réels immobiliers, tel était et tel est
encore l'objectif du législateur tunisien. Nous allons voir
si le but qu'il s'est proposé a été atteint.

CHAPITRE II.

THÉORIE DE L'IMMATRICULATION

———

Dans son titre premier, la loi foncière s'occupe de la classification générale des immeubles, de leur immatriculation et du titre de propriété. Ce sera l'objet du présent chapitre, où nous traiterons successivement : des diverses catégories de biens immobiliers, — de l'immatriculation et de l'établissement du titre de propriété, — du fait générateur de l'immatriculation, de l'époque à laquelle doivent être définies la condition juridique et la consistance matérielle de l'immeuble, — des effets juridiques de l'immatriculation et de leur point de départ, — de la force probante des inscriptions opérées sur le titre en exécution du jugement du tribunal mixte, et de la rectification des erreurs matérielles et des omissions survenues au cours de la procédure.

§ 1. — Des Immeubles.

Comme notre droit civil, la loi foncière pose en principe que « les biens sont immeubles ou par leur nature, ou par « leur destination, ou par l'objet auquel ils s'appliquent. » (art. 3.)

L'énumération des immeubles par nature est contenue dans les articles 4. 5, 6, 7 et 9. Elle comprend : 1° les fonds de terre ; 2° les bâtiments ; 3° les moulins fixés sur piliers ou faisant partie d'un bâtiment ; 4° les récoltes pendantes

par branches ou par racines et les semences confiées au
sol, les coupes de bois taillis ou de futaies mises en coupes
réglées tant que les arbres ne sont pas abattus ; 5° les
tuyaux servant à la conduite des eaux dans une maison
ou tout autre héritage. Les bâtiments ou autres ouvrages
unis au sol sont immeubles par nature, qu'ils aient été
construits par le propriétaire du fonds ou par un tiers, par
exemple par un fermier ou par un locataire ou par un usufruitier et ce, même dans le cas où le tiers constructeur
se serait réservé la faculté de démolir lors de la cessation de
sa jouissance.

Sous la dénomination d'immeubles par destination, la loi
foncière comprend certaines choses mobilières par leur nature, qui reçoivent de la loi même un caractère immobilier
lorsqu'elles sont rattachées à un immeuble, dont elles deviennent l'auxiliaire et l'accessoire, par le propriétaire lui-même ou par son représentant. Pour qu'un objet mobilier
devienne immeuble par destination, il faut : 1° qu'il ait été
placé sur un fonds ; 2° qu'il y ait été placé dans l'intérêt du
fonds ; 3° qu'il y ait été placé par le propriétaire de ce fonds.
Ces trois conditions sont nécessaires et suffisantes pour
l'immobilisation qui a lieu « dans l'intérêt du service ou de
l'exploitation d'un immeuble », ou autrement dit pour l'immobilisation par destination agricole ou industrielle, notamment, des animaux attachés à la culture, des ustensiles
aratoires et autres objets mobiliers dont l'article 10 contient
une énumération non limitative. Une condition supplémentaire est exigée pour l'immobilisation des objets attachés au fonds dans un autre intérêt que l'intérêt agricole
ou industriel, par exemple dans celui de l'utilité ou de l'or-
nement de l'immeuble ; il faut alors que le propriétaire y
ait placé cet objet à perpétuelle demeure, c'est-à-dire dans
une intention de perpétuité. Cette condition se trouve réalisée quand les objets « sont scellés à l'immeuble en plâtre
« ou à chaux ou à ciment, ou lorsqu'ils ne peuvent être dé-
« tachés sans être fracturés et détériorés ou sans briser ou
« détériorer la partie du fonds à laquelle ils sont attachés. »
(art. 11).

La troisième classe d'immeubles se compose de biens incorporels qui, à raison de leur nature ,sembleraient devoir échapper à la distinction des biens meubles et immeubles, mais qui empruntent, aux yeux de la loi, la nature juridique de l'immeuble auxquels ils s'appliquent. Ce sont ; 1° les droits réels immobiliers, 2° les actions qui tendent à revendiquer un immeuble (art. 12).

De ces diverses catégories de biens immeubles, les fonds de terre et les bâtiments sont les seuls susceptibles d'immatriculation (art. 13).

§ 2. De l'immatriculation et de l'établissement du titre de propriété.

L'immatriculation marque l'abandon d'un statut immobilier pour un autre statut fondé sur des principes différents ; elle a pour objet de constater l'individualité et l'état civil de l'immeuble à son passage sous le nouveau régime. Par un rapprochement qui ne serait peut-être pas hors de propos, puisque l'immatriculation a été représentée comme une réminiscence et une adaptation des règles depuis longtemps usitées dans le droit maritime, on pourrait presque dire qu'elle est à l'immeuble immatriculé, ce que sont au navire entrant dans la vie juridique l'inscription sur le registre de son port d'attache et la délivrance du titre que nos lois appellent l'acte de francisation.

I. — Du caractère facultatif de l'immatriculation et des exceptions qui y ont été apportées.

Dans la loi tunisienne, comme dans l'act Torrens, l'immatriculation est facultative.

Nous avons déjà fait connaître que le Protectorat n'a pas cru devoir imposer une législation qui, modifiant profondément l'assiette de la propriété, pouvait froisser des susceptibilités légitimes. Les auteurs de la loi de 1885 se sont encore

déterminés par d'autres considérations. L'immatriculation
obligatoire eût rencontré un obstacle dans la situation finan-
cière de laRégence qui n'aurait pas permis de subvenir aux
frais d'une opération aussi considérable ; on ne disposait pas
d'un personnel suffisamment nombreux et instruit pour assurer le fonctionnement du service topographique ; il était à
craindre aussi que dans un pays récemment soumis à notre
protectorat, l'extension de la juridiction française à tous les
possesseurs fonciers ne fût de nature à éveiller les susceptibilités des nations étrangères et à créer des difficultés diplomatiques. Toutes ces raisons expliquent et justifient le caractère facultatif que la loi tunisienne attache à la formalité de l'immatriculation.

Après avoir posé en principe que l'immatriculation est
facultative, le législateur n'a pas tardé à apporter au caractère absolu de cette déclaration des exceptions destinées à
faciliter l'application de la loi.

L'immatriculation qui, dans le texte de 1885, ne pouvait
être requise que par le propriétaire ou l'enzéliste ou du
consentement de ces derniers, peut l'être, aujourd'hui,
aux termes de l'article 22, modifié par les décrets des 16
mai 1886, 6 novembre 1888 et 15 mars 1892 : 1º par le propriétaire et le copropriétaire ; 2º par l'enzéliste et le coenzéliste; 3º par les titulaires de droit d'usufruit, d'usage et d'habitation, d'emphytéose, de superficie et d'antichrèse ; 4º à défaut de paiement à l'échéance et huit jours après une sommation infructueuse, par le créancier hypothécaire, auquel
la jurisprudence assimile le crédi-enzéliste dont le droit est
également garanti par une sûreté réelle immobilière (art.
229 ; T. m. 30 janvier 1896, J. T. 1698, 111); 5º avec
le consentement du propriétaire ou du copropriétaire, de
l'enzéliste et du coenzéliste, par les détenteurs de servitudes foncières, et les créanciers hypothécaires qui ne se trouvent pas dans les conditions précédemment indiquées. Ainsi donc, il suffit que l'un des copropriétaires ou des coenzé-
listes requière l'immatriculation pour que la totalité de
l'immeuble y soit soumise, même contre le gré des autres
ayants-droit (T. 2ᵉ ch. 20 mars 1895, J. T. 1895, 338).

Le copropriétaire ou le coenzéliste non requérant n'ont d'autre faculté que de demander, par voie d'opposition, qu'il soit sursis à l'immatriculation jusqu'à ce qu'ils aient fait procéder au partage ou à la licitation des immeubles indivis (art. 22) (1).

Le décret du 22 juin 1888 apporte une autre dérogation au caractère facultatif de l'immatriculation, en imposant aux adjudicataires l'obligation de faire immatriculer les enzels provenant de biens habous, à l'exception des immeubles urbains d'un revenu inférieur à 120 fr. par an.

Dans les cas de saisie immobilière ou de licitation, le décret du 16 mars 1892 a créé de nouveaux cas d'immatriculation non facultative. Considérant que les ventes poursuivies devant les tribunaux français portent parfois sur des immeubles dont la consistance matérielle et l'état juridique ne sont pas suffisamment définis et que, d'autre part, ces ventes n'opèrent pas purge (T. 2ᵉ ch. 4 avril 1894, J, T. 1894, 275, V. supra p. 46), le législateur a, pour la sûreté, des acquéreurs, permis de subordonner la vente à l'immatriculation préalable (2).

Le décret de 1892 vise deux situations différentes, l'immatriculation préalable à l'adjudication et l'immatriculation postérieure à l'adjudication.

Dans le premier cas, l'immatriculation peut être requise :

---

(1) Il a été jugé par a contrario que la même faculté n'appartient pas au copropriétaire indivis qui a requis l'immatriculation (T. m. 1ʳᵉ ch. 24 décembre 1896, J. T. 1897, 48).

(2) Cette faculté est toutefois spéciale aux procédures de ventes immobilières engagées devant la juridiction française : elle n'est pas attributive de compétence au profit de nos tribunaux, elle a seulement pour objet de combiner la procédure d'immatriculation avec celles qui, régulièrement intentées devant la justice française, tendent à l'adjudication d'un immeuble tunisien (T. 2ᵉ ch. 10 juin 1892, J. T. 1893, 292 ; T. 2ᵉ ch. 16 juin 1893, J. T. 1893, 302 ; T. 2ᵉ ch. 27 décembre 1893, J. T, 1894, 188 ; T. 2ᵉ ch. 8 mai 1895, J. T. 1895, 371 et note 372) ; elle ne s'appliquerait pas en dehors de cette hypothèse et notamment à un litige né après une adjudication entre deux prétendants à la propriété de l'immeuble (T. 2ᵉ ch. 2 juillet 1892, J. T. 1894, 371),

— en matière de saisie, par le créancier poursuivant mais
non par le saisi (T. 2e ch. 19 décembre 1894, J. T. 1895, 89),
tenu de la subir (T. m. 2e ch. 3 juillet 1897, J. T. 1897
414) ; — en matière de licitation, par l'un des colicitants,
sans que les autres colicitants puissent, en leur qualité de co-
propriétaires, demander par application de l'article 22 déjà
cité qu'il soit sursis à l'immatriculation jusqu'après la licitation de l'immeuble ; pour les biens des mineurs, par les
tuteurs ou subrogés tuteurs, avec l'autorisation du conseil
de famille (art. 2 décret précité). Le créancier poursuivant
a le devoir d'établir que les biens qui sont l'objet de sa procédure sont la propriété de son débiteur (T. 2e ch. 23 octobre 1895, J. T. 1895, 596) ; faute d'avoir requis l'immatriculation préalable, il peut être tenu de dommages-intérêts
envers l'adjudicataire qui vient à être dépossédé par un tiers
revendiquant (T. 2e ch. 24 novembre 1893, J, T. 1894, 67 ;
T. 2e ch. 4 avril 1894, J. T. 1894, 274 ; T. 2e ch. 8 mai 1895,
J, T. 1895, 433 ; T. 20 décembre 1893, J. T. 1894, 104 ; T.
10 janvier 1894. J. T. 1894, 106). Il a été jugé, en outre,
que pour sauvegarder tous les intérêts en cause et empêcher qu'il ne soit indéfiniment sursis à la vente ou à la licitation, le tribunal peut impartir un délai au créancier poursuivant et au colicitant, à l'effet de requérir l'immatriculation préalable, et que l'expiration de ce délai emporte déchéance de leur droit (T. 2e ch. 15 mai 1895, J. T. 1895,
407 ; T. 2e ch. 24 avril 1895, J. T. 1895, 309). Le tribunal
peut lui-même ordonner d'office l'immatriculation si le titre
ne lui a pas été produit ou s'il apprécie que le titre est obscur ou insuffisant (art. 3 ; T. 2e ch. 20 juin 1894, J. T.
1894, 442, R. A. 1894, 2, 216 ; T. 2e ch. 23 octobre 1895, J.
T. 1895, 540 ; T. 2e ch, 10 janvier 1894, J. T. 1894, 106 ;
T. 2e ch. 6 mars 1895, J. T. 1895, 201 ; T. 2e ch. 15 mai
1895, J. T. 1895, 407 ; T. 2e ch. 21 novembre 1894, J. T.
1895, 86 ; Alger 6 juin 1896, R. A. 96, 2, 383). L'adudica-
tion a lieu après immatriculation et le titre de propriété est
délivré à l'adjudicataire.

Dans le cas où l'immeuble a été adjugé sans que l'immatriculation ait été demandée ou ordonnée, l'adjudicataire

peut subordonner l'exécution des conditions du cahier des
charges à l'accomplissement de cette formalité (art. 9) ; et,
à défaut de distinction établie par le texte, cette faculté appartient, semble-t-il, aussi bien à l'adjudicataire sur saisie
qu'à l'adjudicataire sur licitation. L'adjudicataire doit alors
dans les quinze jours de l'adjudication, déposer son prix à
la caisse des dépôts et consignations, payer les frais ordinaires de poursuite et, dans la quizaine suivante, remettre
au conservateur sa demande accompagnée du jugement
d'adjudication (art. 10 ; T. 2e ch. 4 avril 1894. J. T. 1894,
274, 275).

La réquisition doit être établie au nom de l'adjudicataire ;
mais la jurisprudence du tribunal mixte exige qu'on y
spécifie le nom exact du saisi, de telle sorte que les tiers,
ayant acquis des droits sur l'immeuble du chef de ce dernier, soient mis en demeure de se faire connaître. Quant
au titre, il est établi au nom de l'adjudicataire, sauf à ce
dernier, si la consistance matérielle et l'état juridique
de l'immeuble ne sont pas conformes aux stipulations
du cahier des charges, à demander une diminution du
prix (T. m. 29 oct. 1895, J. T. 1895, 580 ; T. 2e ch.
31 décembre 1896, J. T. 1897, 101), et même la nullité
de l'adjudication, lorsque la différence de valeur est
égale à 1/20 de la valeur vénale (art. 11 décret précité ;
T. m. 22 juin 1898, J. T. 1898, 388, R. A. 1898, 2, 381). La
propriété de l'adjudicataire serait également résoluble dans
le cas où le prix ne serait pas payé ou la consignation
non validée.

En définitive, l'adjudicataire devient propriétaire sous
condition résolutoire et les droits du saisi revivraient de
plein droit si l'adjudication venait à être résolue. Il s'en
suit qu'en pareil cas le tribunal mixte doit nécessairement
ordonner l'inscription du droit du saisi propriétaire sous
condition suspensive, de ceux de ses créanciers hypothécaires, du droit de l'adjudicataire propriétaire sous condition résolutoire avec réserve de l'action en nullité résultant
à son profit de l'art. 11 précité, des droits de ses ayants-
cause, de la date de la saisie, le tout, en ayant soin, pour

sauvegarder l'intérêt de toutes les parties, de mentionner les modalités dont ces droits sont affectés.

Le jugement d'immatriculation opère la purge des droits réels non révélés en temps utile ; les droits des créanciers qui se sont fait connaître sont réglés d'après le droit commun.

II. — *Procédure d'immatriculation. Jugement du Tribunal mixte.*

Celui qui requiert l'immatriculation doit, aux termes du décret du 15 mars 1892 (nouvel art. 23), déposer à la conservation de la propriété foncière une déclaration signée par lui, ou par son mandataire muni d'une procuration spéciale (T. m. 2e ch. 6 fév. 1897, J. T. 1898. 510), ou par son représentant légal. Cette déclaration porte élection de domicile en Tunisie, indique le nom et la qualité du requérant, la valeur et la situation de l'immeuble, avec l'indication de ses confins (T. m. 2e ch. 22 mai 1897, J. T. 1897. 445), le détail de droits réels immobiliers et la désignation des ayants-droit (1). Le requérant joint à cette déclaration ses titres de propriété établis dans les deux langues française et arabe, ainsi que tous actes et documents de nature à faire connaître la situation juridique de l'immeuble. Si ces titres et documents sont détenus par un tiers, le requérant n'aura qu'à lui faire sommation d'avoir à les déposer dans les huit jours entre les mains du conservateur, qui lui en délivrera un récépissé gratuit et les fera traduire par l'interprète assermenté désigné par le requérant. Le refus par le tiers détenteur de satisfaire à cette obligation légale donne ouverture à une action en dommages-intérêts (T. 1re ch. 25 janv. 1897, J. T. 1897. 236 ; T. 1re ch. 14 mars 1898, J. T. 1898, 232).

Le demandeur doit consigner au moment du dépôt de sa

_____

(1) On trouve dans les bureaux de la conservation foncière des formules imprimées servant à la rédaction de la requête d'immatriculation.

réquisition le montant présumé des frais d'immatriculation, évalués par le conservateur d'après le barême suivant :

1° CONTENANCES :

de 0 à 100 hectares — 1 fr. par hectare

de 100 à 500 hectares — 100 fr. et 0,75 par hectare en en plus des 100 premiers.

de 500 à 1000 hectares — 400 fr. et 0,50 par hectare en plus des 500 premiers.

à partir de 1000 hectares — 650 fr. et 0,25 par hectare en plus des 1000 premiers.

2° En plus, trois pour mille de la valeur vénale de l'immeuble.

Le minimum de la perception est de 30 francs.

Lorsqu'une réquisition comprend plusieurs parcelles non contigües constituant des îlots distincts et séparés, le calcul des sommes à verser par le requérant est effectué distinctement pour chacun des îlots (décret du 11 juin 1895). La taxe de 3 °/₀₀ est calculée sur la valeur vénale de l'immeuble au moment du dépôt de la réquisition ; elle reste acquise au trésor quelle que soit l'issue de l'immatriculation. Exceptionnellement, lorsque sur la demande du requérant la radiation de la réquisition est obtenue avant les opérations du bornage, le Trésor prélève seulement les frais engagés et l'excédent est restitué au requérant (art. 6 du décret du 16 mars 1892, modifié par l'art. 2 du décret du 6 décembre 1898). Dans les autres cas, le montant des droits est définitivement liquidé au vu d'un certificat de contenance délivré par le service topographique, et il peut en résulter pour la partie, soit un versement complémentaire, soit la restitution de l'excédent de consignation.

Dans les dix jours qui suivent la réception de la requête, le conservateur fait insérer un extrait de la déclaration dans le journal Officiel tunisien et envoie une copie de cet extrait au chef du service topographique, au juge de paix

et au caïd de la circonscription de l'immeuble à immatriculer. Cette copie est affichée dans l'auditoire de la justice
de paix, le caïd la fait publier dans les marchés.

Quarante-cinq jours après l'insertion au journal Officiel,
le chef du service topographique délègue un géomètre
assermenté pour procéder au bornage provisoire de l'immeuble, dont la date, annoncée au public vingt jours au
moins à l'avance, est en outre portée à la connaissance du
cheikh du territoire. L'opération a lieu en présence du
requérant ou lui dûment appelé et se poursuit sans égard
aux réclamations qui peuvent se produire et qui sont seulement consignées au procès-verbal. Ce procès verbal est
ensuite transmis au conservateur et la date de la clôture
du bornage est publiée au journal Officiel français et arabe.
A partir de cette publication, les tiers ont un délai de deux
mois pour former opposition à l'immatriculation. Toutefois
le juge-rapporteur peut requérir d'office la prorogation de
ce délai en faveur des incapables et des absents dont il
est le protecteur légal (art. 31 ; T. m. 13 février 1897,
J. T. 1899, 101, R. A. 1899, 2, 214).

L'opposition est reçue par le conservateur de la propriété
foncière, le juge de paix ou le caïd, qui en dressent procès-verbal et en font mention sur un registre spécial : elle
peut être formée soit verbalement, soit par lettre missive
adressée à l'un de ces fonctionnaires. Les géomètres n'ont,
en dehors des opérations de bornage, aucune qualité pour
recevoir des oppositions, et ce, à peine de nullité (T. m.
27 juin 1888, J. T. 1897, 521 ; T. m. 2e ch., Sousse
28 févr. 1898. J. T. 1898, 188, R. A. 1899, 2, 189).

Dans les trois mois qui suivent l'insertion au journal
Officiel de l'avis de clôture du bornage, le service topographique doit procéder au lever du plan périmétrique de
l'immeuble et le remettre, à l'expiration de ce délai, au
bureau de la conservation foncière ; mais ce délai peut être
prorogé par une ordonnance du président du tribunal
mixte, qui jouit à cet égard d'un pouvoir discrétionnaire.

Annonces dans le journal Officiel français et arabe, affi-
ches dans l'auditoire du juge de paix, publications faites

par le caïd dans les marchés de son territoire, bornage de
l'immeuble, telles sont les mesures de publicité que la loi
foncière a pris soin d'édicter pour prévenir les tiers et les
mettre à même de faire valoir leurs droits. L'opération du
bornage qui nécessite le transport sur les lieux d'un chef
indigène et d'un géomètre assisté de son personnel, qui
comporte une plantation de bornes portant une marque
spéciale, constitue une prise de possession en quelque sorte
matérielle de l'immeuble et ne manque pas d'être connue
des propriétaires voisins ; ceux-ci ne peuvent plus ignorer
la procédure engagée et sont en mesure, s'il y a lieu, de
faire opposition. La loi foncière a, d'autre part, pourvu à la
protection des incapables et des absents, en accordant le
droit de faire opposition à leurs tuteurs, représentants légaux, parents ou amis, aux procureurs de la République,
juges de paix et cadis, et en chargeant le tribunal mixte,
plus particulièrement le juge rapporteur, du soin de veiller
à la sauvegarde de leurs intérêts.

Dès qu'il a reçu la requête d'immatriculation avec les
titres déposés à l'appui, le conservateur transmet ces pièces
au tribunal mixte, après avoir fait procéder aux publications
légales, en même temps qu'il envoie au caïd et aux juges
de paix les placards reproduisant l'insertion au journal
Officiel. Aussitôt la procédure de publicité terminée, ce
fonctionnaire adresse au greffe du tribunal mixte le procès-
verbal de bornage provisoire, un certificat constatant qu'il
s'est ou non produit des oppositions entre ses mains, et les
certificats de même nature établis par le juge de paix et le
caïd du lieu de la situation de l'immeuble. Un mois plus
tard, il transmet le plan qui lui est remis par le service
topographique.

Le dossier une fois parvenu au tribunal mixte, le juge-
rapporteur invite les opposants à lui faire parvenir dans la
quinzaine un mémoire qui doit porter élection de domicile
à Tunis et contenir l'exposé de leurs moyens avec les pièces
à l'appui ; il communique au requérant le dossier des réclamations, se rend au besoin sur les lieux, prescrit, en un
mot, toutes les mesures d'instruction nécessaires.

Le délai de quinzaine, imparti à l'opposant pour déposer sa requête introductive d'instance, court du jour de la réception de la sommation qui lui est faite par le juge-rapporteur et de la dernière sommation lorsqu'il y en a plusieurs (T. m. 15 avril 1889, J. T. 1894, 423, R. A. 1889, 2, 281 ; 28 novembre 1896, J. T. 96, 599) ; le *dies a quo* n'est pas compté dans la supputation du délai (T. m. 2e ch. Sousse, 28 fév. 1898, J. T. 1898, 188, R. A. 1899, 2, 189). L'opposant est forclos s'il ne produit pas son mémoire dans le laps de temps prescrit. (T. m. 15 avril 1889, J. T. 94, 423 ; 28 nov. 1896, J. T, 96, 599). (1).

Il est de jurisprudence constante qu'une opposition introduite à la légère peut constituer un fait de nature à motiver une demande en dommages-intérêts, conformément au principe édicté par l'art. 1382 du C. C. ; mais il ne suffirait pas que l'opposition ait été rejetée, il faudrait, en outre, qu'elle fût reconnue téméraire, vexatoire ou dénuée de tout fondement (T. 2e ch., 16 janvier 1890, J. T. 1891, 11 ; T. 2e ch., 17 janvier 1889, J. T. 1893, 104 ; T. 1re ch., 16 juillet 1894, J. T. 1894, 469 ; T. 2e ch., 13 février 1896, J. T. 1896, 288 ; T. 1re ch., 29 juin 1898, J. T. 1898, 375).

Dans tous les cas, celui qui requiert l'immatriculation est tenu de faire la preuve de son droit de propriété et il ne peut, pour s'en dispenser, se prévaloir du défaut d'opposition ou de l'inaccomplissement des mesures de publicité organisées par la loi ; c'est la conséquence du principe général établi par l'art. 23, d'après lequel l'immatriculant doit fournir tous les éléments de conviction propres à justifier les droits qu'il invoque et faire connaître le détail des droits immobiliers existant sur le fonds. Cette preuve peut

---

(1) Une opposition, même faite dans les délais, serait nulle si elle était formulée par un opposant sans qualité et elle ne pourrait être reprise après l'expiration des délais, alors même qu'un nouvel opposant, qualifié pour agir, interviendrait dans la cause (T. m. 12 janv. 97, J. T. 1897, 159). Jugé, d'autre part, que l'opposition intentée par l'enzéliste profite de plein droit au crédi-rentier (T. m. 28 mars 1898, J. T. 1898, 278 ; cpr. T. 1re ch., 27 mai 1895, J. T. 1895, 462).

être faite tant par titres que par témoins et être ordonnée
par le tribunal mixte soit d'office, soit à la requête des
parties (T. m. 17 février 1890, J. T. 90, 87, R. A. 1890,
2, 176 ; T. m, 25 juin 1887, J. T. 1894, 334, R. A. 1887,
2, 445 ; T. m. 17 janvier 1893, J. T. 1893, 93, R. A. 1893,
2, 29 ; T. m. 2ᵉ ch., 1ᵉʳ août 1896, J. T. 1896, 471, R. A.
1896, 2, 345 ; T. m. 26 septembre 1896, J. T. 1896, 536 ;
T. m. 13 février 1896, J. T. 1896, 164 ; T. m. 2ᵉ ch.
28 novembre 1896, J. T. 1896, 599 ; T. m. 26 mars 1896,
J. T. 1897, 661 ; T. m. 22 avril 1896, J. T. 1897, 411 ;
T. m. 2ᵉ ch., 6 février 1897, J. T. 1898, 509 ; T. m. 11 mars
1896, J. T. 1898, 199 ; T. m. 2ᵉ ch. 23 janvier 1897, J.
T. 1899, 279). Le fait par le requérant d'avoir indûment
compris dans sa réquisition tout ou partie d'un immeuble
appartenant à autrui peut, d'autre part, le rendre passible
de dommages-intérêts envers la partie qui s'est vue dans la
nécessité de faire opposition, d'intenter des démarches
coûteuses et qui a subi, par cela même, un préjudice dont
il lui est dû réparation (T. 1ʳᵉ ch , 28 décembre 1896, J. T.
1897, 99).

La procédure devant le tribunal mixte est faite par
écrit ; la requête introductive d'instance et les mémoires
déposés par les parties ne peuvent faire l'objet de débats
oraux que sur les points qui y ont été développés. Les intéressés, avertis au moins huit jours à l'avance du jour où
l'affaire sera appelée en audience publique, peuvent com-
paraître en personne ou se faire représenter par des man-
dataires choisis parmi les défenseurs, les avocats membres
du barreau français et les personnes admises à représenter
les plaideurs devant l'Ouzara.

Après avoir entendu les parties dans leurs observations,
et sur le rapport du juge-rapporteur, le tribunal mixte rend
en audience publique sa décision motivée (arg. nouv. art. 37).

S'il a des doutes sur le bien fondé de la demande d'immatriculation, il peut en prononcer le rejet, alors même
qu'il ne se serait pas produit d'opposition ou que l'opposant
n'aurait pas introduit sa requête dans le délai légal ; mais
il ne saurait, en aucun cas, prononcer l'immatriculation

au profit d'un opposant qui n'aurait pas eu soin de requérir l'immatriculation à son profit. Les jugements de rejet laissent intacts les droits du demandeur et des opposants, ce sont de simples jugements de débouté en l'état : l'immatriculant peut, sur de nouvelles justifications, recommencer l'instance devant le tribunal mixte (Alger, 11 avril 1891, R. A. 1891, 2. 317 ; T. 1re ch. 14 mars 1892, J. T. 1894, 487, R. A. 1892, 2, 257 ; T. 1re ch. 26 novembre 1894, J. T. 1895, 23 ; T. m. 20 mars 1897, J. T. 1897, 208 ; T. 2e ch. 26 fév. 1897, J. T. 1897, 156), ou porter le litige devant la juridiction de droit commun (T. m. 28 décembre 1887, R. A. 1888, 2, 109 ; T. 1re ch. 21 mars 1898, J.T. 1898, 591, R. A. 1899, 2, 200).

Si le requérant a pleinement justifié de la légitimité de son droit, l'immatriculation est ordonnée sous réserve des droits réels acquis aux tiers, pour lesquels il a été fait opposition en temps utile (art. 37) ; la décision du tribunal qui opère *erga omnes*, n'est susceptible d'aucun recours par voie d'opposition, d'appel ou de cassation (T. 1re ch. 30 janv. 1893, R. A. 1893, 2, 257 ; T. 1re ch. 19 nov. 1894, J. T. 1895, 116, R. A. 1895, 2, 226 ; T. 16 juil. 1894. J. T. 1894, 469 ; T. 22 mai 1895, J. T. 1895, 461 ; T. 21 oct. 1895, J. T. 1895, 539 ; T. 4 déc. 1895, J. T. 1896, 53 ; T. m. 1re ch. 19 nov. 1896, J. T. 1896, 576 ; T. 15 fév. 1897, R.A. 1897, 2, 142 ; T. 15 mars 1897, J. T. 1897, 268 ; T. m. 22 mai 1897, J. T. 1897, 445 ; Cass. 2 fév. 1898, J. T. 1898, 144, R. A. 1898, 2, 108).

III. — De l'établissement du titre de propriété.

L'immatriculation une fois prononcée par le tribunal mixte, il reste à exécuter cette décision et à établir le titre de propriété ; c'est l'œuvre du conservateur de la propriété foncière : « chaque immatriculation, porte l'art. 41, donne « lieu à l'établissement par le conservateur de la propriété « foncière d'un titre, en langue française, comportant la « description de l'immeuble, sa contenance, les plantations

« et constructions qui s'y trouvent et l'inscription des droits
« réels immobiliers existant sur l'immeuble et des charges
« qui le grèvent. »

Le conservateur établit le titre de propriété sur l'expédition conforme de la décision du tribunal mixte, qui lui est
délivrée par le greffier de ce tribunal, et après rectification,
s'il y a lieu, du bornage et du plan ; il inscrit sur le titre les
droits réels existant sur l'immeuble, tels qu'ils résultent du
jugement d'immatriculation, et prend soin d'annexer à ses
archives, après les avoir annulés, les anciens titres produits
à l'appui de la réquisition (art. 42).

L'idée dominante de la loi foncière est d'individualiser la
propriété immobilière, de la déterminer physiquement, puis
juridiquement. La détermination physique de l'immeuble
résulte du plan établi par le service topographique, qui est
annexé au titre (art. 44) ; la détermination juridique est obtenue par l'ouverture à l'immeuble d'un compte spécial sur
les registres publics (art. 45), autour duquel viennent se
grouper tous les actes et faits modificatifs du droit de propriété. La publicité est *réelle* et non *personnelle* : ce n'est
pas le nom du propriétaire, mais le bien-fonds lui-même qui
est inscrit en tête de ce compte. Chaque immeuble y est
inscrit, au fur et à mesure des immatriculations, dans l'ordre chronologique. Le propriétaire donne à son immeuble
le nom qui lui convient et ce nom figure en tête du titre de
propriété, au-dessous d'un numéro d'ordre qui est répété
sur le plan.

Le titre doit indiquer, en outre, le nom du propriétaire ou
enzéliste, la description et la contenance de l'immeuble, les
droits réels existant sur le fonds, ainsi que les charges dont
il est grevé (art. 44).

La loi tunisienne qui, dans l'art. 23, exige l'indication
dans la requête des tenants et aboutissants, n'a pas jugé à
propos de les faire reproduire sur le livre foncier et n'a
par suite organisé, à ce point de vue, aucun système de
mise à jour des titres et des plans définitifs. Les tenants et
aboutissants, sujets à des variations fréquentes et presque
toujours incertaines lorsque les propriétés limitrophes

n'ont pas été immatriculées, ne sauraient sans inconvénient figurer sur le registre public dont les mentions doivent être exactes et précises ; leur énonciation constituerait même un danger pour les tiers inexpérimentés. Les calculs et les plans dressés par le service topographique sont, en principe, les seuls moyens légaux de définir et de décrire la consistance matérielle d'un immeuble soumis au nouveau régime foncier (T. m. 12 janv. 1898, J. T. 1898, 187 ; 24 mai 1898 J. T. 1898, 606).

Tout propriétaire ou enzéliste a droit à une copie exacte et complète du titre de propriété qui lui est remise avec une réduction du plan, pour lui permettre de justifier à tout instant de son droit de propriété et de sa situation hypothécaire (1), Cette copie a, au regard des tiers, la même force probante que le feuillet réel du registre foncier (art. 343). Elle est nominative, et le conservateur en certifie l'authenticité en y apposant sa signature et le timbre de la conservation. Les autres intéressés n'ont droit qu'à la délivrance de certificats d'inscription (art. 5). Le conservateur ne peut ni refuser, ni retarder la délivrance de la copie du titre de propriété et des certificats d'inscription, sous peine de dommages-intérêts ; mais en cas de perte de la copie du titre, il ne peut en établir une nouvelle qu'après y avoir été autorisé par un jugement du tribunal civil (art. 376).

Lorsque deux ou plusieurs personnes sont propriétaires indivis d'un immeuble, chacune d'elles reçoit un duplicata authentique du titre de propriété établi au nom de tous les propriétaires indivis (art. 52). Il en résulte notamment que le conservateur ne pourra procéder ultérieurement à une inscription requise par l'un des communistes, que sur la représentation de toutes les copies délivrées, puisque chaque copie doit être la reproduction fidèle et complète des mentions opérées sur le titre. Cette conséquence nécessaire

(1) Voir infra (ch. III, sect. III, § 1, 3) les précautions prises par la loi foncière pour assurer la concordance entre la copie du titre et le registre foncier.

du système de la loi soulève dans la pratique des difficultés parfois insurmontables et aboutit, en définitive, lorsque l'indivision est compliquée, à la mise hors du commerce de l'immeuble immatriculé ; mais il appartient aux parties de s'y soustraire par la voie de la licitation ou du partage (arg. art. 815, C. C.).

Lorsque le fonds immatriculé se compose de plusieurs parcelles détenues par des ayants-droit différents, le conservateur délivre à chacun d'eux un titre de propriété distinct. Cette solution ne résulte pas d'un texte formel ; elle découle de l'art. 46 de la loi foncière qui prévoit, en cas de mutation partielle, l'établissement d'un nouveau titre pour chaque division de l'immeuble. Si, d'ailleurs, il n'existait qu'un seul titre, le conservateur se trouverait le plus souvent dans l'impossibilité de réunir les copies délivrées à chaque propriétaire pour y inscrire tout droit réel émanant d'un seul d'entre eux, et, d'autre part, il serait excessif de rendre ainsi solidaires les unes des autres des personnes n'ayant entre elles aucun lien commun, sous prétexte qu'à l'origine leurs parts ne faisaient qu'un tout.

Aux termes d'un décret du 19 mars 1897, le conservateur est tenu, dans les 24 heures, de notifier au propriétaire l'établissement du titre. Cette notification a pour effet de mettre l'intéressé en demeure de faire redresser dans le délai légal les omissions ou erreurs purement matérielles qui ne portent pas atteinte à la propriété et aux droits réels résultant du jugement d'immatriculation.

§ 3. Du fait générateur de l'immatriculation.

Une question qui a soulevé de vives controverses est celle de savoir quel est le fait générateur de l'immatriculation : le jugement du tribunal mixte ou l'établissement du titre par le conservateur de la propriété foncière.

Dans une opinion qui a rallié des suffrages autorisés, on a soutenu que l'immatriculation résulte de l'établissement du titre de propriété. Les partisans de ce système s'appuient notamment sur l'art. 21 de la loi de 1885 : « le conservateur « est chargé de l'immatriculation des immeubles », sur l'art. 42 § 4 de la même loi : « le conservateur procède à « l'immatriculation sur l'expédition conforme de la décision « du tribunal mixte », et sur l'art. 2 du décret du Président de la République du 17 juillet 1888, qui fait du « titre « dressé en suite de l'immatriculation, le point de départ « unique de la propriété et des droits réels qui l'affectent. » Mais les arguments de texte tirés de la loi de 1885 sont loin d'être décisifs, car cette législation, préparée hâtivement, n'a pas toujours trouvé les formules les plus nettes et les mieux appropriées. Et d'abord, ils s'écartent de l'esprit de la loi ; ils sont, d'autre part, en opposition non seulement avec des dispositions de cette loi mais encore avec des décrets de date plus récente. Quant au décret du Président de la République, s'il porte « que le titre forme le point de « départ unique de la propriété et des droits réels qui l'af- « fectent », il stipule également « que ce titre est dressé en « suite de la décision du tribunal mixte *prononçant l'im- « matriculation* » ; le texte prête donc à équivoque et doit être mis hors de discussion. Les principes d'une bonne interprétation s'opposent, d'ailleurs, à ce que l'on recherche dans un document législatif la solution de questions qu'il n'a pas entendu trancher.

Le système qui a prévalu en jurisprudence et en doctrine fait dépendre l'immatriculation du jugement du tribunal, et c'est la solution qui paraît la plus conforme à l'esprit et à la lettre de la loi tunisienne.

L'intervention du pouvoir judiciaire a paru aux yeux du législateur de 1885 comme une garantie nécessaire mais suffisante pour donner à l'immatriculation une base légitime : dans une matière où l'on peut arriver à l'expropriation des droits individuels, il a suivi les précédents de l'expropriation pour cause d'utilité publique et rendu indispensable une décision préalable de l'autorité judiciaire. Il a institué, dans ce but, une juridiction spéciale chargée de surveiller l'exécution de la loi, de statuer sur tous les litiges provoqués par son application, l'a investie de pouvoirs souverains à l'effet de sauvegarder les intérêts des incapables et des absents, et lui a confié, enfin, la mission de fixer d'une manière définitive et irrévocable la condition juridique et la consistance matérielle de l'immeuble. C'est par suite à l'autorité judiciaire qu'est dévolue l'œuvre de la constitution de la propriété, le rôle du conservateur restant celui d'un simple agent d'exécution (1).

Cette solution se dégage, au surplus, de l'ensemble de la nouvelle législation immobilière (2). L'art. 37 de la loi foncière, qui définit les attributions du tribunal mixte, indique à quel moment se place l'immatriculation : « le tribunal « prononcera l'admission ou le rejet de l'immatriculation « et, *en cas d'immatriculation*, ordonnera l'inscription des « droits réels dont il aura reconnu l'existence ». Le décret du 16 mars 1802 sur les ventes immobilières poursuivies devant les tribunaux français retarde, de son côté, jusqu'après le jugement du tribunal mixte et non jusqu'après l'établissement du titre, l'adjudication, lorsque le tribunal subordonne la vente à l'immatriculation préalable, et la distribution du prix, lorsque l'adjudicataire a subordonné l'exécution du cahier des charges à l'immatriculation de l'immeuble. Notre interprétation se fonde, en outre, sur l'article 1ᵉʳ du décret du 25 février 1897, relatif aux rectifications des erreurs matérielles survenues au cours de la procédure, qui prévoit, d'une part, que le jugement *prononce l'immatriculation* et, d'autre part, que le titre de propriété est établi en exécution du jugement. Enfin l'art. 4 du décret du 16 juillet 1899 dispose que tous les droits réels existant sur l'immeuble au moment du dépôt de la réquisition « *sont définitivemeut consacrés par le jugement d'im-* « *matriculation* ». Si donc le jugement du tribunal mixte détermine la condition juridique de l'immeuble et fixe le

----

(1) Nous verrons que les pouvoirs du conservateur sont tout autres lorsqu'il s'agit des inscriptions de droits réels postérieurs à l'immatriculation.

(2) Voir note sur les actions possessoires et la nouvelle loi foncière. Etude de M. Martineau, J. T. 1896, 491.

point de départ des effets attachés à l'immatriculation, c'est
que l'immatriculation résulte de ce jugement, qu'elle est la
cause et non *l'effet* du titre de propriété (T. 1re ch. 12 juillet
1899, J. T. 1899, 625).

§ 4. De l'époque à laquelle doivent être définies la condition juridique et la consistance matérielle de l'immeuble.

Le principe que l'immatriculation est l'œuvre du tribunal mixte implique que l'immeuble doit être déterminé,
physiquement et juridiquement, dans l'état où il se trouve
au moment du prononcé du jugement, car la décision de
ce tribunal doit, suivant l'expression de M. Cambon, fournir au conservateur tous les éléments essentiels à la
rédaction du titre de propriété.

Telle était du moins la solution admise tout d'abord par
le tribunal mixte ; considérant que le titre doit « être établi
« sur l'expédition conforme du jugement d'immatriculation » (art. 42, al. 4), et qu'il doit, d'autre part, relater
avec sa description physique (art. 44) les droits réels existant sur l'immeuble « *au moment de l'immatriculation* »
(art. 19), cette juridiction s'attachait à définir l'état juridique et la consistance matérielle du fonds au moment du
prononcé de son jugement, pour permettre au conservateur
d'établir son titre suivant le vœu et les prescriptions de la
loi foncière. (V. jugements cités supra p. 232, al. 2).

Par un jugement récent du 22 mars 1899 (J. T. 1899,
326), le tribunal mixte a répudié cette doctrine, et décidé
dans les termes les plus formels qu'il doit se reporter à la
date de la réquisition, pour définir la condition de l'immeuble au point de vue physique et juridique ; qu'il n'a pas à
connaître des conventions survenues en cours d'instance.
« Si le tribunal mixte va au-delà de la réquisition, dit une
« note publiée à l'appui de cette jurisprudence (J. T. 1899,
« 352), s'il continue à suivre l'immeuble dans ses transfor-

« mations, alors il méconnait sa mission légale, il outre-
« passe les limites de sa juridiction exceptionnelle.... La
« partie qui traite sur un immeuble en cours d'immatricu-
« lation doit se présenter à la conservation et requérir
« l'inscription de son acte, absolument comme si l'immeu-
« ble était d'ores et déjà immatriculé ; ce sera là une ins-
« cription provisoire, dont le sort dépendra du jugement
« d'immatriculation,... elle tombera si la réquisition est
« rejetée, elle deviendra définitive au contraire si la réqui-
« sition est accueillie ».

En consacrant l'effet rétroactif du jugement d'immatriculation au jour du dépôt de la requête et en laissant au
conservateur le soin de statuer sur l'inscription des droits
nés au cours de la procédure, ce second système aboutit à
des conséquences inadmissibles. L'immeuble, en effet, dont
le statut reste indéterminé pendant le cours de l'instance,
devient en fait indisponible, le sort des actes dressés dans
cet intervalle devant dépendre de la loi qui régira ultérieurement le fonds : si les conventions sont établies d'après le
droit musulman et que l'immatriculation soit prononcée,
elles pourront être rétroactivement annulées comme ne sa-
tisfaisant pas aux prescriptions de la loi foncière ; inversement, si ces conventions répondent aux exigences de la loi
foncière et que l'immatriculation soit rejetée, elles pourront
être entachées de nullité comme faites en violation de la loi
musulmane, qui ressaisit l'immeuble par suite du rejet de
la requête d'immatriculation. Un tel résultat suffit à faire
condamner le système d'où il découle. Le conservateur,
d'autre part, n'a pas qualité pour recevoir les actes faits
au cours de la procédure d'immatriculation, car il n'est
tenu d'inscrire que « les droits relatifs à un immeuble déjà
immatriculé » (arg. art. 342) ; il se trouve, d'ailleurs, dans
l'impossibilité matérielle de les mentionner sur le registre
public, puisque le titre n'est pas encore établi ; l'inscription
provisoire dont parle l'auteur de la note que nous avons
citée, outre qu'elle ne peut être requise en dehors des cas
limitativement prévus par la loi foncière, est donc ici juridiquement et pratiquement irréalisable.

17.

La nouvelle jurisprudence du tribunal mixte ayant soulevé de toutes parts de vives protestations, le Gouvernement du Protectorat fût amené à préciser et à compléter, sur le point contesté, les dispositions de la loi de 1885.

Aux termes du décret du 16 juillet 1899, le tribunal mixte doit relater dans son jugement tous les droits réels existant sur l'immeuble au moment du dépôt de la réquisition (art. 4, al. 1), ainsi que tous les droits postérieurs nés dans l'intervalle compris entre le dépôt de la requête et le prononcé du jugement (art. 1 et 4, al. 2). Les faits ou conventions qui se produisent au cours de la procédure, doivent être constatés par écrit, et déposés au greffe du tribunal mixte ; régis, au fond du droit, par la loi musulmane (le nouveau décret n'admettant pas le principe de la rétro-activité du jugement d'immatriculation), ils doivent satisfaire aux exigences de forme édictées par la loi foncière en matière d'inscription de droits réels immobiliers (art. 1 et 2). Quant à ceux de ces actes, qui n'ont pas été dénoncés en temps utile au greffe du tribunal mixte, ils n'existent à l'égard des tiers que par le fait et du jour de leur inscription à la conservation foncière (art. 4).

C'est au jour de sa décision, en outre, que le tribunal doit définir la consistance matérielle de l'immeuble ; à cet effet, l'art. 3 ne l'autorise à admettre une demande de mutation partielle de l'immeuble en cours d'immatriculation qu'autant qu'elle est appuyée du plan de la parcelle mutée régulièrement (art. 3, al. 3).

Les nouvelles dispositions ne font ainsi que confirmer sur ce point la première interprétation du tribunal mixte, à savoir que la situation topographique et juridique de l'immeuble doit, en définitive, être déterminée au jour de la décision du tribunal.

Signalons, en terminant, la tendance du tribunal mixte à ordonner, par la décision même qui prononce l'immatriculation, la rectification de bornage à exécuter, s'il y a lieu, par le service topographique, avant l'établissement du titre de propriété (T. m. 5 septembre 1896, J. T. 1896, 447 ; 16

janvièr 1897, J. T. 1898, 507). Cette manière de procéder a soulevé des critiques qui nous paraissent entièrement justifiées. Qu'il survienne au cours des opérations de bornage des transactions sur l'immeuble, les parties contractantes se trouvent dans l'impossibilité de sauvegarder leurs droits : elles ne peuvent s'adresser ni au tribunal mixte, dessaisi une fois l'immatriculation prononcée, ni au conservateur, qui, ne recevant en dépôt que les actes susceptibles d'être inscrits sans délai- (arg. art. 344 et 353), doit refuser, jusqu'après les opérations de bornage ou plus exactement jusqu'à l'établissement du titre, les actes présentés à l'inscription. L'immeuble devient en quelque sorte indisponible pendant cette période d'attente. La rectification du bornage peut, en outre, apporter dans la consistance de l'immeuble des modifications susceptibles d'entraîner la révision des limites indiquées dans le jugement d'immatriculation. Or, la décision du tribunal mixte, définitive et inattaquable, ne pourra être modifiée si les erreurs ne sont pas purement matérielles ; le titre établi à la suite du procès-verbal rectificatif de bornage se trouvera ainsi en désaccord avec la teneur du jugement, auquel il doit emprunter, cependant, tous ses éléments essentiels (art. 42, al. 4). Dès lors que l'immeuble doit être défini au jour du jugement du tribunal mixte, ce tribunal doit surseoir à sa décision jusqu'à ce que les opérations de bornage soient complètement terminées : c'est la seule solution conforme à l'esprit de la loi foncière et à l'intérêt même de l'immatriculation (cpr. art. 17 du projet de loi algérien. R. A. 1893, 1, 112). (1)

---

(1) Cet article est ainsi conçu : « Si des réclamations se sont produites, l'immatriculation ne sera effectuée qu'après rectification du bornage et du plan, s'il y a lieu ».

§ 5. Des effets de l'immatriculation. De leur point de départ.

L'immatriculation a d'abord pour effet de substituer au droit musulman tunisien la loi foncière (art. 18) et, à défaut, les dispositions du code civil français qui ne sont contraires ni à cette loi, ni au statut personnel ou aux règles des successions des titulaires de droits réels immobiliers (art. 2). La nouvelle législation régit désormais la condition juridique de l'immeuble, pris isolément ou dans ses rapports avec un autre immeuble immatriculé (T. 1re ch. 19 juin 1898, J. T. 1898, 442) ; elle s'applique notamment (art. 20) aux contestations de limites ou de servitudes, pendantes entre deux fonds dont l'un serait immatriculé et l'autre soumis au droit musulman tunisien (T. 1re ch. 26 juillet 1897, J. T. 1897, 441 ; 1er mars 1897, J. T. 1897, 198 ; C. Alger, 1re ch. 23 mai 1898, J. T. 1899, 167).

L'immatriculation a, en outre, pour résultat de placer le fonds qui en est l'objet sous la juridiction des tribunaux français (art. 20) ; nous ne faisons ici qu'indiquer le principe, sur lequel nous aurons à revenir dans le chapitre consacré à l'étude des questions de compétence soulevées par l'application de la loi foncière (V. infra, ch. VI, § 2).

Une autre conséquence de l'immatriculation est de donner à la propriété des bases certaines et de la purger de tous les droits réels qui, faute d'une revendication en temps utile, n'ont pu être inscrits sur le titre. M. Cambon a exprimé cette idée en termes saisissants dans son rapport sur la loi tunisienne (p. XXIV) : « L'immatriculation, dit-il, a « pour effet d'effacer entièrement le passé de l'immeuble et « de lui donner une vie nouvelle ; il naît sous le régime de « la loi du 1er juillet 1885, dégagé de toutes les conditions « de son existence antérieure non reconnues au moment « de l'immatriculation ». Ce principe est consacré par l'art. 19 de loi foncière : « tous les droits réels existant sur « l'immeuble au moment de l'immatriculation sont inscrits

« sur un titre de propriété qui forme leur point de départ
« unique, à l'exclusion de tous droits antérieurs », et par
l'art. 2 du décret du Président de la République du 17 juillet
1888, ainsi conçu : « le titre dressé ensuite de la décision
« du tribunal mixte prononçant l'immatriculation formera,
« devant les juridictions françaises, le point de départ
« unique de la propriété et des droits réels qui l'affectent, à
« l'exclusion de tous autres droits non inscrits ».

Le titre de propriété résiste donc à toute action basée sur
un titre antérieur, quel qu'en soit le fondement juridique.
A l'exception d'une décision du tribunal de Sousse, qui est
restée isolée (28 novembre 1895, J. T. 1896, 107), la jurisprudence des tribunaux français a toujours déclaré non
recevable l'action révocatoire du droit de propriété résultant
de l'immatriculation (T. 16 juillet 1894, J. T. 1894, 469 ;
T. 19 novembre 1894, J.T. 1895, 116 ; T. 12 novembre 1894,
J. T. 1895, 54 ; T. 20 mars 1895, R. A. 1895, 2, 358 ; T. 22
mai 1895, J.T. 1895, 461 ; T. 21 octobre 1895, J.T. 1895, 539 ;
T. 4 décembre 1895, J.T. 1896, 53 ; T. 14 janvier 1896, J. T.
1897, 660 ; T. m. 1re ch. 25 juin 1896, J. T. 1896, 442 ; T.
15 février 1897, J. T. 1897, 225 ; T. 1re ch. 15 mars 1897,
J. T. 1897, 268 ; T. 1re ch. 7 juin 1899, J. T. 1899, 404 et
435). La purge ne s'applique pas, toutefois, aux droits personnels portant indirectement sur le fonds, et il a été jugé,
en conséquence, que le locataire peut faire reconnaître par
la juridiction française le droit né d'un bail antérieur à
l'immatriculation (T. 2e ch. 28 mai 1894, J. T. 1894, 350,
R. A. 1894, 2, 401 ; T. 1re ch. 23 mars 1896, J. T. 1896, 240 ;
T. 1re ch. 1er février 1899, J. T. 1899, 426, R. A. 1899,
2,515). (1).

Si la personne lésée par l'immatriculation n'a aucun re-

---

(1) L'immatriculation ne peut jamais préjudicier aux droits du
domaine public ; aux termes du dernier paragraphe de l'art. 42 de
la loi foncière, « les parties du domaine public comprises dans un
« immeuble immatriculé ne sont pas assujetties à l'immatriculation
« et les droits qui s'y appliquent subsistent indépendamment de
« toute inscription ». (T. m. 28 mai 1895, J. T. 1895, 548 ; T. 9 avril
1894, R. A. 1894, 2, 331 ; T. 19 février 1894, R. A. 1894, 2, 253).

cours contre l'immeuble, il lui reste une action personnelle
lui permettant d'obtenir la réparation du préjudice causé :
« toute personne, dit l'art. 38, dont les droits auraient été
« lésés par suite d'une immatriculation ou d'une inscription,
« n'aura jamais de recours sur l'immeuble, mais seulement,
« en cas de dol, une action personnelle en dommages-inté-
« rêts contre l'auteur du dol ». Suivant une jurisprudence
constante, cet article comporte une interprétation restrictive : le recours personnel n'existe qu'en cas de dol et ne
peut être exercé que contre l'auteur du dol (T. 1re ch. 16
juillet 1894, J. T. 1894, 469 ; T. 1re ch. 12 novembre 1894,
J. T. 1895, 54, R. A. 1895, 2, 22 ; T. 1re ch. 19 novembre
94. J. T. 1895, 116, R. A. 1895, 2, 226 ; T. 1re ch. 8 mars
1897, J. T. 1897, 205 ; T. 1re ch. 15 mars 1897, J. T. 1897,
268 ; T. 1re ch. 13 juillet 1898, J. T. 1898, 472 ; T. 1re ch.
10 janvier 1898, J. T. 1898, 349 ; T. 1re ch. 7 juin 1899, J.
T. 1899, 404). Sont, par exemple, passibles de l'action en
dommages-intérêts : celui qui a fait immatriculer en son
nom une propriété par lui cédée à un tiers, alors même que
ce dernier n'aurait pas fait opposition à la demande d'immatriculation (T. 1re ch. 15 mai 1893, J. T. 1896, 426) ; le
requérant qui a indûment compris dans sa réquisition tout
ou partie d'un immeuble appartenant à autrui (T. 17 janvier
1889, R. A. 1889, 2, 338 ; T. 1re ch. 28 décembre 1897, J.
T. 1897, 99 ; T. 1re ch. 12 avril 1899, J. T. 99, 399) ; l'acquéreur d'un immeuble loué, qui le fait immatriculer sans
déclarer le bail et le revend ensuite libre de toute charge,
obtenant par cette manœuvre un prix de cession plus avantageux (Cass. ch. des req. 2 février 1898, J. T. 1898, 1. 73, R.
A. 1898, 2, 298). La jurisprudence assimile la faute lourde
au dol et admet, notamment, le recours de la partie lésée
contre le propriétaire indivis qui a requis l'immatriculation
au nom d'un ancien propriétaire du fonds, ou qui a omis dans
sa réquisition un copropriétaire dont il connaît pertinem-
ment l'existence (T. 2e ch. 4 décembre 1895, J. T, 1896, 53).

Substitution de la loi foncière aux dispositions obscures
et incertaines de la loi musulmane, attribution exclusive de

juridiction au profit des tribunaux français, purge initiale de tous les droits non inscrits sur le titre, tels sont les effets essentiels de l'immatriculation. Examinons maintenant à partir de quelle époque ils se produisent.

Dans la jurisprudence suivie par le tribunal mixte depuis son institution jusqu'au jugement du 22 mars 1899, (V. supra, p. 238), il était admis que l'immatriculation se réalisait du jour de la décision du tribunal et que cette date servait également de point de départ aux effets de la transformation du statut de l'immeuble. Le principe de rétroactivité consacré par le dit jugement conduisait, au contraire, à reporter au jour de la requête les conséquences juridiques de l'immatriculation. Mais, nous avons vu que le décret du 16 juillet 1899 implique que le jugement du tribunal mixte opère la transmission de l'immeuble de l'ancien régime sous la nouvelle législation immobilière, et fixe à partir de la date du jugement le point de départ des effets qui y sont attachés par la loi.

C'est donc seulement à partir de la décision du tribunal que l'immeuble est soumis au nouveau régime foncier (arg. art. 18). Au cours de la procédure, le fonds reste sous l'empire du droit musulman tunisien ; il est notamment susceptible d'actions possessoires ; les constitutions et cessions de droits réels sont elles-mêmes régies par le droit musulman bien que, d'ailleurs, les actes qui les constatent doivent être établis suivant les prescriptions de forme édictées par la loi foncière.

C'est aussi à partir du jugement que se réalise l'attribution de compétence au profit de la juridiction française (arg. art. 20) ; les contestations relatives à un immeuble en cours d'immatriculation ressortissent aux juridictions de droit commun ou au tribunal mixte, suivant des distinctions que nous examinerons plus tard (V. infra ch. VI. § 1). Les tribunaux français peuvent, il est vrai, être appelés à statuer, en vertu de l'art. 4, al. 2 du décret du 16 juillet 1899, sur les conventions survenues au cours de la procédure dont le tribunal mixte ordonne l'inscription sans se prononcer sur la validité du droit ; mais ils ne seront saisis qu'après l'inscription des droits réels sur le titre, c'est-à-dire à une époque nécessairement postérieure au jugement d'immatriculation.

Il en est autrement de la purge résultant de l'immatriculation. Dans la pratique judiciaire antérieure au 22 mars 1899, cette purge s'appliquait à tous les droits antérieurs à la décision du tribunal mixte ; la liquidation du passé était complète ; l'immeuble, suivant le vœu de la loi de 1885, se trouvait dégagé de tous les droits réels non inscrits sur le titre établi en exécution du jugement (Cambon, préf. p. XII). Cette situation est aujourd'hui modifiée. On a soutenu (J. T. 1899, 352), à l'appui de la jurisprudence inaugurée le 22 mars 1899, que la purge se conçoit bien pour les droits existant lors du dépôt de la requête, à raison de la large publicité dont la loi entoure l'acte initial de la procédure, mais qu'elle n'a plus sa raison d'être pour les faits et conventions postérieurs à la réquisition et non compris dans la publicité ; des tiers peuvent avoir ignoré les contrats nouveaux survenus en cours d'instance, et leurs droits, faute d'avoir été soumis au juge en temps utile, risquent d'être compromis par l'effet irrévocable du jugement d'immatriculation. Cette considération a amené le législateur à limiter les effets de la purge aux droits réels existant sur l'immeuble au moment du dépôt de la réquisition et à décider que « les droits postérieurs, non régulièrement dénoncés au « tribunal mixte... existeront à l'égard des tiers par le fait « et du jour de leur inscription à la conservation foncière ». « (Décret du 16 juillet 1889, art. 4; cpr. infra, ch. VIII, § 2).

§ 6. De la force probante des inscriptions portées sur le titre en exécution du jugement du tribunal mixte. — De la rectification des erreurs matérielles et des omissions survenues au cours de la procédure d'immatriculation.

La décision du tribunal mixte prononçant l'immatriculation est définitive et inattaquable et les inscriptions prises sur le titre en exécution de ce jugement confèrent aux titulaires un droit irrévocable à l'égard des parties comme au regard des tiers.

Dans l'interprétation donnée par la jurisprudence à la loi de 1885, cette autorité absolue du registre public couvrait indifféremment toutes les inscriptions ordonnées par le jugement d'immatriculation. Le décret du 16 juillet 1899 a apporté une innovation importante aux errements suivis jusqu'alors et établi, comme pour la purge initiale, une distinction entre les droits réels existant sur l'immeuble au moment du dépôt de la réquisition et les faits ou conventions survenus au cours de la procédure d'immatriculation.

Aux inscriptions concernant les droits réels existant sur l'immeuble au moment du dépôt de la réquisition, s'applique la règle fondamentale de la loi foncière, rappelée par le décret du 17 juillet 1888. Ce sont elles seules qui constituent le titre « dressé ensuite de la décision prononçant l'immatriculation », qui sont « définitives et inattaquables », et qui forment le point de départ unique de la propriété. « Tous « les droits réels existant sur l'immeuble au moment du « dépôt de la réquisition à la conservation, sont définitive-« ment consacrés par le jugement d'immatriculation et « forment le point de départ unique de la propriété et des « charges qui l'affectent » (art. 4, al. 1 du décret de 1899). L'inscription opère *erga omnes*, place le titulaire à l'abri de toute cause d'éviction, et ne peut être discutée devant aucune autorité judiciaire : c'est l'affirmation la plus haute du principe de la foi publique due aux inscriptions des livres fonciers.

Quant aux inscriptions concernant les faits ou conventions survenus au cours de la procédure d'immatriculation, « elles font foi dans les limites fixées par les lois qui régis-« sent en Tunisie les immeubles immatriculés » (art. 4, al. 2 du même décret). A la différence des inscriptions relatives aux droits antérieurs au dépôt de la requête introductive d'instance, elles peuvent être annulées ou modifiées par la juridiction française à la requête des parties ou de toute autre personne intéressée, au même titre et dans les

mêmes conditions que les inscriptions prises par le conservateur sur un immeuble déjà immatriculé. Mais, comme
celles-ci, elles ont, tant qu'elles subsistent, force probante à
l'égard des tiers, créent vis-à-vis de ces derniers la légitimité
du droit qu'elles relatent, et les protègent contre toute cause
d'éviction qui n'aurait pas été révélée par la teneur du registre public. Nous nous contenterons ici de l'exposé de ces
principes ; les explications que nous aurons à fournir plus
tard, à propos de l'inscription des droits postérieurs à l'immatriculation, leur serviront de commentaire, ces inscriptions étant soumises aux mêmes règles que celles ordonnées
par le tribunal mixte pour les droits nés ou transmis en
cours d'instance et faisant foi dans la même mesure du
fait ou de la convention dont elles assurent la publicité.

Le caractère irrévocable du titre de propriété, en ce qui
concerne les inscriptions de droit existant lors du dépôt de
la requête, ne fait pas obstacle à la révision des erreurs matérielles ou des omissions survenues au cours de la procédure.
La rectification des erreurs ou omissions commises dans
les inscriptions et provenant de l'inadvertance des parties ou
du conservateur, est autorisée par les articles 355 et 356 de
la loi foncière, en tant que ces erreurs ou omissions ne
portent aucune atteinte au fond même du titre de propriété
et n'offrent aucun danger pour les bénéficiaires de droits
faisant l'objet d'inscriptions (T. 1re ch. 7 mars 1898. J. T.
1898, 228). La rectification doit être ordonnée par les tribunaux français, seuls compétents pour connaître des litiges
intéressant les immeubles immatriculés ; il faut excepter la
rectification des erreurs ou omissions provenant du chef du
conservateur, qui peut l'opérer d'office. Dans tous les cas,
les premières inscriptions doivent être laissées intactes, et
les corrections mentionnées sur le registre à la date courante.
D'autre part, le tribunal mixte a été investi, par un décret
du 25 février 1897, du pouvoir de rectifier les inexactitudes
contenues soit dans les relevés et plans du service topographique, soit dans les jugements prononçant l'immatriculation, soit dans les titres établis en exécution de ces juge-

ments. La portée de ces dispositions a été précisée par un autre décret du 19 mars suivant, aux termes duquel la rectification ne peut porter que sur des erreurs matérielles ou des omissions provenant du fait de l'un des agents ayant pris part à l'immatriculation, et consistant en une faute d'écriture, de chiffre ou de dessin. En aucun cas, la décision du tribunal mixte ne doit porter atteinte à la propriété et aux droits réels établis par le jugement d'immatriculation (T. m. 1re ch. 8 avril 1897. J. T. 1897, 310). La demande en rectification peut être introduite dès le prononcé du jugement ; elle est prescrite par l'expiration d'un délai d'un mois, à dater de l'établissement du titre, dont la notification au requérant doit être faite dans les 24 heures, par le conservateur de la propriété foncière.

La période de l'immatriculation prend fin avec l'inscription de l'immeuble sur le livre public et la délivrance de la copie du titre. Aucune incertitude ne peut plus dès lors s'élever sur les limites de l'héritage, l'origine de la propriété, l'étendue des charges foncières : son individualité et son état civil ainsi constatés, l'immeuble est désormais régi par les dispositions de la nouvelle loi immobilière.

CHAPITRE III.

DE LA PROPRIÉTÉ.

———

Par l'effet de l'immatriculation, l'immeuble naît sous l'empire du nouveau régime foncier ; nous allons le suivre maintenant dans les conditions de son existence juridique.

Nous nous occuperons, en premier lieu, de la théorie générale du droit de propriété, de ses facultés et de son étendue, de ses restrictions et limites, de ses modes d'acquisition et d'extinction, des actions qui naissent de son exercice ; nous étudierons ensuite les divers droits réels immobiliers reconnus par la loi foncière et les règles qui président à leur inscription sur le titre de propriété ; nous terminerons ce chapitre en examinant le rôle de la possession sous le nouveau régime foncier.

Section I. — Théorie générale.

§ 1ᵉʳ, Des facultés inhérentes au droit de propriété. De son étendue — De l'accession.

La propriété, dans la loi tunisienne comme dans notre droit civil, exprime l'idée du pouvoir juridique le plus complet d'une personne sur une chose ; c'est, dit l'art. 56, « le droit de jouir et de disposer d'un immeuble par nature « ou par destination de la manière la plus absolue, pourvu

« qu'on n'en fasse pas un usage prohibé par la loi ou par
« les règlements ».

Le droit du propriétaire foncier est absolu et exclusif :
d'une part le propriétaire peut faire servir l'immeuble qui
lui appartient à tous ses usages (*jus utendi*), en recueillir
tous les fruits, revenus ou émoluments (*jus fruendi*), en
disposer matériellement et faire à son occasion tous les
actes juridiques dont il est susceptible (*jus abutendi*) ; d'autre part, il peut exclure les tiers de toute participation à
l'usage, à la jouissance ou à la disposition de l'immeuble,
et prendre à cet effet toutes les mesures qu'il juge convenables (art. 157).

La propriété du sol emporte de sa nature la propriété du
dessus et du dessous (art. 64).

Ainsi, le propriétaire d'un terrain peut faire, dans l'espace aérien au-dessus du sol, toutes les constructions qu'il
juge à propos, demander la démolition des ouvrages qui, à
une hauteur quelconque, empiètent sur cet espace, ainsi
que l'élagage des branches qui s'y avancent (art, 64, al. 2 et
182).

Son droit s'étend également, à une profondeur indéfinie,
au terrain existant sous le sol et à tous les objets qui s'y
trouvent (art.65). Le propriétaire d'un fonds est, comme tel,
propriétaire des carrières et tourbières et peut les exploiter
à la condition de se conformer aux prescriptions d'ordre administratif édictées par le décret du 1er novembre 1897. Il
en est autrement des mines que l'article 1er du décret du 10
mai 1893 déclare propriétés domaniales, et des sources
qui, aux termes de l'art. 1er du décret du 24 septembre 1885,
font partie du domaine public.

La propriété d'un immeuble comprend virtuellement celle
des objets qu'il est susceptible de produire, soit spontanément soit à l'aide du travail de l'homme, ainsi que celle des
émoluments pécuniaires qu'on peut en retirer (art. 58). En
ce qui concerne le règlement des rapports du propriétaire
d'un immeuble avec ceux qui pourraient avoir des droits à
sa jouissance, avec un possesseur de bonne foi ou de mauvaise foi, la loi foncière reproduit littéralement, sous ses

articles 59, 60, 61 et 62, les dispositions contenues dans les art. 547 et 550 de notre code civil.

La propriété s'étend également aux accessoires d'un immeuble qui s'y trouvent unis naturellement ou artificiellement et qui en forment les dépendances nécessaires (art 63).
· L'accession peut porter sur des choses immobilières. Ainsi, la loi foncière attribue aux riverains les alluvions proprement dites qui se forment par atterrissement, et les relais, c'est-à-dire les terrains qu'une eau courante laisse à découvert en se retirant insensiblement de l'une des rives pour se porter vers l'autre (art. 68, 69, 71 et 74). Le législateur tunisien ne se sépare sur ce point de notre code civil qu'au point de vue de l'attribution des îles, îlots et atterrissements formé au milieu d'un cours d'eau : en France, ces terrains appartiennent à l'État ou aux propriétaires voisins suivant qu'ils se sont formés dans une rivière navigable ou flottable ou dans tout autre cours d'eau ; en Tunisie, ils sont la propriété de l'Etat (art. 72) et font partie du domaine public, qui comprend tous les cours d'eau et les terrains compris dans leurs francs-bords (art. 1er du décret du 24 septembre 1885).

L'accession des choses mobilières à un immeuble est également prévue par la loi foncière qui y consacre ses articles 66, 67 et 76 ; cette question n'offre aucune particularité dans le code tunisien dont les textes sont littéralement reproduits des art. 554, 555 et 564 de notre code civil.

Lorsqu'un immeuble, dans les cas d'accession que nous venons d'envisager, reçoit un accroissement ou subit une modification, la rectification du titre de propriété, du bornage et du plan, qui peut en résulter, est autorisée par le tribunal de la situation des biens, sans qu'il soit nécessaire de recourir à la procédure d'immatriculation (art. 75).

§ 2. Des restrictions apportées à l'exercice du droit de propriété. — Du droit de préemption.

Nous avons vu qu'en droit immobilier tunisien (p. 32), le droit de propriété se trouve limité, dans son exercice, par les restrictions apportées au droit de partage, l'expropriation pour cause d'utilité publique, et le retrait connu sous le nom de chefâa. Nous avons également mentionné, parmi ces restrictions, les servitudes légales, mais pour éviter de diviser la question des servitudes, nous en avons présenté la théorie d'ensemble dans la section relative aux droits réels immobiliers ; par identité de motifs, nous adopterons ici le même plan, qui a, d'ailleurs, l'avantage d'être en harmonie avec l'ordre suivi par la loi foncière.

La première entrave, celle qui affecte le droit de partage, disparaît du nouveau régime foncier ; ce régime comporte (arg. art. 2 du décret de 1885) l'application du principe d'ordre public édicté par l'art. 815 du code civil : « Nul ne peut « être contraint à demeurer dans l'indivision, et le partage « peut être toujours provoqué, nonobstant prohibitions et « conventions contraires. ».

En ce qui concerne l'expropriation pour cause d'utilité publique, l'art. 57 de la loi foncière se contente de stipuler que « nul ne peut être contraint de céder sa propriété, si ce « n'est pour cause d'utilité publique et conformément aux « lois en vigueur sur les expropriations. » Les immeubles immatriculés sont donc soumis, sous le rapport de l'expropriation, aux mêmes règles que les immeubles non immatriculés (T. 1re ch. 13 juillet 1891. J. T. 1893, 185 ; T. 1re ch. 14 janvier 1895, J. T. 1895, 125). Nous avons, dans la première partie de notre travail, exposé que la seule réglementation prévue en Tunisie est celle du décret du 30 août 1858, spécial à la Municipalité de Tunis, et que les traités dénoncés en 1896 avaient édicté au profit des européens des garanties spéciales qu'une jurisprudence nécessairement prétorienne continue à appliquer, bien qu'elles ne

soient pas confirmées par les nouvelles conventions consulaires ; nous renvoyons sur ce point. aux explications
déjà fournies, rappelant seulement la nécessité de combler les lacunes du droit immobilier tunisien précédemment
signalées (V. p. 42).

Quant au droit de chefâa, nous le retrouvons dans la loi
foncière sous l'appellation de « droit de préemption ». Le
législateur a fait œuvre de sagesse, en évitant de rompre
trop brusquement avec le passé, en tenant compte dans la
mesure du possible des mœurs et des usages du pays. Le
maintien de la préemption se justifie, d'ailleurs, par des
considérations d'intérêt public. Dans la Régence de Tunis,
où la propriété est, comme nous l'avons vu, généralement
indivise, le droit de préemption est de nature à en faciliter
la réunion sur la même tête, à restreindre un état d'indivision contraire à la bonne administration des biens ; il
constitue, en outre, un correctif nécessaire de l'article 815
de notre code civil, qui aurait permis à des spéculateurs
de provoquer, à la faveur d'acquisitions de parts indivises
minimes, des licitations ruineuses pour les indigènes. (1).

Aux termes de l'art. 77 de la loi foncière, la préemption
est la faculté légale « d'acquérir la portion vendue à un
« tiers, en se substituant à cet acquéreur moyennant le
« remboursement du montant de la vente avec le prix des
« améliorations et les loyaux coûts du contrat. ».

(1) On sait quelles ruines a accumulées en Algérie l'application
de cet article de notre droit. « C'était chose ordinaire, dit M. Besson (Législation civile de l'Algérie, p. 305) que de voir, au lendemain
de la délivrance du titre de propriété établi en exécution de la loi
de 1873, survenir un spéculateur, qui achetait à l'un des communistes son droit indivis pour un prix infime, ou qui lui prêtait sur
cette part. Muni de son titre d'acquisition ou armé d'une hypothèque judiciaire, le cessionnaire ou le créancier assignait tous les
communistes en licitation et partage. Etant donné le grand nombre des parties en cause et l'application des règles de la procédure
française, ces licitations aboutissaient à des résultats désastreux.
On a vu certaines licitations, dans lesquelles étaient intervenues 100
à 200 et jusqu'à 441 ayants-droit, coûter 5.000, 6.000 jusqu'à 12.000
fr. ...» Les lois des 28 avril 1887 et 16 février 1897 ont eu pour résultat de remédier à ces abus.

Ce droit est reconnu : 1° à tout copropriétaire indivis d'un immeuble ; 2° à tout cohéritier sur les immeubles de la succession ; 3° à tout copropriétaire divis d'une maison d'habitation ; 4° au superficiaire pour l'acquisition du sol ; 5° au propriétaire du sol pour l'acquisition de la superficie. Cette énumération limitative exclut les propriétaires voisins que le rite hanéfite admet à l'exercice du chefâa, ainsi que le crédi-enzéliste et le débi-enzéliste, qui auraient dû cependant, dans le même intérêt économique, être compris parmi les ayants-droit à la préemption (art. 77).

La loi établit un ordre de préférence entre les divers intéressés. Dans les rapports du propriétaire du sol vis-à-vis du superficiaire et réciproquement, dans les rapports des cohéritiers entre eux, ainsi que des copropriétaires divis ou indivis, le droit de préemption appartient, en premier lieu, à celui qui a la part la plus considérable sur l'immeuble ; en cas d'égalité, c'est le sort qui décide entre les divers ayants-droit, et le tirage a lieu devant le greffier du tribunal, qui est tenu de dresser procès-verbal de l'opération. S'il y a contestation sur l'importance des parts, le différend est tranché par un expert commis sur ordonnance du président du siège (art. 78 et 79).

Pour ne pas laisser la propriété incertaine, le législateur a imparti un délai très court pour l'exercice du droit de préemption. D'une part, les intéressés doivent, sous peine de déchéance, dans un délai de huitaine à partir du jour où ils ont eu connaissance de la vente, notifier à l'acquéreur de l'immeuble leur intention de se subroger à ses droits et lui faire des offres réelles, aux fins de remboursement du prix d'acquisition, du montant des améliorations et de tous les loyaux coûts accessoires (art. 80). D'autre part, l'acquéreur, après inscription de son droit, peut prendre l'initiative de notifier son contrat à tout ayant-droit à la préemption, et le délai de huitaine commence alors à courir à partir de cette notification (art. 81). Dans tous les cas, le droit de préemption se prescrit par l'expiration d'un délai de six mois à compter du jour de la vente (art. 82).

§ 3. Des manières d'acquérir la propriété. De la prescription.

La loi foncière ne traite pas de la théorie générale des modes d'acquisition de la propriété; mais, par son article 2, elle adopte implicitement ceux reconnus par le code civil français, dont les dispositions non contraires à l'économie du nouveau régime s'appliquent « aux immeubles immatri- « culés et aux droits réels sur ces immeubles. »

D'après la loi française, la propriété immobilière s'acquiert ou se transmet : par l'accession, l'effet de la loi, les conventions, les donations et les successions, et enfin par la prescription ; nous allons examiner si ces diverses manières d'acquérir peuvent se concilier avec les principes inaugurés en Tunisie par la loi foncière.

Nous ne reviendrons pas sur la théorie de l'accession, que nous avons exposée sous le § 1 du présent chapitre.

Parmi les causes d'acquisition résultant de la loi et consacrées implicitement ou explicitement par le code tunisien, on peut citer notamment : l'acquisition des fruits par le possesseur de bonne foi (art. 61) et par ceux qui recueillent à la place de l'absent les biens dévolus à ce dernier (art.138 du C. C.),et l'attribution, en cas de déplacement d'un cours d'eau, de l'ancien lit aux propriétaires des fonds nouvellement occupés (art. 74) (1).

(1) L'art. 74 est reproduit de l'ancien art. 563 du C. C. qui a été modifié depuis lors par la loi du 8 avril 1898. D'après le nouvel article, les propriétaires riverains peuvent acquérir la propriété de l'ancien lit, moyennant une indemnité fixée à dire d'expert ; faute par eux de se prononcer dans un délai de trois mois à partir de la notification du prix ainsi arbitré, il est procédé à l'aliénation de l'ancien lit et le prix en est réparti entre les propriétaires des fonds nouvellement occupés. Mais la nouvelle disposition n'est pas en vigueur dans la Régence, car suivant les règles d'interprétation précédemment indiquées, les modifications apportées au C. C. ne sont de plein droit applicables aux immeubles immatriculés qu'autant qu'elles ne dérogent à aucune disposition formelle de la loi tunisienne (V. supra, p. 212, renvoi). (1)

Les acquisitions à titre onéreux par voie de vente ou d'é-
change sont soumises au droit français dans toutes les
questions relatives à l'objet du contrat, aux droits et aux
obligations des parties, à la nullité ou à la résolution de la
convention, mais sous la réserve des droits des tiers qui
n'auraient pas été avisés par le registre public de la cause de
nullité ou de résolution. Les ventes sur expropriations forcées sont effectuées devant la juridiction française (art. 20),
et dans les conditions prévues par les art. 287 à 299, à peu
près littéralement reproduits de notre code civil (art. 2205 à
2209 et 2212 à 2217). Par contre, les questions de capacité,
se rattachant au statut personnel, sont régies par la loi nationale des parties en cause, et la forme des actes doit satisfaire aux exigences de la loi locale, par application du brocard connu « *Locus regit actum* ».

Quant au contrat de megharsa, dont nous avons parlé
dans la première partie de notre sujet (p. 52 et suiv.) et qui,
d'après la jurisprudence, emporte promesse conditionnelle d'aliénation ultérieure, il peut être rangé parmi les
modes d'acquisition à titre onéreux, au même titre que la
vente, l'adjudication et l'échange (T. m. 2 janv. 1894, J. T.
1898, 41).

Pour les acquisitions à titre gratuit : donations, successions testamentaires et *ab intestat*, il nous suffira de signaler que la loi foncière (art. 2) applique aux immeubles immatriculés la théorie de la personnalité des lois, consacrée
dans la Régence par les traités internationaux (T. 1re ch.,
31 mai 1899, J. T. 1899, 588 ; (cpr. supra, p. 30, 49 et s.).
Ajoutons cependant que la prise de possession, requise pour
la validité de la donation portant sur des immeubles non
immatriculés, ne doit pas être exigée, même entre indigènes musulmans, sous l'empire de la nouvelle loi immobilière, la donation, d'après les principes du droit français,
ne comportant pas la livraison de la chose, mais le simple
transfert au donataire d'un droit actuel et irrévocable sur
la chose donnée (arg. art. 894, C. C.)

Il nous reste à parler de la prescription acquisitive ou
usucapion.

Dans le système de publicité de la loi française, où la transcription ne consolide pas le droit de l'acquéreur, la prescription acquisitive se justifie par la nécessité d'assurer la stabilité de la propriété. Sans son appui, la propriété resterait toujours sujette à contestation ; pour justifier d'une manière absolue de son droit, il ne suffirait pas au dernier acquéreur de produire son titre, il devrait encore prouver le droit de son auteur et même des prédécesseurs de ce dernier, car il n'a pu devenir propriétaire qu'autant que ses auteurs l'étaient eux-mêmes « *Nemo dat quod non habet* ». C'est le rôle bienfaisant de la prescription d'alléger le fardeau de la preuve, en dispensant celui qui doit la fournir de remonter jusqu'aux origines de la propriété et de fonder le droit de propriété sur la possession (Aubry et Rau, T. II, p. 323).

Mais la prescription n'a pas de raison d'être dans une législation fondée, comme la loi tunisienne, sur les principes du livre foncier. Le motif en est que ce mode d'acquérir, toujours plus ou moins occulte, est en opposition avec la règle de la publicité absolue et celle de la force probante des inscriptions. C'est uniquement l'inscription qui, dans l'économie de la loi foncière, détermine et consolide les droits du propriétaire ; au regard des tiers, il n'y a d'autre propriétaire que celui inscrit comme tel sur le feuillet matricule du bien-fonds. Admettre que les droits réels acquis sur la foi du livre foncier doivent céder devant la revendication d'un possesseur ayant prescrit, serait détruire toute l'autorité du registre public.

En combinant les principes des livres fonciers avec ceux du code civil, le législateur de 1885 avait consacré une anomalie ; il y a été remédié par le décret du 16 mars 1892, qui a modifié les articles de celui de 1885 relatifs à la prescription et abrogé le titre XIII en réglementant l'exercice. Un dernier vestige de la prescription avait survécu à la réforme de 1892 : c'était la prescription de 6 mois que pouvait invoquer, contre le propriétaire du fonds servant, celui qui, ayant ouvert une porte ou une fenêtre ou élevé une construction contrairement à la loi, acquérait une servitude de vue sur l'immeuble voisin ; un décret du 10 avril 1898 a eu pour objet de le faire disparaître.

De cette manière, le principe de la foi publique reste intact ; ni la possession, ni la preuve orale ne peuvent prévaloir contre le titre ; celui-ci donne à la propriété une base certaine et indiscutable.

§ 4. Comment se perd le droit de propriété.

D'après les principes généraux du droit, le droit de propriété s'éteint d'une manière absolue ou d'une manière relative.

Il s'éteint d'une manière absolue par la destruction de l'immeuble et par sa mise hors du commerce, qui peut provenir soit d'une expropriation ou cession volontaire pour cause d'utilité publique (art. 57), soit d'une incorporation au domaine public (art. 75).

Il s'éteint d'une manière relative, c'est-à-dire pour le propriétaire actuel, dans les cas où la loi attribue à une personne la propriété d'une chose qui appartenait à une autre, notamment dans le cas d'accession (art. 69) ; il se perd, en outre, par l'effet des conventions (ventes, échanges, adjudications sur licitation ou sur saisie), par suite des retraits exercés en vertu du droit de préemption, des actes d'abandon prévus par les art. 167 et 205, et des jugements prononçant la nullité, la résolution ou la rescision de contrats translatifs de propriété.

Sous l'empire de la loi foncière, la propriété ne se perd ni par le non usage ni par la possession prolongée d'un tiers, car elle est perpétuelle et imprescriptible.

§ 5. Des actions qui naissent du droit de propriété.

Dans la loi foncière, comme sous l'empire du code civil, le droit de propriété donne naissance à l'action en revendication et à l'action négatoire.

L'action en revendication a pour objet principal de faire reconnaître le droit de propriété du demandeur et, conséquemment, de lui faire obtenir la restitution de l'immeuble revendiqué, avec ses accessoires et la bonification de ses produits, profits ou émoluments, ainsi que la réparation des dommages que le propriétaire aurait pu éviter s'il avait possédé lui-même. En ce qui concerne les fruits, il existe toutefois une différence entre le possesseur de bonne foi et le possesseur de mauvaise foi : ce dernier est tenu de rendre compte des fruits par lui perçus et de ceux qu'il a négligé de percevoir ; le possesseur de bonne foi, au contraire, fait siens les fruits qu'il a perçus (art. 61).

L'action négatoire est celle qui compète au propriétaire d'un immeuble pour le faire déclarer franc et libre de servitudes réelles au profit d'un autre fonds ou de servitudes personnelles, tels les droits d'usufruit, d'usage et d'habitation qu'un tiers prétendrait exercer sur cet immeuble. Elle tend accessoirement à faire interdire au défendeur tout exercice ultérieur de la servitude réelle ou personnelle, et à obtenir la réparation des dommages que son exercice antérieur a pu causer au demandeur. Cette action peut également avoir pour objet de faire ramener dans ses limites véritables l'exercice de la servitude dont l'existence est reconnue.

La justification du droit de propriété, de l'existence ou de l'étendue de la servitude ne peut résulter que de la production du titre, puisque la loi foncière ne reconnaît pas la prescription acquisitive.

SECTION II. — DES DROITS RÉELS IMMOBILIERS.

Aux termes de l'art. 13 de la loi foncière, les droits réels immobiliers sont: la propriété immobilière, l'enzel et la rente d'enzel, l'usufruit, l'usage et l'habitation, l'emphytéose, la superficie, les servitudes foncières, l'antichrèse, les privilèges et hypothèques. C'est à juste titre que le législateur tunisien fait figurer dans cette énumération le droit de propriété, que notre code civil omet de mentionner parmi les droits réels immobiliers (art. 526), l'identifiant, conformément à une tradition séculaire, avec la chose sur laquelle il porte, confondant ainsi le droit avec son objet.

La loi foncière a emprunté au droit français la réglementation de l'usufruit, de l'usage et de l'habitation, des servitudes, de l'antichrèse et de la superficie ; elle a suivi la loi belge en ce qui concerne l'emphytéose, les privilèges et hypothèques.

La propriété et l'enzel, qui, sous le nouveau régime foncier, constituent les deux tenures principales du sol, font l'objet de deux chapitres distincts ; nous traiterons ici dans l'ordre suivi par la loi tunisienne, des autres droits réels immobiliers.

§ Iʳ. De l'usufruit, de l'usage et de l'habitation.

Usufruit. — De même que dans notre droit civil, l'usufruit de la loi foncière est un droit réel qui autorise l'usufruitier à user et à jouir, comme le propriétaire lui-même, d'un immeuble appartenant à autrui, à la charge d'en conserver la substance (art. 90).

Il peut être établi par la loi ou par la volonté de l'homme (art. 91). Dans ce dernier cas, il peut résulter d'une convention à titre onéreux ou à titre gratuit ou d'un acte de dernière volonté ; il peut être simple ou sous condition, avec ou sans charges, à partir d'un certain jour ou jusqu'à une certaine époque, en un mot, affecter toutes les modalités auxquelles le constituant juge à propos de le soumettre (art. 92).

L'usufruit peut porter : sur la propriété immobilière, l'enzel, la rente d'enzel, l'emphytéose pour le temps de sa durée, la superficie, l'antichrèse et les hypothèques (1) (art. 93).

Les dispositions relatives aux droits et obligations de l'usufruitier sont, sauf quelques questions de pure forme, la reproduction littérale des articles de notre code civil, aussi nous contenterons-nous d'en présenter les données générales.

En l'absence de toute modification résultant du titre constitutif, l'usufruitier jouit des droits suivants.

Il peut user et jouir de l'immeuble sur lequel porte son droit (art. 94); il acquiert par la perception les fruits naturels et industriels et, au jour le jour, les fruits civils, parmi lesquels, notamment, les arrérages de la rente d'enzel et les intérêts des créances hypothécaires (art. 95 à 99); son droit de jouissance porte tant sur les produits, qui par eux-mêmes constituent des fruits naturels ou civils, que sur les émoluments auxquels la loi attribue le caractère de fruits : coupes de bois taillis, de bois de hautes futaies, produits ou redevances des mines, minières, carrières et tourbières en exploitation à l'ouverture de l'usufruit (art. 102 à 106); sa jouissance enfin s'étend à tous les accessoires dépendant du fonds (art. 108 et 109).

L'usufruitier est autorisé à faire, en général, tous les actes

---

(1) En parlant de l'usufruit portant sur une hypothèque, le législateur a voulu désigner l'usufruit de la créance hypothécaire ; sa pensée se dégage nettement de l'art. 97, qui range, parmi les fruits civils auxquels a droit l'usufruitier, les intérêts des créances hypothécaires. On peut s'étonner, dès lors, de voir comprendre parmi les droits réels immobiliers un usufruit qui emprunte nécessairement le caractère mobilier de la créance sur laquelle il est constitué; cette confusion d'idées provient sans doute de l'intention qu'avaient les auteurs du décret de rendre obligatoire, au cas particulier, l'inscription du droit de l'usufruitier, mais cette obligation aurait pu être exprimée en termes plus précis et plus juridiques : la formule de la loi constitue une *inelegantia juris*. (Piollet. Thèse de doctorat p. 107, note 1).

d'administration que pourrait passer le propriétaire, et spécialement à donner à ferme ou à loyer les biens ruraux et les maisons ou autres bâtiments, en se conformant, pour la durée des baux et l'époque de leur renouvellement, aux règles établies notamment par les articles 1.429 et 1.430 du code civil français (art. 107).

Enfin, s'il n'a pas le pouvoir de disposer des immeubles compris dans son usufruit, il peut cependant céder son droit d'usufruit lui-même à titre gratuit comme à titre onéreux (art. 107).

L'usufruitier est tenu, par contre, lors de la cessation de l'usufruit, de restituer l'immeuble au nu-propriétaire dans l'état où il l'a reçu ; c'est là son obligation principale, d'où découlent la plupart de celles qui lui sont imposées, soit avant son entrée en jouissance, comme l'obligation de faire dresser un état des immeubles et de fournir caution (art. 112 à 115), soit pendant la durée de sa jouissance : telles, les obligations de faire les réparations d'entretien (art. 116 à 118), de supporter les charges annuelles du fonds grevé d'usufruit (art. 119), de contribuer dans une certaine mesure aux charges qui sont établies sur la propriété pendant la durée de l'usufruit (art. 120), de participer au paiement des dettes qui grevaient le patrimoine du constituant ou qui formaient les charges de son hérédité (art. 121 à 123), de contribuer aux frais des procès concernant la jouissance (art. 124), et de dénoncer au propriétaire les usurpations qui seraient commises pendant la durée de sa jouissance sur le fonds grevé d'usufruit (125).

Quant au nu-propriétaire, il n'est, en cette qualité, tenu envers l'usufruitier à aucune obligation positive : la seule obligation qui lui incombe est de ne rien faire qui puisse, en quoi que ce soit, nuire aux droits de l'usufruitier (art. 111, al. 1). Il conserve, dans cette limite, l'exercice de ses droits, peut vendre l'immeuble soumis à l'usufruit, le donner, le grever d'hypothèques ou de servitudes ; mais les actes de disposition par lui accomplis n'apportent aucun changement au droit de l'usufruitier (art. 130).

Aux termes de l'art. 126, l'usufruit s'éteint :

1º par la mort de l'usufruitier ou, s'il s'est établi au profit d'une personne morale, par la cessation de l'existence légale de cette personne et en tout cas par le laps de 30 ans (art. 128);

2' par l'expiration du temps pour lequel il a été concédé, et notamment par la mort de la tierce personne dont la vie a été prise pour terme de sa durée ; toutefois, si l'usufruit a été accordé jusqu'à ce qu'un tiers ait atteint un âge déterminé, il dure jusqu'à cette époque, encore que le tiers soit mort avant l'âge fixé (art. 129) ;

3º par la consolidation ou la réunion sur la même tête des deux qualités d'usufruitier et de propriétaire ;

4º par le non-usage pendant 20 ans ;

5º par la perte totale de l'immeuble, qui comprend non seulement la destruction physique mais encore tout changement qui a pour résultat de rendre l'immeuble impropre à l'usage auquel il était destiné (art. 132 et 133).

L'usufruit peut encore cesser par suite de la déchéance encourue par l'usufruitier pour abus de jouissance consistant en dégradation ou défaut d'entretien (art. 127) ou par suite de la renonciation expresse ou tacite de l'usufruitier (art. 130 et 131).

De l'usage. — Les art. 134 à 145 de la loi foncière relatifs à l'usage et à l'habitation sont textuellement reproduits des articles 625 à 636 du code civil français.

L'usage est un droit viager qui donne au titulaire la faculté de se servir d'un fonds appartenant à autrui et d'en percevoir les fruits, mais jusqu'à concurrence seulement de ses besoins, et de ceux de sa famille (art. 139).

Le droit d'usage s'établit de la même manière que l'usufruit (art. 134).

Les obligations de l'usager, lors de son entrée en jouissance, sont les mêmes que celles de l'usufruitier (art. 134).

Les droits de l'usager se règlent, d'abord, d'après le titre constitutif, qui peut lui accorder des avantages plus ou moins considérables (art. 137) ; à défaut de stipulations particulières sur l'étendue du droit d'usage, la loi trace les règles suivantes (art. 138) :

1º la portion de fruits, à laquelle l'usager a droit, se détermine d'après ses besoins et ceux de sa famille, qui comprend son conjoint, même au cas où il n'aurait pas été marié lors de la constitution du droit d'usage, ainsi que les enfants survenus depuis lors (art. 139 et 141) ;

2º l'usager ne peut ni céder ni louer son droit (140).

L'usager est soumis aux mêmes obligations que l'usufruitier : ainsi, il doit jouir en bon père de famille (art. 136) ; d'un autre côté, il est tenu de supporter les charges des fruits : lorsqu'il ne prend qu'une portion des fruits, il n'est tenu de ces charges que dans la proportion des émoluments qu'il perçoit ; il supporte dans la même mesure les frais de culture des fonds qu'il n'exploite pas lui-même (art. 144).

Les règles sur l'extinction de l'usufruit s'appliquent également à l'usage (art. 134), à cette modification près que, l'usage étant incessible et insaisissable, les créanciers de l'usager ne seraient ni admis à attaquer la renonciation faite par ce dernier à son droit, ni recevables à intervenir sur la demande en déchéance formée contre lui pour abus de jouissance.

De l'habitation. — Le droit d'habitation n'est qu'un droit d'usage ayant pour objet une maison d'habitation (134 à 144). Les règles précédemment développées, en ce qui concerne l'usage, s'appliquent également au droit d'habitation. Spécialement, celui auquel compète un pareil droit dans une maison dont il n'occupe qu'une partie, est tenu de contribuer, dans la proportion de cette partie, aux réparations d'entretien de la maison entière, sans pouvoir se soustraire à cette obligation en offrant de supporter seul les dépenses d'entretien du logement qu'il habite (art. 144).

§ 2. De l'emphytéose.

La loi foncière emprunte à l'art. 1er de la loi belge du 10 juin 1824 la définition de l'emphytéose ; « L'emphytéose, est « un droit réel immobilier qui consiste à avoir la pleine

« jouissance d'un immeuble appartenant à autrui, sous la
« condition de lui payer une redevance annuelle, soit en
« argent, soit en nature, en reconnaissance de son droit de
« propriété » (art. 146). Le bail emphytéotique ne confère
pas à l'emphytéote une simple jouissance, comme le bail
ordinaire ; il est translatif d'un droit immobilier moins complet que la propriété mais plus étendu que l'usufruit, d'une
sorte de quasi-domaine se composant de la jouissance pleine
et entière du fonds, avec les droits attachés à la propriété.
Ainsi, le preneur dispose à son gré de la propriété, sauf la
réserve des droits du bailleur ; il peut l'hypothéquer, l'aliéner à titre onéreux ou gratuit, le transmettre à ses héritiers
etc. ; il jouit non seulement des fruits mais de tous les produits de l'immeuble qui n'en diminuent pas la valeur. A
l'expiration de la période d'années stipulée dans le contrat,
et sauf les droits des tiers, le bailleur reprend sa propriété,
dans quelques mains qu'elle se trouve, exempte de toutes
les charges et causes d'éviction dont l'emphytéote a pu la
grever (art. 148). L'emphytéose ne peut être établie pour une
durée inférieure à 20 ans ou supérieure à 99 ans ; dans le
silence du titre ou à défaut de conventions expresses, tout
bail fait pour 20 ans et au-dessus est présumé bail emphytéotique (art. 147). La cause la plus naturelle de l'extinction
de l'emphytéose est l'expiration du temps auquel la
jouissance a été limitée ; la loi foncière mentionne, en
outre, la confusion et la destruction du fonds (149).

§ 3. De la superficie.

La loi tunisienne définit la superficie : « un droit réel im-
« mobilier qui consiste à avoir des bâtiments, ouvrages ou
« plantations, sur un fonds appartenant à autrui » (art. 150).
La loi foncière étant muette sur la durée du droit de superficie, il faut, semble-t-il, conclure de ce silence que ce
droit réel est, de sa nature, perpétuel comme le droit de propriété.

Le droit de superficie est intégral ou partiel, suivant qu'il s'applique à la généralité des objets qui se trouvent à la surface du sol ou qu'il est limité à quelques-uns d'entre eux, par exemple aux constructions, aux plantes, ou même seulement à certains arbres. Lorsque le droit de superficie est intégral, le propriétaire superficiaire peut exercer, dans toute leur plénitude, les facultés qui compètent au propriétaire d'un fonds sur le dessus de ce fonds : « il peut, en « changer la culture ou le mode d'exploitation, construire « de nouveaux bâtiments et même démolir ceux qui exis- « taient lors de la constitution du droit de superficie, à moins « cependant que ce droit n'ait été établi que d'une manière « révocable (Aubry et Rau, § 223) ». Si le droit de superficie n'est que partiel, le propriétaire superficiaire jouit, dans la limite qui lui a été fixée, de toutes les facultés inhérentes à la propriété.

Que la superficie soit intégrale ou partielle, le superficiaire peut en disposer de la manière la plus absolue par vente ou donation, la grever d'hypothèque ou de servitude, transmettre son droit à ses héritiers dans toute sa plénitude (art. 151).

Quant au propriétaire du tréfonds, il conserve la jouissance de tous les droits et l'exercice de toutes les facultés qui lui appartiennent comme maître du dessous, à charge cependant de ne causer aucun dommage aux édifices et aux autres éléments constitutifs de la superficie.

Aux termes de l'art. 152, le droit de superficie s'éteint par la confusion et par la destruction du fonds.

§ 4. Des servitudes.

Le législateur tunisien a généralement suivi en cette matière la loi française, tout en l'amendant dans ses dispositions relatives à la prescription.

Comme dans notre droit civil, on peut diviser les servitudes en servitudes légales et en servitudes établies par le fait de l'homme.

Les *servitudes légales*, parmi lesquelles nous comprenons les servitudes naturelles, constituent, ainsi que nous l'avons déjà fait observer (p. 72), le droit commun de la propriété foncière. On peut d'autant moins les considérer comme créant des charges sur un fonds au profit d'un autre fonds, que les restrictions qu'elles établissent sont le plus généralement imposées aux propriétaires voisins pour leur intérêt respectif, et n'emportent aucune idée d'héritage dominant sur un fonds servant. « En les réglementant, dit M. Baudry « Lacantinerie, (t. 1, nº 1425), le législateur n'a pas plus mis « les fonds en état de servitude, qu'il n'y a placé les person- « nes, en restreignant l'exercice de leur droit de liberté dans « de sages limites, afin que cet exercice fût compatible avec « le maintien du bon ordre social ». Aussi la loi foncière, bien que les faisant figurer comme notre droit français parmi les servitudes, a-t-elle pris soin de les dispenser de l'inscription (art. 154).

Les servitudes légales sont établies, soit dans un intérêt public, soit dans un but d'utilité privée.

Au nombre de celles qui sont fondées sur des motifs d'intérêt public, il faut ranger les prohibitions ou obligations déterminées par les lois et règlements de voirie relatifs à l'élévation des constructions urbaines (art. 187), et les servitudes, qui ont pour objet le marchepied le long des rivières, la construction ou réparation des chemins et autres ouvrages publics ou communaux (art. 160).

Parmi les servitudes légales d'utilité privée, établies dans l'intérêt réciproque des fonds voisins ou dans l'intérêt de la propriété foncière, il y a lieu de comprendre :

la servitude relative à l'écoulement des eaux, en vertu de laquelle les fonds inférieurs sont assujettis envers les fonds plus élevés à recevoir les eaux qui en découlent naturellement, sans que la main de l'homme y ait contribué (art. 155) ;

la servitude d'égout des toits, qui oblige le propriétaire d'un bâtiment à établir ses toits de manière à faire verser

toutes les eaux pluviales sur la voie publique ou à les recevoir dans son fonds, sans pouvoir les faire verser sur le
fonds de son voisin (art. 188) ;

les limitations apportées à l'exercice du droit de propriété,
lorsqu'il porte sur des murs, haies ou fossés servant de séparation entre deux immeubles contigus situés dans les
campagnes aussi bien que dans les villes : bâtiments, cours
et jardins, enclos dans les champs et qui sont pour ce motif
appelés mitoyens (art. 163 à 179); (1)

l'obligation incombant à tout propriétaire de ne faire
aucune plantation dont le résultat serait d'absorber à son
profit les forces productives d'un fonds voisin, de n'avoir
sur son fonds des arbres, arbrisseaux et arbustes qu'à une
certaine distance de la ligne séparative des héritages (art.
180, 181, 182) ;

les dispositions de la loi relatives à la distance à observer
et aux ouvrages intermédiaires à établir pour empêcher que
certains travaux ou dépôts faits dans un fonds ne portent
dommage aux fonds voisins (art. 183) ;

les dispositions qui autorisent le propriétaire d'un fonds
enclavé à réclamer, pour l'exploitation soit agricole, soit
industrielle de ce fonds, un passage sur les héritages voisins à la charge d'une indemnité proportionnée au dommage
que causera l'exercice de cette servitude (art. 189 à 192) ;

les restrictions sous lesquelles la loi permet au proprié-

---

(1) Dans la section relative au mur et au fossé mitoyens, on peut
noter deux particularités intéressantes de la loi foncière. En droit
français, comme en droit tunisien, les rues font partie du domaine
public : mais le législateur de 1885, tenant compte du mode de construction sur voûte usité dans la Régence et voulant respecter les
droits acquis, décide dans l'art. 165 que la présomption de domanialité publique du dessus d'une rue peut être combattue par titre ou
marque contraire de propriété privée, lorsqu'il existe notamment
des constructions au-dessus de la rue ou des arceaux joignant les
murs élevés de chaque côté de la voie publique. D'autre part, se refusant à consacrer la dérogation au droit commun résultant de l'art.
664 du C. C., la loi foncière stipule dans l'art. 172, que « sauf dans
le cas d'exhaussement, ... nul n'est tenu de céder à son voisin la
mitoyenneté de son mur ».

taire d'un mur, d'un bâtiment ou d'un fonds de terre, d'y pratiquer des ouvertures et d'y établir des ouvrages constituant des jours ou des vues sur ces fonds (art. 184 et décret du 10 avril 1898, modifiant les art. 185, 186 et 187).

Le décret du 10 avril 1898 consacre, en matière de servitude de vue, deux innovations qui méritent d'être signalées. D'une part, et après avoir abrogé la prescription de 6 mois (véritable anomalie sous le nouveau régime foncier), édictée par l'ancien art. 187, à l'encontre de la personne qui n'avait pas réclamé dans ce laps de temps contre l'ouverture d'une porte ou d'une fenêtre ou l'élévation d'une construction, il établit, par analogie avec le droit musulman tunisien : « à « défaut de conventions contraires, le propriétaire peut, à « toute époque, construire à la limite extrême de son ter- « rain, sans se préoccuper des ouvertures existant chez le « voisin. » D'autre part et pour garantir la sûreté, l'indépendance et la tranquillité des propriétaires de maisons contiguës, il dispose : « dans les quartiers qui seront dé- « terminés par arrêtés municipaux, les fenêtres et balcons « ouvrant sans interposition d'une voie publique sur l'in- « térieur de l'habitation du voisin, devront être garnis de « volets ou de persiennes fixes, à lames horizontales jus- « qu'à la hauteur de 19 décimètres au-dessus du plancher ».

A la différence des servitudes légales, *les servitudes établies par le fait de l'homme* sont de véritables charges réelles immobilières, car elles constituent une exception au droit commun de la propriété foncière.

Tout propriétaire peut imposer à ses immeubles, au profit d'autres immeubles appartenant à un autre propriétaire, telles charges que bon lui semble. Les seules restrictions apportées à l'exercice de cette faculté sont que ces charges ne présentent rien de contraire à l'ordre public, et que, d'un autre côté, elles ne soient ni imposées à la personne, ni créées en faveur de la personne (art. 193).

Comme dans notre droit civil, les servitudes se divisent en servitudes continues et discontinues, apparentes et non apparentes (art. 194, 195 et 196) ; mais cette division, très-importante dans la législation française au point de vue notamment de l'acquisition des servitudes, n'offrent d'intérêt dans la loi foncière qu'en ce qui concerne leur extinction par le non-usage.

Les servitudes ne peuvent s'établir que par titres (art 197) elles sont assujetties à l'inscription (arg. art. 154).

L'usage et l'étendue des servitudes se règlent par le titre qui les constitue, et, à défaut de stipulations particulières, d'après les articles 203 et 208, reproduits littéralement des articles 697 à 702 du code civil, qui déterminent les droits et obligations du propriétaire du fonds dominant et du propriétaire du fonds servant.

La servitude se conserve indéfiniment par l'inscription comme tout droit réel qui figure sur le livre foncier ; mais l'art. 209 permet d'en obtenir la radiation par jugement, lorsque l'exercice en devient matériellement et absolument impossible à raison des changements survenus dans l'immeuble et que le non-usage a duré pendant 20 ans (1). Les 20 années courent, pour les servitudes discontinues, par le seul fait de la cessation de leur exercice à partir du dernier acte d'usage, et, pour les servitudes discontinues, du jour où il a été fait un acte contraire à la servitude.

§ 5. De l'Antichrèse.

Les dispositions de la loi foncière relatives à l'antichrèse ne sont qu'une combinaison des art. 2077, 2080 et 2083 du code civil sur le gage, et des art. 2085 à 2091 sur l'antichrèse.

Comme dans notre droit français l'antichrèse est le nantissement d'un immeuble, elle confère au créancier un droit de rétention et, en outre, un droit de jouissance, à la charge d'imputer le produit net de cette jouissance sur les intérêts d'abord, et ensuite sur le capital de la créance (art. 217 et 223).

(1) Le délai, prévu par la loi française pour l'extinction par le non usage est de 30 ans (art. 703, C. C.).

L'antichrèse ne s'établit que par écrit (art. 218).

Le créancier nanti peut retenir l'immeuble jusqu'au paiement intégral de la créance en principal et accessoires ; son droit de rétention est indivisible (art. 219 et 225). Il ne devient pas, à défaut de paiement au terme convenu, propriétaire de l'immeuble qui lui a été donné en nantissement, mais il jouit de la faculté d'en poursuivre la vente sur expropriation forcée (art. 222). S'il répond de la perte ou de la détérioration de l'immeuble, survenue par sa négligence, il a droit, en retour, au remboursement des dépenses utiles et nécessaires qu'il a faites pour sa conservation (art. 227).

L'antichrésiste est tenu : d'administrer en bon père de famille l'immeuble qu'il détient et de pourvoir notamment à sa conservation et à son entretien, sauf à prélever sur les fruits les dépenses relatives à ces objets et même, en cas d'insuffisance, à les répéter contre le débiteur (art. 220 et 227); d'acquitter dans les mêmes conditions, s'il n'en est autrement convenu, les contributions et les charges annuelles de l'immeuble (art 220) ; de restituer l'immeuble au débiteur, dès qu'il a été intégralement payé de sa créance, sans être autorisé à le retenir, pour sûreté d'une nouvelle dette contractée par le débiteur, si ce dernier lui offrait le paiement de celle à l'occasion de laquelle l'antichrèse a été constituée (art. 221).

L'art. 226 ajoute que l'antichrésiste a toujours le droit de faire valoir les privilèges ou hypothèques, qui peuvent lui appartenir sur l'immeuble ; mais c'est là le droit commun, et il n'y avait guère d'utilité à le consacrer par un texte formel.

§ 6. Des privilèges et des hypothèques.

Le législateur tunisien se sépare du système hypothécaire français, condamné par une expérience de près d'un siècle, et consacre, avec la loi belge du 16 décembre 1851 dont il s'est largement inspiré, les principes de la spécialité et de la publicité absolue.

Privilèges. — Dans la loi foncière, comme dans notre droit civil, le privilège est un droit que la seule qualité de la créance donne au titulaire, le droit d'être payé de préférence aux autres créanciers même hypothécaires (art. 228) ; mais la loi tunisienne ne reconnaît comme créances privilégiées que les frais de justice, les droits du trésor (1) et les arrérages dus au crédi-rentier de l'enzel (art. 229).

Ces privilèges s'exercent dans l'ordre établi par la loi (art. 229).

Le législateur a dérogé à l'application du principe de publicité en faveur des frais de justice et des droits du trésor, qui, à raison de la faible importance des créances garanties, pouvaient être exceptés sans inconvénients de la règle de l'inscription (art. 228) ; il a, d'ailleurs, pris soin de stipuler qu'ils ne pourraient s'exercer sur le prix des immeubles qu'à défaut de mobilier (art. 230).

Le privilège du crédi-rentier de l'enzel est, au contraire, assujetti à la règle de publicité. On peut se demander si l'expression n'a pas ici trahi la pensée du législateur, et si le privilège accordé au crédi-rentier de l'enzel n'est pas, au fond du droit, une simple hypothèque. L'interprétation littérale de l'art. 228 conduit à décider qu'une constitution d'enzel sur un immeuble immatriculé prime les hypothèques inscrites antérieurement, puisque la cause de préférence du crédi-rentier « tient à la nature de sa créance », et que son privilège lui donne le droit « d'être préféré aux « créanciers même hypothécaires. » Or, un tel résultat suffit à détruire toute l'économie de la nouvelle législation, toute l'autorité du livre foncier. La rétroactivité de l'inscription des privilèges est incompatible avec le principe de publicité absolue ; le droit du crédi-rentier ne peut exister, au regard des tiers, que par l'effet et à partir du jour de son inscription, et la priorité de son rang doit se dé-

(1) Voir pour le privilège du trésor, supra p. 72 et s.

terminer « *non ex causa* » mais « *ex tempore* » ; nous en dirions tout autant d'une simple créance hypothécaire.

Hypothèques. — L'hypothèque de la loi foncière peut se définir, comme celle de notre droit civil, un droit réel immobilier engendrant un droit de préférence et un droit de suite, par sa nature indivisible, et qui constitue un droit accessoire, se rattachant nécessairement à une créance dont elle a pour but d'assurer le paiement. (art. 231).

La loi tunisienne ne reconnaît ni l'hypothèque légale, ni l'hypothèque judiciaire : toute hypothèque doit être inscrite et spécialisée quant à l'immeuble et quant à la somme (1) (art. 238, 255 et 368).

L'hypothèque ne peut être établie que sur : « la propriété « immobilière qui est dans le commerce, l'usufruit des im- « meubles pour le temps de sa durée, l'enzel, l'emphytéose « pour le temps de sa durée et la superficie » (art. 233).

La loi foncière distingue deux sortes d'hypothèques : l'hypothèque forcée et l'hypothèque volontaire.

L'*hypothèque forcée* est celle qui est acquise en vertu d'une décision de justice, sans le consentement du débiteur : 1° aux mineurs et aux interdits, sur les immeubles des tuteurs et de leurs cautions ; 2° à la femme, sur les immeubles de son mari, pour sa dot, ses droits matrimoniaux, l'indemnité des obligations du mari dont elle est tenue, et le remploi du prix de ses biens aliénés ; 3° au vendeur, à l'échangiste ou au copartageant, quand il n'a pas été réservé d'hypothèque conventionnelle pour le paiement du prix ou de la soulte d'échange ou de partage (art. 239). En ce qui concerne les hypothèques du mineur, de l'interdit et de la femme mariée, la spécialisation résulte soit d'une délibération du conseil de famille ou du contrat de mariage, soit d'une décision rendue par le tribunal. Le mari et le tuteur peuvent demander la réduction des sûretés excessives et se faire autoriser, en justice, à remplacer l'hypothèque par une caution ou un gage mobilier (art. 239 à 245).

L'*hypothèque volontaire* ne peut être consentie que par

(1) V. sur l'inscription des hypothèques (infra section III. § 3).

ceux qui ont capacité d'aliéner les immeubles qu'ils y soumettent (art. 250) ; elle peut être stipulée par acte sous-
seing privé et résulter de contrats passés en pays étranger,
pourvu qu'ils soient constatés par écrit et qu'ils remplissent
les conditions prescrites par la loi foncière (art. 251 et arg.
art. 343).

Elle comprend l'hypothèque testamentaire et l'hypothèque
conventionnelle.

La première a pour objet de garantir les legs contenus
dans un testament ; elle doit être établie pour un chiffre
déterminé et sur un ou plusieurs immeubles spécialement
désignés (art. 254).

L'hypothèque conventionnelle résulte, comme son nom
l'indique, de la convention des parties ; elle peut être
établie pour sûreté de toute espèce d'obligations, quelles
qu'en soient la nature et les modalités (arg. art. 257 et 258) ;
elle doit satisfaire à la double règle de la spécialisation des
biens grevés et de la créance garantie (art. 255, 257 et 258).
Si, à la suite de perte ou de détérioration, les immeubles
hypothéqués cessent de constituer une sûreté suffisante
pour le créancier, celui-ci peut réclamer le remboursement
de sa créance, sauf au débiteur à offrir un supplément
d'hypothèque si la perte ou détérioration du gage ne lui est
pas imputable (art. 256).

L'effet des hypothèques contre les tiers détenteurs est
réglé par les art. 261 à 272, qui reproduisent à peu près
littéralement les art. 2166 à 2169 et 2172 à 2179 du code
civil. Lorsque l'immeuble hypothéqué a passé entre les
mains d'un tiers détenteur, le créancier hypothécaire peut
en poursuivre l'expropriation contre ce dernier, comme
il l'eût fait contre le débiteur personnel de sa créance ; mais,
le tiers détenteur a la faculté de délaisser l'immeuble pour
éviter que la poursuite en expropriation ne soit dirigée ou
continuée contre lui. Notons, comme particularité de la loi
tunisienne, que le greffier du tribunal où a lieu la déclaration de délaissement, doit en prévenir immédiatement le
conservateur, qui est tenu d'en faire mention sur le titre
de propriété (art. 267), et qu'une nouvelle inscription est

nécessaire pour faire revivre, après l'expropriation, les droits réels immobiliers, dont l'inscription aurait été radiée à la suite de la consolidation ou de la confusion qui se serait opérée sur la tête du tiers détenteur (art. 270).

En dehors de la prescription supprimée par la loi du 16 mars 1892, les causes d'extinction des hypothèques sont les mêmes que celles du code civil : l'extinction de l'obligation principale, la renonciation du créancier, et l'accomplissement des formalités prescrites aux tiers détenteurs pour purger les biens par eux acquis. On peut y ajouter la perte de l'immeuble, l'effet de la réduction prononcée en justice, et la résolution de l'hypothèque, sans qu'elle puisse toutefois préjudicier aux tiers qui ont traité sur la foi due aux mentions du livre foncier.

La faculté de purger est accordée à tout tiers détenteur non personnellement obligé au paiement de la dette hypothécaire : acquéreur, échangiste, donataire ou légataire à titre particulier (arg. art. 276, 277 et 278).

Pour obtenir la radiation des inscriptions existantes, le nouveau propriétaire de l'immeuble grevé doit, après avoir fait inscrire son droit de propriété, notifier au domicile élu de tous les créanciers inscrits : 1° l'extrait de l'acte transmissif de propriété, contenant sa date, la qualité et la désignation des parties ; 2° le prix d'acquisition et les charges faisant partie du prix, l'évaluation de ces charges, celle du prix s'il ne consiste pas en un capital déterminé, enfin l'évaluation de l'immeuble s'il a été donné ou cédé à tout autre titre qu'à celui de vente ; 3° un certificat d'inscription de toutes les hypothèques pesant sur l'immeuble y compris, s'il y a lieu, celle du vendeur (art. 276).

La notification doit contenir offre d'acquitter les dettes ou charges hypothécaires à concurrence du prix ou de la valeur déclarée ; mais, à la différence du code civil (art. 2184), qui prescrit à l'acquéreur d'acquitter toutes les dettes hypothécaires exigibles ou non, la loi foncière décide, lorsque les créances non échues viennent entièrement en ordre utile, qu'à moins de dispositions contraires dans les titres de créances, l'acquéreur « jouira des termes et délais

« accordés au débiteur et observera ceux stipulés contre
« ce dernier » (art. 278). La règle édictée par le texte tunisien respecte le contrat passé entre le créancier et le débiteur ;
du moment où le vendeur n'était pas tenu de payer, on ne
voit pas pourquoi son ayant-cause serait dans une situation
plus défavorable. D'autre part, le principe de la stabilité des
conventions s'oppose à ce qu'un tiers acquéreur puisse, par
son propre fait, priver le créancier du terme stipulé en sa
faveur. L'article 278 *in fine* impose toutefois à l'acquéreur
l'obligation d'offrir le paiement sans délai des créances ne
venant que pour partie en ordre utile et décide qu'elles
seront immédiatement exigibles, pour le tout contre le débiteur, et jusqu'à concurrence du prix contre l'acquéreur
(art. 278).

Le nouveau propriétaire jouit d'un certain délai pour
remplir les formalités de la purge : à défaut de provocation
des créanciers, il lui est imparti à cet effet, et sous peine de
déchéance de la faculté de purger, un délai d'un an à compter de l'inscription de son droit de propriété ; en cas de
poursuite, il doit, comme dans notre législation civile, faire
les notifications prescrites dans les 30 jours qui suivent la
première sommation (art. 276 à 277).

L'art. 279 prévoit une hypothèse particulière relative au
vendeur, coéchangiste ou donataire, qui a conservé par l'inscription son droit hypothécaire et son action en résolution.
La loi lui fait une obligation d'opter entre ces deux droits
dans les 40 jours de la notification et, faute de se prononcer
en temps utile, il n'a plus que l'action hypothécaire. S'il se
prononce pour la résolution, il doit le déclarer au greffe du
tribunal devant lequel l'ordre est poursuivi, et intenter,
dans les 10 jours, sa demande en justice ; d'autre part, le
greffier est tenu de prévenir immédiatement le conservateur
de cette déclaration d'option, pour que ce fonctionnaire
puisse l'inscrire sur le titre de propriété. La procédure de
purge est alors suspendue et ne peut être reprise qu'à la
suite de la renonciation du tiers détenteur à son action résolutoire ou du rejet de son action par l'autorité judiciaire.

Comme en droit français, les créanciers qui ont reçu la

notification ont le droit d'accepter les offres ou de requérir la mise aux enchères. L'acceptation peut être expresse ; elle peut, en outre, être tacite, résulter notamment du silence du créancier pendant le délai légal ; elle est, enfin, forcée, lorsque la réquisition de mise aux enchères est nulle pour inobservation des formes prescrites. Dans le cas d'acceptation, la valeur de l'immeuble reste définitivement fixée au prix stipulé dans le contrat ou déclaré par le nouveau propriétaire, et celui-ci a le droit ou de payer les créanciers inscrits ou de consigner son prix (art. 281). Si au contraire, un ou plusieurs créanciers trouvent les offres insuffisantes, ils peuvent requérir la mise aux enchères de l'immeuble sur une mise à prix supérieure d'un dixième au prix stipulé dans le contrat ou déclaré par le nouveau propriétaire, le tout à charge de se conformer aux prescriptions de l'art. 280, reproduites de l'art. 2185 du code civil et édictées à peine de nullité. La vente a lieu suivant les formes prévues par les articles 836, 837 et 838 de notre code de procédure civile (art. 282).

Section III. De l'inscription des droits réels immobiliers. De sa force probante.

Le titre de propriété dressé en exécution du jugement d'immatriculation prouve, avons-nous dit, l'état juridique de l'immeuble au moment où il passe sous le nouveau régime foncier ; mais le législateur ne pouvait se contenter de ce résultat. Il ne suffit pas que le droit du propriétaire soit exactement déterminé dans le titre qui en constitue en quelque sorte l'acte de naissance ; il faut, de plus, que le titre établi soit tenu au courant des modifications survenues dans le droit du titulaire. La loi tunisienne a organisé, à cet effet, un système de publicité sans réserve et, pour la sauvegarde des droits des tiers, a consacré le principe de la force probante des inscriptions.

§ 1. De la publicité des droits réels. De l'inscription et de la prénotation.

Le mode de publicité adopté par la nouvelle législation immobilière est celui universellement appliqué en Allemagne, en Australie, et dans les autres pays où fonctionne le système des livres fonciers ; il consiste à grouper tous les droits relatifs à un bien-fonds dans le compte qui lui est ouvert sur les registres publics : « Les inscriptions sont portées, rayées, réduites ou rectifiées par le conservateur « de la propriété foncière au moyen de *mentions sommaires* « faites sur le registre des titres de propriété » (art. 351).

Le procédé de la transcription comme moyen de publicité et les inscriptions par ordre chronologique sont incompatibles avec l'établissement des livres fonciers. Tenus par ordre de date, les registres des inscriptions ne permettent d'arriver à la détermination juridique qu'à l'aide de répertoires parcellaires, renvoyant, pour chaque immeuble, aux inscriptions le concernant dans le registre des formalités. Une recherche si compliquée, qui peut porter sur une longue série de volumes, n'offre aucune certitude. D'autre part, la transcription littérale charge le registre de clauses et de dispositions qui n'offrent le plus souvent d'intérêt que pour les parties seules et sont dépourvues d'utilité au point de vue du droit réel qu'il s'agit de porter à la connaissance des tiers. Expéditive et peu coûteuse, l'inscription par immeuble se recommande, au contraire, par sa clarté et sa précision ; elle permet de retrouver, dans un document unique, tous les actes et faits utiles à connaître. C'est grâce à elle, sous un régime où le principe de publicité reçoit la plus grande extension, que le livre foncier peut retracer l'état et la vie juridique de chaque immeuble.

I. — De l'inscription.

L'inscription au livre foncier peut être requise par celui qui a intérêt à consolider, au moyen de cette formalité, le

droit réel dont il est titulaire (art. 357). Elle peut avoir lieu :
pour les droits de la femme mariée, à la diligence du mari,
de la femme, de ses parents ou amis ; pour les droits du
mineur et de l'interdit, à la requête du tuteur ou du subro-
gé-tuteur, du conseil de famille, des magistrats, des parents
ou amis des incapables et des incapables eux-mêmes (art.
359 et 360). En cas de décès du titulaire d'un droit réel
immobilier, l'inscription peut être prise au nom de la succession, avant la liquidation ou le partage, sur la seule
production de l'acte de décès ; mais, elle est modifiée ultérieurement au vu de l'acte de partage et en conformité des
dispositions qui y sont contenues (art. 364).

Aux termes de l'art. 358, le conservateur est tenu d'inscrire d'office : 1° le privilège du crédi-rentier de l'enzel,
soit au moment de l'immatriculation de l'immeuble, soit lors
du dépôt de l'acte constitutif d'enzel sur l'immeuble déjà
immatriculé ; 2° l'hypothèque du vendeur ou du copartageant, au profit du débiteur saisi, du colicitant ou de leurs
ayants-droit, pour sûreté du paiement du prix de l'adjudication.

Les justifications à produire à l'appui de chaque réquisition d'inscription peuvent se résumer dans les propositions
suivantes, qui découlent tant de l'art 343 que de l'économie
générale de la loi foncière.

Tous les faits ou conventions à inscrire ou à mentionner
doivent être constatés par un écrit : acte sous-seing privé,
acte notarié ou consulaire, ou jugement passé en force
de chose jugée. La forme sous-seing privé est admise,
pour les donations comme pour les contrats hypothécaires. Les actes ou écrits, quelle que soit leur forme,
doivent indiquer l'état civil des parties contractantes, rappeler le nom et le numéro du titre de la propriété qui fait
l'objet de la convention ou du jugement, ne contenir aucune
énonciation ou stipulation inconciliable avec les données
des inscriptions antérieures (art. 357), porter élection de
domicile, en Tunisie, au chef-lieu d'une justice de paix.

Les actes en langue étrangère doivent être déposés avec

leur traduction certifiée : par l'un des interprètes spécialement assermentés pour le service de l'immatriculation, s'ils
sont écrits en arabe ; par un interprète assermenté près les
tribunaux français, s'ils sont rédigés en toute autre langue.

Les actes rédigés par les notaires tunisiens et israélites
sont réputés inexistants, s'ils ne sont pas signés ou reconnus par les parties.

Les signatures des parties doivent, dans tous les cas,
être légalisées en due forme : les signatures des européens, par le président du tribunal civil, les juges de
paix, les contrôleurs civils, les consuls, les présidents
ou vice-présidents européens des municipalités ou des com-
missions municipales ; celles des indigènes, par le Premier
Ministre ou son délégué, le président du tribunal civil, les
juges de paix, les cadis, les contrôleurs civils, les présidents
ou vice-présidents indigènes des municipalités ou des com-
missions municipales.

Si les parties ne savent ou ne peuvent signer, elles doivent
reconnaître l'écrit, dont lecture leur est donnée par un
interprète devant l'une des autorités désignées ci-dessus,
en présence de deux témoins du sexe masculin, sachant
signer et ayant la capacité nécessaire pour contracter, qui
attestent l'identité des déclarants ; le magistrat ou fonctionnaire certifie la reconnaissance au bas de l'écrit et la signe
avec l'interprète et les témoins.

L'inscription s'opère au vu de l'acte présenté à la conservation ; à la différence de notre code civil, la loi foncière
n'exige pas qu'il soit accompagné de bordereaux.

Le conservateur n'a pas seulement à s'occuper de la
forme des actes déposés, de leur conformité avec les indications du titre, et de l'identité des contractants, il est, en outre,
juge en premier ressort de la capacité des parties et doit
examiner les circonstances qui leur permettent ou leur in-
terdisent de traiter librement, à raison, soit de leur condition personnelle, soit de leurs conventions matrimoniales.
S'il a des doutes sur les questions soumises à son examen
préalable, il invite les intéressés, dans un délai de quinzaine

augmenté du délai des distances, à fournir des justifications complémentaires : actes de naissance et de mariage, contrats de mariage, actes de société, etc., et il réserve, au moyen d'une inscription provisoire, leur droit à l'inscription définitive. A l'expiration du délai fixé, et suivant que la régularisation de la demande d'inscription lui paraît ou non suffisante, ce fonctionnaire procède à l'inscription définitive ou rejette la demande, sauf à l'intéressé à se pourvoir, dans ce dernier cas, devant le tribunal compétent (art. 354 ; cpr. infra, p. 285 et 286).

Les inscriptions ou mentions sur les registres publics doivent, aux termes des art. 368 et 369, indiquer en dehors de la date à laquelle elles ont été effectuées :
« pour la propriété immobilière, le propriétaire ;
« pour l'enzel, le propriétaire, le crédi-rentier et le mon-
« tant annuel de la rente ;
« pour l'usufruit, l'usage et l'habitation, l'emphythéose
« et la superficie : le propriétaire et l'usufruitier, l'usager,
« l'emphytéote et le superficiaire ;
« pour les servitudes foncières, le fonds servant sur le
« titre de propriété du fonds dominant, et réciproquement ;
« pour l'antichrèse et l'hypothèque, le propriétaire, le
« créancier et le montant de la créance ;
« pour les baux, le locataire et le prix annuel du bail ».
La loi foncière a tenu compte, cependant, de l'intérêt qu'il peut y avoir à connaître la teneur même des actes dont le titre révèle l'existence et l'objet. Elle prescrit, à cet effet, le dépôt, aux archives de la conservation, de l'original ou de l'expédition de l'acte ou du contrat produit à l'appui de la demande d'inscription (art. 343, 361, 362 et 365) ; s'il s'agit d'une mutation par décès ab intestat, elle exige la production de l'acte de décès et d'un certificat authentique constatant l'état civil des requérants et leurs droits exclusifs à l'hérédité ; en matière de succession testamentaire, l'ayant-droit doit déposer, en outre, le testament ou une expédition de cet acte, et, s'il y a lieu, le consentement des héritiers ou des légataires universels, ou la décision du tri-

bunal autorisant l'envoi en possession (art. 336). Toutes ces
pièces sont classées au dossier spécial de chacun des immeubles immatriculés qu'elles concernent.

Les inscriptions conservent le droit qu'elles relatent tant
qu'elles n'ont pas été annulées, rayées ou modifiées (art. 47,
228 et 238) (1). C'est là une conséquence nécessaire du
principe de la force probante attachée aux inscriptions du
livre foncier : du moment où le registre foncier fait foi de
ses énonciations, on est, en effet, forcé d'admettre que les
inscriptions conservent leur efficacité tant qu'elles subsistent matériellement et dans la mesure du droit révélé par
le registre public. La suppression du renouvellement n'offre,
d'ailleurs, que des avantages, car elle préserve les créanciers du danger de la péremption et assure, en même temps,
l'exactitude des recherches.

La radiation a lieu à la requête de toute personne intéressée qui a la capacité requise, ou en vertu de jugements
des tribunaux français de 1re instance ayant acquis force de
chose jugée (art. 343 et 357).

A la différence du droit né de l'immatriculation, qui est
définitif et inattaquable, les droits réels inscrits depuis
l'établissement du titre peuvent être modifiés ou annulés
par décision de justice ; le conservateur opère les inscriptions rectificatives au vu de l'expédition du jugement définitif rendu par la juridiction française. Nous examinerons
ci-après (p. 286) les effets de ce jugement, par rapport à
l'inscription préventive, à laquelle est soumise, pour être
opposable au tiers, la demande d'annulation ou de modification.

(1) L'inscription prise pour le capital d'une créance hypothécaire,
avec la mention que cette créance est productive d'intérêts ou
d'arrérages, comprend, virtuellement et de plein droit, les arrérages
ou intérêts de deux années et de l'année courante, par application
de l'art. 237 reproduit de l'ancien art. 2151 du code civil. Le nouveau
texte du code civil, édicté par la loi du 17 juin 1893, qui fixe, à trois
années uniformément , les intérêts conservés par l'inscription, n'est
pas applicable aux immeubles immatriculés, comme étant contraire
à une disposition formelle de la loi foncière (cpr. supra p. 212 note).

Certains événements peuvent arrêter le cours des inscriptions : tels sont le commandement à fin de saisie immobilière, qui, signifié au conservateur, empêche toute inscription nouvelle pendant le cours de l'instance (art. 55 et 299); l'inscription des actes translatifs de propriété immobilière pour les droits consentis par les précédents titulaires (arg. art. 343) ; la faillite ou la liquidation judiciaire du débiteur, ainsi que l'acception sous bénéfice d'inventaire de sa succession (art. 2146 C. C. ; arg. art. 2 de la loi foncière).

II. — De l'opposition conservatoire ou prénotation.

A l'inscription, qui constitue le moyen ordinaire de réaliser la publicité, s'ajoute un mode auxiliaire, n'impliquant, comme l'inscription elle-même, que de brèves énonciations sur les registres, mais ayant sa fonction propre : c'est la prénotation ou opposition conservatoire. Ce procédé est usité dans les régimes de publicité de l'Allemagne. Il n'est pas d'ailleurs exclusivement germanique ; on en retrouve l'idée dans les art. 92 à 96 de notre loi hypothécaire du 9 messidor an III, et il en subsiste une application dans l'art. 958 du code civil sur les révocations de donations pour cause d'ingratitude. La prénotation est, suivant une définition très heureuse, « une réserve d'inscription pour l'avenir ». Elle sauvegarde les droits qui ne sont pas immédiatement admissibles à l'inscription ; si elle ne confère pas à celui qui la requiert un droit actuel et définitif, elle empêche du moins, à partir de sa date, toute aliénation ou constitution de droits réels au préjudice du prénotant.

Peuvent faire l'objet d'une prénotation : les actes pour lesquels le conservateur exige des justifications complémentaires, lorsqu'il a des doutes sur la capacité des parties (art. 354) ; toute demande tendant à faire prononcer l'annulation ou la modification de droits réels immobiliers (art. 53) ; les hypothèques forcées, c'est-à-dire celle du mineur ou de l'interdit, de la femme mariée, du vendeur, de l'échangiste ou du copartageant, lorsque leur spécialisation, à défaut d'entente entre les parties, doit résulter d'une décision judiciaire (art. 239 à 249).

Si la prénotation a été requise à juste titre, sa date fixe le rang de l'inscription définitive, et l'effet rétroactif du jugement obtenu par le prénotant anéantit les actes de disposition consentis dans l'intervalle par le propriétaire inscrit (art. 53 et 249). Les tiers acquéreurs ou créanciers, qui subissent l'éviction, ne sauraient s'en plaindre, puisqu'ils étaient publiquement avertis par la prénotation du risque qu'ils couraient en contractant avec le titulaire de l'immeuble. Quant aux droits réels constitués antérieurement à la prénotation, ils sont couverts par l'autorité du livre foncier, et le bénéficiaire du jugement de résolution est tenu de les respecter. Lorsque la demande n'a pas été inscrite, le jugement n'a d'effet vis-à-vis des tiers qu'à dater du jour de son inscription (art. 54).

L'énoncé des effets de la prénotation suffit à démontrer qu'elle ne doit être accueillie qu'avec une grande réserve et seulement en cas de nécessité clairement démontrée, car, si elle n'enlève pas au propriétaire la faculté de disposer de son droit, elle entrave l'exercice de cette faculté et altère le crédit. Aussi la loi foncière pose-t-elle en principe que les inscriptions provisoires ne pourront avoir lieu qu'en vertu d'une ordonnance sur requête du président du tribunal civil (art. 53) ; elle n'en excepte que les prénotations opérées d'office par le conservateur, lorsqu'il a des doutes sur la capacité des parties (art. 354 ; V. supra p. 282).

III. — *Mécanisme de l'inscription.*

Les inscriptions sont portées sur le titre de propriété, qui suit l'immeuble dans ses transmissions successives, sans qu'il soit besoin, en principe, d'établir un titre nouveau destiné à remplacer l'ancien.

Toutefois, dans le cas de fractionnement de l'immeuble, par suite d'aliénation ou de partage, comme de lotissement effectué par le propriétaire lui-même (T. 1re ch., 27 avril 1896, J. T. 1896, 292), il est procédé à la délivrance de nouveaux titres qui indiquent chacun les charges afférentes à la fraction de l'immeuble qu'il concerne. L'inscription nécessite l'intervention du service topographique ; le géomètre effectue l'application sur le terrain des nouvelles limites résultant de la convention, les reporte sur le plan primitif, et dresse un plan distinct pour chaque parcelle démembrée (décret du 16 juillet 1899, art. 3).

Lorsque le conservateur établit un nouveau titre de propriété, il annule le précédent au moyen d'une griffe et y appose une mention spéciale, signée de lui et revêtue du timbre de la conservation ; il agit de même pour la copie du titre qu'il conserve dans ses archives (art. 50).

L'établissement d'un nouveau titre n'est obligatoire qu'en cas de démembrement de l'immeuble. Il est toutefois loisible aux parties, lorsque plusieurs parcelles contiguës sont réunies en un seul héritage, de requérir la substitution, aux titres individuels de chaque parcelle, d'un titre unique applicable à l'ensemble de l'immeuble.

Le transfert par voie d'inscription qui est usité dans la plupart des colonies où s'applique l'act Torrens, est moins dispendieux que le renouvellement du titre; mais il présente l'inconvénient de surcharger, à la longue, le registre d'inscriptions multiples, et d'en rendre la lecture plus difficile. Dans la pratique, lorsque les mentions ne laissent plus de place pour de nouvelles inscriptions, le conservateur établit un nouveau titre, qui est la reproduction de l'ancien, suppression faite des mentions devenues sans objet.

Aucune inscription ne peut être faite sur l'original du titre, sans être en même temps reportée sur la copie détenue par le propriétaire ou l'enzéliste. En vue d'établir une concordance exacte et permanente entre la teneur de cette copie et celle du feuillet matricule de l'immeuble, la loi foncière décide que toute demande d'inscription doit être accompagnée de la copie du titre et que toute inscription sur le titre doit l'être également sur la copie (art. 374). Cette règle comporte une importante exception, en ce qui concerne l'inscription des actes ou jugements affectant la propriété

ou les droits réels en dehors du consentement du porteur
de la copie, l'inscription, par exemple, d'une vente sur
expropriation forcée, d'une cession de créance, d'un commandement, d'une saisie, d'une déclaration de faillite. Pour
remédier aux inconvénients de cette exception nécessaire
et dont les conséquences peuvent être très graves, le législateur a réglé, d'une part, que le conservateur, après avoir
porté l'inscription sur le titre, doit la notifier au détenteur
de la copie et refuser toute nouvelle inscription, tant que la
concordance n'a pas été rétablie (art. 375), et, d'autre part,
que ce fonctionnaire est tenu de délivrer, à toute réquisition,
un certificat établissant la conformité de la copie avec le
titre de propriété (art. 352). Mais, par cela même qu'elle
peut, à un moment donné, ne pas faire ressortir tous les
actes et faits juridiques intéressant l'immeuble, la copie,
tout en ayant pour les énonciations qui y figurent la même
force probante que le titre (art. 343 et 378), n'offre pas une
base aussi sûre aux transactions. Les tiers ont donc toujours intérêt, avant de traiter, à s'assurer de la parfaite
concordance de la copie avec la teneur du registre public.

Les inscriptions sur le titre et sur la copie du titre ne
peuvent être opérées que par les soins du conservateur de
la propriété foncière ; toute falsification, contrefaçon, ou
altération de ces documents, serait passible des peines établies par les art. 147, 148 du code pénal français (art. 381).

§ 2. De l'effet de l'inscription entre les parties et de sa force probante à l'égard des tiers.

La loi foncière distingue, au point de vue des effets de
l'inscription, entre l'acquisition de la propriété *inter partes*
et l'acquisition au regard des tiers. « C'est le système, dit la
« Cour de cassation, dans l'enquête de 1841 sur la réforme du
« système hypothécaire de notre code civil, le plus conforme
« à la raison et le plus favorable à la société ; il a sa base

« dans la foi réciproque que se doivent des êtres intelligents
« et doués de moralité.. et il a l'avantage de ne pas confon-
« dre la preuve de l'obligation avec l'obligation elle-même ».
L'inscription, en effet, n'éclaire pas les contractants, qui
connaissent nécessairement l'acte où ils figurent ; elle n'a
d'intérêt et ne doit être régie qu'en vue de la consolidation
de la propriété au regard de ceux qui traitent sur la foi de
cette convention.

I. — *Effets de l'inscription entre les parties.*

La loi tunisienne admet, comme notre droit civil, que la
propriété foncière se transmet entre les contractants par la
seule force de la convention, indépendamment de toute
publicité. Dans les rapports d'un acquéreur avec son auteur,
l'inscription n'est munie d'aucune force qui lui soit propre ;
elle ne vaut que par la cause d'acquisition qu'elle constate
et ne saurait modifier, par elle seule, les conséquences attachées aux particularités de cette cause. C'est dire qu'elle
n'affranchit nullement la personne, inscrite comme propriétaire ou comme titulaire d'un droit quelconque, des
actions auxquelles elle peut être exposée, par suite des vices
ou de la révocabilité de son propre titre. L'intérêt du crédit
n'étant pas engagé, la loi foncière n'a rien changé sur ce
point aux principes de droit commun (art. 342).

II. — *Effets de l'inscription à l'égard des tiers.*
De sa force probante.

Des considérations tout autres entrent en ligne de compte, lorsqu'il s'agit de déterminer l'autorité de l'inscription
au regard des tiers, qui traitent, sur la foi des énonciations
du registre, avec la personne inscrite comme propriétaire.
En droit strict, nul ne peut transmettre plus de droits qu'il
n'a ; mais s'attacher exclusivement à cette maxime, c'est
vouloir entretenir des droits de propriété malaisés, impro-
pres à la circulation, dangereux pour le crédit, et, somme

toute, de nature à ne procurer à leurs titulaires qu'une utilité restreinte (Ch. Gide, Étude sur l'Act Torrens, p. 42). L'intérêt, que présente au point de vue économique la consolidation de la propriété, est un intérêt d'ordre public ; il exige que les énonciations des livres fonciers renseignent complètement les intéressés sur l'état de la propriété et qu'aucune preuve ne soit admise contre le contenu du feuillet de chaque bien-fonds.

La publicité, dans la loi foncière, produit un double effet.

Le premier est de rendre opposable aux tiers, par la voie de l'inscription, les actes et faits translatifs ou modificatifs de la propriété immobilière, et, par suite, d'arrêter le cours des inscriptions de droits réels sur les précédents propriétaires de l'immeuble. « Tous faits ou conventions, dit « l'art. 343..., seront, pour être *opposables aux tiers*, « constatés par écrit et inscrits sur le titre par le conserva-« teur de la propriété foncière » (T. 2e ch., 24 avril 1895, J. T. 1895, 371 ; T. 1re ch., 28 déc. 1896, J. T. 1897, 78).

Le second est de prouver la légitimité des droits réels dont l'inscription emporte constitution ou transfert, de lui donner *force probante* à l'égard des tiers. « Tout droit réel « immobilier n'existera que par le fait et du jour de son « inscription à la conservation de la propriété foncière » (art. 15). « L'existence d'un droit réel résultera, à l'égard « des tiers, de son inscription » (art. 16). « Tout droit réel « relatif à un immeuble immatriculé n'existera, à l'égard « des tiers, que par le fait et du jour de son inscription sur « le titre par le conservateur de la propriété foncière.... » (art. 342). Dès lors que le droit naît de l'inscription, qu'aucun fait juridique n'existe pour les tiers qu'à la condition d'avoir été préalablement porté à leur connaissance par les mentions du registre public, il en résulte que celui, à qui ce registre attribue le titre de propriétaire, conserve, tant que l'inscription subsiste, cette qualité aux yeux des personnes qui contractent avec lui. Que le droit né de l'inscription vienne à être annulé, modifié ou résolu, le tiers qui a acquis un droit réel immobilier du propriétaire inscrit comme tel, est, en principe, à l'abri de toute revendication dont la cause ne lui aura pas été révélée, lors de son contrat, par la teneur du livre foncier.

Le principe de la force probante ne tend pas d'ailleurs, à sacrifier nécessairement au droit du tiers acquéreur celui des précédents propriétaires du bien-fonds. Les deux intérêts peuvent se concilier par l'action du registre lui-même : « l'au- « torité du livre foncier, dit M. Besson (op. cité. p. 402), « n'agit pas dans l'intérêt exclusif des tiers acquéreurs ou « créanciers, elle profite également à tous ceux qui auraient « à faire valoir un droit incompatible avec celui du titulaire « de l'immeuble ». Il ne tient qu'à eux, en effet, de placer leurs prétentions sous la garantie des registres publics, au moyen d'une prénotation ou inscription préventive (art. 53). Par l'effet de cette mention conservatoire, le droit éventuel du demandeur en nullité ou en résolution existe au regard de tous. Il devient opposable aux propriétaires comme à ses ayants-cause, et si, ultérieurement, il entraîne la révocation du droit de ce propriétaire, l'effet de la sentence réfléchira contre les tiers, qui ne sauraient s'en plaindre, puisqu'ils étaient avertis par la prénotation. La loi foncière accorde, d'autre part, au titulaire qui aurait été dépossédé par le fait d'une inscription dolosive une action personnelle en domma- ges-intérêts contre l'auteur du dol (art. 38 ; V. supra p. 244).

Il ne suffisait pas d'inscrire dans la loi le principe de la publicité ; il était, en outre, essentiel d'assurer l'application de cette règle. Le défaut d'inscription n'étant sanctionné que par l'inefficacité du titre de l'acquéreur à l'égard des tiers, il était à craindre que nombre de ventes ne fussent pas soumises à la formalité et qu'il entrât ainsi dans la cir- culation des droits de propriété précaires et incomplets. Aussi, pour remédier à cet état de choses et mieux assurer la publicité, la loi tunisienne prend-elle soin de subordon- ner l'inscription de toute mutation nouvelle à celle de la

mutation précédente et de n'admettre à l'inscription que les
droits réels consentis par le propriétaire figurant sur le livre
foncier (art. 357). La disposition ne distingue pas entre les
divers modes d'acquisition et s'applique, par conséquent,
aux transmissions contractuelles, comme à celles qui s'opèrent par l'effet de la loi, ou qui sont exclusives d'aliénation
volontaire. Le nouveau propriétaire a donc un intérêt majeur
à rendre public son titre d'acquisition, puisque sa propriété
se trouve, jusqu'alors, dépouillée en quelque sorte de sa
valeur marchande et n'est susceptible ni d'aliénation, ni de
constitution de droit réel.

Il nous reste à faire connaître les personnes qui sont
comprises sous la dénomination de tiers ; il n'existe, à cet
égard aucune disposition formelle dans la loi foncière, mais
le sens et la portée juridique de cette expression peuvent se
dégager des principes généraux du nouveau régime foncier.
On sait que le mot " tiers " affecte, en droit français, des
sens presque aussi divers que les théories à propos desquel-
les on le trouve employé. Même en matière de transcription,
le code civil et la loi du 23 mars 1855 présentent, dans cet
ordre d'idées, des solutions disparates. S'agit-il d'une
donation de droits immobiliers susceptibles d'hypothèques,
le défaut de transcription de cette donation peut, en règle
générale, être opposé à toute personne y ayant intérêt (art.
941, C. C.). S'agit-il, au contraire, d'un acte à titre onéreux ou même à titre gratuit dont la transcription soit régie
par la loi du 23 mars 1855, les tiers recevables à se prévaloir de l'omission de la formalité sont exclusivement ceux
qui ont acquis des droits sur l'immeuble du chef du dernier
propriétaire, ou du chef du propriétaire précédent, si le dernier propriétaire n'a pas fait transcrire son titre.
La loi foncière paraît avoir donné au mot " tiers " une
acceptation plus large que la loi française. A ses yeux, semble-t-il, la qualité de tiers appartient à toute personne intéressée à écarter l'acte qui n'a pas été rendu public ou à
méconnaître le droit qui n'a pas été inscrit. Ce sont d'abord
tous les ayants-cause à titre particulier soit de l'auteur de

la vente ou de la donation, soit du nouveau propriétaire ;
les acquéreurs de la propriété, de l'usufruit ou d'une servitude, les créanciers hypothécaires, le crédi-enzéliste (T. 2ᵉ
ch. 23 juin 1893, J. T. 1897, 96) sont évidemment au premier
rang parmi ces tiers, car c'est avant tout pour la sauvegarde de leurs droits que la publicité est instituée. Ce sont
également les créanciers chirographaires, car ceux-ci,
intéressés à connaître la situation de celui avec qui ils
contractent, doivent pouvoir invoquer le défaut de publicité
des droits qui amoindriraient ou feraient disparaître le gage
immobilier qu'ils croyaient avoir : « le principe de la pu-
« blicité doit être, en effet, la sauvegarde de tous ceux,
« quels qu'ils soient, qui, à un titre ou un autre, peuvent
« avoir intérêt à connaître la mesure du crédit qu'ils peu-
« vent faire au propriétaire avec lequel ils se mettent en
« rapport d'affaires »- (Mourlon, traité de la transcription
T. 2, nº 434).

Pas plus cependant dans la loi foncière que dans le système du code civil (art. 941) et de la loi de 1855, les héritiers
et autres successeurs à titre universel de la personne qui a
constitué le droit non rendu public ou à laquelle il était
opposable en l'absence de toute inscription, ne sont recevables à exciper du défaut de publicité. Ils succèdent, en effet,
à tous les droits et à toutes les obligations de leur auteur ;
ils sont aux lieu et place des parties contractantes, et l'on sait
qu'à l'égard de ces dernières la publicité n'ajoute rien à l'effet de la convention, que la transmission s'opère entre elles
par le seul consentement.

§ 3. Des actes qui doivent être rendus publics par l'inscription.

Dans un système, où aucun acte ou fait relatif à la propriété foncière n'existe, au regard des tiers, que par le fait
de l'inscription, rien ne peut suppléer les énonciations du
livre foncier ; il faut que ce registre constitue le répertoire

complet des droits qui peuvent affecter concurremment le
même immeuble, des événements qui entrent dans l'existence juridique du bien-fonds. Doivent être inscrits sur le
titre par le conservateur de la propriété foncière : tous
« faits ou conventions ayant pour effet de transmettre,
« déclarer, modifier ou éteindre un droit réel immo-
« bilier, d'en changer le titulaire ou de modifier toute autre
« condition de son inscription, tous baux d'immeubles
« excédant une année, toute quittance ou cession d'une
« somme équivalente à plus d'une année de loyers ou fer-
« mages non échus ou à plus d'une année d'arrérages non
« échus de la rente d'enzel (art. 343) ».

La loi foncière soumet à la publicité tous actes à titre
onéreux ou à titre gratuit et tous jugements emportant
constitution ou transfert de droits réels : propriété immobilière, enzel et rente d'enzel, usufruit, usage et habitation,
emphytéose, superficie, servitudes établies par le fait de
l'homme, antichrèse, ainsi que tous actes et jugements emportant renonciation à ces mêmes droits. Parmi les contrats
les plus usuels nous citerons notamment la vente, la cession
d'enzel, la cession de rente d'enzel (1), la vente à réméré,
l'échange, le bail à complant, les procès-verbaux d'adjudication et la donation. La servitude légale est, en principe,
dispensée de l'inscription (art. 154); mais cette dispense,
qui constitue une exception au droit commun, comporte
une interprétation restrictive et ne doit être appliquée que
lorsque la servitude n'apporte, dans son établissement ou
son exercice, aucune modification à l'état normal de la propriété foncière. Ainsi, l'acquisition de mitoyenneté prévue
par l'art. 172, bien que constituant une faculté légale, doit
être soumise à l'inscription, parce que cette acquisition emporte déplacement de propriété, amoindrissement de l'immeuble dont les clôtures deviennent mitoyennes, et que les
acquéreurs ou prêteurs éventuels ont un intérêt à en être

(1) La cession des arrérages est elle-même assujettie à l'inscription toutes les fois qu'elle porte sur une somme supérieure à une
annuité non échue (art. 343).

informés. La nécessité de l'inscription se justifie également lorsque la volonté de l'homme est intervenue pour régler la mise en œuvre de la servitude dans des conditions autres que celles fixées par la loi, par exemple d'une servitude de passage qui ne serait pas établie dans l'endroit le moins dommageable pour le propriétaire du fonds servant (art. 190); la servitude constituerait alors une véritable charge de l'immeuble et le tiers ne devrait la subir que s'il a pu la connaître par la teneur du registre public.

Sont également soumises à la publicité toutes les transmissions à cause de mort, les mutations ab intestat comme celles qui s'accomplissent par voie de dispositions testamentaires. « Les inscriptions à faire sur les biens d'une personne « décédée pourront être faites sous la simple désignation du « défunt » (art. 363). Si l'inscription n'ajoute rien à l'effet de la loi qui investit les héritiers du droit de propriété, la publicité de ces transmissions intéresse au plus haut point les tiers qui peuvent contracter avec eux. Il importe, en effet, essentiellement, aux acquéreurs ou prêteurs sur hypothèques, de savoir si celui qui s'annonce comme propriétaire a un droit exclusif à l'hérédité ou se trouve en concours avec d'autres successibles, et de pouvoir s'assurer de la réalité du titre auquel se rattache son droit de disposition (art. 363 et 366).

La publicité des transmissions par voie d'hérédité a logiquement pour corollaire celle des partages (art. 343). Les tiers ont intérêt non seulement à savoir que l'héritier a succédé au défunt, mais encore à connaître quels biens il a recueillis, à être avisés enfin de la cessation de l'indivision afin de ne pas être exposés à traiter avec un communiste qui n'aurait plus dans son lot l'immeuble faisant l'objet de la transaction. Le défaut de publicité a, notamment, pour conséquence de rendre le partage inexistant à l'égard du tiers qui, dans l'ignorance de cet acte, a acquis des droits de l'un des copropriétaires indivis ; ce tiers peut ainsi demander qu'un nouveau partage soit opéré, y intervenir pour

sauvegarder ses droits, et déjouer les combinaisons frau-
duleuses qui pourraient être tentées à son préjudice dans
la composition des lots (art. 882 C. C.).

Le bail n'ouvre au preneur qu'une créance à fin de
jouissance contre le bailleur, c'est-à-dire un droit purement
personnel ; mais, comme il s'attache à l'immeuble et le suit
entre les mains du nouveau propriétaire, la loi foncière
décide que « tout bail dépassant une année devra être ins-
« crit pour être opposable aux tiers ». (art. 17 et 367 ;
C. Alger, 2ᵉ ch. 28 oct. 1893, J. T. 1894, 178, R. A. 1894, 2,
76 ; T. 1ʳᵉ ch. 12 nov. 1894, J. T. 1895, 54, R. A. 1895. 2,
22 ; Cass. Req. 1ᵉʳ février 1898, R. A. 1898, 2, 298 et J.
T. 1898), 173. Les mêmes motifs expliquent les dispositions
de cette loi, qui subordonnent à l'inscription la validité des
paiements ou des cessions de loyers, de fermages non échus
excédant une année (art. 343), ainsi que les clauses de
renouvellement (art. 372). Ces prescriptions doivent être
approuvées, en principe, car elles tendent à protéger les
acquéreurs fonciers contre le risque de se voir privés des
fruits de leur immeuble ; mais la limite d'une année au-delà
de laquelle l'inscription est imposée ne peut être qu'une
gêne pour les transactions courantes et devrait être sensiblement relevée.

Le registre des titres doit également révéler les modifications que peut subir, par l'effet des conventions matrimoniales, le droit du propriétaire inscrit (art. 343). Les tiers
ont intérêt à savoir si un contrat de mariage renferme une
convention d'ameublissement en propriété ou une stipulation de communauté universelle, si les immeubles apportés
en dot par la femme sont livrés avec estimation et avec
clause qu'estimation vaut vente, car, dans tous ces cas, l'un
des époux peut acquérir, soit un droit de copropriété, soit
même un droit exclusif de propriété sur des immeubles
appartenant à son conjoint. La garantie des droits des tiers
exige également que le livre foncier fasse connaître les
clauses de remploi et leur réalisation, la dotalité ou la

paraphernalité des immeubles, et les droits que le régime
de la communauté attribue à chaque époux sur les immeubles entrant au cours du mariage dans l'actif commun. Que
l'on suppose, par exemple, une acquisition réalisée par le
mari pour tenir lieu du remploi du prix d'un bien personnel
de la femme, (art. 1434 et 1435 C. C.), il est généralement
admis que le mari agit alors comme gérant d'affaires de
celle-ci et que l'acceptation ultérieure du remploi par la
femme rétroagit au jour de l'acquisition, faisant disparaître les droits constitués par le mari durant cet intervalle.
Or, il est indispensable que les tiers soient avertis, par les
inscriptions portées au registre public, tant de la clause du
contrat, qui a prescrit le remploi, que de la modalité sous
laquelle cette acquisition a été réalisée.

Les restrictions du droit de libre disposition du propriétaire inscrit doivent également figurer sur le titre,
qu'elles soient établies dans l'intérêt même de la personne
dont elles atteignent la capacité, ou qu'elles supposent en
dehors du propriétaire une tierce personne au profit de
laquelle elles existent. Doivent, dès lors, être mentionnés
sur le registre public: la minorité, et l'interdiction (art. 48),
l'état de la femme mariée qui, d'après son statut personnel
n'a pas la libre administration de ses biens (art. 49), les
commandements (art. 55), les procès-verbaux et dénoncia-
tions de saisie (art. 299), les jugements déclaratifs de faillite
et, plus généralement, tous faits, actes et jugements ayant
pour effet de limiter la capacité du titulaire d'un droit réel.
Cette mention n'a pas lieu seulement à titre de renseignement et dans le seul but d'appeler l'attention des tiers sur
la situation juridique de l'incapable, elle a pour conséquence de rendre opposable aux tiers l'incapacité avec la nullité
qui en découle. Ainsi le veut le principe de la force probante,
qui exige que le tiers ayant traité avec le propriétaire
inscrit, soit à l'abri de toute revendication dont la cause ne
lui a pas été révélée par la teneur du livre foncier. Pour
assurer l'efficacité de ces prescriptions, la loi investit le
conservateur d'une mission de juridiction spéciale, qui lui

permet de vérifier la capacité des personnes dont il a à inscrire les droits, en tenant compte pour chacune d'elles des dispositions de sa loi nationale (V. supra p. 282).

Ajoutons que, lorsque la cause de l'incapacité prend fin, il appartient à l'incapable de faire disparaître de son titre la mention de son incapacité (art. 47 et 49).

Pour que le crédit foncier existe d'une manière réelle, il est indispensable que toutes les charges hypothécaires se manifestent clairement aux yeux des prêteurs, que ceux-ci puissent juger par leurs propres lumières la situation de l'emprunteur, qu'en un mot pour faire le bilan d'une propriété immobilière « il suffise d'effectuer une addition et « une soustraction, une addition pour calculer le montant « total des inscriptions dont ce bien est grevé et une sous- « traction pour voir ce qui est resté libre sur la valeur de « cette propriété » (1). Ce sont ces considérations qui ont amené le législateur tunisien à proscrire du nouveau régime toute hypothèque occulte et à poser en règle géné-rale que l'hypothèque, quelle que soit sa nature, volontaire ou forcée, ne s'acquiert, n'existe au regard des tiers et n'a de rang entre les créanciers que par le fait et du jour de son inscription (art. 238, 259, 260). C'est également la date de l'inscription qui fixe le rang de l'hypothèque attachée à une obligation conditionnelle ou simplement éventuelle ; l'art. 258 décide, en effet, que l'hypothèque stipulée pour sûreté d'un crédit ouvert aura effet du jour de son inscrip-tion et non pas seulement du jour des avances faites au crédité. Il en est de même de l'hypothèque garantissant une obligation consentie sous une condition suspensive ; le rang en est déterminé par la date de l'inscription, quelle que soit l'époque à laquelle la condition a été réalisée, mais la règle de publicité exige, dans ce cas, que la condition, pour être opposable aux tiers, soit mentionnée dans l'ins-cription (arg. art. 257). Le législateur a ainsi tenu compte

---

(1) Rapport de M. Vatimesnil à l'Assemblée Législative, 25 avril 1850.

de l'intention présumée des parties, qui ont sans doute
voulu que la sûreté réelle sortît à effet du jour de la convention, et il s'est préoccupé, d'autre part, de sauvegarder
les droits des tiers, en leur permettant de connaître, par la
teneur du registre public, la modalité dont se trouve affecté
le droit du titulaire.

Quant aux hypothèques inscrites le même jour, elles
viennent toutes par concurrence et au même rang, sans
qu'on doive établir entre elles, aucune préférence, en raison
de l'ordre des inscriptions (art. 260).

§ 4. De la publicité des causes de résolution.

Le principe suivant lequel le droit de propriété et les
charges qui l'affectent n'existent au regard des tiers que
par l'inscription, conduit à cette proposition essentielle que
nous avons maintes fois formulée : c'est que celui qui
acquiert un droit réel d'une personne inscrite comme propriétaire est garanti contre toute action fondée sur un
droit non inscrit, que les revendications dirigées contre ce
propriétaire, les actions qui tendent à annuler ou à résoudre son droit, ne réfléchissent contre le tiers acquéreur,
qu'autant que celui-ci a pu en avoir connaissance par les
énonciations du registre public.

On a soutenu (1) que la loi foncière, après avoir consacré
le principe de la force probante des inscriptions a édicté dans
l'art. 252, une règle qui est la négation même de tout son
système : « ceux qui n'ont sur l'immeuble qu'un droit sus-
« pendu par une condition, ou résoluble dans certains cas,
« ou sujet à rescision, ne peuvent consentir qu'une hypo-
« thèque soumise aux mêmes conditions ou à la même
« rescision ; cette disposition ne pourra, toutefois, confor-
« mément à l'art. 16, préjudicier aux droits que les créan-
« ciers hypothécaires de bonne foi auraient fait inscrire
« régulièrement ».

(1) Voir notamment : Le système Torrens de son application en
Algérie et en Tunisie, Dain, p. 27.

Il ne nous semble pas que cette dernière disposition doive être interprétée comme une dérogation au principe de la publicité. Le législateur a entendu maintenir les actions résolutoires, permettre au propriétaire de récupérer sa chose faute par l'acquéreur de remplir ses engagements, lui donner les moyens de faire annuler le contrat passé en fraude de ses droits ; mais rien, dans l'esprit ni dans le texte de la loi, n'autorise à penser qu'il ait voulu, s'affranchir de la réserve commandée par le principe de la force probante, admettre que l'action en résolution ou en nullité pût, sans avoir été soumise à l'inscription, être opposable aux tiers. Le maintien des résolutions de plein droit est incompatible avec le principe fondamental des livres fonciers, et il faudrait pour admettre une aussi grave dérogation à cette règle essentielle un texte formel qui fait ici défaut.

Au contraire, dans les diverses applications du principe de publicité aux causes de résolution, la loi foncière a subordonné à l'inscription l'efficacité du droit de nullité ou de résolution, sans même établir, à cet égard, de distinction entre les tiers de bonne foi et de mauvaise foi.

Ainsi, dans le cas de vente à réméré, l'art. 371 décide que « la clause de réméré doit toujours être inscrite », l'art. 257 exige également l'inscription des conditions affectant une constitution d'hypothèque ; il doit en être de même, par identité de motifs, toutes les fois que le droit de résolution résulte des clauses d'un acte ou d'un contrat.

La loi foncière soumet, d'autre part, à l'inscription le droit de résolution du vendeur non payé de son prix et prend soin de stipuler dans l'art. 248 « qu'à défaut d'ins- « cription de la clause de conservation de l'action résolu- « toire résultant du contrat ou du jugement, la résolution « de la vente ne pourra, en aucun cas, être opposée aux « tiers ». La nécessité de l'inscription se justifie, par analogie, toutes les fois que le droit de résolution est établi par la loi, soit dans une vue d'équité et par interprétation de la volonté des parties, soit par des considérations d'un autre ordre. Aussi, n'est-ce pas seulement en matière de

vente, mais encore pour tous les contrats portant sur des
droits immobiliers, qu'il faut inscrire le droit de résolution
dérivant de l'inexécution des engagements (art. 1184, C. C.).
La même règle s'applique, pour des considérations de
même ordre, au droit de révocation d'une disposition testamentaire pour cause d'inexécution des charges (art.
1046, C. C.), à la révocation d'une donation pour cause de
survenance d'enfant (art. 960, C. C.), à l'effet déclaratif
du partage (art. 883, C. C.).

Il est toutefois des causes d'éviction qui, en raison même
des circonstances dans lesquelles elles prennent naissance,
ne peuvent pas se révéler immédiatement aux tiers : le consentement du vendeur a été donné par erreur, obtenu par
dol ou contrainte ; une vente d'immeubles ou un partage
est entaché de lésion ; une donation en avancement d'hoirie
tombe ou est réduite sous l'action en réduction etc. Dans
ces différentes hypothèses, la cause de nullité, de rescision
ou de résolution n'était pas susceptible d'être mentionnée
sur le livre foncier, au moment de l'inscription du contrat ;
il y a lieu, dès lors, de rechercher si l'action de l'ancien
propriétaire peut être exercée au préjudice des droits conférés à des tiers par le titulaire de l'inscription dont la
légitimité est contestée.

La réponse à cette question paraît se trouver dans l'article 16 de la loi foncière, confirmé par l'alinéa final de l'art.
252 : les tiers de mauvaise foi subiront les effets de l'annulation, de la rescision ou de la résolution, qui, en aucun cas
ne pourront être opposés aux tiers de bonne foi. La loi
foncière ne fait connaître nulle part l'acception des mots
« tiers de bonne foi » et « tiers de mauvaise foi » ; mais,
si l'on s'en tient aux principes généraux des systèmes des
livres fonciers, on doit comprendre : dans la première catégorie, les tiers qui ont traité dans l'ignorance du vice qui
affectait le titre de leur auteur, sans qu'ils puissent toutefois exciper de leur ignorance, lorsqu'il existait une prénotation sur le registre public : et, dans la seconde catégorie,
tous ceux qui ont connu la cause de nullité ou de résolu-

tion inhérente au titre de leur auteur, ou qui auraient pu la connaître par le fait de la prénotation. La prénotation est ainsi pour le demandeur en nullité ou en résolution un moyen efficace de sauvegarder ses droits, dès qu'il a connaissance des circontances qui lui ouvrent l'action, et de s'assurer, s'il en est temps encore, un recours plus utile que l'action personnelle en dommages-intérêts (arg. art. 38 ; cpr. supra, p. 285).

L'inscription a donc une autorité qui protège les droits acquis par les tiers de bonne foi, même contre certains risques d'éviction rebelles à la publicité. Un intérêt légitime en sera parfois lésé ; mais l'intérêt des tiers de bonne foi, qui se confond avec l'intérêt du crédit et la stabilité des transactions, mérite plus de faveur que l'intérêt privé de la partie qui s'est laissé tromper par des manœuvres plus ou moins habiles, et, n'eût-elle aucune faute à se reprocher, comme dans le cas où son consentement aurait été extorqué par violence, il doit l'emporter encore, tant qu'il ne trouve en face de lui qu'un simple intérêt privé, par la raison qu'il est l'intérêt public. (Massigli, Rapport sur la publicité des droits réels, sous-commission juridique de la commision du cadastre, T. II, p. 541 et suiv.).

Section IV. De la possession et des actions possessoires.

L'exclusion de la prescription, comme mode acquisitif de la propriété, dépouille la possession de tous ses effets juridiques. Dès lors que le titre établi ensuite de l'immatriculation forme le point de départ unique de la propriété et que le droit se conserve indéfiniment par l'inscription, il en résulte que le fait d'une possession prolongée ne saurait prévaloir contre les énonciations du titre. La possession existe comme la conséquence, l'exercice du droit de propriété, mais non comme le fondement d'une prescription qui s'opèrerait à son encontre. Aussi, a-t-on pu assimiler la condition d'un fonds immatriculé à celle d'un immeuble faisant partie du domaine public : l'un et l'autre sont imprescriptibles et ne peuvent faire l'objet d'actions possessoires (J. de p. Souk-el-Arba 12 déc. 1892, J. T. 1893, 231 ; Sousse, 3 mars 1898. J. T. 1898, 243).

Ces principes s'appliquent au droit de propriété comme à ses démembrements, notamment aux servitudes, et régissent les rapports juridiques entre deux immeubles immatriculés ; mais lorsque l'un des immeubles seulement se trouve soumis à la loi foncière, ces principes doivent se combiner avec le droit musulman tunisien, qui admet la possession et les actions possessoires.

Deux hypothèses peuvent se présenter :

ou l'action est dirigée contre l'immeuble immatriculé et, dans ce cas, elle est irrecevable, parce que la loi qui régit le fonds ne reconnaît à la possession aucun effet juridique;

ou elle est intentée à l'encontre d'un immeuble non immatriculé et, alors, puisant son principe dans le droit musulman tunisien, l'action possessoire est admissible, qu'elle émane du propriétaire de ce fonds, qui veut se faire maintenir ou réintégrer dans sa possession, ou du propriétaire de l'immeuble immatriculé, qui prétend recouvrer l'exercice d'une servitude active. (1).

A défaut de l'action possessoire, le propriétaire de l'immeuble soumis à la loi foncière doit recourir au pétitoire pour se défendre contre les empiétements des tiers et les troubles de fait apportés au légitime exercice de son droit. Nous avons déjà signalé que les juges de paix ont, dans la Régence, les attributions de président des référés. Le propriétaire de l'immeuble immatriculé, étant nanti d'un titre authentique auquel est dû provision, au lieu de porter son action devant le juge de paix statuant au possessoire, n'aura donc qu'à se présenter devant ce magistrat statuant en matière

(1) Lorsque l'existence de sa possession n'est pas révélée par le livre foncier, le propriétaire de l'immeuble immatriculé n'a toutefois la ressource que d'une possession nouvelle, car la possession antérieure à l'immatriculation est inexistante, faute d'avoir été mentionnée en temps utile sur le titre de propriété (J. de P. T. n., 16 juillet 1896, J. T. 1896, 441 et 16 déc. 1896 J. T. 1897, 43).

de référé ; celui-ci, sur le vu du titre, ordonnera le maintien ou la réintégration en possession. Cette procédure atteindra le même but que l'action possessoire et ne sera ni moins rapide ni plus coûteuse.

La juridiction française est seule compétente, dès lors que le litige intéresse un immeuble immatriculé et alors même qu'il s'agiterait exclusivement entre sujets tunisiens.

Une question reste à examiner, celle de savoir si l'action possessoire peut porter sur un immeuble en cours d'immatriculation. La jurisprudence s'est prononcée dans le sens de l'affirmative (Sousse, 28 févr. 1895, J. T. 1895, 282 ; T. 1re ch. 14 déc. 1896, J. T. 1897, 36 ; Ouzara 1er juillet 1897, J. T. 1898, 409 ; T. 1re ch. 28 juin 1899, J. T. 1899, 622 ; Sousse 27 oct. 1898, J.T. 1899, 496). La demande d'immatriculation, qui n'a d'autre but que d'arriver à la détermination de la situation juridique de l'immeuble, ne saurait, en effet, exercer aucune influence, soit sur la possession elle-même, soit sur la procédure établie par la loi pour faire respecter les droits qui en découlent. Exigeant parfois plusieurs années pour être jugées, les demandes de cette nature apporteraient une perturbation profonde dans le pays, si elles suffisaient pour tenir en échec l'exercice de l'action possessoire et empêcher ainsi la répression des voies de fait que l'on peut commettre sur la propriété d'autrui. Si l'on songe, d'ailleurs, que l'immeuble ne passe sous l'empire de la loi foncière qu'au moment du prononcé de la décision du tribunal mixte et non à partir de la requête d'immatriculation, on comprend que, restant soumis à son ancien statut, il puisse faire l'objet d'actions possessoires, puisque ces actions sont admises par la loi qui le régit, c'est-à-dire par le droit musulman tunisien.

L'action possessoire portant sur un immeuble en cours d'immatriculation est du ressort des justices de paix ou des tribunaux indigènes, suivant les distinctions que nous avons exposées dans la première partie de notre sujet (V. supra p. 91). On s'est demandé, toutefois, si la juridiction saisie de l'action possessoire ne devait pas renvoyer la contestation devant le tribunal mixte, par application de l'art. 35 de la loi foncière, aux termes duquel le juge, saisi d'une action relative à un immeuble dont l'immatriculation est requise, est tenu de se déclarer incompétent si le défendeur le demande *in limine litis*. Mais il a été jugé que le renvoi, prévu par l'art. 35, ne peut porter que sur les contestations dont le tribunal est appelé à connaître, en vertu de l'art. 37, qui limite sa compétence à l'admission ou au rejet de la demande d'immatriculation, et que les actions possessoires doivent, par suite, rester soumises au juge de droit de commun (contra J. de p. T. n. 16 sept. 1893, J. T. 1893, 391 ; en ce sens, T. 1re ch. 28 mai 1894, R. A. 1894, 2, 396 ; Sousse 28 février 1895, J. T. 1895, 282 ; J. de p. T. n. 19 déc. 1895, J. T. 1896, 112 ; T. 1re ch. 14 déc. 1896, J. T. 1897, 36).

Il a été admis, dans le même ordre d'idées, que la plantation de bornes d'immatriculation ne porte pas atteinte au droit de possession des occupants (T. 1re ch. 18 déc. 1893, J. T. 1894, 42 ; T. m. 1re ch. 17 déc. 1896, J. T. 1897, 46), et que la décision du tribunal mixte, qui rejette une demande d'immatriculation et remet les parties dans l'état où elles se trouvaient au moment de la demande, ne saurait être valablement opposée à l'exercice d'une action possessoire (T. 1re ch. 14 mars 1892, J. T. 1894, 487).

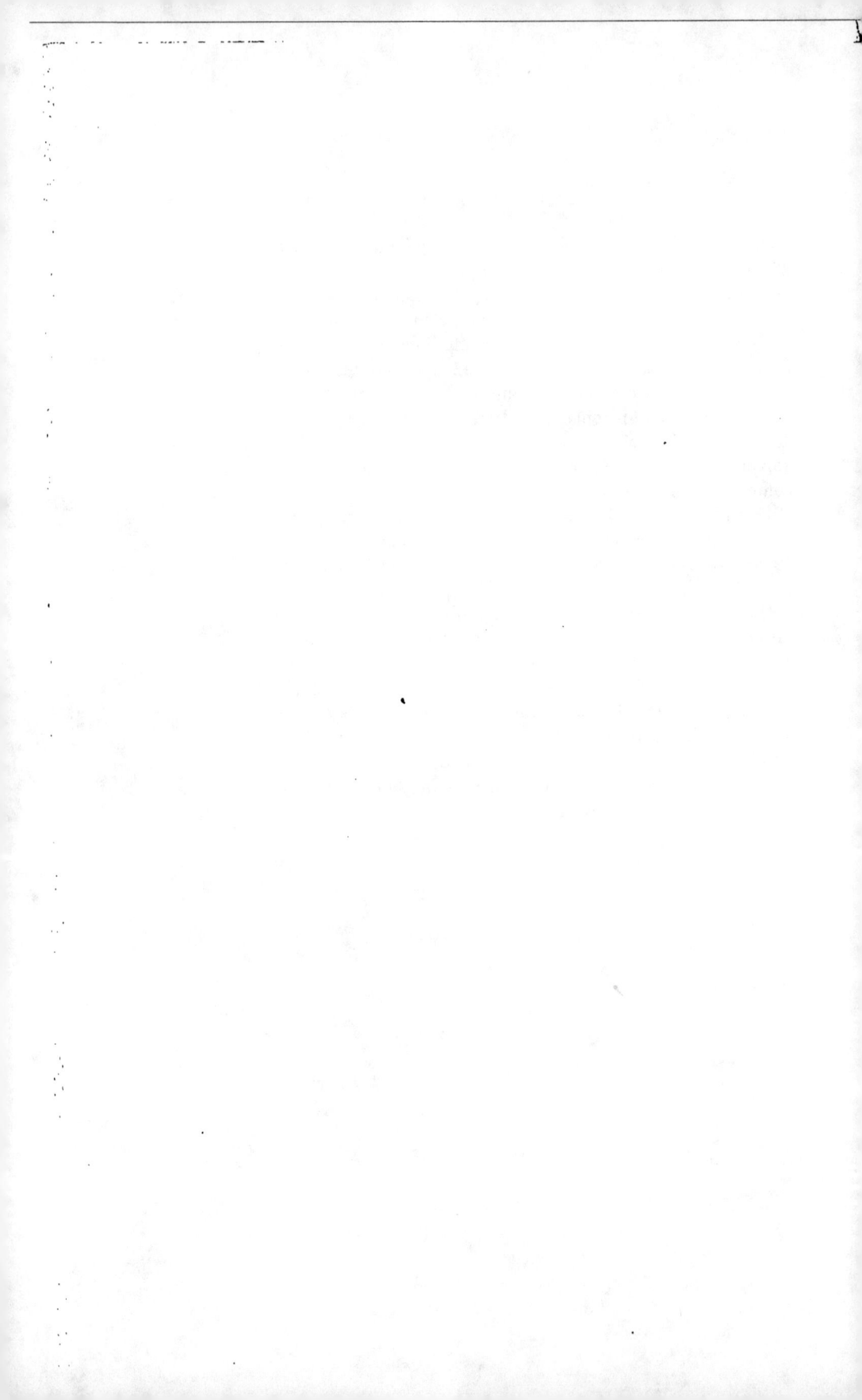

CHAPITRE IV.

DU HABOUS.

La loi foncière ne contient aucune disposition relative au habous. Ce silence des textes a été diversement interprété : certains n'y voient que le résultat d'un simple oubli (Terras, thèse de doctorat sur le habous, p. 248) ; d'autres soutiennent que l'omission est intentionnelle et que le législateur de 1885 a voulu éviter le double écueil de reconnaitre et consacrer, par une loi tendant à simplifier et à moderniser le régime de la propriété immobilière, la condition particulière des biens de main morte, et d'alarmer l'opinion musulmane, en réglementant des matières intimement liées à la religion. Il nous paraît inadmissible que la commission chargée de l'élaboration de la loi foncière, qui comptait, parmi ses membres, des juristes musulmans, des magistrats, et les hauts fonctionnaires de la Régence, ait pu, en jetant les bases du nouveau régime foncier, oublier les biens habous, qui couvrent une grande partie du territoire ; le silence des textes ne peut, à notre avis, s'expliquer que par une abstention voulue du législateur.

A défaut de stipulation formelle, la question de savoir, si le habous peut subsister sous la loi de 1885, doit, d'après nous, être résolue dans le sens de l'affirmative ou de la négative, suivant que les principes qui régissent cette institution sont ou non susceptibles de se concilier avec l'économie de la nouvelle législation immobilière.

Le Secrétariat général du Gouvernement tunisien, saisi de la question au mois de juillet 1894, l'a résolue dans un sens favorable à l'immatriculation des habous publics et des habous privés, estimant que le bénéficiaire, considéré comme un usufruitier, peut, aux termes de l'art. 22 de la loi foncière, requérir l'immatriculation, et qu'il suffit au tribunal mixte d'ordonner l'inscription de l'acte constitutif pour en assurer les effets.

Cette opinion ne nous semble pas fondée.

Ainsi que nous l'avons exposé dans la première partie de notre sujet, le habous a pour effet de rendre inaliénable l'immeuble qui en est frappé, en opérant un démembrement perpétuel de la propriété : la nue-propriété, devenue en quelque sorte une *res extra commercium*, restant sur la tête du fondateur, et l'usufruit passant aux bénéficiaires intermédiaires, puis au dévolutaire final. Il nous suffira de rappeler que cette opinion a pour elle l'unanimité de la doctrine musulmane et que la jurisprudence des tribunaux français, appelée à se prononcer sur le caractère du habous, a constamment reconnu qu'il fait partie du statut réel immobilier (V. supra p. 113 et s.).

Or, l'inaliénabilité perpétuelle d'un fonds à jamais immobilisé, est inconciliable, soit avec l'esprit général d'une législation, qui tend à dégager la propriété des entraves résultant du droit musulman tunisien, soit avec les dispositions du code civil, qui, à défaut de stipulations de la loi foncière, « régissent les immeubles immatriculés et les « droits réels sur ces immeubles. », dès qu'elles ne sont contraires « ni au statut personnel ni aux règles de succes- « sion des titulaires. ».

Il est évident, d'autre part, que la dévolution à titre définitif et perpétuel de l'usufruit démembré, au profit de l'œuvre pieuse, ne saurait se réaliser sous l'empire de la loi foncière, attendu qu'aux termes de l'art. 128 « l'usufruit « qui n'est pas accordé à des particuliers ne dure que 30 « ans ».

Puisque, enfin, l'article 13 de la loi foncière, dans son énumération des divers droits réels immobiliers, mentionne, à côté de la propriété immobilière, l'enzel et la rente d'enzel, sans parler du habous, et que cette énumération, essentiellement limitative, doit être interprétée restrictivement, il faut bien reconnaître que l'omission du habous entraîne son exclusion du nouveau régime foncier.

Il s'infère de là, qu'on ne peut ni immatriculer un immeuble habous, ni habouser un immeuble immatriculé. La distinction qu'on a voulu établir, à cet égard, entre les habous antérieurs à l'immatriculation, qui seraient maintenus, et les constitutions postérieures, qui seraient prohibées, nous paraît manquer de fondement juridique (Terras thèse de doctorat, p. 244 et cpr. T. 2e ch. 20 mars 1895, J. T. 1895, 338) : la condition de l'immeuble est, en effet, la même dans les deux cas et les raisons qui s'opposent à la constitution d'un habous sur un immeuble immatriculé s'opposent également au maintien des constitutions antérieures sur un fonds qui passe sous l'empire de la même loi.

Notre système n'a pas, cependant, pour résultat de faire échapper à l'immatriculation les biens affectés à des fondations pieuses, car le décret du 22 juin 1888 permet d'en obtenir l'immatriculation par la voie de la constitution à enzel.

Aux termes de l'art. 21 de ce décret « tout adjudicataire « d'immeubles habous publics ou privés constitués à enzel « est tenu de faire procéder à l'immatriculation des enzels « à l'exception des immeubles urbains dont le revenu est « inférieur à 120 fr. par an, et, à défaut par le requérant d'y « donner suite, les formalités de la loi sont poursuivies à « ses frais et en son nom par le président de l'administra- « tion des habous. ».

Ce décret ne constitue pas, à proprement parler, une dérogation à la proposition que nous avons formulée, à savoir qu'il ne peut exister d'immeubles habous sous la loi foncière. La constitution à enzel a pour effet d'opérer un déplacement du habous : l'immeuble, rendu à la circulation sous une tenure nouvelle, est susceptible d'aliénation et d'hypothèque. Ce qui est devenu habous en son lieu et place,

c'est la rente d'enzel (cpr. supra p. 141 al⁰ 1). Or, c'est cette rente d'enzel que le décret de 1888 soumet au nouveau régime
foncier, avec son caractère habous ; perpétuelle et irrachetable, la rente s'accommode d'ailleurs d'une immobilisation,
qui ne présente, ni au point de vue juridique, ni au point
de vue économique, les inconvénients de l'inaliénabilité du
fonds.

En résumé, l'immeuble habous ne peut, en cette qualité,
passer sous la loi foncière, mais il peut et doit être admis à
l'immatriculation, en exécution du décret de 1888, une fois
constitué à enzel, cette forme de la propriété étant reconnue par le nouveau régime foncier.

Il semble dès lors, que le rôle du tribunal mixte aurait
dû consister à rejeter purement et simplement toute demande d'immatriculation relative à des biens habous publics ou privés, ou exiger que l'immeuble ait fait, au préalable l'objet d'une constitution d'enzel. Mais, dans la pratique, nombreux sont les jugements de ce tribunal, qui ont
admis d'emblée l'immatriculation de biens habous. Pour
les habous privés, la nue-propriété est immatriculée au
nom de la fondation pieuse et l'usufruit au nom des dévolutaires ; pour les habous publics, le droit de pleine propriété est reconnu à la fondation ; dans tous les cas, la clause d'inaliénabilité est inscrite sur le titre. Cette jurisprudence méconnait, à notre avis, les principes et de la loi musulmane et de la loi foncière : d'une part, elle emporte déformation des habous, en attribuant un droit de nue-propriété ou
de pleine propriété à l'œuvre pieuse, qui est usufruitière au
même titre que les dévolutaires intermédiaires (cpr. p. 109) ;
d'autre part, elle fait revivre, dans un système des plus
modernes, une institution d'un autre âge ; elle crée une propriété inaliénable, immobilisée, sous un régime qui n'a
d'autre but que la mobilisation du sol, et qui organise, à cet
effet, un titre susceptible d'être négocié ou engagé à peu
près dans les mêmes formes qu'une action nominative.

Il y a donc antinomie entre le droit né de l'immatriculation et les dispositions de la loi qui régit l'immeuble : l'intervention du législateur nous apparait comme le seul moyen efficace de remédier à une situation aussi mal définie et qui parait aussi contraire aux principes du droit qu'aux intérêts économiques du pays.

CHAPITRE V.

DE L'ENZEL.

Le droit du tenancier issu du contrat de bail perpétuel était, à l'origine, limité à la simple jouissance du fonds ; devenu, en droit musulman tunisien, un démembrement de la propriété connu sous le nom de domaine utile, il a franchi sa dernière étape avec la loi foncière, qui le considère comme la pleine propriété et le définit « une propriété foncière grevée d'une rente perpétuelle. ».

Les dispositions de la loi foncière relatives à l'enzel ne constituent pas une réglementation complète de cette forme de la propriété ; il y a lieu, en conséquence, de faire appel, pour résoudre les problèmes qui s'y rattachent, aux principes du droit musulman tunisien, dans la mesure où ils peuvent se concilier avec l'économie de la nouvelle législation.

Nature du contrat d'enzel. — Le contrat d'enzel est translatif de pleine propriété et donne naissance à deux droits réels immobiliers : l'enzel, c'est-à-dire la tenure, et la rente d'enzel, c'est-à-dire le droit aux arrérages (art. 13). L'enzel, comme le droit de propriété, est susceptible d'usufruit (art. 93), d'hypothèque (art. 233), de saisie immobilière et d'expropriation forcée, (art. 287). La rente d'enzel peut être grevée d'usufruit (art. 93) ; mais, dans le silence des textes et bien qu'on ne comprenne guère le motif de cette exclusion, elle ne paraît susceptible ni d'hypothèque, ni d'expropriation forcée ; ajoutons qu'à la ressemblance du droit similaire de la législation tunisienne, elle est perpétuelle (art. 83) et irrachetable (art. 86).

De l'inscription des droits dérivant du contrat d'enzel. — Le contrat d'enzel n'est assujetti à aucune formalité substantielle ; mais les droits auxquels il donne naissance n'existent à l'égard des tiers, que par le fait et du jour de l'inscription (arg. 15, 16, 342 et 343). L'article 84 prend même soin de stipuler que le montant des arrérages doit être inscrit avec le droit lui-même. Il a été jugé, notamment, que la cession d'enzel qui ne figure pas sur le titre, n'est pas opposable au crédi-rentier, et que le cédant reste tenu du paiement des arrérages, dans les conditions prévues par l'article 89 que nous examinerons ci-après (T. 2ᵉ ch. 23 juin 1893, J. T. 1897, 96).

En ce qui concerne la durée, l'annulation et les modifications de l'inscription, nous ne pouvons que nous référer aux principes généraux exposés à propos de l'inscription des droits réels immobiliers (V. supra p. 284).

Droits et obligations du crédi-rentier.

Droits du crédi-rentier. — Le crédi-rentier, dont la créance est garantie par une sûreté réelle et privilégiée (art. 87 ; T. 1ʳᵉ ch. 28 décembre 1896, J. T. 1897, 78), peut poursuivre la vente de l'immeuble tenu à enzel (art. 88 ; Alger 30 décembre 1895, R. A. 1897, 2, 173).

Il jouit, en outre, contre l'enzéliste, d'une action personnelle en paiement d'arrérages, mais l'article 89 y apporte une restriction importante, en décidant qu' « en cas d'insuffisance du prix de vente, l'enzéliste ne sera tenu personnellement que des arrérages des deux dernières années qui pourront être dues ». Cette dérogation au droit commun, d'après lequel tous les biens d'un débiteur forment le gage de ses créanciers, a été édictée dans un intérêt de colonisation et en vue de soustraire l'enzéliste, qui s'est rendu adjudicataire d'un bien habous moyennant une rente supérieu-

re au revenu du fonds, à l'obligation d'être tenu indéfiniment sur ses biens personnels du service de cette rente.

En définitive, le crédi-rentier a le droit, en vertu des
art. 88 et 89, d'obtenir un jugement de condamnation contre l'enzéliste, mais muni de ce titre, il doit l'exécuter en
poursuivant d'abord, l'immeuble tenu à enzel ; c'est seulement après la réalisation de ce gage, qu'il peut, lorsque le
prix de vente n'a pas suffi à le désintéresser, saisir les autres biens de son débiteur, en limitant toutefois ce recours
personnel au montant des deux dernières annuités (C.,
Alger 1re ch. 15 novembre 1899, R. A. 1900, 2, 17). La
restriction apportée au droit du crédi-rentier étant
exceptionnelle, on ne saurait, par voie d'analogie, admettre
l'enzéliste à se libérer, par l'offre du paiement de deux annuités, accompagnée de l'abandon de l'immeuble (T. 1re
ch. 24 janv. 1898, J. T. 1898, 352).

La question de savoir si le crédi-rentier jouit, sous la loi
foncière, de l'action résolutoire que lui reconnaît le droit
musulman tunisien n'est pas expressément tranchée par les
textes. L'affirmative trouve, néanmoins, à s'appuyer sur
l'art. 1184 du code civil, qui sous-entend le pacte commissoire
tacite dans tout contrat synallagmatique ; cette solution est
d'autre part, conforme à l'esprit de la loi foncière, dont les
art. 246 et 247 permettent au vendeur de se prévaloir de
l'action en résolution de la vente. Le droit de résolution
doit, par suite, être accordé à l'enzéliste qui l'aura conservé
par l'inscription (arg. art. 248), toutes les fois que ses conséquences ne seront pas incompatibles avec les principes
inaugurés par la loi de 1885. Cette réserve nous conduit,
notamment, à refuser l'action résolutoire au bénéficiaire
d'une rente affectée à une fondation pieuse, parce que l'anéan-
tissement du contrat d'enzel aurait pour résultat de faire
revenir l'immeuble à l'état habous, et que cette tenure n'est
pas, d'après nous, reconnue par le nouveau régime foncier.

Obligations du crédi-rentier. — Le crédi-rentier est tenu, en vertu des principes de droit commun, de la
double obligation de délivrance et de garantie ; par application des dispositions contenues dans le décret du 7 juin 1882,

il doit, en outre, supporter la part de caroube s'appliquant
à la rente d'enzel.

Droits et obligations de l'enzéliste.

Droits de l'enzéliste. — L'enzéliste jouit de tous
les attributs du propriétaire, *usus*, *fructus*, et *abusus*, sous
la seule condition de ne pas préjudicier au droit du crédi-
rentier. Le droit de l'enzéliste étant plus étendu sous le nouveau régime foncier qu'en droit musulman tunisien, nous
inclinons à penser qu'il ne doit pas être soumis aux mêmes
restrictions. L'enzéliste pourrait, à notre avis, grever l'immeuble d'une seconde rente d'enzel, car rien, dans la loi
foncière, n'autorise l'application de la maxime « enzel sur
enzel ne vaut » ; nous le croyons, en outre, fondé à exploiter
des carrières et tourbières, sans être tenu de requérir le
consentement du crédi-rentier, sauf à ce dernier à obtenir,
par application de l'art. 256, un supplément de gage, ou à
s'opposer à la continuation des travaux, si la valeur de l'immeuble venait à diminuer, au point de compromettre son
gage, par suite des fouilles et excavations pratiquées par
son débiteur.

La règle du droit tunisien, en vertu de laquelle le débi-
rentier peut céder l'enzel sans l'autorisation du crédi-rentier,
s'applique à plus forte raison à l'enzéliste d'un immeuble
immatriculé, car celui-ci jouit, en sa qualité de plein propriétaire, d'une plus entière faculté de disposition ; de plus
à la différence de l'enzéliste du droit musulman, il n'est pas
tenu indéfiniment sur ses biens personnels du paiement des
arrérages (T. 1re ch. 13 mars 1893, J. T. 1893, 128).

Obligations de l'enzéliste. — Comme en droit
musulman, l'enzéliste est tenu d'acquitter la rente et de supporter, dans les mêmes conditions, l'impôt de la caroube ;
il ne peut, d'autre part, contraindre le crédi-rentier au rachat de la rente (art. 86), ni cantonner ou morceler l'enzel
sans son consentement, hormis l'exception prévue par
le décret du 16 juin 1895.

Questions diverses. — La cession d'enzel est, en tous points, assimilable à la vente, et translative au même titre de la pleine propriété de l'immeuble.

En ce qui concerne le morcellement et le cantonnement de l'enzel, le droit de l'enzéliste se trouve, sous l'empire de la loi foncière, soumis aux mêmes restrictions qu'en droit musulman tunisien.

La cession de la rente d'enzel n'offre aucune particularité dans la nouvelle législation : sont seules frappées d'inaliénabilité, les rentes habous immatriculées en exécution du décret du 22 juin 1888.

Le crédi-rentier, privilégié sur l'immeuble, jouit d'une garantie indivisible, au même titre que le crédi-enzéliste d'un immeuble non immatriculé : il a été jugé, notamment, que si le bénéficiaire de la rente n'a pas adhéré au fractionnement de l'immeuble, il a le droit de conserver son privilège sur la totalité du fonds et d'exiger que cette rente soit inscrite intégralement sur le titre délivré à l'acquéreur partiel (T. m. 13 juin 1893, J. T. 1894, 78 ; T. 2e ch. 7 déc. 1893, J. T. 1894, 101).

La résolution du contrat d'enzel s'opère dans les mêmes conditions et pour les mêmes motifs qu'en droit musulman tunisien. Elle n'a jamais lieu de plein droit ; aux raisons exposées dans la première partie de notre sujet, il convient d'ajouter que la résolution légale est, en principe, incompatible avec la règle de publicité absolue ; sous les réserves précédemment formulées à propos des rentes habous, la résolution peut résulter soit de la convention des parties soit d'une décision de justice.

L'inscription ayant pour effet de conserver indéfiniment le droit qu'elle relate, le droit du crédi-rentier et celui de l'enzéliste se trouvent à l'abri de toute prescription acquisitive ou extinctive ; par dérogation à ce principe et dans une pensée de protection pour les débiteurs, l'art. 85 de la loi foncière décide, toutefois, que « les arrérages de la rente « se prescrivent par cinq ans ».

L'extinction du contrat, en cas de destruction de l'immeuble ou par suite d'expropriation pour cause d'utilité publique, s'opère ou non suivant les distinctions et d'après les règles exposées à propos des immeubles non immatriculés.

Ajoutons, enfin, que la jurisprudence française est seule compétente, quelle que soit la nationalité des parties, et que suivant sa nature mobilière ou immobilière, la contestation doit être portée devant les justices de paix ou les tribunaux de première instance.

CHAPITRE VI.

DES TRIBUNAUX COMPÉTENTS DANS
LES LITIGES INTÉRESSANT LES IMMEUBLES·
EN COURS D'IMMATRICULATION
ET LES IMMEUBLES IMMATRICULÉS

L'immeuble en cours d'immatriculation relève des juridictions de droit commun ou du tribunal mixte, et, une fois
immatriculé, de la juridiction des tribunaux français.

C'est à ces questions de compétence que sera consacré le
présent chapitre. Dans un premier paragraphe, nous indi-
querons quels tribunaux doivent connaître des litiges engagés au moment de la réquisition et de ceux nés au cours de la
procédure ; comment doivent s'interpréter les exceptions qui
permettent aux plaideurs, tantôt de dessaisir les tribunaux
ordinaires pour porter les contestations devant le tribunal
mixte, tantôt de renvoyer à la justice française celles pendantes devant cette dernière juridiction. Dans un deuxième
paragraphe, nous examinerons l'étendue de la juridiction
française sur les immeubles régis par la loi foncière et les
hésitations, qui se sont produites, en jurisprudence, lorsqu'il
s'est agi de déterminer le statut et les règles de compétence
applicables aux litiges concernant deux immeubles dont
l'un est immatriculé et l'autre soumis au droit musulman
tunisien.

22.

§ 1. Immeubles en instance d'immatriculation.

Les contestations auxquelles peut donner lieu un immeuble en cours d'immatriculation, ressortissent tantôt aux juridictions de droit commun, tantôt au tribunal mixte, suivant la date de l'ouverture de l'instance et la nature de la contestation.

Les litiges pendants au moment du dépôt de la réquisition continuent, en principe, à relever des tribunaux qui en sont saisis (arg. art. 35 alinéa 2) ; le tribunal mixte, tout en ayant le droit d'exiger des parties la preuve qu'elles font les diligences nécessaires pour obtenir la solution du litige (T. m 1re ch. 22 oct. 1896, J.T. 1896, 535),doit surseoir à sa décision, jusqu'à ce qu'il soit intervenu un jugement définitif (T. m. 24 déc. 1896, J. T. 1897, 48).

Il est loisible à la partie citée devant la juridiction de droit commun de la dessaisir pour porter le litige devant le tribunal mixte ; mais elle ne peut invoquer l'exception du dessaisissement qu'à la condition de déposer et de suivre, avant toute défense au fond, une requête d'immatriculation (art. 35 alin. 2 ; Alger, 30 mai 1892, R. A. 1892, 2, 428 ; J. de p. T. 16 septembre 1893, R. A. 1894, 2, 164 ; T. 2e ch. 27 décembre 1893, J. T. 1894, 187 ; T. 1re ch., 15 janvier 1894, J.T.1894,134 ; T.2e ch.7 mars 1894,J.T.1894, 174 ; T. 2e ch. 27 décembre 1893, J. T. 1894, 187 ; T. m. 26 décembre 1893, J. T. 1897, 483 ; T. 1re ch. 15 mars 1897, J. T. 1897, 268). Ce droit n'appartient qu'au défendeur devant le tribunal de droit commun (T. 2e ch. 10 juin 1896, J. T. 1896, 376), qui est en même temps demandeur en immatriculation (J. T. de p. n. 20 mars 1894, 335).

Signalons ici, mais sans nous y arrêter, car elle n'offre plus aujourd'hui qu'un intérêt historique, la disposition de l'art. 35, al. 1, aux termes de laquelle les contestations pendantes au moment de la loi de 1885 devaient rester soumises aux tribunaux de droit commun et l'immatriculation, n'être prononcée qu'après leur décision définitive.

Les litiges qui surviennent après le dépôt de la requête d'immatriculation doivent, en principe, être portés par voie d'opposition devant le tribunal mixte (art. 37 ; Rapport de M. Cambon. Recueil officiel, XIII).

Cette règle est toutefois limitée par d'importantes exceptions.

En premier lieu, la mission du tribunal mixte est restreinte à la recherche des droits réels et doit se borner à définir la condition juridique et la consistance matérielle du fonds. C'est ainsi qu'échappent à sa compétence et doivent être portées devant les juridictions ordinaires : les actions personnelles qui peuvent se rapporter à l'immeuble (T. 2e ch. 23 mai 1894. R. A. 1894, 2, 408 ; T. 1re ch. 23 mars 1896. J. T. 1896, 241) ; les actions possessoires (V. supra p. 304) ; les actions en paiement de frais d'instance exposés à sa barre (T. 2e ch. 13 fév, 1896. J. T. 1896, 288) ; l'action en diminution de prix reconnue à l'adjudicataire qui, usant de la faculté accordée par le décret du 16 mars 1892, a demandé l'immatriculation préalable et constaté que l'état juridique et la consistance matérielle du fonds ne sont pas conformes aux stipulations du cahier des charges (T. m. 29 oct. 1895. J. T. 1895, 580) ; l'action tendant à obliger une partie à déposer entre les mains du conservateur le titre de propriété objet d'une demande d'immatriculation (T. 1re ch. 14 mars 1898. J. T. 1898, 232). Le tribunal mixte ne peut même connaître des actions réelles qui aboutiraient à une condamnation pécuniaire ; dans cet ordre d'idées, il s'est déclaré incompétent à l'effet de réglementer l'exercice d'une servitude de passage pour cause d'entrave, par le motif qu'il se trouvait sans qualité pour fixer le quantum de l'indemnité à allouer au propriétaire du fonds servant (T. m. 2e ch. 3 juillet 1897. J. T. 1897, 447).

En second lieu, tout justiciable des tribunaux français a le droit « de porter son opposition devant la juridiction française, pourvu qu'il le fasse avant toute défense au fond « devant le tribunal mixte et que l'instance soit fondée sur « un droit né antérieurement à l'insertion au journal Officiel de la requête d'immatriculation » (art. 36 ; T. 30 janv.

1893, R. A. 1893, 2, 257 ; T. m. 13 fév. 1897, J. T. 1899, 101 ; T. 2 nov. 1898, R. A. 1899, 2, 509). Le cas échéant, le tribunal mixte surseoit à statuer sur l'admissibilité de la demande, jusqu'à ce que la décision du tribunal saisi soit passée en force de chose jugée ; il ne saurait reprendre l'instance après un jugement de débouté en l'état (T. m. 2ᵉ ch., 1ᵉʳ mai 1897, J. T. 1897, 310). L'existence d'un pourvoi en cassation ne saurait retarder l'immatriculation, mais le principe de publicité exige que le pourvoi soit révélé par la décision du tribunal mixte, pour être ultérieurement mentionné sur le titre et pouvoir être valablement opposé aux tiers (T. m. 31 oct. 1893, J. T. 1897, 522).

La juridiction française est évidemment compétente pour connaître du litige immobilier né d'une opposition à immatriculation, lorsque l'immatriculant et l'opposant sont tous européens ou protégés. Le renvoi peut, en outre, être demandé lorsque l'immatriculant est seul justiciable de nos tribunaux ou encore lorsque cette qualité ne se présente que chez l'opposant (T. 2ᵉ ch., 27 déc. 1893, J. T. 1894, 187 ; T. 1ʳᵉ ch., 23 mars 1896, J. T. 1896, 240 ; T. 1ʳᵉ ch. 18 mai 1896, J. T. 1896, 296). Quand l'affaire a été renvoyée devant le tribunal français, la mise en cause d'un tunisien ne modifie en rien la compétence de cette juridiction, car elle lui est attribuée formellement par l'art. 36 de la loi foncière (T. 1ʳᵉ ch., 27 mai 1895, J. T. 1895, 462 ; Berge, Juridiction française, 2ᵉ partie, section I, p. 42).

Il n'existe, en principe, aucune connexité entre diverses oppositions produites devant le tribunal mixte et renvoyées par une même décision devant le tribunal français : l'un des opposants ne saurait contraindre l'immatriculant défendeur à mettre en cause les autres opposants pour obtenir la jonction des instances (T. 2ᵉ ch., 8 mai 1895, J. T. 1895, 433).

La partie qui requiert le renvoi devant la juridiction française doit faire la preuve de l'existence du droit qu'elle invoque, sans que le dépôt des pièces effectué dans ce but et l'examen qu'en fait le tribunal puissent être considérés comme une défense au fond ; mais faute de justifications suffisantes et lorsque la demande apparaît comme purement dilatoire, le tribunal mixte, régulièrement saisi par la réquisition, n'hésite pas à se déclarer compétent pour connaître au fond du litige (T. m. 2ᵉ ch., 1ᵉʳ août 1896, J. T. 1896, 445 ; T. m. 2ᵉ ch., 13 fév. 1897, J. T. 1897, 307, R. A. 1899, 2, 214 ; T. m. 1ʳᵉ ch., 5 août 1896, J. T. 1898, 603 ; T. m. 2ᵉ ch., 16 janv. 1897, J. T. 1898, 507).

Il n'est pas sans intérêt de signaler que le tribunal français, auquel l'affaire est renvoyée par application de l'art.36, peut ainsi connaître d'une contestation sur la propriété de l'immeuble, qui aurait été, avant la réquisition, soumise au tribunal du charâa ; c'est la conséquence normale de l'art.35 de la loi foncière, en vertu duquel la juridiction indigène, dessaisie par l'exception de renvoi devant le tribunal mixte, ne peut plus être appelée à statuer sur un litige antérieur à la demande d'immatriculation (Alger, 1ʳᵉ ch., 30 mai 1892, J. T. 1892, 299, R. A. 1892, 2, 428).

Enfin, le décret du 16 juillet 1899 a apporté une nouvelle limitation à la compétence du tribunal mixte : cette limitation concerne les faits et conventions survenus, dans la condition juridique de l'immeuble, depuis le dépôt de la requête jusqu'au jour du jugement. Auparavant, le tribunal mixte statuait, en cas d'immatriculation, sur le fond des actes dont il ordonnait l'inscription et tranchait avec son pouvoir souverain toutes les questions litigieuses s'y rattachant. Aujourd'hui, chargé d'apprécier la convention au point de vue de la forme de l'acte, de l'identité et de la capacité des parties, il n'a plus qualité pour connaître du fond du droit ; les contestations sont, au cours de la procédure, du ressort des juridictions de droit commun, pour une fois inscrites par le conservateur sur le titre de propriété, relever exclusivement de la juridiction française

L'immeuble en cours d'immatriculation étant soumis au droit musulman tunisien, les contestations qui échappent à la compétence du tribunal mixte relèvent, en principe, de la juridiction française ou de la juridiction tunisienne suivant les règles exposées à propos des immeubles non immatriculés.

§ 1. Immeubles Immatriculés.

« Les immeubles immatriculés ressortiront, dit l'art. 20,
« exclusivement et d'une manière définitive, à la juridic-
« tion des tribunaux français. »

A la faveur de ce principe, formulé en termes généraux
qui excluent toute controverse et ne comportent aucune
restriction, la jurisprudence de nos tribunaux affirme sa
compétence absolue dans toute action intéressant un ou
plusieurs immeubles soumis au nouveau régime foncier,
que cette action soit possessoire ou pétitoire, réelle ou personnelle, principale ou accessoire, basée sur un fait antérieur ou postérieur à l'immatriculation, et quelle que soit la
nationalité des parties (T. 2e ch., 20 déc. 1888, R. A. 1890,
28 ; T. 1re ch., 14 mars 1892, J. T. 1893, 290, R. A 1892, 2,
237 ; T. 13 juin 1892, J. T. 1893, 45, R. A. 1892, 2, 418 ;
22 avril 1895, J. T. 1895, 369 ; Alger, 2e ch., 17 mars 1894,
J. T. 1894. 463, R. A. 1894, 2, 382 ; T. 2e ch., 23 mai 1894,
J. T. 1894, 350 ; T. 2e ch., 22 mai 1895, J. T. 1895, 461 ;
J. de P. T. n. 19 déc. 1895, J. T. 1896, 112 ; Alger, 2e ch.
2 nov. 1895, J. T. 1896, 129, R. A. 1896, 2, 482 ; T. 1re ch.,
14 mars 1898, J. T. 1898, 232 ; T. 1re ch., 28 déc. 1898, J.T.
1899, 617, R. A. 1899, 2, 566).

Il ne semble pas, toutefois, que la juridiction française
puisse connaître des questions d'état et de succession des
indigènes tunisiens, qui ont placé leurs immeubles sous
l'empire de la loi de 1885. L'article 2 de la loi foncière implique que la matière doit être régie par la loi nationale des
parties, mais il s'abstient d'indiquer la juridiction compétente ; d'autre part, l'article 20, qui soumet à la justice
française « les immeubles immatriculés », paraît sans application dans l'espèce. Il semble, dès lors, qu'il y a lieu de
s'en tenir aux règles générales, d'après lesquelles le règlement des contestations relatives au statut personnel ou aux
successions des sujets musulmans ou israélites, est réservé
aux tribunaux religieux : charâa et tribunaux rabbiniques

(art. 2 du décret du 31 juillet 1884, 6 du décret du 26 avril 1861, et article unique du décret du 3 septembre 1872). Ce système trouve à s'appuyer sur l'art. 343 de la loi foncière, qui autorise les indigènes à se pourvoir devant l'ouzara, lorsque le conservateur refuse d'opérer une inscription, parce qu'il a des doutes sur la capacité des parties ou qu'il trouve leurs justifications insuffisantes.

L'article 20, al. 2, de la loi foncière dispose, en outre : « en cas de contestations sur les limites ou les servi- « tudes d'immeubles contigus, lorsque l'un d'eux sera « immatriculé et que l'autre ne le sera pas, la juridiction « française sera seule compétente et il sera fait application « de la présente loi. »

Cette disposition a été diversement interprétée par la jurisprudence. Dans le but d'assurer une situation privilé- giée à l'immeuble soumis au nouveau régime, il a été jugé que la législation applicable en matière de servitudes est celle du fonds servant ; la servitude porte-t-elle sur un immeuble immatriculé, on invoque les principes de la loi foncière qui ne permettent de revendiquer d'autres servitu- des que celles inscrites sur le titre de propriété ; la servitude, au contraire, grève-t-elle un immeuble non immatriculé, on admet qu'elle peut s'acquérir d'après les principes du droit musulman et, par conséquent, même en l'absence d'inscription sur le registre public. On fait valoir, notam- ment, que l'art. 19, en décidant « que tous les droits réels « existant sur l'immeuble au moment de l'immatriculation « doivent être inscrits sur le titre de propriété à l'exclusion « de tous droits antérieurs », a voulu viser les servitudes actives et non les servitudes passives du fonds immatriculé (T. 2e ch., 28 fév. 1894, J. T. 1894, 194 ; T. 1re ch., 29 mars 1895, J. T. 1895, 535, R. A. 1896, 2, 52 ; Alger, 2e ch., 30 janv. 1897, J. T. 1898, 62, R. A. 1898. 2, 335). Mais une jurisprudence plus récente reconnaît que la loi foncière est seule applicable lorsque l'un des immeubles est immatriculé, sans qu'il y ait à distinguer si cet immeuble est le fonds servant ou le fonds dominant. Cette nouvelle jurisprudence,

qui s'appuie sur le texte formel de l'art. 20 du décret de
1885, paraît d'ailleurs plus conforme à l'esprit d'une législation, basée sur le livre foncier, dont le principe exige que
le titre de propriété fixe les droits aussi bien que les charges
de l'immeuble qu'il concerne (T. 1re ch., 26 juillet 1897, J.
T. 1897, 441 ; T. 1er mars 1897, J. T. 1897, 198 ; C. Alger,
1re ch., 23 mai 1898, J. T. 1899, 162, R. A. 1898, 2, 339).

Sur la question de compétence, les décisions de nos tribunaux sont unanimes à proclamer que tout litige intéressant
à la fois un immeuble immatriculé et un autre immeuble
soumis au droit musulman, ressortit à la juridiction française et que ce principe ne comporte aucune restriction,
quelles que soient la nature de la demande et la nationalité
des parties (Cass., 18 oct. 1893, J. T. 1893, 354, R. A. 1893,
2, 524 ; T. 1re ch., 20 mai 1895, J. T. 1895, 436 ; T. 1re ch.,
23 nov. 1896, J. T. 1896, 591 ; T. 1re ch., 1er mars 1897,
J. T. 1897, 198 ; Alger, 1re ch., 15 fév. 1898, J. T. 1898, 370,
R. A. 1898, 2, 325). Il en résulte, notamment, cette conséquence, intéressante à signaler, qu'en cas de rejet partiel
d'une réquisition, les questions de propriété ou de servitudes relatives à la portion non immatriculée et qui, aux
termes de l'art. 37, al. 3, doivent être portées devant les
tribunaux ordinaires, sont nécessairement de la compétence
exclusive de la juridiction française, puisque la parcelle
contestée se trouve bornée par un immeuble soumis au
nouveau régime foncier (V. note s. arrêt Cass. 18 oct. 1893,
J. T. 1893, 354).

CHAPITRE VII.

ORGANES DE LA LOI FONCIÈRE.

Les organes qui assurent le fonctionnement du nouveau régime sont : le tribunal mixte, la conservation de la propriété foncière et le service topographique ; un service auxiliaire leur est adjoint comprenant un corps spécial d'interprètes assermentés. Nous traiterons dans le présent chapitre, de ces différents rouages, en consacrant à chacun d'eux un paragraphe spécial.

§ 1. Tribunal mixte.

Le tribunal mixte, institué par la loi foncière et réorganisé par des décrets des 25 février 1897, 16 mai 1898 et 15 avril 1899, est composé de magistrats français et indigènes ; il comprend : un président, trois juges-rapporteurs et onze juges, dont six français et cinq musulmans. Les magistrats français sont nommés par S. A. le Bey, sur la proposition du Résident général ; les juges musulmans, qui appartiennent au charàa, sont nommés par S. A. le Bey, sur la présentation du Premier Ministre.

Le juge français le plus ancien, suivant l'ordre du tableau, supplée le président en cas d'absence ou d'empêchement de ce magistrat ; quant aux autres membres du tribunal mixte, ils sont remplacés, les juges français, par

les juges de paix de Tunis ou leurs suppléants, et les juges
indigènes, par des magistrats musulmans désignés dans
les mêmes conditions que les juges titulaires.

Un greffier et un commis-greffier sont nommés par le
Bey, sur la présentation du Premier Ministre.

Le tribunal mixte est divisé en deux chambres ; les audiences sont présidées par le président et, à son défaut, par
le magistrat français le plus ancien ; le greffier est attaché
à la première chambre et le commis-greffier à la seconde.

Hormis le cas où il n'y a que des tunisiens en cause, le
tribunal mixte siège en présence d'un juge-rapporteur,
chargé des intérêts des incapables et des absents et investi
de fonctions analogues à celles du ministère public devant
les tribunaux civils.

La chambre qui siège est composée : de trois juges français, dans les affaires qui n'intéressent que des justiciables
de nos tribunaux ; de trois juges indigènes, lorsqu'il n'y a
en cause que des sujets tunisiens ; et de cinq magistrats,
dont trois français et deux musulmans, sous la présidence
d'un magistrat français, lorsque le litige concerne des justiciables des tribunaux français et des sujets tunisiens (1).

Si des conflits surgissent à propos de la composition à
donner à la chambre saisie en raison de la nationalité des
parties, ils doivent être tranchés par une décision du tribunal rendue toutes chambres réunies.

Une fois par mois se tient, à Sousse, une audience foraine, dans laquelle se jugent les affaires relatives aux
immeubles situés dans l'arrondissement judiciaire ; cette

---

(1) En fait, il n'y a plus ni chambre française, ni chambre musulmane, les décisions du tribunal mixte sont, depuis quelque temps,
toujours rendues en chambre mixte. Si l'on considère que le jugement d'immatriculation tranche la question de propriété non
seulement à l'égard des opposants mais encore des tiers inconnus,
européens et indigènes, il faut bien reconnaître que la division du
tribunal mixte en chambre française et en chambre musulmane n'a
aucune raison d'être. Cette considération est évidemment suffisante
pour motiver une révision des textes, mais elle ne saurait, à notre
avis, justifier les errements du tribunal mixte, qui sont contraires
aux décrets organiques de cette juridiction.

chambre est composée du président du tribunal mixte ou
du magistrat appelé à le suppléer, d'un juge suppléant du
tribunal français de Sousse, du président du tribunal
régional et d'un membre du charâa de Sousse. Un juge-
rapporteur, un greffier et un commis-greffier sont attachés
à la chambre foraine.

Le tribunal mixte, comme nous l'avons vu, a pour mission d'examiner les titres et pièces produits par le requérant l'immatriculation, de constater la légitimité des droits
qu'ils établissent, d'apprécier également les droits des opposants, de vérifier la régularité des actes produits en cours
d'instance, d'en prescrire la régularisation s'il y a lieu, de
prononcer l'admission ou le rejet de l'immatriculation, et,
au cas d'immatriculation, d'ordonner l'inscription des droits
réels dont il a reconnu l'existence, enfin, de n'admettre au
bénéfice de la nouvelle législation immobilière que des
droits dont la légitimité lui paraît établie.

Le rôle assigné au tribunal mixte est tantôt celui d'une
juridiction contentieuse, tantôt celui d'une commission
administrative.

Attributions contentieuses du tribunal mixte.

Le tribunal mixte fait œuvre de juridiction toutes les
fois qu'il rend une sentence d'immatriculation. S'il y a
opposition, son jugement a pour effet de mettre fin au litige;
à défaut d'opposition, il fixe et règle, *erga omnes*, la nature
et l'étendue des droits réels qui frappent le fonds immatriculé.

Il statue également au contentieux quand il rejette l'immatriculation : il ne se prononce, en effet, qu'après avoir
vérifié le fondement des oppositions, et s'il n'y a pas d'opposition, qu'après avoir reconnu que la demande du requérant
est injustifiée en droit comme en fait.

Les jugements du tribunal mixte produisent des effets différents. On sait que le jugement qui ordonne l'immatriculation

n'est susceptible d'aucun recours, qu'il est définitif et inattaquable, et, que le jugement de rejet laisse les parties dans l'état où elles se trouvaient avant l'instance, sauf à celles ci à se pourvoir devant les tribunaux de droit commun pour obtenir le règlement définitif du litige, ou à recommencer sur de nouvelles preuves la procédure d'immatriculation.

Les pouvoirs ainsi conférés au tribunal mixte ont paru, à la fois, insuffisants et excessifs : insuffisants, dans le cas de rejet de l'immatriculation, la contestation ne recevant pas de solution définitive ; excessifs, en ce que le tribunal, par une décision sans appel, peut passer outre aux oppositions et anéantir les droits qui leur servent de fondement. (1).

Nous ne nous associons pas à ces critiques et prétendons, sous les réserves indiquées ci-après, que, les deux propositions, résumant les pouvoirs du tribunal mixte, peuvent être facilement justifiées.

Créé en vue de l'immatriculation, le tribunal mixte ne peut trancher que les litiges aboutissant à l'immatriculation. La question dont il est saisi est uniquement celle de savoir si l'immeuble qui fait l'objet de la réquisition peut ou non être admis au bénéfice de l'immatriculation ; il n'a donc pas à statuer *ultra petita* et à consacrer par un jugement définitif et sans recours le droit de l'adversaire. Le droit de l'opposant peut, d'ailleurs, ne pas être mieux démontré que celui du requérant. A le supposer même dûment établi, ce tribunal n'en doit pas moins s'abstenir de prononcer l'immatriculation sans une manifestation expresse de la volonté du véritable propriétaire, sans qu'une enquête spéciale et une publicité nouvelle aient permis aux tiers de faire valoir les droits qu'ils peuvent avoir contre le nouveau prétendant à la propriété de l'immeuble. Le tribunal mixte faillirait à sa mission et fausserait l'application de la loi, s'il rendait des décisions définitives extérieurement à l'immatriculation ou s'il prononçait l'immatriculation sans

(1) Dain. Le système Torrens, de son application en Algérie et en Tunisie, p. 15.

l'assentiment exprès du propriétaire. C'est à l'opposant évidemment, s'il veut obtenir la délivrance à son nom d'un titre de propriété, qu'il appartient de recommencer pour son propre compte, après le jugement de rejet, la procédure d'immatriculation.

Il ne serait pas d'un autre côté, sans danger pour l'immatriculation, de rendre les décisions du tribunal mixte passibles des voies de recours du droit commun ; soumettre les plaideurs aux formalités compliquées, aux lenteurs inévitables des juridictions ordinaires, c'est rendre impossible l'application, de la loi immobilière. Les contestations provoquées par l'établissement de la propriété exigent des solutions rapides, dans l'intérêt même de la paix sociale, et une juridiction expéditive s'impose absolument toutes les fois que l'on veut procéder à des abornements généraux. « L'organisation du tribunal mixte, écrit M. Cambon dans « son rapport déjà cité, répond à cette pensée fondamentale, « que l'œuvre de la constitution de la propriété doit être « placée sous la surveillance et le contrôle de l'autorité « judiciaire, sans que pourtant la lenteur tutélaire de ses « formes puissent arrêter la prompte exécution d'une en- « treprise, qui, pour donner des résultats, doit être conduite « avec rapidité. »

Mais, si nous approuvons le législateur d'avoir affranchi les jugements du tribunal mixte d'opposition et d'appel, il ne nous paraît pas moins regrettable qu'il se soit abstenu d'organiser, fût-ce devant une juridiction locale, un recours pour le cas d'excès de pouvoir ou de violation de la loi. L'intérêt de l'immatriculation, sans doute, exige que le tribunal mixte soit investi d'un pouvoir souverain d'appréciation sur les questions de fait et de droit qui lui sont soumises, mais de son coté, l'intérêt d'une bonne justice s'oppose à ce qu'un tribunal puisse, en dehors de sa compétence ou contrairement aux règles de son organisation, rendre des décisions définitives et inattaquables.

Constitué par des actes émanant de l'autorité beylicale, le tribunal mixte, dont les magistrats, en outre, reçoivent l'investiture de S. A. le Bey, est incontestablement une juridiction tunisienne (Sousse 28 nov. 1895, J. T. 1896, 31).

On peut se demander, dès lors, si le fait de soumettre à cette juridiction les procès immobiliers pendants entre européens et assimilés ne constitue pas une dérogation aux traités qui consacrent, en pareil cas, la compétence exclusive des tribunaux français (V. supra, p. 170 et s.). La réponse à cette objection se trouve dans l'article 36 de la loi foncière, aux termes duquel, « lorsqu'une opposition à immatricula- « tion est formée par un justiciable des tribunaux français, « il est loisible à ce dernier de la porter devant la juridic- « tion française, pourvu qu'il le fasse avant toute défense « au fond. » La juridiction du tribunal mixte est donc facultative à l'égard des européens et ceux-ci l'ont acceptée tacitement, dès lors qu'ils n'ont pas invoqué l'exception de de dessaisissement, pour porter le litige devant le tribunal de droit commun (Alger, 1re ch. 30 mai 1892, R. A. 1892, 2, 428 ; T. 1re ch. 30 janvier 1893, R. A. 1893, 2, 257).

On a prétendu également que les décisions du tribunal mixte, par cela même qu'elles émanent d'une juridiction étrangère, doivent être soumises à une révision au fond pour être exécutoires à l'égard des justiciables des tribu-naux français. Cette argumentation ne s'applique pas en l'espèce. Les jugements du tribunal mixte, qui prononcent une immatriculation, ne sont pas à proprement parler sus-ceptibles d'exécution ; ils n'ont, en effet, d'autre objet que l'établissement du titre de propriété par le conservateur et n'emportent aucune condamnation de l'une des parties envers l'autre ; en serait-il autrement que ces décisions auraient, en vertu du décret du 17 juillet 1888, force de chose jugée au regard de la juridiction française. Quant aux jugements de rejet, il ne saurait être question de les faire exécuter, puisqu'ils ne tranchent aucune question litigieuse, qu'ils ne produisent aucune conséquence juri-dique.

Attributions administratives du tribunal mixte.

Si le tribunal mixte fait œuvre de juridiction quant il statue sur la requête d'immatriculation, tout autre est le rôle qui lui est assigné par le décret du 16 juillet 1899, lorsqu'il se prononce sur les actes et faits survenus entre le dépôt de la réquisition et le prononcé du jugement. Il ne statue pas ici sur le fond du droit, il se borne, comme le conservateur, à vérifier l'acte au point de vue des conditions de forme, de l'identité et de la capacité des parties, en d'autres termes, à s'assurer de la régularité de la transmission : c'est une véritable commission administrative. Aussi ses décisions ne sont-elles plus définitives, comme celles de la première catégorie, et les droits dont elles ordonnent l'inscription peuvent-ils être discutés devant la juridiction française.

§ 2. Conservation de la Propriété foncière.

La conservation de la propriété foncière a été institué par la loi du 1er juillet 1885 ; le service intérieur en est plus spécialement réglé par les décrets du 14 juin 1886, 16 mars 1892 et 20 février 1897.

Le conservateur est nommé par le Bey, sur la proposition du Directeur général des finances sous l'autorité duquel il est placé ; il prête serment devant le tribunal civil ; il est assujetti à un cautionnement en immeubles, en obligations tunisiennes ou en rentes françaises, exclusivement affecté à la garantie des erreurs ou omissions dont la loi le rend garant envers le public, et dont la libération est prononcée par le tribunal civil de Tunis, à l'expiration du délai de 10 ans à partir de la cessation de ses fonctions.

Le conservateur est rétribué au moyen des salaires payés par les requérants pour les formalités d'immatriculation et d'inscription, conformément aux tarifs fixés dans le tableau annexé au décret du 14 juin 1886, modifié par le décret du 16 mars 1892; une partie de ses salaires est affecté aux frais de service de la conservation, à concurrence des sommes fixées par arrêté du Directeur général des finances et l'excédent est réparti, s'il y a lieu, entre le trésor public et le conservateur.

Nous avons vu, au cours de notre étude, que ce fonctionnaire est investi d'un rôle prépondérant dans la loi tunisienne : c'est lui, en effet, qui rédige les titres de propriété et établit les copies de titres, qui est chargé de la conservation des actes relatifs aux immeubles immatriculés, qui est préposé à l'inscription sur les registres fonciers de tous les droits réels et, en général, de toutes les modifications juridiques que subit l'immeuble.

Exposons maintenant l'organisation de la conservation foncière.

Les registres dont la tenue est prescrite par la loi sont : le registre des titres de propriété (art. 45), un registre d'ordre des formalités préalables à l'immatriculation (art. 344, 1º), un registre de dépôt (art. 344, 2º), une table alphabétique des titulaires des droits réels et des baux inscrits à la conservation (art. 347, 1º), et une table alphabétique des titres de propriété (art. 347, 2º).

Le registre des titres constitue un véritable livre foncier, à peu près identique au registre-matrice australien. Chaque immeuble y est inscrit, sous le numéro du titre qui lui est affecté et sous le nom qui lui a été donné par les parties dans la réquisition d'immatriculation. Il lui est ouvert un compte spécial, où sont mentionnés notamment, le nom du propriétaire ou de l'enzéliste et les droits réels ou charges qui peuvent le grever. On y porte également toutes les modifications, toutes les mutations dont l'immeuble est l'objet postérieurement à l'immatriculation ; les inscriptions sont faites les unes à la suite des autres, dans un ordre invariablement chronologique.

Au registre des titres sont annexées deux tables alphabétiques, dont l'une porte les noms des propriétaires ou des titulaires de droits réels et l'autre les noms des immeubles, en sorte qu'il est toujours facile de dégager la situation hypothécaire d'un individu ou d'un immeuble déterminé. La force probante ne s'attache pas aux énonciations des tables, qui n'ont la valeur que de simples renseignements.

Sur le registre d'ordre des formalités préalables à l'immatriculation, le conservateur consigne la date de l'accomplissement des actes importants de la procédure : dépôt de la réquisition, insertion au journal Officiel de l'extrait de la requête, avis de bornage et de clôture du bornage, envoi des pièces au caïd, au juge de paix et au greffe du tribunal mixte, décision d'immatriculation, établissement du titre.

Enfin le registre des dépôts sert à constater, par numéro d'ordre, et à mesure qu'elles s'effectuent, les remises des décisions du tribunal mixte ordonnant l'immatriculation et celles de tous documents à fin d'inscription (art. 344, 2°). Les mentions sont faites sans aucun blanc, ni interligne, sous peine d'amende contre le conservateur qui peut, en outre, être tenu de dommages-intérêts envers les parties (art. 380). Le registre des dépôts est arrêté chaque jour ; un double en est déposé, sans frais et dans les 30 jours qui suivent sa clôture, au greffe du tribunal de 1re instance de Tunis (art. 345).

Le conservateur est tenu, s'il en est requis, de donner une reconnaissance du dépôt (art. 346).

Les intéressés ne sont pas admis à consulter eux-mêmes les registres de la conservation ; ils peuvent, toutefois, se faire délivrer des extraits des registres et des actes déposés dans les archives du bureau. Seuls, le président du tribunal civil et le procureur de la République peuvent demander personnellement communication des registres, sans déplacement (art. 348).

Tous les registres du conservateur sont cotés et paraphés, par première et dernière page, par l'un des juges du tribunal civil (art. 349).

La loi foncière admet le principe de la responsabilité personnelle du conservateur : ce système a le double avantage, d'une part, de donner aux parties lésées une action simple, peu coûteuse contre un agent solvable, d'assurer ainsi la réparation sûre, facile et prompte du préjudice causé, et d'autre part, de maintenir la plus grande régularité dans la tenue du livre foncier, toute erreur, toute négligence pouvant exposer le conservateur à une réparation pécuniaire vis-à-vis de la partie lésée.

Aux termes de l'art. 377, le conservateur est responsable : 1° de l'omission sur ses registres des inscriptions régulièrement requises ; 2° de l'omission dans la copie, des inscriptions portées sur le titre, à l'exception de celles opérées en dehors du consentement du porteur de la copie (V. supra p. 288) ; 3° du défaut de mention : dans les titres de propriété, des inscriptions affectant directement la propriété ou l'enzel ; et, dans les états ou certificats, d'une ou plusieurs inscriptions existantes, à moins qu'il ne se soit exactement conformé aux réquisitions des parties ou que le défaut de mention ne provienne de désignations insuffisantes qui ne pourraient lui être imputées (1).

En dehors de ces cas expressément prévus par les textes et conformément à la règle générale formulée par l'art. 379, la responsabilité du conservateur peut, en outre, être mise en cause, lorsqu'il ne s'est « pas conformé dans l'exercice de ses fonctions à toutes les dispositions de la présente loi. »

Pour bien comprendre l'étendue de cette responsabilité, il n'est pas sans intérêt de rappeler que les inscriptions portées sur le livre foncier sont opérées par le conservateur, tantôt en exécution du jugement d'immatriculation, tantôt en vertu des pouvoirs qui lui sont, à cet effet, reconnus par la loi.

Les inscriptions de la première catégorie, ordonnées par

---

(1) L'immeuble, à l'égard duquel, dans les copies de titre ou dans les certificats, le conservateur aurait omis un ou plusieurs droits inscrits, en demeure affranchi dans les mains du nouveau propriétaire, sauf le recours de ce dernier contre le conservateur ; mais les créanciers hypothécaires, dont le droit de préférence survit au droit de suite, conservent néanmoins le droit de se faire colloquer à leur rang tant que le prix n'a pas été payé par l'acquéreur ou tant que l'ordre ouvert entre les créanciers n'est pas devenu définitif (art.378).

le tribunal mixte et concernant tous les droits existant sur l'immeuble au moment du prononcé du jugement d'immatriculation, ne sauraient engager la responsabilité du conservateur. Celui-ci doit, suivant l'art. 42, se borner à établir le titre « sur l'expédition conforme de la décision du tribunal mixte ». Dès lors, en effet, que l'autorité judiciaire est chargée de définir la condition juridique du fonds soumis à la nouvelle loi immobilière, aussi bien pour les droits réels antérieurs au dépôt de la réquisition que pour ceux créés, transmis ou modifiés en cours de procédure, le conservateur, qui ne fait qu'exécuter la sentence du tribunal, ne saurait, en aucun cas, être recherché pour les irrégularités commises.

Le conservateur fait, au contraire, œuvre personnelle, quand il statue sur les inscriptions portant sur un immeuble immatriculé : c'est lui qui doit vérifier, au préalable, l'identité et la capacité des parties, examiner si l'acte satisfait, au point de vue de la forme, aux prescriptions de la loi foncière, s'assurer qu'il émane d'un titulaire figurant sur le livre foncier et qu'il n'est pas en opposition avec une mention déjà inscrite. Ce fonctionnaire répond alors des erreurs provenant de son fait, mais la loi foncière n'a pas toujours pris soin de préciser l'étendue de cette responsabilité.

Lorsqu'il s'agit des conditions de forme de l'acte présenté à l'inscription ou de l'identité des parties, la loi détermine les justifications moyennant lesquelles l'inscription peut être opérée. Elle exige notamment que l'acte soit constaté par écrit, qu'il indique l'état civil des parties et porte élection de domicile au chef-lieu d'une justice de paix, qu'il soit accompagné de traductions certifiées etc.. Elle considère, d'autre part, que l'identité des parties est suffisamment établie par la légalisation de leur signature ou, si les parties ne savent signer, par leur comparution devant les autorités compétentes et la reconnaissance de l'écrit en présence de témoins. Ces justifications produites, les parties ont le droit de requérir l'inscription, sans que le conservateur puisse rien ajouter aux prescriptions légales. La responsabilité de ce dernier est, par cela même, hors de cause ; elle ne pourrait être engagée que s'il se montrait moins exigeant que la loi. En résumé la loi détermine un maximum de justifications, dont là production met le conservateur à l'abri de toute recherche.

La loi, au contraire, abandonne au conservateur la vérification de la capacité des parties, et, le principe posé, elle se débarrasse de son application, laissant à ce fonctionnaire le soin d'exiger toutes les justifications qu'il croit nécessaires, de procéder à toutes les vérifications qu'il juge convenable. Ce fonctionnaire est tenu de demander la justification de la capacité, aussi bien en fait qu'en droit : il doit, notamment rechercher si la partie a encouru une incapacité légale, si c'est une femme mariée, un interdit ou un prodigue, et si, étant donné son incapacité, l'intéressé a pu valablement consentir l'acte présenté à l'inscription. Il doit, en outre, veiller à ce que les formalités exigées par la loi personnelle de l'incapable soient remplies, exiger, par exemple, si l'acte a été consenti par un tuteur, la production de la délibération du conseil de famille, le jugement d'homologation, la preuve de la signification de ce jugement au tuteur et au subrogé tuteur, le certificat de non opposition, s'assurer, lorsque l'acte est fait par un mandataire, de l'existence et de la régularité du pouvoir etc. En un mot, le conservateur est tenu de vérifier si les pièces produites sont suffisantes pour justifier de la capacité des parties, et il est garant des erreurs qui lui sont imputables.

Mais la gravité de cette responsabilité exige qu'elle ne puisse être mise en jeu qu'autant que les parties ont subi un préjudice certain et qu'elles ont épuisé tous les recours du droit commun. Cette solution se justifie, à l'égard du conservateur, par les difficultés inhérentes à sa tâche, qui est particulièrement ardue dans un pays, comme la Régence, où, par suite du mélange des nationalités, il y a lieu de faire application des législations les plus diverses. Elle est, d'ailleurs, également dans l'intérêt des particuliers ; le préposé, en effet, qui verrait sa responsabilité engagée à tout propos, ne se contenterait pas de justifications ordinaires, il irait jusqu'au superflu, tâcherait de se mettre à l'abri des

éventualités les moins vraisemblables, et exigerait des justifications telles, que les parties, dans l'impossibilité de les
fournir, devraient le plus souvent recourir à l'intervention
judiciaire. Le livre foncier, dans ces conditions, ne répondrait
pas au but à atteindre : au lieu de faciliter les transmissions
il y apporterait des entraves ; il compliquerait, au lieu de
simplifier.

La responsabilité du conservateur subsiste pendant toute
la durée de ses fonctions et dix ans après ; passé ce délai,
son cautionnement est affranchi de plein droit de toutes
actions de recours qui n'auraient pas été intentées dans
cet intervalle (art. 6 du décret du 14 juin 1886 modifié par
celui du 16 mars 1892).

§ 3. Service topographique.

Le service topographique est chargé de la représentation
graphique des immeubles soumis au nouveau régime foncier. Son personnel se compose, indépendamment d'agents
de bureau, d'élèves géomètres nommés au concours, de géomètres assermentés surveillés par des vérificateurs et
dirigés par un chef de service, assisté d'un chef adjoint,
qui est placé lui même sous l'autorité du Directeur général
des travaux publics (décret du 18 décembre 1899).

Au cours de la procédure d'immatriculation, le service topographique procède au lever du plan périmétrique de l'immeuble d'après la délimitation fixée par le bornage. Ce plan,
qui doit produire des effets définitifs au point de vue de la
détermination physique de la propriété, est dressé avec toute
la précision exigée des opérations cadastrales ; la minute
reste déposée dans les archives du service technique ; un
double est remis au conservateur de la propriété foncière
pour être annexé au titre de propriété (art. 44) ; une reproduction photographique est délivrée à la partie à l'appui de
la copie du titre (art. 51).

En cas de démembrement d'immeubles immatriculés, le

service topographique exécute le nouveau bornage, dont le procès-verbal doit servir de base à la rédaction des nouveaux titres ; il dresse, en outre, un plan distinct, pour chacune des parcelles provenant du démembrement.

Le géomètre et les vérificateurs sont pécuniairement responsables de l'exactitude des plans qu'ils ont produits ou reçus, ainsi que des frais de toute nature qui seraient la conséquence de la mauvaise exécution de leur travail (art. 8 décret précité).

§ 4. Interprètes-traducteurs

Aucun acte ou écrit rédigé en langue arabe ou étrangère ne peut, s'il n'est accompagné d'une traduction française, être produit au tribunal mixte ou à la conservation de la propriété foncière (art. 1 du décret du 16 mars 1892).

La plupart des actes intéressant les propriétés soumises au droit musulman tunisien sont, en effet, rédigés en langue arabe. Or, pour permettre au tribunal mixte, composé en majeure partie de magistrats de nationalité française, de procéder à une immatriculation, il importe de faciliter la traduction des documents à mettre sous les yeux de ce tribunal : réquisition d'immatriculation, titres de propriété, actes publics ou privés de nature à faire connaître les droits réels existant sur l'immeuble etc.

Les actes relatifs aux immeubles immatriculés qui sont dressés en langue arabe, ne peuvent être admis à l'inscription qu'autant qu'ils sont accompagnés d'une traduction française.

Il en est de même des actes rédigés en langue étrangère qui sont déposés au greffe du tribunal mixte et à la conservation de la propriété foncière.

C'est en vue de satisfaire à ces exigences, qu'un décret du 6 avril 1886, modifié par celui du 16 mars 1892, a institué le corps des interprètes-traducteurs et décidé que, suivant les besoins de l'immatriculation, il sera institué un ou plusieurs postes d'interprètes-traducteurs des langues arabe, hébraïque, espagnole, maltaise, anglaise, italienne et allemande.

Ces traducteurs sont nommés par le Résident général de la République Française, après avoir subi un examen devant un comité spécial institué à cet effet (décret préc. art. 6). Ils doivent prêter serment (art. 2, et 8), fournir un cautionnement en numéraire de 1200 francs affecté par privilège à l'acquit des amendes et condamnations qu'ils peuvent encourir à raison de leurs fonctions (art. 9), et tenir un registre indiquant, avec les traductions qui ont été requises, le montant des salaires par eux perçus (1). Les traductions font foi en justice de leur contenu, sauf le droit de vérification du tribunal ; elles sont faites in extenso ou par extrait suivant les distinctions établies à cet égard par l'art. 23 de la loi foncière.

(1) La quotité des salaires est fixée dans un tarif annexé au décret organique du 16 mars 1892.

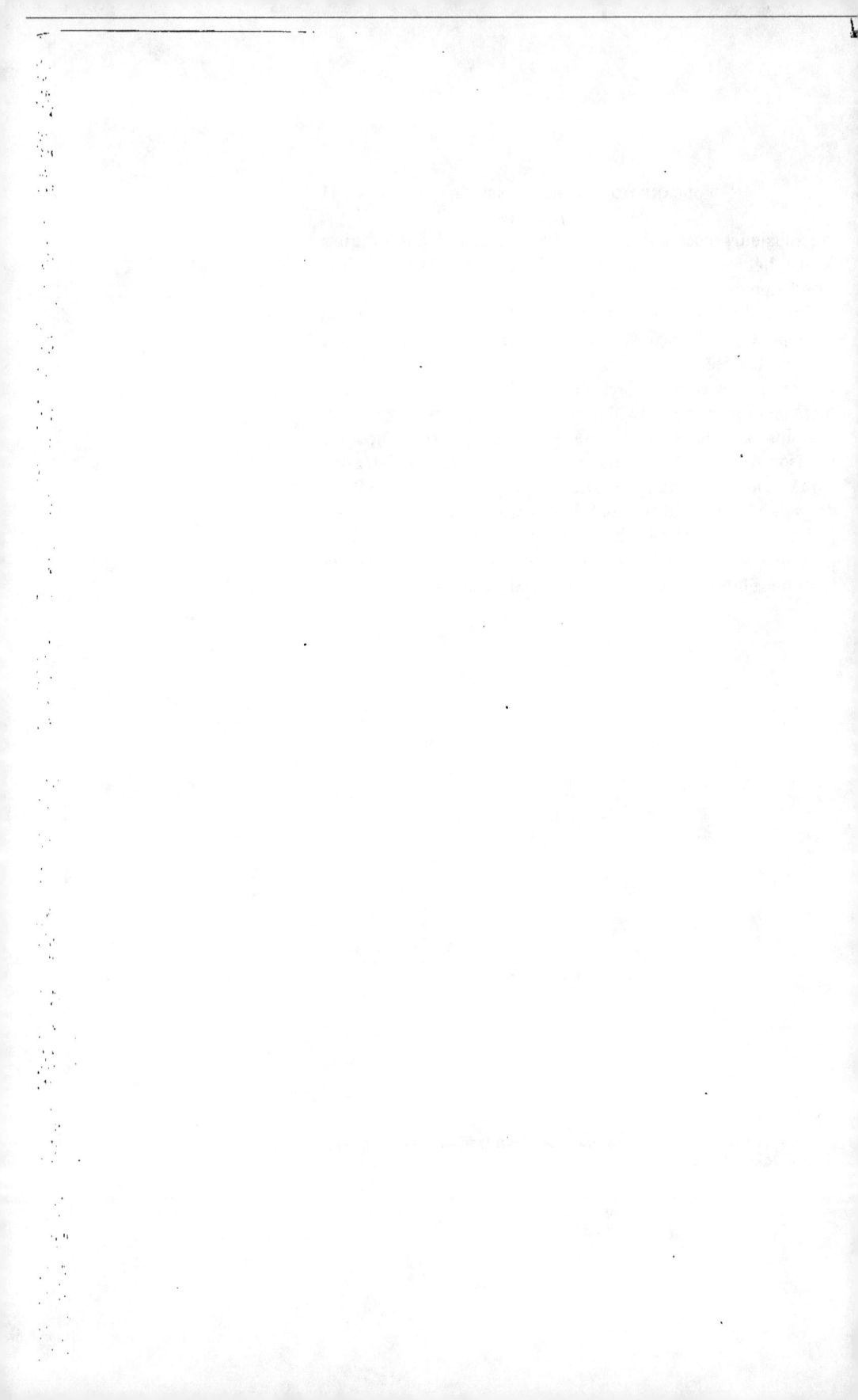

CHAPITRE VIII.

CRITIQUE ET RÉSULTATS DE LA LOI FONCIÈRE.

Le législateur a eu le mérite d'introduire en Tunisie les principes des législations modernes les plus perfectionnées, mais il n'a pas toujours édicté des règles précises, bien coordonnées et parfaitement homogènes. C'est à l'étude critique de la loi foncière que sera consacré le présent chapitre : nous exposerons successivement les avantages de la loi, ses imperfections les plus saillantes, et les résultats de son application,

§ 1 Avantages de la loi foncière.

La loi foncière est une œuvre considérable, aussi bien par le nombre et l'étendue de ses dispositions que par l'importance des problèmes résolus : elle organise une procédure de purge, dite procédure d'immatriculation, destinée à asseoir et à fixer la propriété et les droits réels immobiliers sur des bases certaines ; elle individualise l'immeuble par la création d'un titre foncier et crée un système de large publicité qui assure la sécurité des transactions ; elle énumère et définit à cette fin les droits réels immobiliers, en suivant notre code civil, mais en tenant compte de

ceux consacrés par la coutume locale, conciliant ainsi les
principes des législations européennes avec ce que les
usages offraient d'utile et de respectable ; elle place les
biens immatriculés, quelle que soit la nationalité des propriétaire, sous la juridiction des tribunaux français ; elle
crée, enfin, les organes essentiels qui doivent assurer le
fonctionnement de la purge, de l'immatriculation et de
l'inscription des droits réels : tribunal mixte, service topographique et conservation de la propriété foncière. Elle
constitue, en un mot, tout un code de la propriété immobilière.

La loi foncière repose sur un principe fondamental:
c'est que l'immatriculation forme le point de départ unique
de la propriété et des droits réels qui l'affectent et les met
à l'abri de toute attaque fondée sur un droit non inscrit.
Plus de procès possibles sur les limites des héritages
exactement déterminées par le procès-verbal de bornage et
les plans de délimitation, plus de litiges sur les origines de
la propriété, plus d'évictions à craindre, le droit du propriétaire, immatriculé et purgé de toutes charges occultes,
se trouvant placé désormais sous la garantie du livre
foncier.

La sécurité des propriétaires et des prêteurs est assurée
dans la nouvelle législation par la suppression des
hypothèques occultes et l'application sincère et sans réserve du principe de publicité. Les conditions résolutoires
et autres causes d'éviction non inscrites au livre foncier
sont non avenues pour le prêteur comme pour l'emprunteur ; toutes les charges foncières, hypothèques conven-
tionnelles ou forcées, n'ont, de plus, au regard des tiers,
d'effet et de rang qu'à partir de leur inscription, et doivent
être spécialisées quant aux immeubles et quant à la somme.
Dans ces conditions les tiers sont toujours à même de ne
traiter qu'à bon escient. Ils n'ont qu'à consulter le registre
public pour s'assurer de la solidité du droit du propriétaire;
déterminer la nature et l'importance des charges dont le
bien-fonds est grevé et, par suite, voir clairement jusqu'à

concurrence de quelle somme ils peuvent acquérir l'immeuble ou l'accepter en garantie.

La loi tunisienne a, en outre, réalisé sans danger la mobilisation du sol, au moyen de la délivrance au propriétaire d'une copie du titre et de l'inscription en double, sur le registre et sur la copie, de toutes les modifications survenues dans la condition juridique et physique de l'immeuble. Le registre foncier a pour but de parer aux inconvénients qui pourraient résulter de la perte ou de la falsification de la copie du titre ; il représente l'élément de fixité, de sécurité indispensable à la saine organisation du régime de la propriété. La copie remise au propriétaire assure la facilité des transactions ; c'est le titre mobile représentatif du sol, l'élément de circulation ; la terre y est représentée physiquement par le plan qui y est annexé et juridiquement par les mentions inscrites. A la condition de concorder avec le livre foncier, la copie du titre supprime, pour les intéressés, les recherches préalables sur le registre public, la levée d'états d'inscriptions et emporte, vis à-vis des tiers, une force probante absolue. La remise, qui lui en est faite, procure une entière sécurité à l'acquéreur, qui n'a plus qu'à l'adresser, avec le contrat de vente, au conservateur, pour faire opérer les inscriptions nécessaires.

En résumé, les dispositions de la loi tunisienne, ainsi que le fait observer M. Cambon dans son rapport sur la loi du 1er juillet 1885, déjà cité, p. XVIII, « répondent à une « pensée unique: asseoir la propriété, développer la sécu- « rité du gage hypothécaire et des transactions immobiliè- « res et, par là même, doter la Tunisie de ces instruments « de crédit et de circulation, qui sont comme l'outillage « économique nécessaire aux pays neufs et aux colonies « agricoles ».

§ 2. Imperfections de la loi foncière.

La loi foncière n'est pas toutefois irréprochable : sans revenir sur les critiques de détail que nous avons formulées au cours de notre étude, nous essaierons de dégager, en nous en tenant à l'économie générale de la loi, les lacunes qu'il paraîtrait possible de combler, les imperfections qui appellent des amendements nécessaires.

On peut, d'abord, reprocher à la loi tunisienne de contenir un grand nombre d'articles surabondants, alors qu'elle néglige de formuler les principes essentiels dans des termes suffisamment explicites. Il semble, en effet, qu'après avoir par l'article 2, rendu applicables aux immeubles immatriculés les dispositions du code civil français non contraires au régime qu'il se proposait d'établir, le législateur aurait pu se dispenser de reproduire les articles de ce code, auxquels il n'apportait aucune dérogation. Ainsi la plupart des dispositions relatives à la classification des immeubles, à l'étendue du droit de propriété, à l'usufruit, à l'usage et à l'habitation, aux servitudes foncières, à l'antichrèse, à l'expropriation forcée, qui sont la reproduction presque littérale de la loi française, ne font qu'encombrer inutilement la loi tunisienne. Les principes juridiques nouveaux dont il est fait application à la Régence y sont, au contraire, à peine esquissés : la règle essentielle de la force probante des inscriptions n'est nulle part exprimée d'une manière nette et précise, non plus que l'application de la règle de publicité aux mentions relatives à l'incapacité des parties, aux causes de résolution, etc. ; elle omet également d'indiquer quelles personnes sont comprises sous la dénomination de tiers et peuvent, à ce titre, se prévaloir du défaut de publicité. Sans doute la solution de ces divers problèmes juridiques peut s'obtenir à l'aide du rapport qui sert de préliminaire à la loi de 1885, découler implicitement des textes ou de l'esprit de la loi, se dégager des principes communs aux régimes basés sur les livres fonciers ; mais il est regrettable que la loi n'ait pas pris soin de trancher elle-même d'une façon catégorique, des questions d'une si haute importance, qui devraient être à l'abri de toutes discussions et controverses.

Les principes qui dominent la théorie de l'immatriculation ont, en outre, été énervés par le décret du 16 juillet 1899.

Sous l'empire de la loi de 1885 et de la jurisprudence du tribunal mixte, antérieure à la décision du 22 mars 1899, le jugement d'immatriculation formait le point de départ unique des effets attachés à l'immatriculation ; les inscriptions prises en vertu de ce jugement étaient toutes définitives et inattaquables et avaient indistinctement une autorité absolue *erga omnes* ; la liquidation du passé était complète et tous les titres rétrospectifs étaient effacés pour faire place au titre foncier, qui devait porter avec lui la preuve décisive du droit du propriétaire.

Le décret du 16 juillet 1899 a, confirmé cette jurisprudence en ce sens que le jugement d'immatriculation opère, sans rétroactivité, la transition de l'immeuble du droit musulman sous la nouvelle loi immobilière et l'attribution de compétence au profit de la juridiction française ; mais, il s'en est séparé au point de vue de la purge initiale et des effets définitifs du jugement d'immatriculation, qui n'intéressent désormais, dans leur sphère respective, que les droits réels existant sur l'immeuble au moment du dépôt de la réquisition (cpr. supra p. 246 et 247).

Cette réforme est loin de répondre aux vues du législateur de 1885 et à l'intérêt bien entendu de l'immatriculation.

Dans la pensée des auteurs de la loi foncière, le tribunal mixte devait être et rester une juridiction d'ordre purement contentieux. « Toutes les oppositions, tous les litiges pro- « voqués par l'application de la loi, dit M. Cambon (p. XIII) « lui sont soumis ; il les juge souverainement, sans appel « et d'une manière sommaire. Ses décisions sont définitives; « elles fixent irrévocablement les droits des parties. Le

« tribunal saisi de toutes les demandes d'immatriculation
« les admet ou les rejette, il prononce sur l'existence ou
« l'étendue des droits réels prétendus sur l'immeuble. »
Or, le rôle nouveau assigné au tribunal mixte pour les
modifications de droits réels survenus en cours de procédure, ne répond plus au but de son institution, puisqu'il se
borne à une vérification de forme et que les contestations
portant sur le fond du droit échappent désormais à sa
compétence.

Le nouveau décret, en voulant placer les parties dans la
situation créée par la loi de 1885 pour les inscriptions de
droits portant sur des immeubles immatriculés, ne s'est
pas préoccupé de leur assurer les mêmes garanties. Il a
investi, en effet, le tribunal mixte d'une mission analogue
à celle du conservateur ; mais, tandis que le conservateur
agit le plus souvent sous sa responsabilité personnelle,
les parties n'ont de ce chef aucun recours à exercer contre
le tribunal mixte chargé de prononcer l'inscription ; ce
tribunal agit ici avec les pouvoirs d'un conservateur, mais
d'un conservateur irresponsable.

Ce décret ajoute à l'obscurité de la loi, en décidant que
les actes dressés durant cette période devront satisfaire aux
exigences de forme de la loi foncière, alors que l'immeuble
est encore soumis à la loi musulmane.

Enfin, il porte atteinte à l'autorité du titre de propriété,
d'une part, en rendant ce titre, autrefois inattaquable, susceptible désormais d'être discuté pour toutes les inscriptions
se rattachant aux faits et conventions survenues au cours
de la procédure, et d'autre part, en limitant les effets de la
purge aux droits antérieurs au dépôt de la réquisition, en
sorte que le conservateur peut être appelé à inscrire, après
immatriculation, des droits réels antérieurs à l'établissement du titre.

Pour justifier le système inauguré par le décret de 1899,
on a invoqué l'intérêt des ayants-cause des parties contractantes, qui, pouvant ignorer les faits ou conventions
survenus en cours d'instance pour lesquels la loi ne prévoit
aucune publicité, risquent de voir leurs droits compromis

par une sentence définitive. Mais le système de la loi de
1885, appliqué pendant quinze ans, n'a conduit à aucune
injustice choquante, à aucune éviction scandaleuse. L'idée
de protection de quelques intéressés n'aurait pas dû prévaloir contre l'intérêt supérieur de l'immatriculation,
qui exige une rupture complète avec le passé et veut que
l'état matériel et juridique de l'immeuble soit prouvé, d'une
façon irrécusable, au moment même où il passe sous le
nouveau régime foncier.

Nous avons vu, en traitant de la publicité des droits
réels immobiliers, qu'entre les deux procédés de la transcription et de l'inscription, la loi foncière a opté pour le
second, qui est plus expéditif, moins dispendieux et plus
précis (supra p. 280). Dans la pensée du législateur, ce
système devait permettre de consacrer à chaque bien-fonds
un feuillet distinct, offrant le tableau pour ainsi dire synop-
tique des actes et faits par lesquels la propriété se transmet
et se modifie. Mais ce but n'a pas été complètement atteint.
Dès lors que les actes doivent figurer sur le livre foncier
sous forme d'inscription sommaire, il importe que les tiers
aient le droit d'exiger la communication des actes eux-
mêmes déposés à l'appui de l'inscription. Or, si la loi tunisienne a pris soin d'exiger ce dépôt, elle semble avoir limité
le droit de communication aux parties contractantes ou à
leurs ayants-cause, puisqu'aux termes de l'art. 343 alinéa
3, seuls « les intéressés peuvent se faire délivrer une
« copie certifiée des écrits conservés dans les archives. »
Pour la sauvegarde des droits des tiers, le conservateur
s'efforce, en conséquence, de reproduire sur le registre une
analyse complète, minutieuse du contrat, et le titre se trouve souvent encombré de dispositions surabondantes. La
publicité des archives de la conservation apparait comme
une mesure nécessaire mais suffisante pour autoriser le
conservateur à ne reproduire que les clauses essentielles
et faciliter la lecture du titre en permettant d'embrasser
d'un coup d'œil l'ensemble des droits relatifs à un immeuble immatriculé.

La loi tunisienne n'exige pas la condition d'authenticité pour les actes à inscrire sur les registres publics (V. supra p. 281). Cette mesure s'imposait en Tunisie où il n'existe pas encore d'offices de notaires français ; mais ce serait une erreur, à notre avis, de la considérer comme un moyen efficace de rendre les transactions immobilières plus faciles et moins coûteuses. Si les parties rédigent elles-mêmes leurs conventions, elles s'exposent, à raison de leur inexpérience, à voir leurs actes refusés par le conservateur pour justifications insuffisantes ou pour un vice de forme, et à subir, par le fait de retards apportés à l'inscription, un préjudice parfois irréparable. Si elles ont recours à des agents d'affaires, elles supportent, dans ce cas, des frais aussi onéreux que les honoraires des notaires, sans avoir comme pour les actes authentiques, la possiblité d'exercer un recours contre le rédacteur du contrat. D'autre part, le conservateur n'a pas les moyens d'opérer un contrôle efficace, en ce qui concerne l'identité des parties ; la loi foncière exige, il est vrai, que cette identité soit prouvée par la légalisation des signatures ou la reconnaissance de l'écrit en présence de témoins ; mais le registre public risquera de couvrir, de ce chef, des actes entachés de fraude tant que la constatation de l'identité ne sera pas assurée par des officiers ministériels responsables. La création prochaine du notariat, dont se préoccupe actuellement le Gouvernement tunisien, sera l'occasion, pour le législateur, d'exiger la condition de l'authenticité, qui est d'ailleurs prescrite dans la plupart des législations fondées sur les principes du livre foncier (Besson, Les livres fonciers et la réforme hypothécaire, p. 459).

La loi foncière décide, d'autre part, qu'aucune inscription ne peut être prise sur le registre public qu'autant qu'elle émane d'un titulaire figurant au livre foncier (V. supra p. 291). C'est là un moyen efficace d'assurer l'application de la règle de publicité, puisque le vendeur ou l'auteur d'une affectation hypothécaire ne pourra disposer de son droit, sans en avoir assuré l'efficacité à l'égard des tiers

par la voie de l'inscription. Il faut, cependant, envisager le
cas où certains faits juridiques intéressant l'immeuble auront, par la faute des parties, échappé à la publicité et où
des tiers, ayant traité avec les titulaires des droits non inscrits ou leurs ayants-cause, voudront se mettre en règle
vis-à-vis du livre foncier. Le conservateur refusera d'inscrire les droits des nouveaux titulaires tant que la série
des transmissions n'aura pas été reproduite sur le registre
public, et, d'autre part, les actes se rattachant à ces transmissions pourront être affectés d'une cause de nullité ou d'un
vice de forme, auxquels il ne sera plus possible de remédier
par suite du décès de l'un des signataires ou pour tout autre
motif. L'immeuble sera donc indisponible. Une telle situation est évidemment contraire à l'esprit de la loi, et il est
indispensable de prévoir pour ces hypothèses exceptionnelles une procédure de régularisation.

La nouvelle loi immobilière ne nous paraît pas avoir fait
une assez large part à la vérification préalable des titres
soumis à l'inscription, conséquence nécessaire du principe
de la force probante. Du moment où l'on attache aux énonciations du livre foncier une autorité absolue et des effets
irrévocables à l'égard des tiers, il convient de n'accorder la
consécration légale qu'à des droits légitimes et d'exclure
du bénéfice de la publicité les prétentions suspectes. La loi
tunisienne investit le conservateur du soin de vérifier la capacité des parties contractantes et de s'assurer que la personne qui vend ou qui emprunte est inscrite au livre foncier
comme propriétaire de l'immeuble transmis ou grevé ; mais
il ne semble pas que ce soit là des garanties suffisantes. Le
conservateur devrait, selon nous, être appelé à apprécier le
fond même de la convention et pouvoir refuser l'inscription à des actes entachés d'irrégularité ou de nullité ; il devrait être chargé de prendre toutes les précautions nécessaires pour que les inscriptions aient toujours lieu sur le
fondement d'un titre régulier, sauf aux parties à se pourvoir devant les tribunaux français. On ne saurait se montrer trop circonspect lorsqu'il s'agit d'accomplir une for-

malité qui, indûment opérée, risquerait d'aboutir à la dépossession du titulaire inscrit, surtout dans un régime foncier, où, par suite de la suppression du fonds d'assurance,
la partie lésée n'a qu'une action personnelle en dommages-
intérêts contre l'auteur du dol.

Le nouveau régime foncier, après avoir fixé d'une manière irrévocable l'origine de la propriété et pris soin de
déterminer les droits réels et les charges qui l'affectent, a
heureusement résolu le problème de la mobilisation du sol
par la création d'un titre représentatif de l'immeuble et
d'une négociation facile.

Nous allons rechercher si la loi tunisienne a su compléter son œuvre par la mobilisation du crédit, ou, plus exactement, par la mobilisation des titres hypothécaires.

La cession rapide des titres hypothécaires offre un intérêt économique de la plus haute importance : « L'une des
« causes, dit M. Frank-Chauveau,(1) qui détournent le plus
« les capitaux des prêts hypothécaires, c'est la difficulté
« de réaliser le gage, ce sont les formalités, les lenteurs et
« les frais de poursuite, c'est l'immobilisation des sommes
« engagées. Si, à la sécurité du droit de propriété...., on
« pouvait ajouter la mobilité du placement, la possibilité
« pour le prêteur de rentrer dans ses fonds à toute époque,
« sans exproprier l'immeuble et sans attendre l'échéance, on
« aurait donné de grandes facilités au crédit, rendu les ca-
« pitalistes moins exigeants et fait beaucoup pour la sup-
« pression de l'usure. ».

A s'en tenir au rapport de M. Cambon (id. p. XVII),
la transmission à ordre et par voie d'endossement des créances hypothécaires serait entrée dans les prévisions du législateur tunisien, qui n'aurait pas cru toutefois nécessaire
de l'autoriser expressément, parce qu'elle découle des règles de notre droit civil combinées avec les dispositions de
la loi foncière. La jurisprudence française admet, en effet,

_____

(1) Sénat, séance du 29 mars 1893. Documents parlementaires p.
262, annexe n° 121.

que l'hypothèque peut être cédée par voie d'endossement en même temps que la créance dont elle dépend, et qu'une créance même non commerciale est susceptible d'être endossée et régulièrement transmise, sans qu'on ait besoin de se soumettre aux significations prescrites par l'art. 1690 du code civil ; il suffit de rédiger en brevet la créance hypothécaire, de la revêtir d'une clause à ordre pour créer un titre rapidement négociable (Cass. 8 mai 1878, D. P. 1878, 1, 241 et une note de M. Beudant ; Cass. 7 mai 1879, D. P. 1879, 1, 367). Or, si en théorie ces principes ne se heurtent à aucune disposition contraire de la loi tunisienne et se concilient facilement avec son esprit, leur application se trouve paralysée par les termes absolus de l'article 343, qui exige l'inscription de toute modification apportée à un droit réel immobilier et ordonne le dépôt en double de tous les actes présentés à cette formalité ; cette dernière prescription, notamment, ne peut être exécutée, lorsqu'il s'agit de cession d'hypothèques par voie d'endossement, et la loi tunisienne, loin de réaliser un progrès sur notre code civil n'a fait, en définitive, qu'apporter une entrave à la circulation des titres.

On fait valoir, en outre, à l'avantage de la loi tunisienne (1), qu'elle rend possible les avances sur titre de propriété. Le propriétaire d'un immeuble immatriculé, sans constituer une hypothèque, peut, en effet, emprunter, en déposant son titre entre les mains de son créancier, qui le lui remet à l'échéance contre remboursement. Cette opération ménage le crédit de l'emprunteur en supprimant la publicité de l'emprunt. Mais elle n'offre au prêteur qu'une sécurité relative, car elle n'empêche pas l'inscription sur le titre des actes susceptibles d'affecter le fonds en dehors du consentement du porteur de la copie, tels qu'un commandement, une saisie, une déclaration de faillite etc., et, comme ces événements arrêtent le cours des inscriptions, le créancier est ainsi exposé à perdre son gage, sans pouvoir désormais

(1) Dain : Le système Torrens. De son application en Tunisie et en Algérie p. 35.

obtenir une sûreté sur l'immeuble. D'autre part, il nous paraît bien difficile d'admettre que ce procédé constitue un progrès sur l'hypothèque, dont la forme plus souple et le fractionnement presque indéfini se prêtent aux situations les plus complexes et aux moindres exigences du crédit. La mise en gage de la copie du titre ne s'opère, en effet, qu'au prix d'une sorte d'immobilisation du droit de propriété ; le propriétaire, privé de son titre, ne peut plus passer aucun acte susceptible d'inscription ; il ne peut ni constituer une hypothèque subséquente, ni vendre, ni même louer sa chose pour un bail excédant une année ; une seule opération, si minime que soit l'emprunt, épuise toutes les facultés du crédit de l'immeuble et le met hors du commerce. Les avances sur titre sont d'ailleurs très rares en Tunisie, et la pratique n'en offre d'exemples que dans des circonstances exceptionnelles et pour des prêts à court terme,

Il faut donc reconnaitre que la loi tunisienne ne s'est pas préoccupée d'assurer la mobilisation du crédit hypothécaire ; mais, par cela même qu'elle consacre la spécialité et la publicité de l'hypothèque, elle se prête facilement à l'introduction de cette réforme et rend possible l'établissement de titres transmissibles avec la garantie de l'immeuble.

Il ne s'agit pas ici d'une conception hasardeuse, aux résultats problématiques, mais d'une idée appliquée avec succès par les législations allemandes et suffisamment contrôlée par l'expérience pour qu'elle puisse faire l'objet d'une application pratique.

La mobilisation du crédit hypothécaire peut se réaliser de deux manières : par le bon foncier, exclusif de toute obligation personnelle, délivré au propriétaire sur son propre fonds, et par le bon ou lettre hypothécaire, se rattachant à une créance, établie sur soi-même ou sur autrui (V. supra p. 202 et s.).

La forme de l'hypothèque sur soi-même nous apparaît dans une colonie agricole à peine naissante comme une conception plutôt dangereuse que profitable pour le crédit. Il y a, croyons-nous, un véritable danger à laisser au propriétaire une liberté d'émission absolue et sans contrôle et à ne pas garantir la valeur des cédules contre l'exagération de ses propres évaluations ; les titres de cette nature, répandus à profusion sur le marché, risqueraient de jeter le discrédit sur les gages immobiliers les plus sérieux et les plus sûrs.

Ces considérations nous amènent à écarter les bons fonciers, d'ailleurs relativement peu usités même en Allemagne, et le droit pour le propriétaire de requérir sur son propre fonds la délivrance de bons hypothécaires.

Reste la faculté accordée au créancier d'obtenir l'établissement de cédules hypothécaires à raison du titre dont il est déjà nanti ; dans ce système, des bons peuvent être délivrés, mais seulement à concurrence de l'obligation pré-existante. Avec ce point de départ, les difficultés que nous avons signalées disparaissent ; l'émission des bons hypothécaires ne dépend plus, comme dans l'hypothèque sur soi-même, de la seule volonté du propriétaire, de la valeur qu'il assigne à son propre fonds et qu'il pourrait être porté à exagérer, elle se trouve limitée au montant du prêt, à la valeur du gage admise par le créancier, c'est-à-dire par celui qui a le plus d'intérêt à la connaître.

C'est ce dernier système qu'il conviendrait, à notre avis, d'adapter au nouveau régime foncier de la Régence. Le législateur tunisien pourrait, à cet effet, s'inspirer utilement des résolutions votées par la sous-commission juridique de la commission du cadastre, à la suite du rapport de M. Challamel sur le crédit hypothécaire (annexe au procès-verbal de la séance du 22 février 1894), d'autant mieux que les principes adoptés ont l'avantage de se concilier avec l'économie générale de la loi qui régit les immeubles immatriculés.

Nous allons en faire connaître les dispositions essentielles.

L'institution des bons hypothécaires ayant surtout pour but de favoriser les propriétaires fonciers, la délivrance n'en serait opérée que du consentement mutuel du créan-

cier et du débiteur (1). Le titre de la créance consisterait
dans un acte authentique, dont la grosse ou le brevet
classé aux archives de la conservation foncière, serait
remplacé en fait et en droit par des bons hypothécaires.
Ces nouveaux instruments de crédit seraient mentionnés, au moment de leur délivrance, sur le registre en
regard de l'incription de l'obligation préexistante, et
établis en autant de coupons que le créancier le demande-
rait, avec un minimum fixé par la loi. Le conservateur ne
serait garant que de la conformité qui doit exister entre les
bons hypothécaires et l'inscription portée au livre foncier.

La durée légale des bons hypothécaires subsisterait, tant
que la mention dont ils auraient fait l'objet sur les registres
publics n'aurait pas été détruite par une radiation ou une
mention contraire.

Tout bon hypothécaire devant se suffire à lui-même, en
sorte que le porteur n'ait à recourir que le moins possible
au livre foncier, il serait nécessaire qu'il fit apparaître, par
mentions brèves et catégoriques : le numéro du titre foncier,
la somme principale pour laquelle il est émis, le taux des
intérêts stipulés, les époques et le lieu de paiement des
intérêts et du principal, le montant total de la créance dont
il est la représentation partielle, et le cas échéant, le rang
qu'il occupe dans la série des bons délivrés pour cette même créance, le montant des précédentes inscriptions, enfin,
le domicile élu pour l'accomplissement des formalités hypothécaires.

Les bons devant être essentiellement négociables, leur
cession pourrait se faire, soit à ordre, soit au porteur, sans
que dans aucun cas il soit nécessaire de mentionner la cession au livre foncier. « Quel que soit le nombre des cessions

----

(1) La faculté de requérir des bons hypothécaires devrait, en ce
qui concerne les indigènes, être soumise à certaines restrictions ; à
l'exemple du projet de loi de la commission du Sénat sur la propriété foncière en Algérie, on pourrait exiger que ceux-ci se munis-
sent, au préalable, d'une autorisation ad hoc donnée par le tribunal
français, le ministère public entendu (cpr. art. 44 du projet, R. A.
1893, 1, 116).

« successives, quelle que soit l'individualité du porteur, dit
« M. Challamel (Rapport précité p. XIII), le bon reste
« invariable dans sa teneur et dans ses effets juridiques ;
« d'autre part, le livre foncier fait connaître toujours l'exis-
« tence d'une charge qui grève l'immeuble, charge qui
« reste constante, en dépit des négociations du titre. Dira-t-
« on qu'il est utile de mettre le débiteur ou le tiers, qui
« voudra exercer un droit quelconque sur l'immeuble, en
« situation de s'adresser personnellement au porteur actuel
« du bon hypothécaire ? Nous répondrons que toute inscrip-
« tion d'hypothèque, que celle-ci soit en la forme ordinaire
« ou en la forme négociable, comporte nécessairement une
« élection de domicile où toutes les notifications pourront
« être faites valablement tant qu'une mention modificative
« de ce domicile n'aura pas été portée au livre foncier. De
« même si l'on invoquait l'intérêt du porteur lui-même, qui
« peut avoir besoin de se faire connaître pour qu'aucune
« procédure n'ait lieu à son insu, nous répondrions que
« rien ne l'empêche en effet de se manifester et de faire
« inscrire au livre foncier telle prénotation qu'il jugera
« nécessaire. L'intérêt des tiers n'étant pas en jeu, pourquoi
« transformer en obligation ce qui peut n'être qu'une faculté
« dont l'intéressé usera ou n'usera pas selon les circonstan-
« ces ? »

Le capital des bons hypothécaires serait payé à l'échéance, soit au porteur, soit à la personne qui en serait alors
bénéficiaire, et la remise du titre entre les mains du débiteur
prouverait la libération de ce dernier. Quant au paiement
des intérêts, il y aurait lieu de distinguer, suivant que le
bon serait à ordre ou au porteur : dans le premier cas, l'endossement fait au profit du dernier bénéficiaire lui donnerait
qualité pour toucher et donner quittance, et le débiteur, en
exigeant la représentation du bon, montrerait sans peine
qu'il a payé au véritable ayant-droit ; dans le second cas, le
débiteur n'aurait aucun moyen d'établir que le signataire
de la quittance était bien en possession du titre au moment
où il s'est libéré entre ses mains ; il serait donc nécessaire
d'établir un lien plus étroit entre le débiteur et le titre.

« Cela peut se faire de deux manières : soit en portant l'ac-
« quit des intérêts au dos du bon hypothécaire, soit en se
« servant de coupons d'intérêts. Ce dernier procédé paraît
« beaucoup plus commode que le premier : les bons devront
« être à l'avance munis de coupons, comme le sont d'ordi-
« naire les actions ou obligations de sociétés. Le débiteur
« demandera donc, à chaque échéance, que le coupon cor-
« respondant soit détaché du titre et lui soit remis ». (Challamel, Rapport précité p. XV).

En cas de non paiement, le bénéficiaire ou porteur pour-
suivrait l'expropriation forcée de l'immeuble suivant les
formes prévues par les articles 287 et suivants de la loi
foncière. D'autre part, si le porteur du bon hypothécaire ne
se présentait pas à l'échéance, le débiteur, qui, en l'absence
de mention sur le registre public, pourrait ne pas connaître
le propriétaire actuel du titre et obtenir sa libération, aurait
le droit, sans plus de formalités, d'en verser le montant à la
caisse des dépôts et consignations ; sur la production de la
quittance de la caisse, l'inscription prise au livre foncier
serait rayée.

Examinons maintenant quels seraient les droits des porteurs en cas de vente amiable ou forcée de l'immeuble. Les
jugements d'adjudication sur saisie et les ventes en justice
après surenchère opèrent de plein droit la purge des inscriptions hypothécaires ; l'acquéreur sur licitation et l'acquéreur amiable ont, de même, la faculté de dégrever
l'immeuble en offrant aux créanciers le remboursement de
leurs créances, à concurrence du prix d'achat. L'acquéreur
doit, à cette fin, après avoir fait inscrire son titre, procéder
aux notifications prescrites par l'art. 276 de la loi foncière.
Cette notification n'entraîne pas l'exigibilité de toutes les
créances non échues (cpr. supra p. 277), qui pourront
dans certains cas échapper à l'éventualité d'un remboursement anticipé ; mais il peut arriver que le droit des
créanciers ait été transformé en un simple droit sur le
prix, et il faut prévoir, pour ces situations, les moyens
d'assurer, à l'égard des porteurs de bons hypothécaires,
l'accomplissement des formalités qui intéressent leur gage

et la distribution des deniers. « Pour les porteurs de bons
« hypothécaires dont la cession sera mentionnée au registre
« public, dit M. Challamel (Rapport précité p. XXI), il va
« de soi qu'une notification individuelle devra leur être
« adressée, comme à tous autres créanciers hypothécaires,
« au domicile qu'ils auront eux-mêmes indiqué ; quant aux
« autres, il conviendra d'organiser une procédure collective.
« Tous actes nécessaires seront valablement signifiés au
« domicile du créancier originaire, domicile qui se trouve
« inscrit sur le bon comme sur le livre foncier ; mais, en
« même temps, pour avertir les porteurs inconnus, il sera
« procédé à des publications légales, en sorte qu'ils soient
« mis en demeure de produire leurs titres et de faire valoir
« leurs droits selon qu'il appartiendra. En fin de compte et
« à défaut de production dans les délais légaux, les capitaux
« et intérêts, qui pourraient être dus aux porteurs des bons
« hypothécaires, seraient mis en réserve à la caisse des dé-
« pôts et consignations pour leur être remis contre présen-
« tation du titre ».

Il restera parfois dans la circulation des bons hypothécaires, qui, n'étant pas venus en ordre utile, seront
dépourvus de toute valeur, puisque l'inscription les garantissant aura été atteinte par les effets de la purge. Mais le
système que nous proposons, après avoir entouré l'établissement de ces bons de sérieuses garanties, ne prétend pas
dispenser les parties de toute vigilance et leur mettre en
mains un titre garanti par l'Etat. « Les acquéreurs de bons
« hypothécaires doivent recourir au livre foncier pour
« s'assurer qu'il n'y a pas eu, pour un motif quelconque,
« radiation de l'inscription ; ils doivent également se ren-
« seigner, par tous moyens à leur disposition, sur la valeur
« actuelle de la garantie que cette inscription leur procure.
« Il est certain qu'à l'origine telle créance a été gagée sur
« l'immeuble : cela suffit. Il appartient ensuite à chacun des
« cessionnaires de surveiller le gage. Leur situation n'est
« pas différente, en somme, de celle des porteurs d'obliga-
« tion d'une société qui doivent se tenir au courant de la si-
« tuation plus ou moins prospère de leur débiteur et con-
« sulter son bilan (Challamel, id., p. XX.) ».

§ 3. Résultats de la loi foncière.

Malgré ses imperfections, la loi tunisienne est une œuvre remarquable, dont le succès, un instant entravé dans la période de début, s'est affirmé à la suite de la réforme réalisée par le décret de 1892, qui a réduit les frais d'immatriculation et dépouillé le conservateur de ses attributions fiscales. Le nombre des réquisitions d'immatriculation n'a cessé, depuis lors, de suivre une progression constante, et l'empressement de plus en plus marqué des propriétaires à placer leur bien-fonds sous le nouveau régime, démontre mieux que toute autre considération la valeur du système de publicité tunisien.

Les tableaux ci-après, établis le 12 janvier 1900 par le service topographique, font connaître, par réquisitions et par titres délivrés, les résultats obtenus depuis la mise en vigueur de la loi foncière jusqu'au 31 décembre 1899.

Réquisitions déposées par année.

ANNÉES	NOMBRE	CONTENANCE déclarée	VALEUR déclarée	
		H. A.	FR.	
1886	23	13.432	1.373.280	
1887	15	4.862	414.257	
1888	33	24.735	1.090.417	
1889	44	10.515	915.339	
1890	45	38.107	1.710.997	
1891	34	6.955	1.022.727	
1892	293	88.515	7.676.605	
1893	467	252.056	13.198.059	
1894	501	38.799	10.334.640	
1895	571	157.868	13.209.934	
1896	621	43.674	10.089.497	
1897	568	21.332	12.438.849	
1898	666	28.810	9.674.701	
1899	714	62.531	8.566.761	
Totaux...	4.595	785.180	91.514.231	

Titres délivrés par année.

ANNÉES	NOMBRE total	TITRES provenant de mutations	TITRES délivrés à la suite de jugements d'immatriculation		
			Nombre	Contenance définitive	Valeur définitive
				H. A.	FR.
1886	»	»	»	»	»
1887	7	»	7	1.856 92.91	226.140
1888	37	17	20	7.277 55.39	1.246.345
1889	48	19	29	11.334 71.60	954.234
1890	66	15	51	18.071 02.83	966.915
1891	57	13	44	10.032 52.94	924.487
1892	49	15	34	6.811 00.90	1.440.576
1893	234	34	200	35.957 66.00	3.516.803
1894	347	81	266	13.785 77.43	5.592.561
1895	512	152	360	38.085 22.00	6.061.374
1896	587	234	353	28.397 38.00	12.198.359
1897	871	237	634	33.752 23.00	12.187.878
1898	923	255	668	113.517 87.15	15.166.773
1899	714	336	378	25 003 99.95	8.734.006
Totaux ..	4.452	1.408	3.044	343.883 90.10	69.216.951

Ces données statistiques nous semblent significatives. Et puisque, en dépit de son caractère facultatif, la loi tunisienne, à la faveur de ses heureux résultats, poursuit aussi résolument sa marche ascendante, on ne peut que se féliciter de la réforme immobilière accomplie.

CONCLUSION

—

MAINTIEN DES DEUX RÉGIMES FONCIERS.

—

Le régime foncier en vigueur dans la Régence, lors de l'établissement du Protectorat français, n'offrait, à la propriété immobilière, aucune sécurité ; il ne répondait ni aux exigences du crédit, ni aux nécessités économiques nées du nouvel état de choses : « Deux causes contribuaient à rendre « précaire la situation des propriétaires fonciers : l'assiette « incertaine de la propriété et l'absence de tout système de « publicité hypothécaire ». (Cambon, Rapport précité, p. II).Pour faciliter la création des exploitations agricoles et assurer l'avenir de la colonisation, le Gouvernement dut se préoccuper de garantir les immigrants contre les complications, les dangers et les procès auxquels les exposait leur ignorance de la langue, des lois et des usages du pays. La loi du 1er juillet 1885, qui remplit ce but, est appelée à devenir, dans un délai rapproché, la loi commune des français et, en général, de tous les européens établis en Tunisie.

Le Gouvernement néanmoins, a laissé subsister, à côté du nouveau régime foncier, la législation immobilière antérieure. Une expérience de 15 années prouve qu'il a été heureusement inspiré, les indigènes se montrant peu disposés jusqu'ici à profiter des avantages de la loi de 1885. Il n'est pas rare, à la vérité, de voir des tunisiens des classes instruites et aisées recourir spontanément à l'immatriculation ; mais il faut bien reconnaître que la masse indigène demeure réfractaire aux nouvelles conditions de la propriété et qu'elle continuera, longtemps encore, à accorder la préférence à sa législation traditionnelle, qui lui met en mains un titre foncier rédigé en langue arabe par les notaires du pays et lui assure la juridiction des tribunaux musulmans.

Convient-il de continuer l'expérience et de maintenir encore cette dualité de législation ? Ou peut on songer, d'ores et déjà, à rendre obligatoire la nouvelle loi foncière ? Nous n'hésitons pas à conclure en faveur du maintien des deux régimes, parce qu'ils répondent aux besoins respectifs de deux races dont les civilisations ne paraissent pas devoir se pénétrer de sitôt.

Si la fusion doit s'accomplir, ce ne sera que graduellement en suite d'un long contact des deux races et de transformations insensibles dans les mœurs, l'esprit et les coutumes des indigènes. On n'obtient rien par surprise ou violence. Des réformes prématurées, qui ne sont pas l'expression du milieu social auquel on les destine, n'amènent aucun résultat durable. Mieux que les expédients législatifs, la diffusion de notre langue, de nos usages et de notre droit feront la propagande en faveur du nouveau régime. Le temps sera notre meilleur auxiliaire et pourra seul aplanir les obstacles. « Il y a dans la fondation des colonies, écrivait dès « 1892, M. Jules Ferry (1), des difficultés plus redoutables « que les difficultés guerrières, un ennemi qui nous fait « plus de mal que la haine des races conquises, c'est l'esprit « de système chez le conquérant, le goût des réformes hâ- « tives, les solutions improvisées, la manie assimilatrice et « révolutionnaire. C'est pour n'avoir su tenir compte ni de « la force du passé, ni de la résistance des milieux sociaux, « c'est pour avoir cru à la vertu universelle et quasi magi- « que de nos lois, de nos institutions et de nos procédés « administratifs, que nous avons pris tant de fausses mesures « en Algérie et que nous n'y sommes pas encore aujour- « d'hui, je le crains, au bout de nos déceptions ».

(1) La Tunisie avant et depuis l'occupation française, Narcisse Faucon, Lettre-préface, page (d).

Un bouleversement subit et complet de toutes les traditions locales aurait, d'ailleurs, pour résultat d'éloigner les indigènes et de nous les aliéner d'une manière définitive. Or, la France ne s'est pas évidemment établie en Afrique, avec le dessein de refouler et de remplacer l'arabe, mais dans le but de l'initier à sa civilisation, de lui inculquer la notion du progrès et de le faire concourir avec elle à rétablir le pays dans son ancienne prospérité. Elle doit même user, à son égard, d'autant plus de bienveillance et de modération que, par le nombre de ses sujets mahométans, elle tend à devenir une puissance musulmane. Installée en plein Islam, étendant chaque jour son influence, elle a le plus grand intérêt à se concilier le mahométisme, et à en faire un auxiliaire, un allié, sinon même l'instrument de ses conquêtes futures et de sa civilisation.

Le Gouvernement du Protectorat ne s'est pas inspiré d'un autre programme. Il a donné de nombreux témoignages de sa considération et de son respect pour les institutions et les mœurs des indigènes, et s'est constamment attaché à éviter, dans son œuvre sociale, politique et administrative, les heurts, les incohérences, les à-coups, les incertitudes, les faux départs et les retours brusques qui ont marqué notre action en Algérie. Il a réorganisé l'administration du pays, en ménageant l'ordre antérieur à la conquête, en maintenant les institutions, en laissant le Bey lui-même en place, en captant, par un simple contrôle, la force de la machine actionnée toujours par les anciens rouages. Les réformes se sont accomplies avec tant de souplesse que les populations n'en ont pas souffert, que rien de grave ne les a choquées ; les habous n'ont pas été détournés de leur affectation religieuse ou charitable, ils ont été conservés, réformés dans le double intérêt des services publics et de la colonisation ; la pensée européenne s'est introduite sans que la foi mahométane en ait été trop péniblement affectée ; le droit indigène n'a été modifié que sur le consentement sinon même sur la demande des juristes et de la population ; et, en ce moment même le Gouvernement se préoccupe de réunir les lois et coutumes indigènes pour en faire une codification d'ensemble.

Un esprit nouveau naît dans la jurisprudence, dans l'administration et dans les mœurs. Le secret, c'est de procéder par étapes, par adaptations successives. « En vérité, la « méthode est bonne, la voie est bien tracée, et, pour un « long temps, nous n'avons rien de mieux à faire que d'y « persévérer. » (Ferry, même Lettre-préface page (g).

Vu :

Le Président de la Thèse,

P. LACOSTE.

Vu : *Le Doyen,*   Vu et permis d'imprimer :

G. BRY.   *Le Recteur,*

BIBLIOGRAPHIE

ANONYMES. — *Du caractère de la compétence des tribunaux de Tunisie en matière immobilière* (R. A.
1890, 1, 133).

— *L'immatriculation et le Tribunal mixte* (J. T. 97-88).

— *La Tunisie.* — 2 vol. Paris 1896.

AUDINET. — *Principes élémentaires du droit international
privé.* — Paris, 1894.

BERGE. — *De la juridiction française en Tunisie.* — Tunis,
1895.

— *Note sur la jurisprudence en matière d'enzel* (J. T.
1893, 117).

— *Revue de la jurisprudence en matière d'expropriation
pour cause d'utilité publique* (J. T. 1893, 211).

— *Examen de la jurisprudence sur les servitudes relatives aux immeubles tunisiens* (J. T. 1894, 283).

— *Vocabulaire des termes empruntés par la pratique
judiciaire au langage indigène* (J. T. 1895, 158).

BESSON. — *La législation civile de l'Algérie.* — Paris,
1894.

— *Les livres fonciers et la réforme hypothécaire.* —
Paris, 1891.

BOMPARD. — *Législation de la Tunisie.* — Paris, 1888.

BOURDE. — *Rapport sur les cultures fruitières et en particulier sur la culture de l'olive dans le centre de la
Tunisie.* — Tunis, 1893.

BRY. — *Principes élémentaires de droit international public.* — Paris, 1892.

25.

CAMBON. — *Loi foncière et règlements annexes.* — Paris, 1893.

CHALLAMEL. — *Rapport sur le crédit hypothécaire. Commission extra-parlementaire du cadastre ; annexe au procès-verbal du 22 février 1894.*

CLAVEL. — *Le wakf ou habous d'après la doctrine et la jurisprudence.* — 2 vol. Le Caire, 1896.

CAURROY (du). — *Législation musulmane. Rite sunnite et hanéfite.* — Paris, 1848.

DAIN. — *Le système Torrens. Rapport au Gouverneur général de l'Algérie sur l'application de l'act Torrens en Algérie et en Tunisie* — Alger, 1885 et R. A. 1885, 1, 293.

— *Projet de loi sur le régime de la propriété foncière en Algérie. Rapport présenté au nom de la Commission* (R. A. 1887, 1, 1).

EBN ACEM. — *Tohfat* (Traduction Houdas et Martel) — Alger, 1882.

ELFIMENKO. — *Étude sur les Slaves.*

EYSSAUTIER. — *Le statut réel français en Algérie* (R. A. 1887, 1, 59, 83, 111, 135 et 147).

— *Terre arch, quel en est, quel doit en être le juge* (R. A. 1895, 1, 77).

FAUCON. — *La Tunisie avant et depuis l'occupation française.* — 2 vol. Paris, 1893.

GATTESCHI. — *Des lois sur la propriété foncière dans l'empire ottoman et spécialement en Turquie* (Journal asiatique, 1861 et 1862).

— *Revue historique du droit français et étranger* (année 1867).

GENTIL. — *Questions et solutions pratiques, n° 3. Point de départ de l'immatriculation* (J. T. 1899, 348).

GIDE (Charles). — *Étude sur l'act Torrens* (Bulletin de législation comparée. 1886, 317).

GOGUYER. — *Choix splendide de préceptes cueillis dans la*

loi. Petit manuel de droit immobilier tunisien. — Tunis, 1885.

GRASSERIE (de la). — *Code civil allemand.* — Paris, 1897.

HANOTEAU et LETOURNEUX. — *Coutumes kabyles.* — Paris, 1892.

HAMEL. — *Du régime des eaux en Algérie.* — Alger, 1888 et R. A. 1888, 1, 1, 17, 73, 108 et 137.

KOVALEWSKY. — *Tableau des origines et de l'évolution de la famille et de la propriété.*

LAPIE. — *Les civilisations tunisiennes.* — Paris, 1898.

LARNAUDE. — *Étude sur la publicité des donations.* — Paris.

LAVELEY (de). — *La propriété et ses formes primitives,* — Paris, 1891.

MARTINEAU (Charles). — *De la compétence des juges de paix en Tunisie.* — Tunis, 1895 et J. T. 1895, 313, 345 et 377.

— *Les actions possessoires et la nouvelle loi foncière de Tunisie* (J. T. 1896, 491).

— *De la force de chose jugée des jugements du Tribunal mixte* (J. T. 1897, 161).

MASSIGLI. — *Rapport sur la publicité des droits réels immobiliers. Procès-verbaux de la Commission extra-parlementaire du cadastre,* T. II.

MERCIER. — *La propriété en Mughreb, selon la doctrine de Malek* — Journal asiatique, juillet-août 1894 et cule, Alger, 1896.

— *Le hobous ou Ouakof. Ses règles et sa jurisprudence* — Alger 1895 et R. A. 1895, 1, 173.

— *Deuxième étude sur le hobous ou ouakaf,* (R. A. 1897, 1, 113).

— *La propriété foncière en Algérie* (R. A. 1898, 1, 57 et 89).

MOHAMED ELBACHIR ETTOUATI. — *Recueil de notions de droit musulman et d'actes notariés judiciaires et extra-judiciaires* (Traduit et annoté par J. Abribat) — Tunis, 1896.

MORAND (Marcel). — *De la prescription dans la législation musulmane* (R. A. 1899, 1, 37 et 53).

PERRON. — Voir SIDI KHELIL.

PIC. — *Introduction du système des livres fonciers dans les Colonies ou protectorats français* (R. A. 1894, 1, 145).

POTHIER. — *Traité du contrat de bail à rente.*

PIOLLET. — *Du régime de la propriété foncière en Tunisie.* — Paris, 1897.

POUYANNE. — *La propriété foncière en Algérie.* — Paris, 1895.

SAUTAYRA et CHERBONNEAU. — *Droit musulman. Du statut personnel et des successions.* — Paris, 1874.

SAWAS PACHA. — *Étude sur la théorie du droit musulman.* — Paris, 1892 et 1898.

SEBAUT. — *Dictionnaire de la législation tunisienne.* — Dijon, 1896.

SIDI KHELIL. — *Traduction Seignette.* — Constantine, 1878.
— *Traduction Perron.* — Paris, 1848.

SEIGNETTE. — Voir SIDI KHELIL.

SORBIER DE POUGNADORESSE. — *La justice française en Tunisie.* — Paris, 1897.

SUMIEN. — *Du contrat d'enzel en Tunisie* (R. A. 1893, 1, 201)

TERRAS. — *Essai sur les biens habous en Algérie et en Tunisie.* — Lyon, 1899.

TORNAUW (de). — *Exposé du droit musulman d'après les sources.* — (Trad. Eschbach) — Paris, 1860.

VAN DER BERG. — *Principes du droit musulman selon les rites d'Abou Hanifa et de Chafeï* (traduit par MM. de France de Tersant et Damiens, R. A. 1, 1893, 1894, 1895 et 1896).

WEISS. — *Droit international privé.* — Paris, 1890.

WORMS. — *Recherches sur la constitution de la propriété territoriale dans les pays musulmans et subsidiairement en Algérie.* — Paris, 1846 et Journal asiatique.

ZEYS. — *Recueil d'actes judiciaires arabes.* — Alger, 1886.

— *Traité élémentaire de droit musulman Algérien* (école malékite). — 2 vol. Alger, 1885.

Publications diverses.

.

Commission extra parlementaire du cadastre. Procès-verbaux. — 6 vol. Paris, Imprimerie nationale, (depuis 1891).

Conférences sur les Administrations tunisiennes : Berge, Padoux, Hugon, Anterrieu, etc. — Sousse, 1899.

Consultations du Cheikh Ul Islam Hanéfite et du Bach-Mufti Malékite sur quelques points de droit immobilier tunisien — Tunis, 1884.

Consultation juridique du Cheikh Ul Islam sur le kirdar, traduite par J. Abribat (J. T. 1899, 377).

Dalloz. — *Répertoire.*

Estoublon. — *Jurisprudence algérienne,* 1830-1876.

— *Bulletin judiciaire de l'Algérie,* 1877-1884.

Journal de droit international privé, Clunet (depuis 1881).

Journal Officiel tunisien.

Journal des tribunaux de la Tunisie (depuis 1889).

Loi foncière et règlements annexes. Recueil officiel. — Paris, 1893.

Plantations, frais communs en droit malékite, traduite par Mohamed ben Chened (R. A. 1895, 162).

Rapports annuels au Président de la République Française sur la situation de la Tunisie. — Paris, Imprimerie nationale.

Rapports de M. Cambon et de M. Massicault (Loi foncière et règlements annexes). — Paris, 1893.

Revue algérienne, tunisienne et coloniale de législation et de jurisprudence. — Alger (depuis 1885).

Robe. — *Journal de jurisprudence de la cour d'appel d'Alger.* — Alger (depuis 1859).

Tilloy. — *Répertoire alphabétique de jurisprudence, de doctrine et de législation algérienne et tunisienne.* — Alger (depuis 1889).

TABLE DES MATIÈRES

ERRATA

www.ingramcontent.com/pod-product-compliance
Lightning Source LLC
Chambersburg PA
CBHW061008220326
41599CB00023B/3868